地势坤，君子以厚德载物。

礼记
今注今译

王云五—主编
王梦鸥—注译

×

今注今译 礼记

下

中国友谊出版公司

第十五 丧服小记

《仪礼》有《丧服传》，记述丧服之亲疏不同的意义。郑玄说本篇名为"小记"，是补述"丧服"的琐细意义。但今验以篇中所载，兼及庙制，而章节又多舛错（清王棻有《大传小记错简考》，可参阅《柔桥文钞》卷二），则似是有关丧服的散策被汇编于一处。自汉武兴学以后，说丧服的儒者有不少的专家。因为丧服代表亲属关系，其表现于丧，则有衣服年月的制度；表现于祭事，则有宗庙昭穆的秩序。其中又不仅为生者对于死者之感情如何调理的问题，同时亦为宗法社会组织的设计。本篇虽不是完全的记述，但与他书所载者可以互相说明之处颇多。

斩衰，括发以麻[1]；为母，括发以麻，免而以布[2]。齐衰，恶笄以终丧[3]。男子冠而妇人笄，男子免而妇人髽。其义：为男子则免，为妇人则髽[4]。苴杖，竹也；削杖，桐也[5]。

今注

1 斩衰，没有缉边的粗麻衣；括发，指父死，脱下吉冠。将小殓时，并将包发的"缅"和"笄"去掉，另以麻布自脖子而前交于额上，再回绕于发结。

2 免，是遵礼成服以后的发饰，以麻布为之。

3　笄是卷发的簪，居丧以榛木为簪（以上并参见《檀弓上》），故曰恶笄。依郑玄的注语，于恶笄之下当脱"带"字。《间传》云"男子重首，女子重带"，亦即郑注所谓"带，所以持身"。

4　髽，用麻布条挽发。

5　孝子丧亲，哀伤而体弱，故须用"杖"扶持。杖即孝棒。父死，以竹为孝棒，名曰苴杖。苴是粗恶的样子。母死，以桐为孝棒，名曰削杖。

今译

父丧，服斩衰，用麻布括发；母丧，亦用麻布括发。二者亦皆以麻布为"免"。女人服齐衰，用榛木为笄，一直到除丧的时候。成人之礼：男子有冠，女子有笄。到了居丧之时：男子去冠而用"免"，女子服斩衰用麻髽，服齐衰用布髽。这是说：丧期之中，以"免"与"髽"分别男女。父丧用的孝棒曰苴杖，是竹制的；母丧用削杖，是桐木制的。

祖父卒，而后为祖母后者三年[1]。为父母，长子稽颡。大夫吊之，虽缌必稽颡[2]。妇人为夫与长子稽颡，其余则否[3]。男主必使同姓，妇主必使异姓[4]。为父后者为出母无服[5]。

今注

1　适孙承重，为其祖父服丧三年。祖父死，亦为祖母服丧三年。此指承重之服，余则期年。

2　稽颡，以额叩地。有先拜而后稽颡，有先稽颡而后拜（见《檀弓上》）。前者礼轻，后者礼重。长子为父母之丧及丧家遇大夫来吊，皆从重者。

3　妇人仅为丈夫或长子用重礼。其余，谓亲生父母。因已出嫁，故为父母之礼亦从轻。

4　死者无后，使人代摄主人，代男主人的须是同姓者，代女主人的须是异姓者。

5　出母，被父遣出的母亲。解见后文。

今译

祖父已死，而为祖母的承重孙者，要服丧三年。父母之丧，长子拜宾客要先叩头而后拜。如遇大夫来吊，尽管是服缌麻之丧者亦须先叩头而后拜。已嫁的女人，仅为丈夫或长子之丧，对宾客先叩头而后拜，其余都是先拜而后稽颡。没有后嗣的丧家，必使同姓的男人代摄男主，异姓的女人代女主。作为父亲继嗣的人，如果母亲先已离婚，她之死，则不为她挂孝。

亲亲，以三为五，以五为九[1]。上杀，下杀，旁杀[2]，而亲毕矣。

今注

1　亲亲，指有血统关系的人们。其关系：由自己而上亲父，下亲子，三代三辈。三辈之中：父之上又亲其父，子之下又亲其子，乃成祖、父、己、子、孙五代五辈。五辈之中，祖之上又亲其祖（于自己则是高祖），孙之下又亲其孙（于自己则是玄孙），则成九代九辈。

2　杀，减损。上杀，对上代的亲情愈上愈减。下杀，对下代的亲情亦愈下愈减。旁杀，指族属扩大，由亲兄弟、从兄弟扩至再从、三从兄弟，其亲情亦愈远愈减。

今译

凡人之亲其所亲，由父己子三辈扩充为祖、父、己、子、孙五辈，再扩至高、曾、祖、父、己、子、孙、曾孙、玄孙九辈。

九辈之中，其亲情，往上、往下、往旁属，扩展至愈远则愈疏，到了这样纵横的亲属关系以外，差不多就没有亲情了。

王者禘其祖之所自出，以其祖配之，而立四庙[1]。庶子王，亦如之[2]。别子为祖，继别为宗，继祢者为小宗[3]。有五世而迁之宗，其继高祖者也[4]。是故，祖迁于上，宗易于下[5]。尊祖故敬宗，敬宗所以尊祖祢也。庶子不祭祖者，明其宗也。庶子不为长子斩[6]，不继祖与祢故也。庶子不祭殇与无后者，殇与无后者从祖祔食。庶子不祭祢者，明其宗也。亲亲尊尊长长，男女之有别，人道之大者也。

今注

1　此句之上，应有"礼不王不禘"五字，今散在后文。祖之所自出，指民族神话中，诸族之始祖多感天而生，则"所自出"者即是天帝。故王者禘祭始祖，便以天帝相配，同时举行。四庙，郑玄说是高祖庙、曾祖庙、祖庙、祢庙。此四庙合始祖之庙为五庙。但此庙制，自西汉中叶以后即议论不定（见《汉书·韦玄成传》）。今依郑说。

2　庶子王，指嫡子有废疾不能为王而由庶子继大统者亦当如此。

3　别子即庶子。庶子不继正统，但亦自有其后裔，此后裔则尊别子为"祖"。后裔中之嫡系继嗣别子者，则是大宗。不是大宗嫡系的后嗣，但承继其父者则为小宗。

4　别子的后裔，嫡系的大宗只有一个，而庶子的旁系很多，各个旁系皆有继祢的小宗。故世秩绵延，族姓扩大，小宗便亦多至无数，于是用上杀、下杀、旁杀的原则以五世为止。从生者上溯祢、祖、曾、高，适为五世，四庙。至于五世以上之祖则合并于大宗之庙内。这就成了"五世而迁之宗"。

5 高、曾、祖、祢四庙，到了自己死后，由自己的儿子把自己的神主安置在庙内为"祢"，故在自己的儿子时代，四庙便成为五庙了。为着保持四庙，儿子便把上杀的高祖迁入大宗之庙，而剩下的又只有四庙；使原来的祢庙变成祖庙，而继承那新进的祢庙者又别成一小宗。所以说"祖迁于上，宗易于下"。

6 斩，指三年斩衰丧服。

今译

王者的禘祭是崇拜那诞育他们始祖的天帝，所以以祖配天，而立高、曾、祖、祢四个庙。即使庶子为王，亦是这样。以别子为祖的，继承别子者则为宗，而继承别子之子辈的则为小宗。小宗传至五世就要迁易，那就是继承高祖以下的一支系。因此，高祖的庙迁动于上，而继祢的宗同时变易于下。为着尊崇祖先所以要敬循宗法，而敬循宗法亦即是尊崇祖祢的行为。庶子所以不祭祖，是欲使宗法很清楚。譬如庶子不为长子服斩衰，即因其不是继承祖祢的人。至于庶子不祭未成人而死者和那没有后嗣者，是因为这两种死者都已祔从于祖庙而由宗子供祭了。庶子不主祭于祢庙，因其自有宗子在，这亦是欲使宗法明白的缘故。有这亲亲、尊尊、长长，以及男女的分别，这些是人伦道义中最主要的东西。

从服者，所从亡，则已¹。属从者，所从虽没也服²。妾从女君而出，则不为女君之子服³。礼不王不禘⁴。世子不降妻之父母。其为妻也，与大夫之適子同⁵。

今注

1 从服，为丧服原则之一。制定丧服的原则有六种（另见《大传》注），第六种原则即是"从服"。从服，是本人与死者没有亲属关系，但跟从与死者有亲属关系的人而为之服丧。这种从服，又可分为六种（详见《大传》），此处但说其中之"徒从"与"属从"二种。"徒从"即此处所谓从服，这种从服，其例有四：一是妾滕为主妇之党，二是子从母服于母之主母，三是妾子为主母之党，四是臣从君而服君之党。其中，除第一例之外，凡是所跟从的人已死，亦即停止。例如：君母已死，则妾子不为君母之党服丧；母死，则不为母之大母服丧；君亡，则君不为君党服丧。

2　属从，指间接的亲属关系，例如：子从母而服母之党，妻从夫而服夫之党，夫亦从妻而服妻之党。

3　女君，指主妇。所依从服之第一例：妾为主妇之党服丧，但遇主妇已被其夫遣出，而妾滕已随而俱出，则与原来之党已无关系了，故可不为女君之子服。

4　此句当是前文错简。孔颖达说应以承上文"王者禘其祖之所自出"。

5　不降，不减轻其丧服。诸侯的嫡子称世子。依《仪礼·丧服》规定"为妻之父母缌"。似不应为妻之父母制服。但《服问》云："有从有服而无服，公子为其妻之父母。"郑玄云："凡公子厌于君，降其私亲，女君之子不降。"即此处所称世子或大夫嫡子。大夫的嫡子为妻服齐衰，不杖；世子为妻，与之相同，为妻之父母不降，则亦相同。

今译

从服的原则，凡是遇到所跟从的人已不存在，则亦停止。但若有间接的亲属关系者，则其人虽已死，而其关系仍在，则仍须为其人的亲属服丧。例如：妾滕跟从主妇因被遣出而脱离了夫家，则不为主妇之子服丧，因依从的关系已不存在，亦不成其为亲属了。……诸侯的嫡子对于妻之父母不能减轻丧服。他为妻所服的丧服，与大夫的嫡子为妻所服的丧服相同。

父为士，子为天子诸侯，则祭以天子诸侯，其尸服以士服[1]。父为天子诸侯，子为士，祭以士，其尸服以士服[2]。

今注

1 "祭"是生者的事，故子为天子诸侯，则以天子诸侯之礼举祭，唯所祭者仍是士，故代表所祭者之尸仍服士服（按此条，魏相曾据以立戾太子庙，文见《汉书·武五子传》）。

2 此处所祭者本为天子诸侯，而其尸仍服士服，殊不可解。郑玄解释为"父以罪诛，不成为君"，故如此。陈澔云：此为礼之变。

今译

父本是士人，而其子贵为天子诸侯，则依其子的身份用天子诸侯的祭礼，但为父尸者仍服士人之服。父为天子诸侯，其子沦落为士类，显见其国已换了主人，不特其子要依其身份以士礼举祭，即其父尸亦不得服天子诸侯之服，而随其子服士服。

妇当丧而出，则除之[1]。为父母丧，未练而出，则三年[2]。既练而出，则已[3]。未练而反，则期；既练而反，则遂之[4]。再期之丧，三年也；期之丧，二年也。九月七月之丧，三时也；五月之丧，二时也；三月之丧，一时也。故期而祭，礼也；期而除丧，道也[5]。祭不为除丧也。

今注

1 当丧而出，谓在公婆丧期中为夫所遣出。

2 女出嫁后为父母服丧期年，但在期年练祭以前被其夫遣归，则又似未出嫁时，当随兄弟一样服丧三年。

3　既练，谓已满期服之丧，亦即已除服而被遣，则无须更披孝服。

4　反，复返夫家。遂之，是挂孝至终丧。

5　期而祭，郭嵩焘云："期"泛指一期再期，"祭"泛指练祭、祥祭、禫祭。除丧，泛指除首绖腰带衰杖等丧服而言。按：挂孝满一年而跨二年者为"期"，期而举行练祭；其时男子除去头上的丧绖，女子除去腰间的丧带。到了满两年跨三年者为再期，再期而举行大祥之祭，除去衰衣孝棒。因为哀痛之情随时减杀，而丧服亦随而变除，所谓"道"者，即合乎此"缘情饰貌"之道。

今译

妇人在公婆丧期之内被遣出，恩情既绝，则亦除去丧服。女子已嫁，为父母服丧一年，倘在一年之内被遣出，则回娘家同其兄弟服丧三年。如果是在一年丧期已满之后被遣出，则不必重行挂孝。如果是未满一年而返夫家，则服丧一年；倘若已满一年而返，则服至三年而毕。所谓"再期"之丧，是满二年而跨到第三年。"期"之丧，是满一年而跨到第二年。九月七月之丧，算是满了三个季节。五月之丧算是满了二个季节。三月之丧，是满了一个季节。服丧满了一期或再期，各举行一次祭祀，这是对死者"因情而立文"之礼数如此；至于满了一期或再期而逐渐除去丧服，换上吉服，这则是为生者"缘情而饰貌"的道理。一为死者一为生者，所以祭礼与除丧不可混作一谈，亦即不是为除丧而举行小祥大祥之祭。

三年而后葬者必再祭，其祭之间不同时而除丧[1]。大功者主人之丧，有三年者，则必为之再祭。朋友，虞祔而已[2]。士妾有子，而为之缌，无子则已[3]。

今注

1 三年而后葬者必再祭，此谓葬事虽推迟举行，而祭与除丧的时期仍照规定。三年再祭，即指大祥小祥之祭。不同时，乃谓其不得混合举行，而除丧则亦依前节所言者而依次除丧就吉。

2 大功者主人之丧，此谓以大功之亲为人主持三年的丧事，必至再期之祭毕而除服。不似朋友但至葬毕虞祔便止。

3 妾卑贱，视其有子无子，而后为之服最轻的丧服。

今译

若有三年之后始行葬事的，在此期间仍须有练、祥二祭，并且二祭不可同时举行而除去丧服。再有属于大功的亲人而为人主持丧事，如其为三年之丧，亦须待再祭而后除服。只有朋友，因其无亲属关系，但至丧毕，虞祔之祭时为止。士的阶级，其妾之有子者，为之服三月之缌服，若其无子，则不为服丧。

生不及祖父母诸父昆弟，而父税丧，已则否[1]。降而在缌小功者，则税之[2]。为君之父母、妻、长子，君已除丧而后闻丧[3]，则不税。近臣，君服斯服矣。其余，从而服，不从而税[4]。君虽未知丧，臣服已[5]。

今注

1 不及，谓不及见这些亲人。税丧，谓远地的亲人，过了日期始闻凶耗而为之追服最轻的丧服，故亦称为"繐"服。

2 此二句本在"君已除丧而后闻丧，则不税"句下，兹依郑注移置于此。降，谓减轻其本来的丧服。然而《檀弓》云"小功不税"，与此言异。

3 为君之父母、妻、长子，此即"臣为君之党服"的"从服"之例。君已除丧而后闻丧，此言臣出使他国，路远，故有此情形。

4　近臣，指随从之臣。君服斯服，谓君闻丧而追服，则近臣亦从而追服。其余，指百官大夫。在期内则从而服，不在期内则不追服。

5　此似补叙上文"从而服，不从而税"，是说国君在外，故未知丧；百官在国内，即已为国君的亲属服丧服了。

今译

自己生于外国，从未见过祖父母及伯叔父母。当他们的凶耗传来时，父为之追服丧服，而自己则不追服。如果其正服本在大功以上而降为小功缌麻之服者，则追服之。从服之例，臣为君之父母妻子服丧，但是，臣在国外，到了君之丧期已毕而始闻丧，则亦不须追服。至于近臣，君服丧则从而服丧，其余的百官，在丧期内当从而服，丧期之后皆不追服。如果国君在外而臣在国内，国君虽未闻丧，而诸臣亦须从而服丧。

虞，杖不入于室；袝，杖不升于堂[1]。为君母后者，君母卒，则不为君母之党服[2]。经杀五分而去一，杖大如经[3]。妾为君之长子与女君同[4]。除丧者，先重者；易服者，易轻者[5]。无事不辟庙门[6]。哭皆于其次[7]。

今注

1　自此以下，皆为散策，盖杂辑以附篇末者，兹随条解之。虞，安置神主之祭，行于寝内，有飨神酳献等节目。不以杖入室者，便于行礼而表虔敬。袝，将神主移入庙中，不以杖升堂，以为便于行礼。

2　此即前文所谓"从服者，所从亡，则已"。

3　经，有二，戴在头上的麻布为"首经"，束在腰间的麻布为"腰绖"。腰绖即是麻带。绖杀，指轻重丧服所用之绖，其幅度递减的情形。首绖九寸，减其五分之一则是腰绖的幅度。齐衰之首绖当如斩衰之腰绖，而大功之首绖又当如齐衰腰绖。而杖之大小亦准此。

4　女君为长子服丧三年，妾从之而服丧三年。

5　男子重乎首，女子重乎带，故期而练，男除首绖，女除腰绖。易服，谓大丧至虞祭卒哭之祭时，又遭小丧，须改易丧服，则与除服相反，男先腰，女先首。

6　庙门，殡宫之门。

7　此指无时之哭。次，倚庐。

今译

虞祭，不以孝棒带入神室；祔祭，不以孝棒带上庙堂。庶子过继为大母的后嗣，大母死后，可不为大母娘家的亲人服丧。绖的减杀，皆以五分去一为度，这样才与斩、齐大功、小功、缌麻等五服相配合。至于孝杖，其大小又以绖为准。妾为主君的长子服丧三年，和主妇一样。除去丧服，先除其重者。改易丧服，则先改其轻者。没有必要，莫打开殡宫之门。孝子无时之哭皆在倚庐。

复与书铭[1]，自天子达于士，其辞一也。男子称名，妇人书姓与伯仲，如不知姓则书氏[2]。斩衰之葛与齐衰之麻同。齐衰之葛与大功之麻同。麻同，皆兼服之[3]。报葬者报虞，三月而后卒哭[4]。父母之丧偕，先葬者不虞祔，待后事[5]。其葬，服斩衰。

今注

1　复，指"招魂"之辞。书铭，书死者名字于铭旌。

2　同一始祖，共为一"姓"；一姓的子孙支衍，可分为若干"氏"。如鲁之与周，共一始祖皆姓"姬"；而鲁庄公之后则分仲孙、季孙等"氏"。郑樵云：三代之前，姓氏分而为二，贵者有氏，贱者有名无氏。故姓可呼为氏，氏不可呼为姓。姓所以别婚姻，故有同姓、异姓、庶姓之别。氏同而姓不同，婚姻可通；姓同而氏不同者，婚姻不可通。

3　此一节言：前遭重丧后遭轻丧，麻与葛兼服。其详，见于《间传》，此则似其中一烂简。麻与葛，兼指首绖与腰带。麻重葛轻，"易服"易其轻者。然五服之绖，因幅度之广狭又有等差（见前文"五分去一"注），此所谓"同"者，盖指幅度之广狭与葛麻的轻重言之。

4　报葬者报虞，郑玄读"报"为"赴"，谓不依定期而赶先埋葬、赶先安神，但亦须待三月之后始停止其无时之哭。亦即葬虞之事，可以提前结束，而哀痛之情则不能提前结束。

5　《曾子问》云：并有丧，其葬，先轻而后重；其虞，先重而后轻。亦即，先葬者母，先虞者父。故先葬者不虞祔，以待其重者葬毕才虞。

今译

招魂和写在名旌上的，自天子至于士，都用的是一样的文辞。男的，称他的名；女的，写她的姓和排行。如果不晓得她的姓，则写她属于某氏。斩衰麻绖，到了卒哭后所易的葛绖，其大小与齐衰者在卒哭之前所挂的麻绖相等；齐衰易服之葛绖，则与大功者原服的麻绖大小相等。因其相等，故遭遇双重丧事者兼服麻葛。为着某种原因而提前埋葬，提前埋葬则亦提前举行安神祔主之祭；但是这些丧事尽管提前，而哀痛之情不能很快地消失，故仍待三月之后才停止无时之哭而行卒哭之礼。同时遇到父母之丧，先葬母，但不即举行虞祔；待葬父之后，先虞祔父的神主而后及母。母葬而父未葬，故葬母时仍服斩衰。

大夫降其庶子，其孙不降其父[1]。大夫不主士之丧。为慈母之父母无服[2]。夫为人后者，其妻为舅姑大功[3]。士祔于大夫则易牲[4]。继父不同居也者，必尝同居。皆无主后。同财而祭其祖祢为同居，有主后者为异居[5]。

今注

1　大夫为庶子降服大功，而庶子之子则为其父服丧三年，故曰“不降其父”。

2　父命某妾抚育，此子则称某妾为“慈母”，本无亲情，故不从服。

3　夫为人后，指丈夫出继于他人。舅姑，指丈夫的亲生父母。

4　祔有二义，后死者合食于祖，是祔庙；合葬于祖坟，是祔葬。此处言易牲，是属前者。大夫祔庙之礼用少牢，士则特牲。大夫不宜以特牲为祔礼，故须易牲。

5　此一节可补《仪礼·丧服传》之所未备。盖凡为继父者，必因其母出嫁而子无所依，后夫接养之而为之成家立业，同财祭祖，始得称为“继父”。故曰“继父不同居也者，必尝同居”。倘若此继父无后嗣，又无大功之亲主丧，则同居者宜为之服丧期。倘若继父自有后嗣，则不须为之主丧，但服其恩服，是为异居齐衰三月。故曰“有主后者为异居”。

今译

大夫为其庶子降服，但庶子之子对于其父则不降服。大夫不为士人主持丧事。士之无后者可由其大功亲属主丧。子对于慈母之父母没有从服。丈夫出继与他人，则其妻对丈夫的父母降服大功。士的神主祔于祖庙，倘其祖为大夫，则其祔礼须改用少牢。称为继父不同居者，实际是曾同居，始得称为“继父”，不然只是路人而已。其称为不同居者，则因其人无后嗣。《丧服传》云：同居齐衰期，异居则齐衰三月。必尝同居然后为异居，未尝同居不为继父。所谓同居，是曾经同财而祭其祖祢；所谓异居，则因继父自有后嗣。

哭朋友者于门外之右南面。祔葬者不筮宅[1]。士大夫不得祔于诸侯，祔于诸祖父之为士大夫者，其妻祔于诸祖姑。妾祔于妾祖姑。亡则中一以上而祔[2]。祔必以其昭穆。诸侯不得祔于天子，天子诸侯大夫可以祔于士[3]。

今注

1　宅，指墓圹。因前人已筮而吉，故可不筮。

2　此处诸言"祔"者，皆谓"祔葬"，旧说以为"祔庙"之礼，则误。"亡则中一以上而祔"，乃谓妾当祔于妾祖姑，倘无妾祖姑，则当中至少要空一虚位以为间别，不使孙妾顶替妾祖姑之缺而祔葬。

3　因天子诸侯之父祖或有为士者。

今译

哭朋友于寝门外之右方南面。附葬于祖茔者不须更筮。士大夫不得附葬于诸侯墓地，但可附葬于其祖上曾是士大夫者之侧，妻则附葬于伯叔祖之曾为士大夫者之妻之侧。至于妾则附于妾祖姑，如无妾祖姑，则中空一位以上而附葬。凡是附葬，必依昭穆的次序。诸侯不得附于天子，然而天子诸侯则无妨附葬于其为士的祖先的墓地。

为母之君母，母卒则不服[1]。宗子，母在为妻禫[2]。为慈母后者，为庶母可也，为祖庶母可也[3]。为父母、妻、长子禫。慈母与妾母，不世祭也[4]。

今注

1 母之君母，指外祖父之发妻，母则庶出者。母卒，故不从服。

2 禫为丧毕除服之祭。宗子之妻不因母在而降服，盖因其主中馈承祭祀，故尊之。

3 妾子无母，父命另一无子之妾抚养彼妾子，是为"慈母后"，慈母死，为其后者服丧三年。以此例推之，则为庶母的后嗣或为庶祖母后嗣者，宜无不同，故曰"可也"。

4 妾母即庶母。不世祭，但为其子者祭之，而孙不祭。

今译

从服之例，为外祖父的正妻服从服，母亡，则不为之服丧。宗子之父死，则由宗子夫妇主祭祀，故宗子之妇尊。其死后，虽有母在，宗子为之服三年。妾子既可为慈母之后，则任何为庶母或庶祖母之后者，亦宜服丧三年。为父母，为妻，为长子皆三年。为慈母或妾母后者，其举祭，及身而已，孙辈以下不复祭。

丈夫冠而不为殇，妇人笄而不为殇。为殇后者，以其服服之[1]。久而不葬者，唯主丧者不除；其余以麻终月数者，除丧则已[2]。箭笄终丧三年[3]。齐衰三月与大功同者，绳屦[4]。

今注

1 殇，未成人而死者。男冠女笄，表示其已成人，故不为殇。"殇"没有做"父亲"的资格，故为之后继者，亦但服以本亲之服。

2 主丧者，例如：子为父，妻为夫，孙为祖；虽久未葬，皆不除服。其余，指期功以下至于缌麻之亲，自九月至三月，月数已终，则不复服丧。

3　箭笄，以小竹子为笄。女子为母，恶笄以终丧。未嫁为父则用箭笄。依郑注，"箭笄"下亦当有"带"字。

4　丧服，以衣服的粗恶程度及挂孝年月之久暂，表示亲疏。齐衰服重，大功服轻；然三月为轻而大功九月为重。斟酌衣服年月之间，轻重有若相等，故曰"同者"。绳屦，搓麻为绳，以绳织屦。

今译

男子既已加冠，其死则不算是"殇"。女人既笄，亦同之。承继为殇之后嗣者，不依父子之服，但服本亲之服。因事故而久不葬，唯主其丧者不除服。其余则依葬服之规定，披麻挂孝至于丧期终了。除丧之后，则不复服。女子在室，为父以箭笄卷发，麻绖围腰，戴孝三年。齐衰三月之亲与大功九月之亲，比量轻重之间有若均等，皆用绳屦，不用麻屦。

练，筮日筮尸，视濯，皆要绖杖绳屦[1]。有司告具，而后去杖[2]。筮日筮尸，有司告事毕而后杖，拜送宾[3]。大祥，吉服而筮尸[4]。庶子在父之室，则为其母不禫[5]。庶子不以杖即位。父不主庶子之丧，则孙以杖即位可也[6]。父在，庶子为妻以杖即位可也[7]。

今注

1　期而小祥之祭曰"练"。筮日筮尸，以筮选定练祭之日期及为尸之人。视濯，检视祭器之洗濯情形。小祥，除首绖，但有衰服、腰绖、杖、绳屦。

2　告具，报告诸事齐备则祭。杖不升于堂，故去杖。

3　事毕，祭享终了复执孝棒。筮日筮尸有来宾，故于事毕拜送宾。

4　大祥，再期之祭。除丧服，换以吉服。

5　《丧服》：父在为母齐衰期。《杂记》云：期之丧，十一月而练，十三月而祥，十五月而禫。妾子在父之室，当避大母。

6　以杖即位，谓为丧主。不主丧，亦不以杖即位。父不主庶子之丧，由庶子之子为主，故又可以杖即位。

7　父不主丧，而庶子主妻之丧，故可以杖即位。

今译

小祥之祭，用筮选择日期及为尸之人，其日，不除腰绖，执孝棒，穿绳屦，亲自视察祭器之洗涤。等到执事们报告预备停当，则放下孝棒行礼。筮日筮尸皆有来宾，当执事们报告行礼完毕，则又执孝棒，拜送宾客。到了大祥之祭，则换穿吉服。妾之子，在父家里不能为其母行禫祭。庶子不可执孝棒就主位。父不为庶子主丧事，则由庶子之子（庶孙）为主，故庶孙可为父执孝棒就位。父在，不为庶子之妻主丧，则庶子可以杖即位。

诸侯吊于异国之臣，则其君为主[1]。诸侯吊，必皮弁锡衰[2]。所吊虽已葬，主人必免[3]。主人未丧服，则君不锡衰[4]。养有疾者不丧服，遂以主其丧[5]。非养者入主人之丧，则不易己之丧服。养尊者必易服，养卑者否[6]。

今注

1　按：《曾子问》记季桓子之丧，卫君来吊，鲁公为主，谓丧有二孤，是季康子的错误。然则此节所言当属同例。

2　皮弁，谓皮弁加环绖之冠。锡衰，细麻布。

3　大功以上之亲，自始死至卒哭皆免；小功以下自始死至于殡，则不免，至启殡葬及卒哭而免。诸侯来吊，虽非其时亦免。

4　既殡三日而成服。未丧服者，在此日之前。

5　养有疾者不丧服，病人忌讳丧服，故侍疾者不宜穿丧服入侍。遂以主其丧，谓待其死后为之主丧。

6　此补充上文，谓养有疾之尊长辈必须易服，反之则否。

今译

诸侯在他国，遇其国大臣之丧，往吊时，则其国君当代为丧主，使主客的身份相当。诸侯往吊时，必在皮弁上加环绖，穿细麻布的衣服。虽然所吊已埋葬，但丧主必戴免。不过，往吊时，主人尚未成服，则亦不用穿细麻衣。原则上，虽居丧亦不可披麻戴孝去侍候患病的人，但到了病人已死则为之主丧。如非侍候病人的人，替那没有后嗣的亲属主持丧事，则可不变换已有的丧服。凡是侍候尊长辈病人皆须换去丧服；对于小辈，则可不必。

妾无妾祖姑者，易牲而祔于女君可也[1]。妇之丧、虞、卒哭，其夫若子主之。祔，则舅主之[2]。士不摄大夫。士摄大夫，唯宗子[3]。主人未除丧，有兄弟自他国至，则主人不免而为主[4]。

今注

1　易牲，易妾所用之牲。女君，指大妇。祔祭女君倘用少牢，妾祔则用特牲，降于大妇一等。

2　妇之丧，妇谓嫡妇庶妇。虞及卒哭之祭，所祭者妇，故由其夫为主。祔，所祭者夫之祖母，故由夫之父主之。

3　摄，召之使为丧主。唯宗子之丧可使大夫摄主。

4　国君来吊则当免，兄弟是亲属，亲人则从简，可以不"免"。

今译

妾无妾祖姑可祔者，在妾死后就改用特牲祔于嫡祖姑。媳妇辈的丧事都由她的丈夫或儿子为丧主；不过，在她祔祭于祖姑之庙时，则由丈夫之父主持之。士人没有后代者不能使大夫主其丧；唯有宗子为士而无后者，可使大夫为摄主。主人未除丧，倘有兄弟辈自外国来，则主人可以不"免"而为主。

陈器之道，多陈之而省纳之可也；省陈之而尽纳之可也[1]。奔兄弟之丧，先之墓而后之家，为位而哭[2]。所知之丧，则哭于宫而后之墓[3]。父不为众子次于外[4]。

今注

1　陈器，陈列附葬的明器。多陈之者，谓宾客所赠遗的附葬物，多少皆须陈列出来，但不必皆以附葬于圹中。省陈之者，谓主人自备的附葬物。

2　兄弟情亲，可不先见丧主。其礼节略见《奔丧》。

3　所知，交游之人。宫，是殡宫。

4　众子，指庶子。嫡子死，父为之居丧次于中门之外。

今译

陈列的明器，在原则上，凡是别人赠送的都要陈列出来，但可不必全部纳入圹中；至于自备的，虽不必一一陈列出来，但要全部附葬。在国外，奔赴兄弟之丧，可以先往哭墓然后再往丧家为位而哭。至于交游之丧，则先往其殡宫哭后，再往墓上。庶子之丧，为父者不在中门外设倚庐守丧。

与诸侯为兄弟者服斩[1]。下殇小功，带，澡麻不绝本，诎而反以报之[2]。妇祔于祖姑，祖姑有三人[3]，则祔于亲者。其妻为大夫而卒，而后其夫不为大夫，而祔于其妻则不易牲[4]。妻卒而后夫为大夫，而祔于其妻，则以大夫牲。为父后者，为出母无服。无服也者，丧者不祭故也[5]。

今注

1　臣为君服斩衰三年。郑玄说：此处不称"君"而称"诸侯"，指兄弟在异国，无君臣的关系。

2　八岁至十二岁而死者曰下殇。本为期服之亲，因其为下殇，故降为小功之服。澡麻，经过漂白的麻。不绝本，不剪去麻的根部。诎，屈之。王闿运云：报荅同义，"荅"字今或作"搭"，是其意。

3　三人者，谓其妻死后，又有继室二人。

4　不易牲者，用特豕。

5　此重申前文"为父后者，为出母无服"的意义。为父后者，是这一家的嫡嗣。出母已是异姓之人，不当宗祀。

今译

与诸侯为兄弟，虽在他邦仍服斩衰。下殇小功之服，所用腰经，是用连根漂白的麻制成，带末不垂，反屈之以搭于腰际。妇女之祔于祖姑，如遇祖姑有三人，则祔于其最亲者。丈夫为大夫时，妻已卒；后来丈夫不为大夫而死，其祔于妻时，不改换祭牲，仍用士牲。如丈夫在妻死后始为大夫，而祔于其妻时，则用大夫之牲，少牢。为父后者，不为已离婚的母亲服丧。所以然者，因出母已为他家之人，不当祭祀。

妇人不为主而杖者：姑在为夫杖，母为长子削杖。女子在室为父母，其主丧者不杖，则子一人杖[1]。缌小功，虞卒哭则免。既葬而不报虞，则虽主人皆冠[2]，及虞则皆免。为兄弟既除丧已，及其葬也，反服其服。报虞卒哭则免，如不报虞则除之。远葬者比反哭者皆冠[3]，及郊而后免反哭。君吊，虽不当免时也，主人必免，不散麻[4]。虽异国之君，免也[5]。亲者皆免。

1　女子在室，谓未出嫁者。其主丧者不杖，谓死者无后使同姓摄主。

2　"报"字如前文，读为"赴"。葬日虞，此言"不报虞"，是不即日举行虞祭。既不即虞，虽主人亦可以冠饰首。

3　远葬，葬于郊外。比，及。

4　不散麻，纠其腰绖不使散垂。

5　免，郑云：或作"吊"，依上下文义，此当作"吊"字。

今译

妇女虽不主丧而亦有杖者，例如：婆未死，而丈夫死，妻为其夫杖，又如母为其长子执桐杖。未出嫁的女子，为父母服斩衰，但遇没有兄弟而请其族人主丧，则主丧者不执杖，而由在室之长女一人执杖。缌麻小功之亲，参与虞及卒哭之祭，皆须戴孝。葬事既毕而因故不能实时举行虞祭者，虽主人亦可戴帽，但到虞祭之时则全体去冠而戴孝。为兄弟之丧，既已除服了，但到举葬之时，仍须服其所应服的丧服。倘是葬毕即行虞祭及卒哭之祭，则须去冠而戴孝，如或不即虞祭，则除服。葬于远郊及至反哭者，皆于抵达郊外时去冠而戴孝，然后反哭于庙。国君来吊，众亲属虽在不当"免"之时，主人亦须免，不散垂腰绖，有如大殓或启殡时的打扮。虽然来吊者是异国之君，但凡是亲属亦皆如此。

除殇之丧者，其祭也必玄[1]。除成丧者，其祭也，朝服缟冠[2]。奔父之丧，括发于堂上，袒降踊，袭绖于东方[3]。奔母之丧，不括发，袒于堂上，降踊，袭免于东方，绖即位成踊，出门哭止。三日而五哭三袒[4]。适妇不为舅姑后者，则姑为之小功。

今注

1　玄，穿玄色的祭服。殇之丧，无虞卒哭及练等变服，故其除服之祭用玄衣玄冠，以别于吉服。

2　成丧，成人之丧。朝服而用缟冠，亦未全吉。

3　袒，去上衣。降踊，走下阼阶之东而哭踊。袭，披上衣；绖，加麻带。

4　三日而五哭三袒，孔颖达云：初来一哭，明日早晚两哭，又明日早晚两哭，合共五哭。三袒：初至一袒，明晨一袒，又明晨一袒。所以有袒踊之礼者，因孝子丧亲，悲哀志懑气盛，故袒而踊之，所以动体安心下气（见《问丧》）。

今译

殇之丧，其除服之祭时，则玄衣玄冠，成人则白帽朝服。奔父之丧，括发于堂上，脱去上衣，下堂而踊，然后在东墙下披麻衣加麻绖。若是奔母之丧，则不括发，在堂上脱去上衣，下堂而踊，然后在东墙下披麻戴孝，加腰绖而就孝子之位成踊，其哭，至出门时停止。奔丧者在三日之中共三袒五哭。嫡子之妇，应属嫡嗣，但因其夫有废疾或其他原因，死而无子，则不以为后。如此者，公婆不为之服大功而服小功，与庶妇相等。

第十六　大传

　　本篇列于《丧服小记》之后，且其中文句颇有相同者，故前人多疑其与小记有关，皆为《仪礼·丧服》之传记。唯因所记之大小不同，题名亦因而异。但，郑玄《目录》谓本篇"记祖宗人亲之大义"。陆奎勋云，郑氏此语拙而意义不明。然今细审篇中文字，郑氏所见，殊无不合。盖古人合族人而祭宗庙，故言庙中制度往往与丧服制度互相关联。《丧服小记》因丧服而涉及庙制，本篇盖亦如是而已。特因记者不是同一人，措辞各异；加以原帙散乱，遂难辨其本来面目。或者，因其各出于大戴、小戴之后学所传承，乃有"大""小"不同之名称，亦未可知。

　　礼：不王不禘。王者禘其祖之所自出，以其祖配之[1]。诸侯及其大祖，大夫士有大事，省于其君，干祫，及其高祖[2]。

今注

　　1　以上诸语，已散见《丧服小记》。

　　2　诸侯及其大祖，郑云：大祖是始封之君。大夫、士，孔疏云：此言诸侯之支庶子为大夫者。大事，郑云寇戎之事。按：此解与上下文义不合。陆奎勋云：大事即是合祭。省，是简省。干祫，郑云，空祫。空为无庙之祭。陈澔云：干是"往上推及"的意思。

清儒颇从其说，谓大夫、士，最高只祭及其高祖。姑从后说。

今译

礼：不王不禘。王者禘其祖之所自出，以其祖配之。诸侯之祭，得推及始得封国的那个祖先。至于与他同祖先的支族庶子为大夫、士者，要比诸侯简省，最多只能联合其同高祖以下的族人，祭及高祖为止。

牧之野，武王之大事也 [1]。既事而退，柴于上帝，祈于社，设奠于牧室。遂率天下诸侯，执豆笾，逡奔走 [2]；追王大王亶父、王季历、文王昌，不以卑临尊也 [3]。上治祖祢，尊尊也；下治子孙，亲亲也；旁治昆弟，合族以食，序以昭缪，别之以礼义，人道竭矣。

今注

1　按：此节所记武王事，与《尚书·武成》《诗·清庙》所言者不尽相合。兹但依文作注。牧野，武王打败殷纣之处。大事，指周人之能建国，全在这一次战胜。

2　逡，《诗经》写作"骏"，是战战兢兢匆匆忙忙的样子。

3　大王亶父，《诗经》称云为"古公亶父"；王季历，亦称"王季"，皆武王的祖先。文王，亦称西伯昌，是武王之父。这些人，本来都不是王者。此时武王战胜而王。亦即后辈的人为王，先代人没有王位，所以武王要追尊他们为王。亦唯有这样，在祭祖时才不显得以后辈（卑）之王者祭拜前辈（尊）没有王位的人。亦即，他之"追王"这些上代人的行为，是避免以卑（后辈）临尊（祖先）的缘故。

今译

牧野之战，是武王一生的重要事件。当这场战争胜利之后，武王就燔柴而祭告于上帝，祈祷土地之神，还临时在牧野搭起祖庙祭祀祖先。那时候，他率领了各地的诸侯，大家端着祭祀用品，战战兢兢地追随这个战胜者而跟着崇拜他的祖先。但他的祖先本非王者，所以要追尊古公亶父、季历、西伯昌为王，目的是避免后辈高于前辈。这样就订立了上代祖祢的次序，是尊重辈分的大小；订立了后代子孙的次序，是爱护血统的传承；从旁又订立亲堂兄弟的关系，联合同一血统的支族，会食于宗庙之中，排列父辈子辈的昭穆位置，而制定彼此之间最合理的礼节。这样，人道伦常就都体现出来了。

圣人南面而听天下，所且先者五，民不与焉。一曰治亲，二曰报功，三曰举贤，四曰使能，五曰存爱[1]。五者一得于天下，民无不足，无不赡者。五者，一物纰缪[2]，民莫得其死。圣人南面而治天下，必自人道始矣。

今注

1　存爱，郑注云："察有仁爱"的意思。按：此处用"治""报""举""使"为动词，则"存"亦宜作动词解。另外，"亲""功""贤""能"，皆指某类之人，则"爱"亦宜为一类。然则"存爱"当是审察所嬖爱的人。《曲礼》云"爱而知其恶，憎而知其善"，是与此同。

2　一得，是通通做到。一物纰缪，指上五事，任何一事不可错误。

今译

圣明的人，站在统治者的地位，必先注意五项事情，而治理人民的事还不在内。这五项是：第一，治理好自己的家族；第二，酬报有功的人；第三，选拔有德行的人；第四，任用有能力者；第五，审察所嬖爱者。这五件事，如果能通通做到，则人民没有不满意的，也没有不富足的；如果这五件事，有一件做错了，则人民都无从保全性命了。所以圣明的君主治理天下，第一就是从人与人的关系做起。

立权度量[1]，考文章，改正朔，易服色[2]，殊徽号，异器械，别衣服[3]，此其所得与民变革者也。其不可得变革者则有矣：亲亲也，尊尊也，长长也，男女有别，此其不可得与民变革者也。

今注

1　权，指斤两的标准；度，长短的标准；量，多寡的标准。三者，今称"度量衡"。

2　正，是一年之始；朔，是一月之始。旧说：夏殷周三代，所用的正朔不同。以今言之，那只是改订"历法"。服色，旧说：三代对于色彩，各有偏重。夏尚青，殷尚白，周尚赤。自"五行"之说兴，又有秦代尚黑，汉代尚黄之事。

3　器械，孔疏云：器指用具，械指车与兵器。别衣服，不同职业等级的人，穿着不同的衣服。

今译

制定度量衡，整理文献，改订历法，变更所崇尚的色彩，使用不同徽章旗号，改良用具武器，区别等级和职业不同者的衣服，这些事情，因时代不同，都是可以随之跟人民一起变换或改良的。但亦有不可以变更的，如家族血统的关系，社会组织的关系，年辈的大小，男女的区别，这些都不可以跟人民变革的。

同姓从宗，合族属；异姓主名，治际会[1]。名著，而男女有别。其夫，属乎"父"道者，妻皆"母"道也。其夫，属乎"子"道者，妻皆"妇"道也[2]。谓弟之妻"妇"者，是嫂亦可谓之

"母"乎？名者，人治之大者也，可无慎乎？四世而缌，服之穷也[3]；五世袒免，杀同姓也。六世，亲属竭矣[4]。其庶姓别于上，而戚单于下，昏姻可以通乎[5]？系之以"姓"而弗别，缀之以食而弗殊，虽百世而昏姻不通者，周道然也。[6]

今注

1　从宗，服从宗子。合族属，谓属于同一祠堂的族人，由宗子团结之。名，指"称呼"。际会，指异姓之人相结合。这种结合，以婚姻关系为最主要的一种。下文，自"名著"以下，皆似是解释"异姓主名"的话语。

2　道，是辈分。

3　四世而缌，服之穷也。五种丧服：斩、齐、大功、小功、缌。缌服是最后一级。同一高祖的亲族有丧则穿缌服，为丧服中的最后一级。自此两句以下，似是解释"同姓从宗"的话语。

4　五世袒免，五世指高祖的兄弟。高祖的兄弟是另一支族的高祖，其后裔和自己不在同一宗子属内，故遇到那种关系的人之丧，只需袒免，以示哀悼。杀同姓，减轻族属的关系。六世，则是更远一层的族属，虽为"同姓本家"，但已在丧服制度之外。这是因同姓人多，若不减杀，则族中时时有死人，就得天天挂孝了。

5　庶姓，指同姓的许多支族。戚单：戚是休戚相关的感情，亦即"亲情"。单，读如"殚"，是穷尽的意思。"昏姻可以通乎"，这句的意思，本来是疑问句，意谓血缘关系甚远，和异姓的人差不多，亦是可以通婚的。

6　此处指周代开始订立的制度：不管血统远近，凡属同姓，皆不可通婚。其理由是由于既"系之"以"姓"又"缀之以食"，这样通婚就等于兄弟姊妹结婚了。缀之以食，是指同姓的人，在大祭于总祠堂的时候，仍排列在兄弟的排行上一块儿吃饭。参看

《文王世子》注。

今译

　　凡是同姓的人，皆追随着他们的宗子，会合成一个族属。至于异姓的人，就靠"称呼"而订立其彼此之间的关系。称呼既经标明，则男方女方就有区别了。凡是一个异姓的女子嫁给一个属于"父"辈的人，则她应属于"母"的一辈。如果嫁给儿子一辈的，则她应属于"媳妇"一辈。如果称呼弟的妻子为媳妇，那么亦可称呼哥哥的妻子为"母亲"吗？那样人伦就要大乱了。所以"名分"是讲究人伦中最重要的一回事，不可不特别注意。人们对于同高祖的族人，只穿缌麻的丧服，这是丧服中之最后一级了。对于五服以外，五世同祖的人之丧，只需袒免示哀，这是要逐渐减轻同姓的关系；对于六世同祖的人，可以说是族属的关系已经没有了。这许多支族，由他们的上代开始分支，后代就没有了亲情，和异姓的人相似，照理是可以通婚的。但是，既属同姓，而在大祠堂里又以父子兄弟的辈分合在一块儿聚餐，因此，周代制定的办法：只要是同姓的人，哪怕是一百世代的本家，亦不可以通婚。

　　服术有六：一曰亲亲，二曰尊尊，三曰名，四曰出入，五曰长幼[1]，六曰从服。从服有六：有属从，有徒从，有从有服而无服，有从无服而有服，有从重而轻，有从轻而重[2]。

今注

　　1　名，即上文所谓"母道""妇道"。异姓的女子和自己本无丧服关系，但因她与族中父辈或兄弟辈的人发生关系，遂因其名分，得列于丧服中。凡以"名"为丧服，可参阅《仪礼·丧服传》所记"以名服也"之处。出入，指自己家中女子未嫁或已嫁出者而言。参阅《丧服传》所记"出也""入焉"之处。长幼，指未成人之丧，参阅《丧服传》所记"殇服"。

2 从服之例，本书第三十五《服问》有详细举例，可参看，兹不赘述。

今译

表示亲戚关系的丧服制度，可分为六种：第一种是依血统关系之亲疏而订立的。第二种是依社会关系，因人能力之大小而订立的。第三种，就像上文所说的，因名分而订立。第四种则为女子而订立的，因她既是自己家里的人，后来又变作异姓家里的人，这就有出入。第五种，是为未成人者之丧而特别制定的。第六种则是为间接的关系而订立的，叫作"从服"。从服的制度，亦可分为六项：第一项是属从，例如儿子为母亲的家族服丧。第二项是徒从，例如臣子为国君的家属服丧。第三项是本来有服而变作没有服，例如贵人之子怕犯禁忌，不能为其妻子的父母服丧。第四项是本来没有服而变作有服，例如贵人的媳妇要为她丈夫的外兄弟服丧。第五项是本来应挂重孝，但因非亲属而减轻，例如丈夫不能为妻子的父母挂重孝。第六项是从轻服而加重，例如公子之妻要为公子的大母而加重丧服。

自仁率亲，等而上之，至于祖[1]，名曰轻。自义率祖，顺而下之，至于祢[2]，名曰重。一轻一重，其义然也。

今注

1 自，江永云：当训为"由"。仁，谓出自天性的恩情。率是"循着"的意思。亲，谓亲疏之情。祖，指祖先。

2 义，据理智所做的判断。祖，同上。祢，父庙。

今译

循着人们天性中的恩情，是愈接近于自己的就愈亲热，这样一级一级地往上推去，到了祖先，恩情就轻了。但循着理智的判断，没有祖先就没有自己，这样一代一代地顺下来推算，到了父亲的祠堂，则愈早的祖就愈重要。这里面，一边是轻，一边又是重，在宗法庙祭的意义上必然如此。

君有合族之道，族人不得以其戚戚君，位也 [1]。

今注

1　以其戚戚君。上"戚"字谓"亲情"；下"戚"字，亦可作"烦扰"讲。位也，郑注：位是齿列，意思不明。位，指权位，意谓这不是根据血统亲疏的自然法则，而是根据社会组织的尊卑地位。

今译

宗法社会，国君等于宗子，同姓从宗，所以国君可以统领全族。然而同族的人却不能利用宗法的关系来烦扰国君，把他看作自己的子弟。关于这一点，则是根据社会地位了。

庶子不祭，明其宗也。庶子不得为长子三年，不继祖也 [1]。别子为祖，继别为宗，继祢者为小宗。有百世不迁之宗，有五世则迁之宗。百世不迁者，别子之后也；宗其继别子者，百世不迁者也。宗其继高祖者，五世则迁者也。尊祖故敬宗。敬宗，尊祖之义也 [2]。有小宗而无大宗者，有大宗而无小宗者，有无宗亦莫之宗者，公子是也 [3]。公子有宗道：公子之公，为其士大夫之庶者，宗其士大夫之适者，公子之宗道也 [4]。绝族无移服，亲者属也 [5]。

今注

1 以上四句，译注文已见《丧服小记》。

2 自"别子为祖"，至此，译注文亦已见《丧服小记》。

3 此处"公子"指诸侯的世子以外的同母弟及不同母的兄弟。世子自成一系，世世为诸侯，不为族人的宗，故使同母弟为宗以统其族属。如果没有同母弟，则以异母弟为宗，以统领诸公子，其礼有如"小宗"，这样，诸公子就成为只有小宗没有大宗了。倘或国君有同母弟，立为诸公子之宗，有如大宗，则不立异母弟，于是诸公子统于大宗而没有小宗了。又或如公子唯一，没有别的公子可为宗，亦没有别的公子以他为宗，这就成为"无宗亦莫之宗"的公子了（以上参孔疏及姜兆锡、郭嵩焘的解释）。

4 姜兆锡云：公子之"公"，指公子的国君。国君要为身居"士"或"大夫"地位的异母兄弟，立个"宗"，充当这个宗的，是他的同母弟。那同母弟亦是"公子"，这样的公子有其宗道。亦即申述上文"大宗"的意思。

5 郭嵩焘云：此引《丧服传》之语以结上文。移，读为"施"，施及的意思。今按下句，当引发下文。

今译

庶子不能祭祖，是为了严明宗法。庶子不能为其长子服丧三年，因为庶子不是先祖的继承人。嫡长子之外的庶子称作别子，别子为其后裔之始祖，继承别子的嫡长子就是大宗，继承别子之庶子的嫡长子就是小宗。有百世不迁之宗，即大宗，有五世而迁之宗，就是继高祖的小宗。百世不迁之宗，是别子的继承人。继承别子的嫡子为宗，是百世不迁的大宗。继承同高祖族人的宗，是五世而迁的小宗。因为尊敬先祖，所以才尊敬继承先祖的嫡长子，而尊重嫡长子正是尊重祖祢的实际表现。有一种是只有小宗而没有大宗的公子，又有一种是只有大宗而没有小宗的公子，更有一种是上面没有宗统而下面亦没有统属的公子。公子有宗道的，是公子的国君，可以替那些做士大夫的异母兄弟，立个同母弟为他们的宗子，那就是公子的宗道，像上文所说的。《仪礼·丧服传》有言：族属已断绝的，即不施及丧服。唯其亲者才相统属。

自仁率亲，等而上之，至于祖；自义率祖，顺而下之，至于祢。是故，人道亲亲也。亲亲故尊祖，尊祖故敬宗，敬宗故收族[1]，收族故宗庙严，宗庙严故重社稷，重社稷故爱百姓，爱百姓故刑罚中，刑罚中故庶民安，庶民安故财用足，财用足故百志成，百志成故礼俗刑[2]，礼俗刑然后乐。《诗》云："不显不承，无斁于人斯。"[3] 此之谓也。

今注

1　收族，《仪礼·丧服传》谓："大宗者，收族者也。""收"是"结聚"的意思。上文诸侯为公子立"宗"，其用意即在收族。亦即古人用宗法以团结人民，不至离散。

2　刑，是形式，规模。

3　此为《周颂·清庙》之诗。无斁，毛诗作"无射"，当以此文为正。斁，嫌厌。斯，语词。

今译

前面说过：自仁率亲，等而上之，至于祖；自义率祖，顺而下之，至于祢。这就明白人人的天性是爱其所亲。因为爱其所亲，推而上之，即亦尊重及于始祖了。尊重始祖并扩及同祖发展下来的宗族，即亦敬宗了。有此敬爱的亲情在，故能团结自己的族人。族人团结，所以宗庙的事极庄严。要维持宗庙的庄严，则须保重自己的国土。保重国土，就得爱护百姓。为着爱护百姓，则刑罚

必须公平。刑罚能够公平，则一般人都能安居乐业。人人皆能安居乐业，则资产富裕。资产既已富裕，则一切愿望都能达成。一切愿望都能达成，则礼俗就有规模了。有了规模的礼俗，然后人人都可享福了。《清庙》之诗有言："文王能发扬光大而承继先人的事业，所以永远有人喜欢他那样伟大的人物啊！"正是说的这个意思。

第十七　少仪

　　名曰《少仪》，郑孔以为系"杂明细小威仪"的缘故，朱熹则谓因此篇言"少者事长之节"。今考其内容，包括相见、适丧、致赙、宾主交接、洒扫、问卜、侍尊长、事君、御车、馈赠、侍食、饮酒、膳羞，以至于国家靡敝时的礼数，于少者侍长之节之外，尚有贱者事贵的礼法，包罗甚广，又与《曲礼》《内则》互为出入，且有雷同处，适可用以互相参校。

　　闻始见君子者¹，辞曰：某固愿闻名于将命者。不得阶主²。
今注
　　1　闻，记述这篇文章的人所听到的话。这话，当是《士相见礼》的记载。
　　2　闻名，通达姓名。将命者，出入传话的人。阶，上进。
今译
　　听说古人相见之礼：第一次去拜访有德行、有官爵的人，要先说：我十分愿意将贱名报告您的传达者。不可以直接说要见主人。

　　敌者曰¹：某固愿见。

今注

1 敌者，地位相当的人。

今译

如果求见的人与自己地位相当，就说：我特地前来拜会。

罕见曰闻名[1]。亟见曰朝夕[2]。

今注

1 罕见，少见面。

2 亟见，常常见面的。

今译

少见面的人，与始见的一样。常常见面的，则说"时时刻刻麻烦你通报"。

瞽曰闻名[1]。

今注

1 瞽，盲人。闻名，郑玄曰：以无目，故不称"见"。

今译

如果是盲人，即使是地位相当，亦但说"请通报姓名于你的传话人"。

适有丧者曰比[1]。童子曰听事[2]。适公卿之丧，则曰听役于司徒[3]。

今注

1 适，往。比，比并。孙希旦曰：比于将命，谓特来与将命者共同效劳。

2 听事，听候使唤。

3　司徒主公卿的家事，所以说听役于司徒。

今译

往丧家吊祭，应说“来与传命的人一同做事”。未成年的小孩则说“听候传命的人的差遣”。去参加公卿的丧礼，就说“听候管家的差遣”。

君将适他[1]，臣如致金玉货贝于君[2]，则曰：致马资于有司[3]；敌者曰：赠从者。

今注

1　适他，往别的地方朝会。

2　致，送。货，泉布，古钱币。

3　马资，养马的费用。这是谦说自己的物品菲薄，不堪充用，只是送给管马的官，作为养马的费用。

今译

国君要到别的地方朝会，臣下如果致送金玉泉布宝贝给国君，就说“这是送给随从官员们做养马的费用”；如果是赠给地位相当的，就说“这点东西赠送给你的随从官员”。

臣致襚于君[1]，则曰：致废衣于贾人[2]。敌者曰：襚。亲者兄弟不，以襚进[3]。

今注

1　襚，送孝服。

2　废衣，废置不用的衣服。按：《杂记》言使者襚，受服于门内霤或受服于中庭。郑注云：授服者“贾人”。贾人，其时盖为使者之属员。此处不敢直言致于使者，而称其属员，是谦辞。

3　亲者兄弟，兄弟的亲者，谓大功以上。按：此句各家都在

"弟"字断句，俞樾曰：此当于"不"字断句，"不"读为"否"。郑注曰"不执将命也"，解"否"字。又曰"以陈而已"，则解"以禭进"三字。盖此文承上文为义，臣致禭于君，则曰"致废衣于贾人"，敌者曰"禭"，至亲者兄弟则不然，直以禭进而已。

今译

臣下送寿衣给君王，便谦称："送些不中用的衣服交给贾人。"如果地位相当的，就说："送寿衣。"送给亲近的兄弟，就不必讲什么话，直接把寿衣送去。

臣为君丧，纳货贝于君[1]，则曰：纳甸于有司[2]。

今注

1 纳货贝，致赙。

2 纳甸，谓纳其采邑的田赋。

今译

臣下为国君的丧事而致赙金，则说：这是缴纳给主管的田赋。

赗马入庙门[1]；赙马与其币，大白兵车，不入庙门[2]。

今注

1 孔疏云：以马送死曰赗。赗，副也，言副亡者之意，供驾魂车。庙门，祖庙大门。

2 以马助生者料理丧事叫赙马。大白，旗。大白兵车是说兵车之上，插了大白旗。

今译

赠送死者以马，可入祖庙的大门；但是赠送生人办丧事的马及币帛，以及插了大白旗的兵车，不入祖庙大门。

赗者既致命，坐委之¹，摈者举之。主人无亲受也。

今注

1　委，置。坐，跪。跪着将赗币摆在地上。参阅《杂记上》。

今译

致送赗币的人说明来意之后，跪着把赗币摆在地上，由接待宾客的人接受拿起来。主人是不亲自接受的。

受立，授立不坐。性之直者则有之矣¹。

今注

1　郑玄曰：有之，有跪者。谓受授于尊者，而尊者身材短，则跪而授之，不敢以己之身材长大高临于长者。俞樾曰：直训为长。物曲则必短，直则必长，故直有长义。"性"与"生"古通用，性之直者，犹言生来身材高大。

今译

如果接受赗礼的人站着，致送的人也站着不跪。如果致送的人长得高大，而接受的人矮小，便跪着将币帛摆在地上。

始入而辞，曰：辞矣。即席，曰：可矣。

今译

宾客刚刚入门，摈者代主人表达辞谢的意思，说："不敢当您的礼。"当大家走到座席时，摈者便说："可以请坐，不需客气了。"

排阖说屦于户内者，一人而已矣。有尊长在则否。

今译

开门进入室内，在席边脱鞋子的，只有地位最尊的一个人，其他人都要在门外把鞋子脱掉。如果室内已经有尊长在，后来的就要在门外脱鞋。

问品味曰：子亟食于某乎[1]？问道艺曰[2]：子习于某乎？子善于某乎？

今注

1 亟食，常吃。

2 道艺，郑云：道者德行，艺为六艺。实践的理论及各种技术。

今译

询问别人的嗜好，要说：您常常吃某种东西吗？询问别人的学问或技艺，要说：您常常研究某种学问吗？您专长是某种技艺吗？

不疑在躬[1]，不度民械[2]，不愿于大家[3]，不訾重器[4]。

今注

1 疑，疑问。躬，自身。

2 度，量度。械，谋生的器械。

3 愿，羡慕。大家，富贵的家庭。

4 訾，毁议。重器，宗庙的宝器。

今译

勿使自身有被人猜疑的地方，不要计算别人家里谋生的器械，不要羡慕富贵人家，不要毁议人家宗庙的宝器。

第十七　少仪

氾扫曰"扫"[1]，扫席前曰"拚"；拚席不以鬣[2]。执箕膺揭[3]。

今注

1　氾扫，遍扫全室。

2　鬣，扫帚。扫地的扫帚不可用来清扫座席。

3　箕，畚箕。膺，胸。揭，箕舌。执箕去除灰尘垃圾时，箕舌向着自己。可参阅《曲礼上》。

今译

遍扫整个房间叫作"扫"，只是扫座席的前面就叫作"拚"；扫席前不用扫帚。执拿畚箕去除灰尘垃圾时，箕舌不要向外，要向着自己。

不贰问。问卜筮曰：义与？志与？义则可问，志则否。

今译

问卜占筮的时候，不可因为占卜的结果不合己意而要求再次占卜。在卜筮以前，要自问所卜的是为公家的正事，还是为个人的私意。如果是为公家，才可以问，为私意就不可以问。

尊长于己逾等[1]，不敢问其年。燕见不将命。遇于道，见则面[2]，不请所之。丧俟事不犆吊[3]。侍坐弗使，不执琴瑟，不画地，手无容，不翣也[4]。寝则坐而将命[5]。侍射则约矢[6]，侍投则拥矢[7]。胜则洗而以请，客亦如之[8]。不角[9]，不擢马[10]。

今注

1　逾等，辈分比自己高的。

2　见，被看见。面，相见。

3　俟，等待。事，朝夕哭时。犆，同"特"字。俟事不独吊，是说等待主人朝夕哭时才吊，非时不独吊。

4 使，长者命令。画地，有所称说而指画。手无容，不弄手作态。翣，扇。

5 将命，为尊者传命。

6 凡射，两人为一耦，先倚矢于福，两人更相让取矢，共取四矢。约矢的人，待尊长取完四矢，而后自己一齐取四矢。

7 投，投壶。拥，抱。投壶礼亦宾主各四矢，放在面前地上，一一取以投，若卑者侍投，则不敢将矢放在地上，而以手抱着。

8 凡射与投壶，不胜的人自己取觯立饮，这里与尊长相比而己胜，不敢令尊长自饮，乃洗爵斟酒，就他席前以请，像行觞一样。所谓客亦如之，是说宾主相比，客方不胜，主人亦洗爵以请，像卑者对尊者一样。

9 罚爵用角，饮尊长不敢用角，表示不敢施罚，只用平常饮酒的爵。

10 俞樾云：不擢马就是不立马。投壶的礼，卒投，司射执算请数，命酌曰：请行觞。正爵既行，请立马，一马从二马以庆，此宾主投壶的常礼（详《投壶》）。若侍投于长者，而幼卑者胜，则虽亦洗而请，但不敢因长者受罚，而谓己当受庆，故无庆多马的礼，则亦不用立马了，所以不擢马。

今译

高自己一辈的尊长，不敢询问他的年龄。私下拜见，卑幼的不使摈者传达辞令。在路上遇到尊长，若尊长看到自己，才上前请安，没有看到就算了；与尊长见面，不要问他到哪里去。参加丧礼，后辈要等到主人朝夕哭才吊，非时不独吊。陪侍尊长谈坐的时候，如果不是尊长命令，不执琴瑟奏乐；不自作聪明为长者策划，不宜以手作态向长者表示反对的意见，而摇手像扇扇子一样。如果长者躺着，卑幼的便坐着而等候为长者传命。陪长者射，要等他取完了箭，自己一次将四箭取在手中。陪长者投壶，要把箭矢抱着，不能放在地上。自己赢了，要洗好杯子，斟好酒，拿到尊长席前请他喝；对待客人也要这样。不要用罚酒专用的杯子，也不取尊长的一马以凑成自己的三马。

执君之乘车则坐[1]。仆者右带剑[2]，负良绥申之面[3]，拖诸幭[4]，以散绥升[5]，执辔然后步[6]。

今注

1　执，总握六辔，控制马的行进。

2　仆者，驾车的人。带剑应在左边，因为用右手抽剑方便。在车上，君坐在左，驾车的人在中，为了不妨碍君，所以把剑带在右边。

3　良绥，君执着登车的绳子。负而申之面，把绥搭在左肩上，绕过背后，再从右腋出于面前。

4　拖，搭置。幭，车篷的栏杆。

5　散绥，副绥。仆登车不得执君绥，故以副绥升。

6　步，行。驾车的人登车，执策分辔而后行车，行五步就停下来等候（参阅《曲礼上》）。

今译

驾驶国君的车，当国君不在车上时，驾车的人先则可以坐着，但要把剑佩在身的右边，将君绥搭在左肩，绕过背后，从右腋出于面前，绥的末尾搭放在车篷的栏杆上，准备让君拉着登车。驾车的人登车，是用副绥，登车之后，执策分辔然后试行，待调好马步，便停下，让国君登车。

请见不请退。朝廷曰退，燕游曰归，师役曰罢[1]。

今注

1 师，兵众。役，徒役。罢，休。

今译

对于尊长，可以请求会面，谈话完毕，不要请退，要得尊长的示意，然后告辞。在朝廷叫作"退"，饮燕游玩之后叫作"归"，战事劳役结束回家叫作"罢"。

侍坐于君子，君子欠伸[1]，运笏[2]，泽剑首[3]，还屦[4]，问日之蚤莫，虽请退可也。

今注

1 欠伸，见《曲礼》注。

2 运，转弄。

3 泽，摩拭。剑首，剑柄的顶端。

4 还，旋转。

今译

陪侍年长有爵位的人坐谈时，如果他打呵欠、伸懒腰、转弄朝笏、摩拭剑柄、把鞋子转过来、询问时间的早晚，这都是不耐烦的表示，那时可以请退。

事君者量而后入，不入而后量；凡乞假于人[1]，为人从事者亦然。然，故上无怨，而下远罪也。

今注

1 乞，求。假，借。

今译

臣子事君，要先衡量自己的才能然后接受任命，不要接受任命之后才衡量自己的能力。凡是对人有所要求或借贷，及替别人办事，也要这样。能够这样，则对上无所怨，自己亦免得罪。

不窥密，不旁狎[1]，不道旧故，不戏色[2]。

今注

1　旁狎，对宾客长辈坐，而与侍坐的人相狎昵。

2　戏色，朱熹说是嬉笑侮慢的表情。

今译

不要窥探别人的秘密隐私，陪长者坐时要专心致意，不要与其他侍坐的人相狎昵，不要把以前的事拿出来讲，待人接物要庄重严肃，不嬉笑侮慢。

为人臣下者，有谏而无讪，有亡而无疾[1]；颂而无谄，谏而无骄；怠则张而相之，废则埽而更之[2]：谓之社稷之役。

今注

1　讪，在背后讥讽。亡，离去。疾，怨恨。

2　怠，荒惰。张，劝以勤敏。相，助。废，制度败坏。埽，去除。更，代以兴起。

今译

作为臣下的人，对君主应当面劝谏，不要在背后讥讽，谏而不听则离开，不要心生怨恨；称颂君主，要本于实情，不可流于谄媚；劝谏要本于诚心，不要傲睨轻视；君主有时怠惰，要鼓励而加以帮助；制度有所败坏，要肃清而加以改良：这才叫作为国家服务。

毋拔来，毋报往[1]，毋渎神，毋循枉[2]，毋测未至。

今注

1　拔、报，都是仓促、急速的意思。

2　渎，次数多而不恭敬。循，依循。枉，不正当。

今译

往来做事的时候，应详加考虑，不要仓促。在祭祀方面，要依时而祭，不要因祭的次数过多而致怠慢。不要依循着不正当的途径，以求达到目的。未来的事，听其自然，不要妄加揣测。

士依于德，游于艺；工依于法，游于说[1]。

今注

1　说，论说规矩法式的文书。

今译

读书的人，要以道德为依归，而熟习于六艺；工匠要以法度为依归，而熟习其中的道理。

毋訾衣服成器，毋身质言语[1]。

今注

1　訾，诋毁。质，证成。

今译

不要诋毁别人的衣服及器皿，不要证实那些游移无根的谣言。

言语之美，穆穆皇皇[1]；朝廷之美，济济翔翔[2]；祭祀之美，齐齐皇皇[3]；车马之美，匪匪翼翼[4]；鸾和之美，肃肃雍雍[5]。

今注

1　言语，辞命。穆穆，旨意深远。皇皇，辞气昌大。

2　济济，行动齐一。翔翔，举动合法。

3　齐齐，谨慎诚恳的样子。皇皇，惶恐的样子。

　　4　匪匪，行动不停。翼翼，轻捷的样子。

　　5　鸾和，车行有节制，鸾铃和谐的声音。肃肃，清脆。雍雍，和谐。

今译

　　讲话及传达辞命的美，是旨意深远，辞气昌大；在朝廷的美，是行动齐一，举止合法；祭祀的美，是谨慎诚恳，惶恐小心；乘车驾马的美，是行动轻便迅速而不停息；车子行走时鸾铃和合声音的美，是清脆而和谐。

　　问国君之子长幼，长，则曰能从社稷之事矣；幼，则曰能御，未能御[1]。问大夫之子长幼，长，则曰能从乐人之事矣[2]；幼，则曰能正于乐人，未能正于乐人。问士之子长幼，长，则曰能耕矣；幼，则曰能负薪，未能负薪。

今注

　　1　御，侍。侍奉国君。

　　2　乐人，大司乐，教国子音乐的人。

今译

　　别人问自己国君儿子的年纪，如果已经长大，就说"能够从事国家的政事了"；如果年纪还小，就说"已经能够侍奉国君"，年纪很小，就说"还未能侍奉国君"。别人问及大夫儿子的年龄，如果已经长大，就说"能够从事大司乐的事了"；如果年纪还小，就说"已能接受大司乐的指导"，年纪很小，就说"还未能接受大司乐的指导"。别人问及士的儿子的年龄，如果已经长大，就说"能够耕种了"；如果年纪还小，就说"已能担负柴薪"，年纪很小，就说"还未能担负柴薪"。

执玉执龟策不趋，堂上不趋，城上不趋。武车不式，介者不拜。

今译

手里拿着玉或拿着龟策的时候，不要快步走，在堂上或在城上，亦不要快步走。在武装的兵车上，不用轼礼；身穿甲胄的人不下拜。

妇人吉事，虽有君赐，肃拜[1]。为尸坐[2]，则不手拜[3]，肃拜；为丧主则不手拜[4]。

今注

1　肃拜，低头下手而不至于地的拜。妇人以肃拜为正。

2　为尸，为祖姑的尸。

3　手拜，拜时手至地，而头至手。妇人以手拜为丧拜。

4　丧主，主妇居丧。不手拜，稽颡而后拜。

今译

妇人参加吉礼或接受君主的赏赐，都用肃拜；做尸而坐，亦不用手拜，而用肃拜；在丧事中，如果为丧主，则不用手拜而要磕头。

葛绖而麻带。

今译

妇人在既虞卒哭以后，首绖改用葛绖，腰带则仍用麻带。

取俎进俎不坐。

今译

祭祀的时候，从西阶上取俎升堂，以及将俎进设于席前，因俎有脚，所以人都不坐下。

执虚如执盈，入虚如有人。

今译

手拿着空的器皿，就像拿着装满东西的器皿一样谨慎；进到空房间内，就像进到有人的房间一样恭敬。

凡祭于室中堂上无跣[1]，燕则有之。

今注

1　跣，脱屦赤足。

今译

大凡祭祀，不管在室中还是在堂上，都不脱鞋，唯有燕饮的时候可以脱鞋。

未尝不食新[1]。

今注

1　尝，将新产品荐祭于寝庙。新，刚成熟的新产品。

今译

未将新产品荐祭于寝庙以前，不吃这些新产品。

仆于君子[1]，君子升下则授绥；始乘则式；君子下行，然后还立[2]。

今注

1　"仆"字在此作动词用，仆于君子，就是为尊长驾车的意思。

2　孙希旦云：还，转车就旁侧。立，驻车。君子既下而行，然后还车而立，以待君子。

今译

为尊长驾车，尊长登车下车，驾车人都要把"绥"递给他，使他有所把持；尊长上车时，驾车的人要把头低下，触及扶手横木行轼礼；尊长下车步行离去后，驾车的人才能将车转往一旁，站着等待。

乘贰车则式，佐车则否[1]。贰车者，诸侯七乘，上大夫五乘，下大夫三乘。

今注

1 贰车，朝觐祭祀的副车。佐车，戎猎的副车。

今译

乘坐朝觐祭祀的副车，要行轼礼，乘坐戎猎的副车则不必。朝觐祭祀副车的数量，诸侯七辆，上大夫五辆，下大夫三辆。

有贰车者之乘马服车不齿[1]。观君子之衣服，服剑，乘马，弗贾[2]。

今注

1 有贰车者，大夫阶级以上的尊者。服车，所乘的车子。齿，王引之说是"年数"。俞樾说，车固不当以齿言，因马而并论之，则亦得言齿。不齿，就是不评论车的新旧、马的老幼。

2 服剑，佩剑。弗贾，不评论价值贵贱。

今译

不要评论大夫阶级以上尊者所乘的马的老幼，及坐驾车的新旧。看到尊长的衣服、佩剑，及乘马，不要议论其贵贱价值。

其以乘壶酒、束修[1]、一犬赐人，若献人[2]，则陈酒执修以将命[3]，亦曰乘壶酒、束修、一犬。其以鼎肉[4]，则执以将命。其禽加于一双，则执一双以将命，委其余[5]。犬则执绁[6]；守犬，田犬[7]，则授摈者，既受，乃问犬名。牛则执纼，马则执靮，皆右之[8]。臣则左之[9]。

今注

1　乘壶，四壶。束修，十条肉干。

2　献，下级献给上级。此句以上，疑脱去"则陈酒执修以将命"八字。

3　陈，陈列在堂下。郑玄说：酒重脯轻，故陈列重者于门外，而执轻者进以奉命。

4　鼎肉，已经加以割切，可以放入鼎的肉。

5　加于，多过。一，一双。委，委置于堂下。

6　绁，缚狗的绳索。

7　孔疏云：犬有三种，一曰守犬，守御宅舍；二曰田犬，田猎所用；三曰食犬，以充庖厨。田犬守犬有名，食犬无名。

8　纼，牵牛的绳索。靮，马缰。右之，用右手牵着。

9　臣，俘虏。左之，用左手加以牵制，右手防备其反抗。

今译

上级以四壶酒、十条肉干、一只食用的狗赠送给下级，或者下级以同样东西送给上级，就把酒陈列在堂下，拿着肉干上堂表达辞命，所讲的就是"四壶酒，十条肉干，一只狗"。如果是赠送已切开的肉，就拿着肉来表达辞命。如果是赠送禽鸟之类，而数量超过一双的，就只拿一双上堂表达辞命，其余放置堂下。赠狗的时候，手牵着缚狗的绳子；如果所送的是守宅的狗及田猎用的狗，就把它交给接待宾客的摈者，摈者接过之后，就询问狗的名字。如果是送牛，就牵着牛绳，送马就拉着马缰，都是用右手。如果所送的是俘虏，就得用左手，空着右手以防其暴动。

车则说绥[1]，执以将命。甲若有以前之[2]，则执以将命；无以前之，则袒櫜奉胄[3]。器则执盖。弓则以左手屈韣执拊[4]。剑则启椟盖袭之，加夫桡与剑焉[5]。笏、书、修、苞苴[6]、弓、茵[7]、席、枕、几、颖[8]、杖、琴、瑟、戈有刃者椟、策、钥[9]，其执之皆尚左手。刀却刃授颖。削授拊[10]。凡有刺刃者，以授人则辟刃[11]。

今注

1　说，同脱。说绥，将车上的绥解下。

2　王夫之说：前之，谓以他物轻易持者先甲而进。

3　袒，开露。櫜，收藏盔甲的甲衣。胄，头盔。

4　韣，弓衣。屈韣执拊，将弓衣褪露至弓的中间，拊的地方，半屈着，左手执着拊，右手握着弓头"箫"处。

5　椟，装剑的盒子。袭之，放在盒子下面。夫，语助词。桡，应作襓，剑衣。加夫桡与剑，孔疏说：加衣于函中，而以剑置衣上。王夫之说，与犹于，以衣覆剑，慎凶器。按：以物赠人，而加以掩盖，似不合理，应以孔说为是。

6　苞苴，用苇草编成，用来包裹鱼肉。

7　茵，垫褥。

8　颖，警枕，用圆木造成的小枕，枕而熟睡，则头欹侧警醒，所以叫作警枕。

9　俞樾曰：策乃简策的策。钥，书篇。就其已书写者言之则为书，就其未书写者言之则为策为钥。

10　却刃，以刃向后。颖，刀镮。削，曲刀。拊，刀柄。

11　辟刃，退刃于后，不以向人。

赠车的时候，把绥解下来，拿着以传达辞命。赠送盔甲，如果还有别的东西，就先拿其他东西传达辞命；如果没有，就把藏甲的甲衣打开，捧着头盔传命。送笨重的器具，拿它的盖子传命。赠弓，用左手屈翻弓衣，执着弓的中间。赠剑，就打开剑盒子的盖，放在盒子下面，把剑衣放在盒里，压在剑下。凡是送笏、书、肉脯、包了鱼肉的苞苴、弓、垫褥、席子、枕头、几案、警枕、手杖、琴、瑟、用盒子装着的有刀锋的戈、书策及书钥等，拿的时候，以左手为尊敬。递刀时，刀锋向后，以刀镮递给人。递曲刀时以刀柄授人。凡是有尖锐刀锋的，递给人时，皆不以刀锋向人。

乘兵车，出先刃，入后刃。军尚左，卒尚右。

今译

在战车上的人，出城时刀锋向前，入城时刀锋向后。军队的排列，将领们以左边为首位，卒伍则以右为上位。

宾客主恭，祭祀主敬，丧事主哀，会同主诩[1]。军旅思险，隐情以虞[2]。

今注

1　诩，夸张。

2　思险，以失败为戒。隐情，隐蔽我方的实情。虞，预防。

今译

接待宾客，以礼相待，故以容貌恭谨为主；祭祀以诚感动神明，故以内心的敬为主；丧事以悲哀为主；封国间的集会，以炫耀国威为主。行军布阵，要先想到各种危险，同时隐蔽己方的实情，而预防敌人的侦察。

燕侍食于君子，则先饭而后已[1]；毋放饭，毋流歠；小饭而亟之[2]；数噍，毋为口容[3]。

今注

1　燕侍食，平常奉陪吃饭。先饭，先君子而食。

2　放饭、流歠，已见《曲礼》注。小饭，小口而吃。亟之，速吞下。孔疏曰：小口而饭，备哕噎；速咽之，备见问。

3　数噍，速嚼。口容，王夫之曰：畜饭颊间，弄颐而嚼。就是把饭挤在牙齿与脸颊间咀嚼，把两腮鼓胀起来的样子。

今译

与尊长一起吃便饭时，要在尊长之前吃，而等尊长吃完了才停止；不要落得满桌是饭，流得满桌是汤；要小口地吃，快点吞下；咀嚼要快，不要把饭留在颊间咀嚼。

客自彻，辞焉则止。

今译

饭后，客人以身份卑微，要亲自收拾餐具，如果主人劝阻，就不必收拾。

客爵居左，其饮居右[1]；介爵、酢爵、僎爵皆居右[2]。

今注

1　客爵，主人酬宾的爵。其饮，主人献宾的爵，及一人举觯的爵。

2　介爵，主人献介的爵。酢爵，宾酢主人的爵。僎爵，主人献僎的爵。僎是乡中来观礼的卿大夫。

今译

主人酬谢宾客，饮酒的杯子放在左边；主人敬献宾客，饮酒的杯子放在右边；主人敬献介的酒杯，宾客答谢主人的酒杯，主人敬献来观礼者的酒杯，都放在右边。

羞濡鱼者进尾 [1]；冬右腴，夏右鳍 [2]；祭膴 [3]。

今注

1 羞，进。濡，鲜煮和汁。进尾，鱼尾在前，向着宾客。

2 腴，鱼腹。鳍，鱼脊。鱼冬肥在腹，夏肥在鳍。右，在客的右方，便于先食。

3 膴，鱼腹下切下来的大块肉。

今译

日常燕食以鱼作菜，如果是鲜鱼连汁上菜，以鱼尾向着宾客；冬天鱼肚向宾客右方，夏天鱼脊向宾客右方；祭祀，用鱼肚切下的大块鱼肉。

凡齐 [1]，执之以右，居之于左。

今注

1 齐，用盐梅等调和的食羹酱饮。

今译

凡是用盐梅等调味的菜色，上菜时，用右手握持，而托捧于左手上。

赞币自左 [1]，诏辞自右 [2]。

今注

1 赞，助。赞币，摈者为主人授予币帛。自，由。

2　诏辞，传达命令。

今译

相礼者为主人授予币帛时，由主人的左边出；为主人传达命令时，由主人的右边出。

酌尸之仆，如君之仆[1]。其在车则左执辔，右受爵，祭左右轨范乃饮[2]。

今注

1　尸之仆，君之仆，皆指驾车的人。

2　轨范，王夫之改轨为𨊠，曰：𨊠，扶泛反，字从车从凡，俗本作轨者误。又云：𨊠，车前横木，范字衍文，盖传写者注𨊠字的音于下，后人相误沿以为经文。郑玄曰：《周礼·大御》：祭两𨊠，祭轨乃饮。轨与𨊠于车同，谓槅头。𨊠与范声同，谓轼前。孔疏曰：轨谓毂末，范谓轼前。按：阮元《校勘记》云：卢文弨校云：轨乃𨊠之讹，而郑此处但云"与𨊠同"，《释文》又音魄美反，不当改轨。按：卢校是。轨本为车辙，郑君此注，以当𨊠𨊠为二，轼前注意以为即此范，范既为𨊠，轨又改𨊠，是祭左右轨𨊠，必不可通。故轨范不必改字。轨就是车轮轴的两头；"范"是"𨊠"的借字，车轼的前面。

今译

向尸之仆敬酒，与向国君之仆敬酒，其礼相同。如果仆在车上，则左手执缰，右手接杯，将酒祭了车子的左右轮轴的头，及车轼前面，然后饮。

凡羞有俎者，则于俎内祭。君子不食圂腴[1]。小子走而不趋，举爵则坐祭立饮。凡洗必盥[2]。牛羊之肺，离而不提心[3]。凡羞有湆者，不以齐⁴。为君子择葱薤，则绝其本末⁵。羞首者，进喙祭耳⁶。

今注

1 圂，谷食的家畜，猪狗之类。胥，内脏。

2 洗，洗爵。盥，洗手。

3 离，割断。提，至。心，中央。

4 羞，菜肴。湆，肉汁。

5 本，根。末，叶。

6 羞首，进头为食。进喙，以嘴向客人。

今译

凡进食，有用俎盛的，就在俎里祭之。君子不吃猪狗的内脏。未成年的弟子，参与燕会，只供役使驱走，而不能趋步；若举杯喝酒，则坐着祭，站起来饮。凡是洗杯子以前，一定先把手洗干净。牛羊的肺切开时，留着中央的一点相连，祭的时候才用手分开。大凡菜肴有肉汁的，就不再加梅盐之类的调味品。为尊长者选取葱薤香菜，先把根叶去掉。进牧畜头部为食，把嘴巴对着尊者，用耳作祭。

尊者以酌者之左为上尊¹。尊壶者面其鼻²。饮酒者、醮者、醮者，有折俎不坐³。未步爵，不尝羞⁴。

今注

1 尊者，设尊的人。酌，斟酒的人。上尊，玄酒。朱熹说：设尊的人，当其设时，即预度酌酒人的左尊而实之以玄酒。

2 尊壶，以酒壶代酒樽。面其鼻，以壶嘴向人。孙希旦曰：谓设尊或傍于壁，或傍于楹，而其鼻皆在外向人。

3 饮酒，非公燕而私相酌。醮，沐已而饮。醮，敬始冠者以酒。折俎，折骨体以为俎。孙希旦曰：三事礼末皆坐，其初有折俎时则不坐，因折俎尊重。

4　步，行。步爵，旅酬无算爵（参阅《乡饮酒义》）。

今译

设尊的人，以斟酒人的左方为上尊，注入玄酒。如果用壶代尊，应使壶嘴向外对着人。常居饮酒，洗头之后饮酒，或是向始冠的人敬酒，在折俎未撤去以前，都不坐着饮酒。未到行爵随意饮酒的时候，不吃菜肴。

牛与羊鱼之腥，聂而切之为脍[1]；麋鹿为菹，野豕为轩，皆聂而不切；麕为辟鸡，兔为宛脾，皆聂而切之。切葱若薤，实之醯以柔之。

今注

1　聂，薄切为片。切，更加细切。以下见《内则》注。

今译

牛、羊、鱼的生肉，薄切为片，再细切为脍；麋鹿的肉切成片，野猪肉亦切成片，都是切成薄片而不再细切；麕肉切成肉丝，兔肉亦切成肉丝，都是切成薄片之后再加细切。又把葱薤加以细切，渍在醋中，拌和肉类，以除去腥气并使之变嫩。

其有折俎者，取祭肺，反之，不坐；燔亦如之。尸则坐。

今译

如果有盛着解割了牲体的俎，宾客就在俎取祭肺而祭，祭毕，放回俎中，都是站着做的；炙肉也是一样。做这些事时，尸是坐着的。

衣服在躬，而不知其名为罔[1]。

今注

1　名，升数多少、染色浅深、制度差等的名。

今译

衣服穿在身上，而不知道它的升数、染色、制度的名称，就是无知。

其未有烛而后至者，则以在者告。道瞽亦然。

今译

傍晚日暮集会，尚未点上烛火，如果有人后来，主人应把在座的有什么人告诉他。引导盲人也是这样。

凡饮酒为献主者[1]，执烛抱燋[2]，客作而辞，然后以授人。

今注

1　献主，君燕臣，使宰代做主人，称为献主。

2　燋，未燃点的火炬。已燃点叫烛。

今译

在饮酒时做献主的人，到日暮上灯时，手执着燃点着的烛，又抱着未燃的燋来劝酒，客人起来辞谢，主人然后把烛、燋交给仆人。

执烛不让，不辞，不歌。

今译

执拿烛火的人，要谨慎焰烬，所以不必辞让，亦不讲话，不歌唱。

洗盥执食饮者勿气¹，有问焉，则辟咡而对²。

今注

1　勿气，屏口气，勿使喷及物件。

2　辟，避。咡，口旁。

今译

为长者洗爵，倒水洗手以及执饮食时，不要让口气喷及器物，若长者有所询问，要转头侧口才回答。

为人祭曰致福¹，为己祭而致膳于君子曰膳，衬练曰告。

今注

1　为人祭，代替主祭。致福，送福。这以下都是致祭祀之余与君子所讲的话。

今译

代人做主祭，把祭祀所余物品致送别人，就说是"致福"；为自己祭祀，把所余膳食致送给尊长，就说是"膳"；如果是丧祭衬练等凶事，就说是"告"，报告成事的意思。

凡膳、告于君子¹，主人展之²，以授使者于阼阶之南³，南面再拜稽首送；反命，主人又再拜稽首。其礼：大牢则以牛左肩臂臑折九个⁴，少牢则以羊左肩七个，特豕则以豕左肩五个⁵。

今注

1　俞樾曰：告于君子的"子"是衍文，涉上文"致膳于君子"而衍。

2　展，省视；检视所膳告的东西。

3　阼阶之南，下阶而至于堂下。

4　臂，肩下骨。臑，臂下近蹄骨。折，折断。九个，九段，肩、臂、臑各三段，虽斫而不断绝。所以用左，留右以祭。

5　羊豕亦用肩、臂、臑，此处亦略而已。

今译

凡是送脡肉给君主，主人亲自点视所致送的物品，在主阶的南部堂下授给使者，面向南再拜稽首相送；使者完成任务归来，主人又下堂再拜稽首受命。礼品的规定：若果是太牢的祭祀，就用牛的左边肩、臂及臑，斫断为九段；少牢的祭祀，就用羊的左边肩、臂、臑，斫断为七段；独豕的祭祀，就用豕的左边肩、臂、臑，斫断为五段。

国家靡敝，则车不雕几 [1]，甲不组縢 [2]，食器不刻镂，君子不履丝屦，马不常秣。

今注

1　雕几，雕刻凹凸线纹。见《郊特牲》注。

2　縢，缘。组縢，以组来缘饰。

今译

当国家在战乱饥馑凋敝之时，人民生活困难，车不用雕刻花纹，盔甲亦不用组带缘饰，食用的器具不要刻镂，君子不穿着丝质的鞋子，马不经常喂谷物。

第十八　学记

本篇记述学习的功用、方法、目的、效果，而及于教学为师的道理，与《大学》发明所学的道术，相为表里，故甚为宋代理学家所推重，以为《礼记》除《中庸》《大学》之外，唯《学记》《乐记》最近于道。按：本篇谈亲师敬业，是学者初入学时不可不知的事，比较《大学》所谈深奥的理论，更切于实用。

发虑宪¹，求善良，足以谖闻²，不足以动众；就贤体远³，足以动众，未足以化民。君子如欲化民成俗，其必由学乎！

今注

1　郑玄说：宪，法也。俞樾说：虑宪与善良一律，"善""良"二字同义，"虑""宪"二字亦同义。《尔雅·释诂》：虑，思也。而原宪字子思，则宪亦是思。虑，考虑。

2　谖闻，小有声誉。

3　就贤，躬亲前往接近贤者。体远，体悉远方的利病。

今译

发动思虑，广求善良，只能做到稍有声誉，还不够感动群众。亲自就教于贤者，体悉远方的利病，虽能感动群众，但还不够化育人民。君子如果要化育人民，造成良好的风俗，一定要从教育入手。

玉不琢，不成器；人不学，不知道。是故古之王者建国君民，教学为先。《兑命》曰：念终始典于学[1]。其此之谓乎！

今注

1 《兑命》，《尚书》篇名。典，经常。

今译

玉的质地虽然美好，但不加琢磨，就不会成为器皿；人虽为万物之灵，若不学习，亦不会明白道理。所以古代王者建设国家、治理人民，以教育为最先的任务。《尚书·兑命》说：自始至终，要经常想着学习。就是这个意思。

虽有嘉肴，弗食，不知其旨也；虽有至道，弗学，不知其善也。故学然后知不足，教然后知困。知不足，然后能自反也；知困，然后能自强也。故曰：教学相长也。《兑命》曰：学学半[1]。其此之谓乎。

今注

1 王夫之说：上一学字，《尚书》作敩，教的意思；以教人而研理益精，足以当学之半。

今译

虽然有好菜摆在那里，如果不去尝试，就不能知道它的美味；虽然有至善的道理，如果不去学习，就不能知道它的美好。所以学习过后才知道自己的不足，教了人之后才知道自己的不通。知道不够，然后能自我反省；知道不通，然后能自我勉力。所以说：教与学是互相增长的。《兑命》说：教别人，能收到学习一半的效果。就是这个意思。

古之教者，家有塾[1]，党有庠[2]，术有序[3]，国有学。比年入学，中年考校 [4]。一年视离经辨志，三年视敬业乐群，五年视博习亲师，七年视论学取友，谓之小成；九年知类通达，强立而不反 [5]，谓之大成。夫然后足以化民易俗，近者说服，而远者怀之，此大学之道也。记曰：蛾子时术之 [6]。其此之谓乎。

今注

1　郑玄曰：古者仕焉而已者，归教于闾里，朝夕坐于门，门侧之堂谓之塾。

2　五百家为党。

3　术，与遂通。一万二千五百家为遂。

4　比年，每年。中年，隔一年。

5　强立，临事不惑。不反，不违反师教。

6　蛾，同蚁。术，学习。

今译

古时教学的地方，一家中有"塾"，一党中有"庠"，一遂中有"序"，一国中有"学"。每年都有新生入学，隔一年做一次考试。入学一年考经文的句读，辨别志向所趋；三年考查学生是否专心事业，乐合群众；五年考查学生是否广博学习，亲敬师长；七年考查学生在学术上的见解，及对朋友的选择，这时候叫作小成；九年而知识畅达，能触类旁通，临事而不惑，不违背师训，这就叫作大成。这时，才能够化育人民，改变风俗，附近的人都心悦诚服，远方的人都来归附，这是大学教育的步骤。古书说：蚂蚁时时学习衔泥，然后能成大垤。就是这个意思。

大学始教 [1]，皮弁祭菜 [2]，示敬道也；宵雅肄三，官其始也 [3]；入学鼓箧，孙其业也 [4]；夏楚二物，收其威也 [5]；未卜禘不视学，游其志也 [6]；时观而弗语，存其心也；幼者听而弗问，学不躐等也[7]。此七者，教之大伦也。记曰：凡学官先事，士先志。其此之谓乎。

今注

1　始教，开学。

2　皮弁，朝服。祭菜，祭先圣先师以蘋藻之菜。

3　宵，小。肄，练习。王夫之说：《小雅》之三，《鹿鸣》《四牡》《皇皇者华》，入学之始先习之，因为此三诗为升歌之乐，而所咏者君臣事使的礼，所以劝进学者，以莅官事上之道期望他。

4　入学授课之前，先击鼓召集学生，然后打开书箧。孙，恭顺。

5　夏，苦茶，枝条可做杖以扑人。楚，荆条。收，收敛。威，威仪。

6　孔疏曰：夏氏云：禘，大祭，在于夏，天子诸侯视学之时，必在禘祭之后。未卜禘，禘是大祭，必先卜，故连言之。是未禘祭不视学。欲优游纵暇学者的志向，不欲急切。

7　躐，逾越。

今译

大学开学的时候，士子穿着礼服，以蘋藻祭祀先圣先师，表示尊敬道术；练习《小雅》中的《鹿鸣》《四牡》《皇皇者华》三首诗歌，是要以莅官事上的道理去期望学生；先击鼓召集学生，然后打开书箧是要学生对学业恭顺；夏楚两物用以鞭策学生，是要使学生有所畏惧取得整肃的威仪；夏天未禘祭以前，天子不去学校视察，是要使学生得有充足的时间以发展志向；教师常常观察学生，但到必要时才加以指导，是要使学生自动自发；至于年幼的学生，只听讲而不乱发问，则因学习不能不依进度进行。这七项，是教学的大道理。古书说：凡学习做官，先学处理事情；

要做学者，先坚定志向。就是这个意思。

大学之教也时[1]，教必有正业[2]，退息必有居[3]。学，不学操缦，不能安弦[4]；不学博依[5]，不能安诗；不学杂服[6]，不能安礼；不兴其艺，不能乐学。故君子之于学也，藏焉，修焉，息焉，游焉[7]。夫然，故安其学而亲其师，乐其友而信其道。是以虽离师辅而不反[8]。《兑命》曰：敬孙务时敏，厥修乃来[9]。其此之谓乎。

今注

1 时，时序。教有时序，如春秋教以礼乐，冬夏教以诗书。

2 正业，正常科目。

3 退息，下课及放假的时候。居，孔颖达云：常居之处。王夫之说"居"是"恒守"，退息必有居，就是功课常常温习的意思。按：此上断句，系据孔氏《正义》；宋人改读为："大学之教也，时教必有正业，退息必有居学。"解释亦略不同，兹依前者。

4 王夫之说：操，琴瑟曲名。缦就是引。今曲中有"慢"的便是。安，熟习而不劳。弦，琴瑟，音乐。

5 依，譬喻。博依，博通于鸟兽草木、天时人事的情状而能譬喻。

6 杂服，郑注云：冕服皮弁之属。俞樾说：冕服皮弁，不能叫作杂服。"服"字当从《尔雅·释诂》"服，事也"的解释。"杂服"就是"杂事"，洒扫应对无非礼，故必学杂事，然后能安礼。

7 藏，存于内心。修，现于行动。息焉，休息时不忘。游焉，玩乐时不忘。

8 辅，朋友。

9 时敏，无时不敏，就是不停息的意思。来，有所成就。

今译

大学顺着时序而施教，所授都有正常的科目，学生下课及休假时，都有课外的温习项目。学习的方法，如果不学"操""缦"这些小调子，指法不纯熟，弹琴就弹不好；不学打譬喻，作诗就作不好；不学洒扫应对，行礼就行不好；不喜欢学习技艺，就提不起学习的兴趣。所以君子在学习方面，要藏之于心，表现于外，不论休息或游乐时，都念念不忘。能够这样，才能安于学习，亲爱师长，与同学相处和洽而信奉真理。所以虽然离开了师长同学，亦不会违背道义。《尚书·兑命》说：恭敬谦顺，努力不倦，修行便能成功。就是这个意思。

今之教者，呻其占毕[1]，多其讯[2]，言及于数[3]，进而不顾其安[4]，使人不由其诚[5]，教人不尽其材[6]；其施之也悖，其求之也佛[7]。夫然，故隐其学而疾其师[8]，苦其难而不知其益也，虽终其业，其去之必速[9]。教之不刑[10]，其此之由乎。

今注

1　呻，吟读。占，笘。毕，皆指书本。王夫之说：占视毕简，且吟且视，给予口授，心无所得。

2　讯，问难。

3　朱熹说：数，谓形名度数，欲以是穷学者之未知，非求其本。

4　进，多所教授。安，熟习。郑玄说：务其所诵多，不唯其未晓。

5　"使"也是"教"的意思。由，用。诚，忠诚。孔疏云：使学者诵文而已，为之说义，心皆不晓而猛浪，是不用己之忠诚。

6　尽，量度。材，材性。

7　悖，违背道理。佛，乖戾。

8　王夫之曰：隐含痛意，谓以学为患。疾，厌恶。

9　去，遗忘。

10　刑，成功。

今译

　　如今教人的人，口里念着书本，其实自己就不通，故意找些难题来问学生，又多讲些名物制度，使人不懂但求多教，不管学生明不明白，教人时没有一点诚意，又不度量学生的材性高低、学习的能力怎样；对学生的教导违反情理，要求亦乖戾不通。这样，使得学生昧于学习而憎恶师长，但觉学习困难，而不知究竟得到什么好处。虽然勉强读完了书本，但很快忘得一干二净。教育之所以不能成功，就是这个原因。

　　大学之法，禁于未发之谓豫[1]，当其可之谓时[2]，不陵节而施之谓孙[3]，相观而善之谓摩[4]。此四者，教之所由兴也。

今注

1　未发，邪恶念头未发生以前。豫，防备。

2　可，恰可受教的时候。时，合乎时宜。

3　陵，超越。节，学习的等级。孙，顺。

4　相观，学者彼此观察学习。善，改善获益。摩，互相切磋。

今译

　　大学教人的方法，在一切邪恶念头未发生前，用礼来加以约束禁止，就叫作有准备；当学生恰好可以教导时才加以教导，就叫作合乎时宜；根据学生的能力，不跨越程度来教导，就叫作顺序；使学生互相观摩而得到益处，就叫作切磋。这四条，就是使教育兴盛的方法。

发然后禁，则扞格而不胜[1]；时过然后学，则勤苦而难成；杂施而不孙，则坏乱而不修[2]；独学而无友，则孤陋而寡闻；燕朋逆其师；燕辟废其学[3]。此六者，教之所由废也。

今注

1　扞格，坚不可入的样子。郑注云：扞格不胜，谓教不能胜其情欲。

2　修，修治。

3　燕朋，不正当的朋友。燕辟，郑玄说是"亵师之譬喻"。孔疏说：譬，譬喻；谓义理钩深，或直言难晓，时须假设譬喻，而后可解，而惰学之徒，好亵慢笑师之譬喻，是废学之道。朱熹说：燕辟，谓私亵之谈。王夫之说："辟"同"嬖"。燕嬖，女子小人，导以淫夫。按：这几种说法，不够完全。辟可作癖好讲。燕辟或是不良习惯。

今译

邪恶的念头已经发生，然后加以禁止，则坚不可入，教育亦发生不了作用。适当的学习时期过了才去学，虽然努力，亦难有成就。东拉西扯而不顺着进度学习，只使脑筋混乱而不可收拾。没有同学在一起研讨，便落得孤单浅陋而所见不广。结交不正当的朋友，会违背师长的教训；不良的习惯，会荒误自己的学业。这六项，是导致教育失败的原因。

君子既知教之所由兴，又知教之所由废，然后可以为人师也。故君子之教喻也，道而弗牵[1]，强而弗抑[2]，开而弗达[3]。道而弗牵则和，强而弗抑则易，开而弗达则思；和易以思，可谓善喻矣。

今注

1 道，引导。牵，强迫。

2 强，刚严。抑，阻止。

3 开，启发。达，尽其学说。

今译

君子知道了教育兴盛的原因，又知道了教育衰落的原因，然后可以做人家的老师。所以君子的教育是晓喻别人，只加以引导，而不强迫别人服从；待学生刚严，但不抑制其个性的发展；加以启发，而不将结论和盘托出。只引导而不强迫，使学习的人容易亲近。教师刚严而不抑制，使学生能够自由发展。只加以启发而不必全说，使学生能够思考。使人亲近而又能自动思考，这才算是善于晓喻了。

学者有四失，教者必知之。人之学也，或失则多，或失则寡，或失则易，或失则止¹。此四者，心之莫同也。知其心，然后能救其失也。教也者，长善而救其失者也。

今注

1 王夫之说：多，泛记而不亲；寡，专持而不广；易，果为而不知难；止，循分而不能进。俞樾说：易读为变易的易。或失则易，谓见异而迁，此事未竟，又为彼事。或失则止，谓画地自限，但知其一，不知其二。

今译

学习的人会犯四种过失，教导的人一定要知道。人在学习时，或则有贪多而不求甚解的毛病；或则有安于一隅而所知太少的毛病；或则有见异思迁而学不专一的毛病；或则有自作限制，不求进步的毛病。这四种心理都不同，做教师的必先明白这些心理，然后才能加以补救。教育的目的，本是要培养良善而挽救过失的。

善歌者，使人继其声；善教者，使人继其志。其言也约而达，微而臧，罕譬而喻[1]，可谓继志矣。

今注

1　约，简约。达，通达。微，含蓄。臧，善美。罕譬，少譬喻。喻，明了。

今译

善于唱歌的人，能使人感动而跟着他歌唱；善于教学的人，能使人继续他的志向而求得成功。教师的言语简约而通达，含蓄而精当，少用譬喻亦容易明了，可算是能使人继续志向了。

君子知至学之难易，而知其美恶[1]，然后能博喻[2]；能博喻然后能为师；能为师然后能为长；能为长然后能为君。故师也者，所以学为君也。是故择师不可不慎也。记曰：三王四代唯其师[3]。此之谓乎。

今注

1　孙希旦说：至学之难易，谓学者入道的深浅次第。美恶，谓人的材质不同，无失者为美，有失者为恶。

2　博喻，孔疏说是"广有晓解"，孙希旦说：因学者之材质而告之，而广博譬喻，不拘一途。王夫之云：谓所喻者众。按：上文称善教者要"罕譬而喻"，这里的"喻"字不宜作"譬喻"讲，当依孔疏释作"晓喻"。

3　三王，夏、殷、周，加虞而为四代。唯其师，慎择其师。

今译

君子知道求学的深浅次第、学生个人的品性材质，然后能因材施教，广泛地加以晓喻，然后有能力做老师。能够做老师，才能做官长；能做官长，才能做国君。所以学做老师，就是学做国君。所以选择老师不可以不审慎。古书说：虞、夏、殷、周四代，对老师的选择都很慎重。就是这个意思。

凡学之道，严师为难[1]。师严然后道尊，道尊然后民知敬学。是故君之所不臣于其臣者二：当其为尸则弗臣也，当其为师则弗臣也。大学之礼，虽诏于天子，无北面[2]：所以尊师也。

今注

1　严，尊敬。

2　诏，告。礼：天子南面，臣北面。但天子入太学而亲有所问则东面，而师西面。

今译

学习时最难做到的，就是尊敬老师。老师受到尊敬，然后真理才受到敬重；真理受到敬重，然后人民的学习态度才会严肃。所以君主不以对待属下的态度来对待臣子的情形有两种：一种就是在祭祀中，臣子做"尸"的时候；另一种就是做君主老师的时候。在太学里的礼法，对天子讲授时，臣下不必北面居臣位：这就是为了表示尊敬老师。

善学者，师逸而功倍，又从而庸之[1]；不善学者，师勤而功半，又从而怨之。善问者，如攻坚木[2]，先其易者，后其节目[3]，及其久也，相说以解[4]；不善问者反此。善待问者，如撞钟，叩之以小者则小鸣，叩之以大者则大鸣，待其从容，然后尽其声[5]；不善答问者反此。此皆进学之道也。

今注

1　逸，安逸。庸，归功。

2　攻，砍伐。

3　节目，王夫之云：木枝节所自出坚撑处。

4　说，同脱，脱落。解，分解。

5　从容，不急迫。尽其声，余韵悠扬。

今译

善于学习的人，老师很轻松，而教育效果反而加倍，学生都归功于老师教导有方；不善于学习的人，老师督促严厉，而效果只得一半，学生都怨恨老师过于严格。善于发问的人，像砍伐坚硬的木头，先从较软的部位开始，而及于较硬的节疤，时间久了节疤自然脱落分解；不善发问的人，方法刚好相反。善于答问的人，有如撞钟，轻轻敲打，钟声较小，重重敲打，钟声较大，一定要打钟的人从容不迫，钟声才会余韵悠扬；不善答问的人刚好相反。这都是增进学问的方法。

记问之学[1]，不足以为人师。必也听语乎[2]，力不能问，然后语之；语之而不知，虽舍之可也。

今注

1　郑注云：记问，谓豫诵难题杂说，至讲学时为学者论之。此或时师不心解，或学者未能问。记问之学，就是自己没有心得的学问。

2　听语，因学者的问题，而加以解答。

今译

没有独到见解的人，不够资格做别人的老师，一定要因学生提出问题才加以解答；学生心里有疑难，而没有能力表达，老师才加以开导；老师加以开导，学生仍然不明白，只有暂时放弃指导，以待将来。

良冶之子，必学为裘[1]；良弓之子，必学为箕[2]；始驾马者反之，车在马前[3]。君子察于此三者，可以有志于学矣。

今注

1　冶，熔铸铜铁的工匠。裘，皮衣。陶铸金铁，使之柔和，以补治破器，皆令完好，与做袍裘，补续兽皮，片片相合，以至完全，其理相近。故善冶之家，必使子弟先学做袍裘。

2　箕，柳箕。弓与箕皆是屈曲竹木做成，故弓人的子弟，必先学习矫揉竹柳而制箕。

3　孔疏：始驾马，谓始学驾车的小马。反之，谓将小马系在车后。使它天天跟着学习，到了驾车时始不至惊奔。

今译

好的铁匠的儿子，必须先学补缀皮衣。好的弓匠的儿子，必须先学制作畚箕。刚学驾车的小马都先系在车子后面，而车子就在它面前。君子观察这三件事，就可以立定学习的志向了。

古之学者：比物丑类[1]。鼓无当于五声，五声弗得不和[2]。水无当于五色，五色弗得不章。学无当于五官[3]，五官弗得不治。师无当于五服，五服弗得不亲[4]。

今注

1　丑，俦。俦类，汇为一类。

2　当，是"相当"的意思。五声，指宫商角徵羽五音。

3　五官，孔疏云：金木水火土之官。解释不够明白。王夫之依陈澔《集说》，以为是耳目貌言思。但此五者于《洪范》称为

"五事"，不得谓为五官。今按前文"官先事，士先志"，此五官，当为泛举《曲礼》所言五官，即政府之各部官员。

4 五服，本为斩、齐、大功、小功、缌。而此处但作"人伦关系"讲。

今译

古代的学者，能够比较事物的异同而为之汇成一类。譬如，鼓的声音并不相当于五音之任何一种音，但是五音迭奏，没有鼓的调节就得不到谐和。又如水，水的颜色并不相当于五色之任何一色，然而五色的配合没有水为之调匀就不鲜明。至于学者，并不相等于政府的任何一种职官，然而任何一种职官，没有经过学习就不会办事。再如老师，他不是人伦关系中的任何一种亲属，但是任何亲属倘没有老师的教诲则他们之间的感情就不亲密。

君子曰：大德不官，大道不器，大信不约，大时不齐[1]。察于此四者，可以有志于学矣。

今注

1 大时，当指四时所统合的一个年头。

今译

君子说：德行宏大的人，不偏治一种职务。伟大的道理，不局限于一种事物。最大的诚信，不必见于盟誓。天之四时虽不相同却运转不停，是最准确、守信的。如果了解了这四种情形，就能立志于学习了。

三王之祭川也，皆先河而后海；或源也，或委也[1]。此之谓务本。

今注

1 或，指河或海。源是河源，委是水所委聚处，亦即是海。

今译

夏商周三代王者之祭祀河川，都是先祭河而后祭海。河是水源所自来，海是河水流聚处，先本而后末，所以这叫"务本"。

第十九 乐记

　　音乐的"乐"，儒者解释为快乐的"乐"。他们的理想：要以"礼"建立人类社会的秩序；同时还要人人习惯于那样有秩序的生活，觉得唯有那种生活才是快乐。而快乐表现于声音动作，即是所谓"乐"了。他们说：立于"礼"，成于"乐"，亦即此意。若使有礼而不乐，或有乐而无礼，则皆未完成其终极的理想。本篇，旧说出于西汉儒者所记，亦有说是先秦公孙尼子写的，流传至东汉，马融始把它编入《礼记》。又或说《乐记》本有二十三篇，编入《礼记》的只有十一篇。但这些传说都未必真确。因为本篇的记载，亦见于《史记·乐书》；而现存于《乐书》中的文字，还比本篇为完整，并且篇中所有的意见虽大体相同，但按其思想背景则不甚一致；故亦可知其非一家之言而出自一人之手。大抵是汉世儒者杂剟先秦旧籍，将有关乐论的记述汇编为一。方其编入《史记》时，原文尚较完好，到了《礼记》则更显得错乱颠倒。虽然如此，但这是最早流传下来的乐论，其中脱失错乱之处，兹当随文解之。

　　凡音之起，由人心生也。人心之动，物使之然也。感于物而动，故形于声。声相应[1]，故生变；变成方[2]，谓之音；比音而乐之，及干戚羽旄[3]，谓之乐。

今注

1　此句解释者多未尽理。今按：后文有言"倡和有应"，当即声相应。刘巘云："异音相从谓之和。"和即相应，因其为"异音相从"，故下言"变"。

2　成方，刘台拱说即下文所言"成文"。翁方纲说："方"是音之应"节"，节即"格调"。按：成文，即是变成一定的格调，而开始有声音符号的效用。

3　比音，是排列声音符号。干戚用于武舞，羽旄用于文舞。

今译

凡是声音的发作，皆先由于人心的活动；而人心的活动，则又由于受到了外物的刺激。人心受到外物的刺激而起反应，有时即表现于声音。因反应不同，故所发的声音亦不一样。由不一样的声音相和应，就显出其中的变化。变化形成一定的规律，就称之为音律。排比音律成为曲调而配合以乐器以及跳舞用的道具，则是所谓"乐"了。

乐者，音之所由生也，其本在人心之感于物也。是故其哀心感者，其声噍以杀[1]。其乐心感者，其声啴以缓[2]。其喜心感者，其声发以散。其怒心感者，其声粗以厉。其敬心感者，其声直以廉[3]。其爱心感者，其声和以柔。六者，非性也，感于物而后动[4]。是故先王慎所以感之者。故礼以道其志，乐以和其声，政以一其行[5]，刑以防其奸。礼乐刑政，其极一也，所以同民心而出治道也[6]。

今注

1　噍，焦急。杀，衰微。

2　啴，宽裕。

3　廉，清白。

4　此言六种不同的心理反应。

5　政是令行禁止，使社会行为纳于一概。

6　"出"字，《说苑·修文》作"立"。

今译

依上所言，可知所谓"乐"是由声音所构成的，而声音则又由于外物刺激而起的心理反应。所以心里起了悲哀的反应，则发生焦急而低沉的声音。起了快乐的反应，则发生宽裕而徐缓的声音。起了喜悦的反应，则发生昂奋而爽朗的声音。起了愤怒的反应，则发生粗暴而凌厉的声音。起了恭敬的反应，则发生虔诚而清白的声音。起了爱慕的反应，则发生体贴而温柔的声音。这六种反应，本不是人之天性，而是由于不同的刺激引起的。怎样的刺激便有怎样的反应，因此古代圣王非常重视人们所受的"刺激"。要用"礼"诱导人心，用"乐"调和人声，用政令统一人们的行为，用刑罚防止社会的邪恶。礼、乐、刑、政，终极目的都是一样的，都是要用以统一人心而实现治国平天下的理想。

凡音者，生人心者也。情动于中，故形于声。声成文，谓之音。是故，治世之音安以乐，其政和[1]。乱世之音怨以怒，其政乖。亡国之音哀以思，其民困。声音之道，与政通矣。宫为君，商为臣，角为民，徵为事，羽为物[2]。五者不乱，则无怗懘之音矣[3]。宫乱则荒，其君骄；商乱则陂，其官坏[4]；角乱则忧，其民怨；徵乱则哀，其事勤；羽乱则危，其财匮。五者皆乱，迭相陵，谓之慢。如此，则国之灭亡无日矣。郑卫之音，乱世之音也，比于慢矣。桑间濮上之音[5]，亡国之音也，其政散，其民流，诬上行私而不可止也。

1　治世之音安以乐，其政和，或从"安"断句，下同此。读为：治世之音安，以乐其政和。乱世之音怨，以怒其政乖。亡国之音哀，以思其民困。

2　此以五音分配于君臣民事物。似出于刘歆编纂的《钟律书》。今其书亡佚，此数语犹略见于《风俗通·声音》。

3　怗懘，《史记·乐书》作"滞懘""苦滞"，是不和谐的意思。

4　陂，《史记》作"槌"，读如"颓"字。郑玄说：陂是倾，与"颓"字义相近。官坏，《风俗通》作"臣坏"。

5　郑玄说：濮水之上有桑间。卫灵公时，师涓于此写得殷纣所遗的靡靡之音。其事始见于《韩非子·十过》，亦附载于《史记·乐书》之末。纳兰成德云：桑中、濮上非一地。桑中乃指《鄘风》"采唐"之诗。郭嵩焘据《路史》云桀大合乐于桑林，故桑中乃指夏桀之乐。兹但依郑注。

今译

凡音乐的缘起，皆出于人心。人们有感于心，便表现于声。声音按规律变化成文，便是音乐。所以，太平盛世的乐，既安详而又愉快，即因其政治之宽和。乱世的乐，怨叹而愤恨，即因其政治之乖错。亡国的乐，悲哀而愁思，即因其人民之流离困苦。由此说来，声音的道理显然与政治相通了。假定以五音之宫为君，商为臣，角为民，徵为事，羽为物。如果五音协调而不乱，就不会奏出不和谐的声音。如果宫音乱，则显得荒散，有如国君骄恣而贤者去之。商音乱则显得倾颓，有如官常败坏而国事倾危。角音乱则显得忧愁，有如人民愁怨而隐忧四伏。徵音乱则显得哀伤，有如百事烦苦而勤劳无功。羽音乱则显得危迫，有如物资短绌而国用匮乏。如果五音皆乱而交相侵犯，则成一种最坏的"散慢"之音，国事到此，亦即临到灭亡的时候了。古代郑卫地方的乐，便是乱世的乐，相当于散慢之音。从前，师涓从濮水上听到的乐，本是殷纣亡国之乐。当时政事荒散，人民流离，官吏欺上瞒下、徇私枉法而且不可制止。

凡音者，生于人心者也。乐者，通伦理者也[1]。是故，知声而不知音者，禽兽是也[2]；知音而不知乐者，众庶是也。唯君子为能知乐。是故，审声以知音，审音以知乐，审乐以知政[3]，而治道备矣。是故，不知声者不可与言音，不知音者不可与言乐。知乐，则几于礼矣[4]。礼乐皆得，谓之有德。德者得也。

今注

1 伦是人伦，理是物理。

2 禽兽有声而不成文。

3 审乐知政，就是能从安乐或怨怒的乐声中了解其政治之为和或乖。后文"其治民劳者，其舞行缀远；其治民逸者，其舞行缀短"，亦审乐以知政之例。

4 乐是人民生活的反映，礼是人民生活的实践，从其所反映者看来，殆亦足知其生活情形。

今译

声音是生于人心的，而音乐则是通于人伦物理的。所以，只知声音而不知音调的，便是禽兽。只懂得音调而不懂得音乐效用的，便是凡人。唯有君子能懂音乐的效用。因此，从分辨声音而懂得音调，从分辨声音符号的作用而懂得音乐教育的道理，从分辨音乐教育的道理而懂得政治，这才能有一整套治国的办法。所以，不知声的不可和他讨论"音"，不知"音"的不可和他讨论"乐"。如果懂得"乐"的作用，差不多就懂得礼治的意义了。如果深懂得礼和乐的意义，就可称为有德之君。"德"就是"得"的意思。

是故，乐之隆，非极音也。食飨之礼，非致味也[1]。《清庙》之瑟，朱弦而疏越[2]，壹倡而三叹，有遗音者矣[3]。大飨之礼，尚玄酒而俎腥鱼，大羹不和，有遗味者矣。是故先王之制礼乐也，非以极口腹耳目之欲也，将以教民平好恶，而反人道之正也。

今注

1　致是"极"的意思，"极"是登峰造极的意思。

2　《清庙》是周人祭祀文王的乐章，以瑟伴奏。越，朱骏声说是借用为"穴"，指瑟底下的小孔穴。

3　壹倡而三叹，是一人唱而三人和声。遗音及下文遗味之遗，是遗失不在，意谓不在乎"音"和"味"。

今译

所以最隆盛的音乐，不见得就是最好听的音乐。有盛大的飨宴，亦不见得就是最讲究的酒席。譬如周代大祭，伴奏《清庙》乐章所用的乐器瑟，只有朱红色的弦和稀疏的瑟底孔，一人唱诗而三人和声，弹的唱的都极简单，显然目的不在乎好听的音乐。大祭享之礼，用"水"放在首位，而盘里盛的是生肉生鱼，羹汤亦没有调味，看这情形，亦即知其目的不在乎口味了。因此，可知先王之制定礼乐，目的不在于满足人们口腹耳目的欲望，而是要用礼乐教导人民爱憎分明而恢复到做人的正道上来。

人生而静，天之性也；感于物而动，性之欲也。物至知知，然后好恶形焉[1]。好恶无节于内，知诱于外，不能反躬[2]，天理灭矣。夫物之感人无穷，而人之好恶无节，则是物至而人化物也[3]。人化物也者，灭天理而穷人欲者也。于是有悖逆诈伪之心，有淫泆作乱之事[4]。是故，强者胁弱，众者暴寡，知者诈愚，勇者苦怯[5]，疾病不养，老幼孤独不得其所，此大乱之道也。

今注

1　知知，王念孙说：上一"知"字是心智之知，下一"知"字是"应接"的意思。好恶形，即上文所言爱好或憎恶。

2　反躬，是自己内省其心，以良知制裁其冲动。

3　人化物，是人的心智随物迁化，而受物欲的支配。

4　泆，溢滥。

5　苦怯之"苦"，与上文"胁""暴""诈"同，作"困辱"解。

今译

人的天性，本来是静的，因受到外物的刺激乃成为动的。但这"动"，并非人的本性，而是本性中的一种冲动，亦即是"欲"。因此外物和那能动的知性相接触，便表现为爱好或厌恶的两种欲念。如果那好恶的欲念没有限制，而所接触的外物又一直在引诱着，此时再不能自我反省，以良知制裁其冲动，则天生的理性就要消灭了。本来外界之物，在不断地刺激着人，如果人们随其刺激而做好恶的反应而不加以理性的制裁，就等于接触了外物而人亦随而迁化。这里所谓人随外物而迁化，亦即是灭绝天生的理性而一直追随着人欲。那时就要萌生种种反动的、诈伪的心计，而做出过分的、非法的事情。因而强者挟持弱者，多数欺压少数，智者诈骗愚者，而大胆的人欺负懦怯的人；疾病得不到照顾，老幼孤独者流离失所，这就是天下大乱的由来。

是故先王之制礼乐，人为之节[1]；衰麻哭泣，所以节丧纪也；钟鼓干戚，所以和安乐也；昏姻冠笄，所以别男女也；射乡食飨，所以正交接也。礼节民心，乐和民声，政以行之，刑以防之，礼乐刑政，四达而不悖[2]，则王道备矣。

今注

1　节是分限或法度。人为之节，可解释作"替人们制定法度或分限"；亦可解释作"人为的法度或分限"。因礼乐是"先王"所制，故曰"人为"。今依前者。

2　四达，指礼乐刑政各自通行。

今译

为着防止造成大乱的局面，所以先世的圣王用这礼和乐，替人们制定行为的分限或法度。例如：衰麻哭泣之容，用以经纪丧事；钟鼓干戚之设，用以调和安乐；婚姻冠笄之事，用以区别男女；射乡食飨之礼，用以调整人们的交往。以礼来调节人们的性情，用乐来调和人们的声音，用行政的力量推行礼法，用刑罚的力量防制越轨。礼乐刑政，从四方面发生作用而不相冲突，这便完成王道政治了。

乐者为同，礼者为异[1]。同则相亲，异则相敬[2]。乐胜则流，礼胜则离[3]。合情饰貌者，礼乐之事也。礼义立，则贵贱等矣；乐文同，则上下和矣[4]；好恶着，则贤不肖别矣。刑禁暴，爵举贤，则政均矣。仁以爱之，义以正之[5]，如此，则民治行矣。

今注

1　好恶之心，形见于"乐"，人心同，故"乐"者为同。礼有尊卑贵贱的等级，等级不同，故"礼者为异"。

2　同声相应故相亲，贵贱有等故相敬。

3　胜，过分。流，流湎。沉溺。离，隔阂。

4　贵贱等矣，等是等级，此句指上"异则相敬"言。上下和矣，指上"同则相亲"言。

5　义以正之，王引之云，义当是"仪"字，用仪表来保持其爱心，使之不"流"不"离"。

今译

音乐的性能在于和同，礼仪的性能在于区别。因其和同，故能使人相亲近；因其别异，故能使人相尊敬。然而过分强调"乐"，则容易使人散漫不恭敬；过分讲究礼，则使人隔阂而不亲。所以，礼之与乐，目的乃在保持人们正当的感情并以这感情表现于仪表。如果有了一定的礼仪，自然会显出贤能者贵，不贤而无能者贱的等级；有了相同的乐音，自然会显出居上位的与在下位的和睦相处；有了明白的好恶标准，自然会显出孰为贤者、孰为不肖。不肖的，禁之以刑；贤良的，举之以爵；赏罚公平，则政治修明了。一面用仁心来爱护民众，一面据礼仪来纠正邪恶，这样，就会实现民治的理想了。

乐由中出，礼自外作。乐由中出，故静[1]；礼自外作，故文[2]。大乐必易，大礼必简[3]。乐至则无怨，礼至则不争[4]。揖让而治天下者，礼乐之谓也。暴民不作，诸侯宾服，兵革不试，五刑不用，百姓无患，天子不怒，如此，则乐达矣。合父子之亲，明长幼之序，以敬（四海之内）天子[5]，如此，则礼行矣。

今注

1　静，王引之云：当为"情"字，是真挚的心。

2　文，指姿态风度。

3 易、简，如前文所言"清庙之瑟""食飨之礼"。

4 乐至、礼至，"至"是通行无阻。

5 应子和云："四海之内"四字当在"合父子之亲"句上。今从之。

今译

乐是内心的表现，礼是外貌的表现。内心的表现故可知其真情，外貌的表现故可见其风度。盛大的音乐必然是平易的，最大的典礼必然是简单的。乐教通行，人们的情思都表达出来，再没有什么郁结于心的怨恨；礼教流行，人们的动作皆有一定的规矩，不再有什么言行上的冲突。古语说：揖让而治天下，就是运用了礼乐。要使得没有暴民作乱，远近的国家都来朝拜，不须诉诸军事行动，亦不必动用各种刑罚，而百姓无所忧虑，天子无所不满，这就是乐的通行。普天之下，团结父子之亲，认清长幼之序，大家敬爱天子，这就是礼的流行了。

大乐与天地同和，大礼与天地同节。和故百物不失，节故祀天祭地¹，明则有礼乐，幽则有鬼神。如此，则四海之内，合敬同爱矣。礼者殊事合敬者也，乐者异文合爱者也²。礼乐之情同，故明王以相沿也³。故事与时并，名与功偕⁴。

今注

1 节故祀天祭地。按：此语与"和故百物不失"句不对称。后文有"乐者天地之和，礼者天地之序。和故百物皆化，序故群物皆别"，以彼例此，此处"节故"二字之下似有脱文。

2 此二句是引申上文"合敬同爱矣"，则这"异文合爱"句亦当作"异文同爱"。皆言礼乐的形式虽不止一端，但其为敬爱的性质则一。

3　相沿，指历代英明的王者皆应用礼乐为治。

4　礼因时代而制作，乐随功绩而兴起。故三代虽皆沿用礼乐，但其形式不同，而所以为敬爱的性质则无异。

今译

盛大的音乐具有自然的谐和，隆重的礼亦具有自然的秩序。因为谐和，故能兼有万物而又不失其本性；有秩序，故虽包罗万象而又有其区别。例如祀天祭地之事，明处则用不同的礼乐，暗处则有各别的鬼神。这样，既和同而又有秩序，使得天下之人，皆能相敬而又相爱了。换言之：礼的仪式有种种不同，但其目的皆在于相敬；乐的歌舞亦有种种不同，但其目的皆在于相爱。因为礼乐的目的在于人相敬爱，所以历代英明的领导者无不以礼乐维系人群生活。唯是，他们所制定的礼乐，为着适应时代生活环境及其所建立的功绩，在名称和形式上则有若干不同而已。

故钟鼓管磬，羽钥干戚[1]，乐之器也。屈伸俯仰，缀兆舒疾[2]，乐之文也。簠簋俎豆，制度文章[3]，礼之器也。升降上下，周还裼袭，礼之文也。故知礼乐之情者能作，识礼乐之文者能述。作者之谓圣，述者之谓明；明圣者，述作之谓也。

今注

1　钟鼓管磬，指乐器。羽钥干戚，指舞具。

2　缀，舞位的标志。兆，舞位的界域。此指舞者进退位置。

3　制度，如车器宫室之大小规格。文章，指器物的装饰。

今译

因此，钟鼓管磬等乐器和羽钥干戚等舞具，只算是乐的用具。屈伸俯仰的姿态，进退快慢的动作，只算是乐的情状。簠簋俎豆，规格华饰等，只算是行礼的用具；升降上下，周旋袭裼等，亦只算是行礼的情状。所以凡是懂得礼乐效用的人便能创制新的礼乐；而只记得行礼和举乐情状的人，则只能复述旧的礼乐。能创作者曰"圣"，仅能复述者曰"明"。所谓"明""圣"，即指那复述或能创制而言。

乐者，天地之和也；礼者，天地之序也。和故百物皆化，序故群物皆别[1]。乐由天作，礼以地制[2]。过制则乱，过作则暴。明于天地，然后能兴礼乐也。

今注

1　此似重申前节之语。序，与"节"同义。化是下文"化生"之意。

2　人声本于自然，故曰乐由天作。礼文起于人为，故曰礼以地制。

今译

乐是表现自然的和谐，礼是表现自然的秩序。因其和谐故能化生万物，因有秩序故能显出万事万物各有区别。乐本于人声之自然而起，礼则因后天的需要而作。所以，如果礼逾越秩序则紊乱，乐逾越和谐则粗暴。认清这先天后天的关系，然后才能创制礼乐。

论伦无患[1]，乐之情也；欣喜欢爱，乐之官也[2]。中正无邪，礼之质也，庄敬恭顺[3]，礼之制也。若夫礼乐之施于金石，越于声音，用于宗庙社稷，事乎山川鬼神，则此所与民同也。

今注

1　王夫之云：论是歌辞，伦是音节。无患是前文所谓不"迭相陵"。按：前文云"乐通伦理"，是乐中有"伦"。后文云"倡和清浊，迭相为经，故乐行而伦清"，亦言乐之有伦。论伦无患，即言此"伦"之不相害。

　　2　官，《史记·乐书》作"容"字，容是"乐"所表现的声貌。

　　3　顺，孔颖达疏语引作"慎"字。王引之云：当是原文作"慎"。但"慎"字与"庄敬"意稍重复，今依此文作"顺"。《礼器》云：礼，时为大，顺次之。

今译

　　论伦无患，是乐的内情；欣喜欢爱，是乐的形貌。中正无邪，是礼的性质；庄敬恭顺，是行礼的情态。这些都是深知礼乐原理的人所特注重的。至于将礼乐播于钟磬，发为声音，而用于宗庙社稷的祭祀或山川鬼神的崇拜，则与众庶共同使用了。

　　王者功成作乐，治定制礼。其功大者其乐备，其治辩者其礼具[1]。干戚之舞非备乐也，孰亨而祀非达礼也[2]。五帝殊时，不相沿乐；三王异世，不相袭礼[3]。乐极则忧，礼粗则偏矣[4]。及夫敦乐而无忧，礼备而不偏者，其唯大圣乎？

今注

　　1　辩，郑玄读为普遍之"遍"。具，亦即"备"的意思。

　　2　干戚是舞具。孔子曰：《武》尽美矣，未尽善也。言其有武功而无文教。孰即"熟"字，亨即"烹"字。大飨之礼，尚玄酒而俎腥鱼，不用熟烹之物。达，是明达。

　　3　王夫之《章句》，移前文"故事与时并，名与功偕"于此四句之下，可以互相说明："事与时并"当指"礼"，"名与功偕"当指"乐"。

　　4　乐极则有流湎之忧，礼粗则有偏颇之失。

今译

王者有功于世，才始作乐；安定社会，才始礼教。所以功绩愈大，政治愈安定者，其礼乐愈见其完备。只有干戚的武舞，那不算是完备的乐；仅知熟烹的祭祀，亦未洞晓礼的本意。五帝的功绩各异，所以他们各不沿袭前代的乐名；三王的时代不同，所以他们亦不袭用前代的礼制。极意于乐，则有沉迷忘返之忧；粗制之礼，或失中正无邪之质。然而真能做到既尊重"乐"而又不至于忧，具备"礼"而又不失于偏，那大概只有深晓礼乐原理的大圣了！

天高地下，万物散殊，而礼制行矣[1]。流而不息，合同而化[2]，而乐兴焉。春作夏长，仁也；秋敛冬藏，义也。仁近于乐，义近于礼。乐者敦和，率神而从天[3]，礼者别宜，居鬼而从地[4]。故圣人作乐以应天，制礼以配地。礼乐明备，天地官矣[5]。

今注

1　此言"礼者为异"之故。

2　流而不息，指天地万物流动不居。

3　敦和，强调其和同的作用。神是伸张的，天是流动的。

4　鬼是收缩的，地是凝定的。旧说以此分为"阳""阴"二德行。

5　官，各得其职。

今译

从现象看来：天在上，地在下，万物散处而品类不同；"礼"则依其不同的分际而行。从性质看来，天地万物，流动不居，齐同而变化，"乐"则依其变动之实况而生。例如天地四时：春生夏长以施展为仁，秋收冬藏以收敛为义。仁近于乐，义近于礼。

"乐"是用以强调和同的作用，跟随着神而归属于天；"礼"则用以区别差异，跟随着鬼而归属于地。所以圣哲们作乐以应天，制礼以配地。像这样的"礼""乐"达到既明且备的地步，亦可说是天地各自发挥其职能。

天尊地卑，君臣定矣。卑高已陈[1]，贵贱位矣。动静有常，小大殊矣。方以类聚，物以群分[2]，则性命不同矣。在天成象，在地成形；如此，则礼者天地之别也。地气上齐[3]，天气下降，阴阳相摩，天地相荡，鼓之以雷霆，奋之以风雨，动之以四时，煖之以日月，而百化兴焉[4]。如此，则乐者天地之和也。

今注

1　卑高已陈，郑玄云：卑高指山泽。陈，是成列。按：此似承上文"尊卑"言，卑高既已成列，则显君位贵，臣位贱。因而礼有贵贱之等。

2　孔颖达云：方以类聚，指禽兽之属；物以群分，指草木之属。

3　齐，读为跻，登高。

4　以上言地气、阴阳、雷霆、风雨、日月等，抄自《易·系辞传》，皆为譬喻语。"奋之以风雨"，《易传》"奋"字作"润"，滋润的意思。"煖之以日月"，《易传》"煖"字作"烜"，"照耀"的意思。"百化兴焉"，《史记·乐书》作"百物化兴焉"，此脱"物"字。化兴，即"化生"。

今译

天尊，天在上；地卑，地在下；正如君臣的尊卑已定。高低成列，则贵贱的情形亦各有其位了。动者常动，静者常静，或大或小，情形显然不同。动物以其类相聚，植物以其群区分，因其禀赋不同，故其性命亦显有差异。像这样，表现于天有诸现象，于地有诸形体，而礼亦即据其差别而作。地气上升，天气下降，天地阴阳互相摩荡，鼓动以雷霆，滋润以风雨，运转以四时，照耀以日月，于是化生万物，而乐亦如天地一般和同人心。

化不时则不生，男女无辨则乱升；天地之情也。及夫礼乐之极乎天而蟠乎地，行乎阴阳而通乎鬼神；穷高极远而测深厚[1]。乐着大始[2]，而礼居成物。着不息者天也，着不动者地也。一动一静者天地之间也。故圣人曰礼乐云。

今注

1　王念孙说：穷、极、测，三字皆是"尽"字的意思。

2　着，是显示。大始，指最初的动机。

今译

天地阴阳的化合，倘不得其时，亦不会生万物；有如男女没有区别而至于混乱。因此，和而有别，可说天地的本意如此。至于礼乐，则根据天地之本意，而无远弗届，无微不至。乐则显示着最初的动机，而礼则寄托于已成的形体。显示那不停的运动，就是天；显示那凝定的静，就是地；而那有动又有静的则在天地之间，亦即圣人所称的礼乐。

昔者，舜作五弦之琴以歌《南风》[1]，夔始制乐以赏诸侯[2]。故天子之为乐也，以赏诸侯之有德者也。德盛而教尊，五谷时熟，然后赏之以乐。故其治民劳者，其舞行缀远[3]；其治民逸者，其舞行缀短。故观其舞，知其德；闻其谥，知其行也。《大章》，章之也。《咸池》，备矣[4]。《韶》，继也。《夏》，大也。殷周之乐，尽矣[5]。

今注

1　舜作五弦之琴，《淮南子·诠言训》，"作"字作"弹"，《韩诗外传》卷四引同。又"南风"下有"之诗"二字。《南风》之诗，王肃引《尸子》及《家语》云：其辞曰"南风之熏兮，可以解吾民之愠兮！南风之时兮，可以阜吾民之财兮"！然而郑玄说：未闻有此辞。

2　《虞书》云"夔！命汝典乐，教胄子"，未闻有赏诸侯之事。此或出于汉世乐家语。

3　舞行，舞的行列。缀远，是舞位的标志间隔甚远，亦即舞者甚稀。

4　《大章》，尧的乐名。咸池，咸施的意思。咸池，指黄帝能博施济众；大章，指尧能发扬前王的光德。乐名依帝王的功德而起，故前文云：名与功偕。此处乐名之先后次序，校以《汉书·礼乐志》，显有脱漏颠倒。

5　孔颖达云：自夏以前，皆以文德王于天下；殷周二代，唯以武功。文德武功，已尽人事，后世如有乐名，当不出于此二者。

今译

听说古时，舜弹五弦之琴而歌《南风》之诗，夔为乐官，始制乐赏赐诸侯。依此看来，天子之为"乐"都是为奖赏诸侯中有德的人，诸侯行道有得，政教昌隆，物产富足，然后始赏以乐。因此，凡是治下人民劳困的，参与乐舞的人们就相对地少了；治下人民安闲的，参与乐舞的人们亦相对地增多了。所以，但看参与乐舞行列的人数多少，就可以知道其功绩如何，好像听见"谥号"一样，但听那谥号之好歹，亦可知道那人的行为如何了。《大章》便是表彰尧的德行。黄帝的乐名《咸池》，是因他使全民的生活进入于文明的境界。舜的乐名《韶》，"韶"是继承的意思，因他能继承尧的功绩。禹的乐名《夏》，"夏"是大的意思，因他能扩拓九州。到了殷周，殷乐名《濩》，为其保护人民而革命；周乐名《武》，为其推翻暴政而革命。前者创造人民的生活，后者保全人民的生活。创造与保全，是尽了人事，而为乐亦尽于此了。

天地之道，寒暑不时则疾，风雨不节则饥。教者，民之寒暑也；教不时则伤世[1]。世事者，民之风雨也；事不节则无功。然则先王之为乐也，以法治也，善则行象德矣[2]。夫豢豕为酒，非以为祸也[3]，而狱讼益繁，则酒之流生祸也[4]。是故先王因为酒礼，壹献之礼，宾主百拜[5]，终日饮酒而不得醉焉；此先王之所以备酒祸也。故酒食者所以合欢也，乐者所以象德也，礼者所以缀淫也[6]。是故先王有大事，必有礼以哀之；有大福，必有礼以乐之[7]。哀乐之分，皆以礼终[8]。乐也者，圣人之所乐也，而可以善民心，其感人深，其移风易俗[9]，故先王着其教焉。

今注

1　教，指乐教。伤世，损害世道人心。

2　法治，郑玄说是以乐为施治的方法。但依上下文义，当为效法治绩，亦即"象德"之意。象德，可见曰象；德，即解释前文"赏诸侯之有德者"之德，指其精神物质的建设皆已成功。

3　豢豕为酒，饲猪制酒。本为养生之用。

4　酒之流，流是逾越分限。前文有乐胜则"流"。

5　此处壹献、百拜，是形容其多少，非实指其礼数。

6　缀，读如"辍"，是"停止"的意思。

7　大事，指死丧之事。大福，指吉庆之事。

8　"分"是限度。以礼终，是止于礼。

9　王念孙云："易俗"之下当依《汉书·礼乐志》补一"易"

字。按:"易俗"二字或是倒文,作"移风俗易"亦可通。

今译

天地的规律,如果寒暑无定时,则易发生疾病;风雨没有节制,则成旱潦而至饥荒。教化有如寒暑,不时,则损害世道人心。事功有如风雨,没有节制则难得成效。因而可知先王之作乐,是效法天地来治理国家。成绩良好,亦即见其德行了。本来饲猪酿酒目的并非用以制造祸端;然而人事纠纷因此而增多者,该归因于饮酒过量。所以先王特为制定饮酒之礼,使人喝一点酒同时要用许多礼节,这样,纵使整天饮酒亦不至于醉。这就是先王预防酒祸的设计。所以备酒食,其目的是联络感情;制作乐舞,其目的是表现德行;规定礼节,其目的是制止过分越轨的行为。因此,先王遇有死丧之事,必有衰麻哭泣之节以表现哀思;遇有吉庆之事,亦必有钟鼓琴瑟以表现其欢情。哀、乐的分限,总归之于礼。音乐这东西,是圣王所喜欢的,因其可以改善人心;只有它能深入人心而容易改变风俗,所以先王特别注意于乐教。

夫民有血气心知之性,而无哀乐喜怒之常,应感起物而动,然后心术形焉[1]。是故志微噍杀之音作,而民思忧[2]。啴谐慢易,繁文简节之音作[3],而民康乐。粗厉猛起,奋末广贲之音作[4],而民刚毅。廉直劲正庄诚之音作,而民肃敬。宽裕肉好顺成和动之音作[5],而民慈爱。流辟邪散狄成涤滥之音作[6],而民淫乱。

今注

1　应感起物,似应作"应物起感"。《汉书·礼乐志》无"起物"二字。心术,即前文所谓"好恶形焉"之好恶。

2　志微,钱大昕云:当依《汉书》作"纤微",细小之意。

3　繁文简节,是"词语"多而"音节"简,故后文云可以道古。

4　贲，郑玄读为"愤"。纳兰性德云：当如本字，训为
"大"；广贲即广大。《汉书》此句作"粗厉猛贲"，然则"广"即
"犷"字；犷贲，当如郑注，是"意气充实"的样子。今此八字，
宜读为"粗厉犷愤"，"猛起奋末"。"起"是歌之始，"末"是歌
之终。

5　肉好，圆润。

6　狄成，王引之云：当读为"逖戍"，是轻佻的意思。

今译

人人虽皆有血气心知的本性，但没有哀乐喜怒一定的心情，
必待外物刺激而引起反应，然后才表现为哀乐喜怒的情绪。今由
刺激反应的理由来考察，大体上可以看出：凡发出微细而低沉的
声音的，必其人有着无限的忧愁。发出谐和平易、意义丰富而音
节宽简的歌声的，必其人满怀着安详而乐观。粗大而豪迈，发声
既猛而收音又昂奋的歌声，必其人有着坚强而果决的性情。发出
清明正直而又庄严诚恳的歌声，必其人有着肃穆而虔敬的心理。
发出宽舒圆润柔顺而活泼和平的歌声，必其人充满着慈爱之心。
至于发作过分奇怪的、散漫的、轻佻的、烦滥的歌声，其人的心
志必淫侈而杂乱。

是故，先王本之情性，稽之度数[1]，制之礼义。合生气之和，
道五常之行[2]，使之阳而不散，阴而不密[3]，刚气不怒，柔气不慑，
四畅交于中而发作于外，皆安其位而不相夺也[4]；然后立之学等，
广其节奏，省其文采，以绳德厚[5]。律小大之称，比终始之序，以
象事行[6]。使亲疏贵贱长幼男女之理，皆形见于乐，故曰：乐观其
深矣。

今注

1　度数，指五音由"九"为基数自乘之，得八十一，为宫；宫减三分之一，得五十四，为徵；徵增三分之一，得七十二，为商；商减三分之一，得四十八，为羽；羽增三分之一，得六十四，为角。又，十二律，亦以"九"为基数，是阳律黄钟，减其三分之一，得六，是阴律林钟；林钟加三分之一，又为阳律大簇之度数；大簇减三分之一，则为阴律南吕之度数；南吕加三分之一为阳律姑洗；姑洗减三分之一又为阳律应钟；应钟加三分之一为阳律蕤宾，唯蕤宾须加三分之一始成阴律大吕；于是大吕减三分之一为阳律夷则；夷则亦加三分之一为阴律夹钟。夹钟减三分之一又为阳律无射；无射又加三分之一为阴律中吕。阳律曰"律"，阴律曰"吕"。因增减的方法，到了蕤宾与大吕之间有了改变：本来是阳律减三分之一则成阴律，但改变后，却须增三分之一始由阳成阴。

2　道是引导。五常之行，郑玄说是五行。五行由水生木，木生火；但火不生金，必改变为土而后生金，再由金生水。当中的改变，有如蕤宾、南吕的改变，因为那是个阴阳交转的关键，如同《月令》所记载的。

3　阳是挥发的，阴是聚敛的，但均须加以节制。

4　相夺，即前文所谓"迭相陵"；不相夺，则"论伦无患"。

5　绳，是量度。

6　小大，指十二律的度数。律，《史记》作"类"字，是稽合之意。称，相称。终始之序，孔颖达说是始于宫终于羽，宫为君，羽为物（见前文），即是象其事行。按：比是比并，终始之序，当是歌舞的章节，如《武》舞之六成（见后文），故曰"以象事行"。

今译

因为乐与心理关系密切，故先王之作乐，必根据人们的本性和情感，参考以音律的度数，而规定其准则意义。既求其适合生气的和平，又须依循五行的规律，务使阳气发扬而不至于飘荡，阴气收敛而不至于郁结，坚强而不粗暴，柔顺而非怯懦。这样的生气涵养于心而表达于外，四者皆恰到好处而不互相妨害。然后，一面因人之才质而订立其进修的次第，增益其节奏，审查其音辞，以量度其品德和性格；一面比照音律度数的匀称，排列章节起讫的次序，以模拟其事功和行能。要使得亲疏贵贱长幼男女的伦常道理都具体地表现于乐，所以说，乐的观察，其中自有深奥的意义在。

土敝则草木不长，水烦则鱼鳖不大[1]，气衰则生物不遂，世乱则礼慝而乐淫[2]。是故其声哀而不庄，乐而不安，慢易以犯节[3]，流湎以忘本。广则容奸，狭则思欲[4]，感条畅之气而灭平和之德[5]。是以君子贱之也。

今注

1　水烦，常被搅动之水。大，是苗长之意。

2　慝，指邪恶的行为。《史记·乐书》作"废"字。

3　慢易犯节，慢易本是康乐之声，然而至于犯节，则成淫乐。

4　郑玄云："广"指缓慢之音，"狭"指急促之音。

5　条畅，《史记》及《说苑》皆作"涤荡"，涤荡即倜傥，与平和之气相反。

今译

譬如土壤瘠敝，长不出草木；水泽烦乱，养不大鱼鳖；阴阳时气衰竭，培植不成东西；而社会浊乱，则亦只有邪恶的礼制与淫泆的音乐。因其淫泆，所以声音虽悲哀而不庄重，虽喜悦而不安详；过分宽闲便迭相陵，使人沉迷于声色而失去理性。其音节缓慢的，则包藏更多的邪恶的观念；音节急促的，则徒刺激人们的情欲。人们所感受到的只是一股不平的情绪，而没有一点平衡而和顺的表现。这种乱世之乐，为君子所鄙视。

凡奸声感人，而逆气应之，逆气成象，而淫乐兴焉。正声感人，而顺气应之，顺气成象，而和乐兴焉。倡和有应，回邪曲直，各归其分；而万物之理，各以其类相动也。是故，君子反情以和其志，比类以成其行。奸声乱色，不留聪明[1]；淫乐慝礼，不接心术。惰慢邪辟之气不设于身体[2]，使耳目鼻口心知百体，皆由顺正以行其义。

今注

1　聪明，指视听之间。

2　设，是安置于。

今译

凡是不正当的声音刺激人心，就会引起悖逆的反应，这种反应化为具体的事实，那就是淫乐的来历。纯正的声音刺激人心，就会引起顺当的反应，这种反应化为具体的事实，那就是和乐的来历。所以，一唱一和，互相呼应，邪正曲直各自归属于一定的分类。有如万事之理，亦皆以其相类似者互相触动。因此，有教养的人，必然要纠正情欲而调摄志向，比较其品类以促成行为，首先就不敢以奸声乱色，留在视听之间；淫乐、慝礼心里不去感受；急惰骄慢和邪恶之气不沾染到身体；要求自己的耳目鼻口心智百体，皆由顺正的方向而依照道义行动。

然后发以声音，而文以琴瑟，动以干戚，饰以羽旄，从以箫管[1]。奋至德之光，动四气之和[2]，以着万物之理。是故清明象天，广大象地，终始象四时，周还象风雨[3]。五色成文而不乱，八风从律而不奸，百度得数而有常[4]。小大相成，终始相生[5]。倡和清浊，迭相为经[6]。故乐行而伦清，耳目聪明，血气和平，移风易俗，天下皆宁。

今注

1　文，指声音琴瑟相和而成章。干戚用于武舞故曰"动"，羽旄用于文舞但称"饰"。从，是伴随。

2　四气，旧说是四时和气。今按：当指前文所言"四畅交于中"之气。

3　象四时，指旋律之更迭；象风雨，指其驰骤的形势。此四句皆譬喻语。

4　旧说：八音应乎八风。这里盖指金石丝竹土木匏革所制成的乐器，发出不同的声音，皆依一定宫律而不相侵犯。

5　小大就是清浊，羽音轻清而小，宫音重浊而大。相成，指其"和声"。终始相生，是乐章之旋律。

6　经是纲纪。此指五音十二律各为纲纪，如《月令》所言春角、夏羽、中央宫、秋商、冬徵之循环更迭。

今译

明乎以上的道理，然后表达于声音而点缀以琴瑟，武舞则动以干戚，文舞则饰以羽旄，而以箫管伴奏。发扬着最高德行的光辉，引动那"阳而不散，阴而不密，刚气不怒，柔气不慑"之中和的四气，以表明万物的原理。像这样的乐，清明象天，广大象地，终而复始象四时，周回旋转象风雨。虽则五色缤纷，然而有条不紊；虽则八音杂奏，然而和声叶合；一切律调皆有一定的节拍。高音与低音相辅相成，前阕既终而后阕又起。那里面，或倡或和或清或浊，互为纲纪，形成多样的统一。因此乐的流行能使伦理清楚，使人耳聪目明，心平气和，能改变社会风俗，使天下安宁。

故曰：乐者乐也。君子乐得其道，小人乐得其欲[1]。以道制欲，则乐而不乱；以欲忘道，则惑而不乐。是故，君子反情以和其志，广乐以成其教，乐行，而民乡方[2]，可以观德矣。德者，性之端也。乐者，德之华也[3]。金石丝竹，乐之器也。诗言其志也，歌咏其声也，舞动其容也。三者本于心，然后乐气从之[4]。是故情深而文明，气盛而化神[5]。和顺积中而英华发外，唯乐不可以为伪。

今注

1　欲是欲望所支配的心理冲动。

2　乡方，朝着理性之路。

3　性之端，端是端倪。性在于中，由"德"而知其端倪。而乐则为此端倪的光华。

4　歌咏其声，"咏"或写作"咏"。按：皆当作"永"。永，是"长"的意思。《虞书》云："歌永言"，即此"歌，永其声"，亦即篇末"歌之为言，长言之也"。长言即是永言，永其声即是长其声。乐气，王引之云，当作"乐器"。

5　神是不可测知的。乐的效用能使人潜移默化，故曰化神。

今译

所以说："乐"是可喜的事。君子对于"乐"，喜的是由它激发理性；小人对于"乐"，则喜的是由它满足欲望。以理性控制欲望，则既得喜乐而又不至于乱；倘若任凭欲望滋长而遗失理性，则将沉迷于声色而不知喜乐。所以前面说过：有教养的人，必然要纠正其情欲而调摄其志向，扩张乐事以推行其教化。乐教推行，则人人皆朝向理性之道，那样亦可以看出理性的端倪，亦即民德如何了。因为所谓"德"者，就是理性的发端；而"乐"，则是"德"之光华。至于金石丝竹制成的乐器，那是乐的工具。"诗"是抒发心志的声音，"歌"是拉长来唱那心志的声音，而"舞"则是那心志表现于姿态的。但这诗、歌、舞，都是根据心志的发动，然后伴随以乐器。因此，乐所表达的心志是幽深的，而形象却是明白的；气氛是使人兴奋的，感化效用却是奥妙的。和顺的情感积聚在里面，而光华则发露在外面。有其内则有其外，唯"乐"不可以伪装。

乐者，心之动也；声者，乐之象也[1]。文采节奏，声之饰也。君子动其本，乐其象，然后治其饰[2]。是故先鼓以警戒，三步以见方[3]，再始以着往，复乱以饬归[4]。奋疾而不拔，极幽而不隐[5]。独乐其志，不厌其道；备举其道，不私其欲[6]。是故情见而义立，乐终而德尊。君子以好善，小人以听过[7]。故曰：生民之道，乐为大焉。

今注

1　乐心不可见，托于声而成象。

2　讲究文采节奏。

3　郑玄说：《武》舞之先，三举足，以见其舞之渐。孔颖达云：方是积渐之意。

4　王念孙云：乐之终，诗之终，皆有"乱"。按："乱"辞如《离骚》之末有"乱曰"，饬归是鸣金收兵。以上盖皆就《武》舞而说其如此表演的意义。详参后文"宾牟贾"章。

5　拔，是仓促、慌忙的意思。隐，是隐蔽。情深而文明，故"极幽而不隐"。

6　此四句，申前文"君子乐得其道"之意。旧说以为武王独乐其志。

7　听过，听是审判，过是过误。能听过，则能"反情以和其志"了。

今译

"乐"是由于内心受到感动，然后发出声音来。所以声音乃是"乐"的表象，而文采节奏等，是声音的装饰品。君子感动其内心，喜悦其表象，因而讲究装饰。例如《大武》之舞，首先要击鼓以警戒，三踏步以起舞。一阕既终，再循环往复，舞到最后恰又回至原来的位置。动作极敏捷但不慌乱，表情极深刻但没有隐蔽。各个人皆乐其所乐而没有厌弃其理性，一一循乎理性行动而不偏向于情欲。因此，内心的表现同时亦是正义的确立，乐舞告终同时亦显出德行的崇高。君子以此而愈增其好善之心，小人以此亦可审辨其情欲之过。故曰：治民之道，乐是最重要的。

乐也者施也，礼也者报也[1]。乐，乐其所自生；而礼，反其所自始。乐章德，礼报情反始也[2]。……所谓大辂者，天子之车也。龙旂九旒，天子之旌也。青黑缘者[3]，天子之宝龟也。从之以牛羊之群，则所以赠诸侯也[4]。

今注

1　郑玄云：乐出而不反，所以为"施"；礼有往来，所以为"报"。

2　自"乐者施也"至"所以赠诸侯也"句止，《史记·乐书》是载在前文"昔者舜作五弦之琴"一章之末，张守节说是"乐施"

章。今本篇则似错简在此。故于"礼报情反始也"之下，仍疑有漏脱的文句。

3 《公羊传·定公八年》云：龟青纯。何休说：千岁之龟，其甲缘青黑。

4 此言赠诸侯，大意是报答诸侯之有功者以礼。前文言赏诸侯，大意则是施予诸侯之有德者以乐。

今译

乐有施予的性质，礼则有往来的规定。乐，是欢娱其自生的心情，而礼则要追究其所从来的起点。乐是表明内在的德行，而礼则是报答恩情而回溯其来处的。……所谓"大辂"，本是天子的车。龙旂九旒，本是天子的旗。甲缘青黑色的，本是天子的宝龟。随附着牛群羊群，则是天子用以报答有功诸侯的赠礼。

乐也者，情之不可变者也。礼也者，理之不可易者也。乐统同，礼辨异，礼乐之说，管乎人情矣[1]。穷本知变，乐之情也；着诚去伪，礼之经也。礼乐偩天地之情[2]，达神明之德，降兴上下之神，而凝是精粗之体，领父子君臣之节。是故，大人举礼乐，则天地将为昭焉。天地䜣合[3]，阴阳相得，煦妪覆育万物[4]，然后草木茂，区萌达[5]，羽翼奋，角觡生[6]，蛰虫昭苏，羽者妪伏，毛者孕鬻，胎生者不殰，而卵生者不殈[7]，则乐之道归焉耳。

今注

1 管，郑玄说是"包抱"的意思。《史记·乐书》作"贯"字。按：这是《荀子·乐论》之文。

2 偩，郑说是"依象"的意思。《史记·乐书》作"顺"字。

3 䜣，读为"熹"，蒸发。

4 用"气"覆育万物曰煦，用"体"覆育万物曰妪。

5　区萌，即勾芒。蜷曲的萌芽。

6　觡，没有光滑外皮的角。

7　殰，胎死腹中。殈，破裂。

今译

　　乐因情而作，故其情不可变。礼据理而作，故其理不可移。乐是合和人心的，礼是分辨人伦的，一同一异，故礼乐二端通贯了人情。穷究到心的本源而知声音的变化，这是"乐"的事；发挥诚敬的精神而消除虚伪的行为，这是"礼"的常态。礼乐顺依自然的规律，贯彻神明的德行，调整上下的精神而凝固为精妙的乐情与具体的礼仪，统摄着父子君臣的行为的规范。因此，统治者能兴起礼乐，而自然的法则亦将因而显现了。天地阴阳之气互相蒸发而配合，阴阳相得，由其能吹煦抚抱而生长万物，然后草木始得以茂盛，伸出嫩芽，长起翅膀，苗长角觡，使蛰伏的虫豸复生，鸟类孵卵，兽类怀胎；而且胎生者不致死在腹中，卵生者不致破裂于地上。乐的道理亦正归属于这样的自然法则。

　　乐者，非谓黄钟大吕弦歌干扬也[1]，乐之末节也，故童者舞之。铺筵席，陈尊俎，列笾豆，以升降为礼者，礼之末节也，故有司掌之。乐师辨乎声诗，故北面而弦；宗祝辨乎宗庙之礼，故后尸；商祝辨乎丧礼，故后主人。是故，德成而上，艺成而下[2]；行成而先，事成而后[3]。是故先王有上有下，有先有后，然后可以有制于天下也[4]。

今注

　　1　黄钟，阳律之长；大吕，阴律之长（见前注），此以钟吕代表乐律。扬，郑玄说是"钺"，后人以为"玉戚"。许慎、熊安生以为"扬举"之意。弦歌干扬，犹言弹琴而歌，举盾而舞（朱骏声有说）。今从后者。

2　德者心存真理，艺者手习其技。

3　行谓德行，事指艺事。

4　制，指制礼作乐。

今译

　　所谓乐者，并非专指钟吕声律或弹唱舞蹈等。这些都是乐的末节，所以由儿童来充当舞者。至如铺设筵席，布置樽俎，陈列笾豆，以登堂下阶打躬作揖为礼者，这亦是礼的末节，而属于执事者的职掌。只懂得礼乐的末节者，例如乐师，虽则了解声律歌词，但只能屈居下位，向人演奏。又如宗祝，虽则了解宗庙的礼节，但到行礼时，却只能伴随在"尸"的后面。商祝亦是如此，尽管熟悉丧礼，但亦只许侍候着主人。由是可知：凡是深明道理的应在上，只懂得技艺的应在下，能将道理表现于行为的应居先，而仅靠手艺的应在后。因为先王明白孰上孰下、谁先谁后的道理，所以能为天下创制礼乐。

　　魏文侯问于子夏曰[1]：吾端冕而听古乐，则唯恐卧；听郑卫之音，则不知倦。敢问：古乐之如彼何也？新乐之如此何也？子夏对曰：今夫古乐，进旅退旅，和正以广[2]。弦匏笙簧，会守拊鼓[3]，始奏以文，复乱以武[4]，治乱以相，讯疾以雅[5]。君子于是语，于是道古[6]，修身及家，平均天下。此古乐之发也。今夫新乐，进俯退俯[7]，奸声以滥，溺而不止[8]；及优侏儒，獶杂子女[9]，不知父子。乐终不可以语，不可以道古。此新乐之发也。今君之所问者乐也，所好者音也！夫乐者，与音相近而不同。

今注

1　魏文侯名斯，春秋时代，晋大夫毕万的后裔。传说他曾拜子夏（卜商）为师。这一章当出于汉代乐家记语。

2　进旅退旅，指古乐舞的动作情形；和正以广，指古声乐的演奏情形。旅，大众。进旅退旅，是大家进退动作齐一。

3　孔颖达说：会是会合，守是守待。拊即是"相"，皮袋内填着糠，击之当拍板。拊与鼓是用以提调弦乐管乐（弦匏笙簧）起奏的。按：汉乐有名"节会"者，或书作"会"，是节拍用器，当指此物。此言以"会"调节"拊"与"鼓"。

4　郑玄说："文"指鼓，"武"指钟。复乱，《乐书》作"止乱"。

5　"乱"是歌舞最后一阕。"治"是调节。雅，乐器名，形如漆筒而掩口，大两围，长五尺六寸，蒙以羊皮，有两纽，疏画。提之舂地，以调节快速的动作。

6　语，解说。道古，说故事。《文王世子》"登歌清庙，既歌而语"，盖古之听歌舞者，本有是礼。详参《文王世子》注。

7　进俯退俯，泛指舞者弯腰屈脊的姿态。

8　溺，沉溺，迷惑。

9　王念孙云：玃是"糅"的意思。

今译

魏文侯向子夏请教，说：我穿戴礼服礼帽，打扮得整整齐齐在欣赏古乐，就一直想睡觉；但是，听到郑卫的音乐时，却精神百倍，听个没完。请问：古乐为什么会使人变得那样，而新乐又为什么会使人变得这样呢？子夏回答说：这里所谓古乐，那是大伙人的共同动作，他们或进或退，步调无不齐一，再配合以和平纯正而宽闲的乐声。弦乐管乐，都听从"拊"与"鼓"的节拍。开幕时击鼓，收场时鸣钟。用"相"调节收场之歌，以"雅"调节快速之动作，君子在哪里解说，在哪里叙述，无不是修身齐家安定社会的故事。这就是古乐的表演。至于新乐，舞者各自弯腰屈脊，充满着淫声浪语，而尽量蛊惑。以及那些俳优丑角，男女混糅，父子不分，歌舞终了仍不晓得说的是些什么，更难得从中看出一点故事。这就是新乐的表演。现在您要问的是"乐"，但您爱好的却是"音"。乐虽亦有音，而与之相近，但实际是两回事。

文侯曰：敢问何如？子夏对曰：夫古者，天地顺而四时当，民有德而五谷昌，疾疢不作而无妖祥[1]，此之谓大当。然后圣人作为父子君臣，以为纪纲。纪纲既正，天下大定。天下大定，然后正六律，和五声，弦歌诗颂，此之谓德音。德音之谓乐。《诗》云：莫其德音，其德克明。克明克类，克长克君，王此大邦。克顺克俾，俾于文王，其德靡悔。既受帝祉，施于孙子[2]；此之谓也。今君之所好者，其溺音乎？

今注

1 妖，是生物的变态；祥，是反常的现象。

2 引自《大雅·皇矣》。此诗，旧说是赞美文王父亲的。莫其德音，"莫"读如"默"。克类，能符合其德行。克俾，孔颖达云："俾"当为"比"，比是相配。靡悔，无所懊悔。帝祉，指承天之福佑。

今译

文侯又问道：这是怎么说呢？子夏回答说：古时候，风调雨顺四季平安，人民有德而农产丰盛，没有疾疫灾祸发生，亦没有妖怪异象出现，这才叫作太平。然后圣人起来，订立父子君臣的名分，作为人与人关系之纲纪。纲纪既正，社会便有了秩序。社会安定之后，便制定六律、调和五声，演奏乐器来歌唱，创作诗篇来发赞颂，这才叫作德音。这样的德音才是"乐"。《诗经》里有一首诗云：那德音虽是很沉静的，但那德行多么光明。不但德行光明而且能合乎那伦类。能做领袖，能做君王，而统治这样广大的国土。恭顺而能择善，传到文王时代，德行无所遗憾。现在果然受到上帝的降福，一直降福到他的后代。这就是德音的意义。不过，也许您所喜欢的，大概是那种令人沉湎的"溺音"吧。

文侯曰：敢问溺音何从出也？子夏对曰：郑音好滥淫志，宋音燕女溺志[1]，卫音趋数烦志，齐音敖辟乔志[2]。此四者皆淫于色而害于德，是以祭祀弗用也。《诗》云：肃雍和鸣，先祖是听。夫肃肃，敬也；雍雍，和也[3]。夫敬以和，何事不行。为人君者谨其所好恶而已矣。君好之，则臣为之。上行之，则民从之。《诗》云：诱民孔易，此之谓也。

今注

1　好滥，当是前文"誂越涤滥"之意，而为轻佻流曼的歌舞。燕女，王夫之解为纤柔之声。

2　趋数读为"促速"。音调急促而迅速使人心烦。敖辟即傲僻；乔读为骄。

3　此引《周颂·有瞽》。顾炎武云：《诗》本"肃""雍"一字，而引之二字者，长言之也。例如：《诗》云"有洸有溃"，而毛公则传为"洸洸，武也；溃溃，怒也"，同此例。

今译

文侯又说：敢问那溺音从何而来？子夏回答说：郑音轻佻流曼，使人心志放荡；宋音纤柔妩媚，使人心志沉溺；卫音急促剧骤，使人心志烦乱；齐音傲僻亢厉，使人心志骄恣。这四个地方的音乐皆偏于情欲而戕害人们的德行，因此祭祀大典皆不用此等音乐。《周颂》之诗有言：肃雍和鸣之音，先祖才愿意听。肃肃，是虔敬的表示；雍雍，是祥和的表示。如果有了虔敬与祥和的心志，用于行事，则事无不成。所以做国君的只要当心自己所喜欢的和不喜欢的。因为上面的人怎样做，底下的人会跟着做。《诗经》云"诱民甚易"，即是此意。

然后，圣人作为鞉鼓椌楬埙箎[1]，此六者，德音之音也。然后钟磬竽瑟以和之，干戚旄狄以舞之[2]，此所以祭先王之庙也，所以献酬酳酢也，所以官序贵贱，各得其宜也，所以示后世有尊卑长幼之序也。

今注

1 郑玄说：椌楬就是柷敔（已见前注）。埙，土制，如鹅卵，六孔。箎，竹制，如七孔笛。

2 狄亦写作"翟"，山鸡尾羽。

今译

知道肃雍之重要，然后圣人乃制作小鼓大鼓柷敔和埙箎，这六种乐器，发声纯正而没有什么变化，都是德音之音。然后用钟磬竽瑟来合奏，干戚旄翟来伴舞，这才是用于祭祀宗庙的音乐，调节献酬酳酢等礼仪的音乐，使贵贱的次序各得其宜的音乐，亦即借此告示后代应有尊卑长幼的秩序的音乐。

钟声铿，铿以立号，号以立横[1]，横以立武。君子听钟声则思武臣。石声磬，磬以立辨[2]，辨以致死。君子听磬声则思死封疆之臣。丝声哀，哀以立廉，廉以立志。君子听琴瑟之声则思志义之臣。竹声滥，滥以立会[3]，会以聚众。君子听竽笙箫管之声则思畜聚之臣。鼓鼙之声讙[4]，讙以立动，动以进众。君子听鼓鼙之声则思将帅之臣。君子之听音，非听其铿鎗而已也，彼亦有所合

之也 [5]。

1　横，读如"犷"，兴奋。

2　磬，《乐书》作"硁"。辨，分明。

3　郑玄云：滥犹揽聚之意。

4　谨，喧闹。

5　铿鎗，亦写作铿锵。有所合，就是联想及之。

今译

钟声铿铿然，可以用作令，听到号令的声音则兴奋，兴奋可以建武功。所以君子听钟声会联想到雄赳赳的部下。石磬的声音硁硁然，听来可以树立正义，有了正义则能生死以之。所以君子听磬声会联想到为保卫国土而牺牲的部下。弦乐的声音很哀恸，可以使人正直，正直则有志节。所以君子听琴瑟之声，会联想到有志节的部下。管乐的声音很收敛，有聚合的意味，聚合则能安抚群众。所以君子听竽笙箫管之声，会联想到能安抚群众的大臣。鼓鼙的声音很喧闹，喧闹使人激动，激动则可以促使群众前进。所以君子听鼓鼙的声音会联想到带兵打仗的将领。总之，君子之听音乐，并非只欣赏那些铿锵的声音，而是从那声音中会发生无限的联想。

宾牟贾侍坐于孔子，孔子与之言及乐，曰：夫《武》之备戒之已久 [1]，何也？对曰：病不得众也 [2]。咏叹之，淫液之 [3]，何也？对曰：恐不逮事也。发扬蹈厉之已蚤 [4]，何也？对曰：及时事也。《武》坐致右宪左 [5]，何也？对曰：非《武》坐也。声淫及商何也 [6]？对曰：非《武》音也。子曰：若非《武》音则何音也？对曰：有司失其传也 [7]。若非有司失其传，则武王之志荒矣 [8]。子曰：

唯！丘之闻诸苌宏，亦若吾子之言是也。

今注

1 《武》，是周人所作武王伐纣故事的模仿舞。备戒，指《武》舞将作，先击鼓以警众。已久，太久。

2 病，忧虑。

3 咏叹，指歌声之漫长。淫液，指动作之舒缓。

4 蚤，立刻。

5 《武》坐，《武》舞跪地的舞姿。致右，右膝抵地；宪左，宪读为"轩"，指左膝仰起。

6 孙希旦云：商，指商声，主杀伐。此言：武王为救民而战，不以杀伐为目的，何故《武》舞有过度的杀声？

7 有司，指主管乐舞的官。失其传，传述有差误。

8 荒，老糊涂。

今译

有一天，复姓宾牟名贾的学生在陪伴着孔子，孔子和他谈到乐舞的事。孔子说：《武》舞开始时连连击鼓以警戒，但为什么要那样久呢？宾牟贾说：那是模仿武王出兵之前，忧虑得不到诸侯的支持，所以要用很久的时间准备。孔子说：但为什么歌声要拉得那样长，动作又那样迟缓呢？宾牟贾说：恐怕是模仿当初的时机尚未成熟吧！孔子又问：但为什么忽然间又迅速而猛烈地手舞足蹈起来？宾牟贾说：那定是象征抓住时机，及时行动。接着，孔子又问道：《武》舞为跪姿右膝着地，左膝不着地，这是为什么？宾牟贾说：那未必是《武》舞的跪法吧。孔子又追问：而且有些歌声为什么充满着杀气呢？宾牟贾又答道：那怕亦不是《武》舞该有的歌声呀！孔子说：如果不是《武》舞的歌声，那该是什么声呢？宾牟贾说：关于这一点，可能是乐官传授有差错。如果不是的话，那就是武王的心思迷乱。孔子听着点头说：是。我从周大夫苌宏那里听来的，亦正像你说的一样。

宾牟贾起，免席而请曰：夫《武》之备戒之已久，则既闻命矣，敢问：迟之迟而又久，何也？子曰：居！吾语女。夫乐者，象成者也[1]；总干而山立，武王之事也[2]；发扬蹈厉，大公之志也。《武》乱皆坐[3]，周召之治也。

今注

1 象成，模仿成功的事迹。

2 此言武王之志在吊民伐罪，不以杀伐为意，故仅总干而山立。

3 《武》乱，武舞之末章舞曲。皆坐，是全体跪下。

今译

宾牟贾立起身来，避开座位向孔子请教，说：关于《武》舞开始前备戒已久的问题我已经听说过了。那么请问：《武》舞表演的时间为何这么长呢？孔子说：请坐吧！让我告诉你。本来乐舞是模仿过去的事迹的。武王伐纣，原意是用武德来克服纣王的残暴，并不以杀伐为目的，所以开始时，他们都只持盾站着不动；到了忽然发扬蹈厉而投入战争，那是姜太公的主意。到了《武》舞的末章舞曲全体坐下，那是表示武功告成，由周公旦、召公奭共同辅政，建立文治的局面。

且夫《武》，始而北出，再成而灭商。三成而南，四成而南国是疆，五成而分周公左召公右，六成复缀，以崇天子[1]。夹振之而驷伐，盛威于中国也。分夹而进，事蚤济也。久立于缀，以待诸侯之至也[2]。

今注

1　成，舞之一阕。此乃解说《武》舞进行的情形，共分六阕。兹参考旧说，叙之如次：《武》舞的缀位有四，分别于东西，以西边南端为第一缀，北端为第二缀；东边北端为第三缀，南端为第四缀。每舞一阕，即顺序移动一个缀位。第一阕是模仿武王出兵至孟津待诸侯，舞者从第一缀向北，进至第二缀，故曰：始而北出。第二阕模仿武王与诸侯合兵东进，至牧野打败了商纣。这是由二缀向东至北端的第三缀，故曰再成而灭商。第三阕模仿武王伐纣南还，由第三缀进至东边南端的第四缀，故曰三成而南。第四阕则似停留在第四缀上表演，以示南国已收入版图。第五阕，舞队分成两列：一向第三缀一向第二缀前进（下文之"分夹而进"），模仿周公在左，召公在右。第六阕则又联合而回至第一缀，故曰复缀。以崇天子，是拥戴武王为天子。按：古无"嵩"字，以崇为之。后代称呼"天子万岁"曰嵩呼。似即此"崇"字之义。

2　此一节是补充说明。夹振而驷伐，这大概是说明自第二阕至第四阕的队形。夹是排成双行，振是摇铃。驷即"四"字，四击四刺为四伐。分夹而进，是说明第四阕第五阕的队伍变化。事蚤济，是说到第五阕，战功早已完成了。久立于缀，是补说第一阕"咏叹之淫液之"的意义。

今译

《武》舞的队形变化，首先是从原位上向北行进，到了孟津会合诸侯之后，第二阕便东进而打垮了商纣。第三阕领兵向南，第四阕表示南方诸国都收入了国界。第五阕分开两队，表示周公统治左边的国土，召公统治右边的国土。到了第六阕，大家都回到原位上，表示天下诸侯齐集京都，嵩呼天子万岁。在这六阕里面，有时是排列双行，摇着铃铎调节击刺的动作，用以显示周人的武力征服了中国。有时又分开两列行进，表示武功已成，由周公、召公分治中国。至于最初，站在原位上载歌载舞而不移动者，则是表示在等待诸侯的到来。

且女独未闻牧野之语乎[1]？武王克殷，反商[2]。未及下车而封黄帝之后于蓟，封帝尧之后于祝，封帝舜之后于陈。下车而封夏后氏之后于杞，投殷之后于宋[3]。封王子比干之墓；释箕子之囚，使之行商容而复其位[4]。庶民弛政，庶士倍禄[5]。

今注

1　牧野，在今河南省淇县之南。古为商纣都城南郊，武王大败纣军之处。牧野之语，指武王伐纣的传说。

2　反商，郑玄解为"及商"，是抵达商国。纳兰成德据《尚书·武成》云：当作"反商"。按：《家语》作"反商人之政"，《吕氏春秋·慎大览》作"复盘庚之政"。《史记·周本纪》作"使禄父治殷"，皆是。今从后说。

3　投，徙置之。

4　《尚书·武成》作"式商容之间"，孔传云：商容，殷之贤人；郑玄注此，则以为商之礼官。或因商之礼官，其人甚贤，故"式"其间而又以箕子继其位。

5　政，读为征，指徭役之事。倍禄，薪俸加倍。

今译

再说，难道你没听过牧野的故事吗？当初武王打败了殷纣，仍把政权交还商之后人。当他还在战车上时，即敕封黄帝的后裔统治蓟地，尧的后嗣统治祝地，舜的后裔统治陈的地方。到了军事稍定，又封夏禹的后裔于杞国，并移徙商的遗民于宋。又替王子比干的墓增筑土坟，释放政治犯箕子，并请他去探视商容恢复商容的官职。同时取消征召人民服徭役的苛政，而一般士人亦加发一倍的薪俸。

济河而西，马，散之华山之阳，而弗复乘；牛，散之桃林之野，而弗复服[1]。车甲衅而藏之府库[2]，而弗复用。倒载干戈，包以虎皮；将帅之士，使为诸侯；名之曰"建櫜"[3]。然后，知武王之不复用兵也。散军而郊射，左射《狸首》，右射《驺虞》，而贯革之射息也[4]。裨冕搢笏，而虎贲之士说剑也[5]。祀乎明堂而民知孝。朝觐，然后诸侯知所以臣；耕藉，然后诸侯知所以敬。五者，天下之大教[6]。食三老五更于大学，天子袒而割牲，执酱而馈，执爵而酳，冕而总干，所以教诸侯之弟也。若此，则周道四达，礼乐交通。则夫《武》之迟久，不亦宜乎？

今注

1　服，驱使驾驭。

2　衅，亦写作"釁"，古代用牲血涂在器皿上的祭礼。

3　建，读为"键"，锁钥。櫜，藏兵器的用具。键櫜，是锁起兵器之意。

4　狸首、驺虞，皆调节射箭动作的乐章名。按：狸首，狐狸之首；驺虞，白虎黑文长尾兽。疑二者本是箭靶上所绘之兽，因而得名。

5　说剑，读为"脱剑"。

6　旧说以郊射、裨冕、明堂、朝觐、耕藉等为五教。按：《祭义》亦载此文，但以祀明堂、食三老五更、祀先贤、耕藉、朝觐等为五教。此处原文似有脱误。

今译

武王平定殷地之后，即渡过黄河回到陕西，将所有的战马都放散在华山南面的原野，而不再乘骑；所有拉辎重的牛亦都散放在桃林的草场，而不再驱使。所有的兵器都涂上牲血而收藏到府库里，而不再使用。所有盾牌和戈矛皆倒装起来，而包以虎皮；带兵的将校，分派到各国为诸侯，总名之为"键橐"。这就表示武王不再使用武力征伐了。解散了军队而举行郊射之礼，左边唱《狸首》，右边唱《驺虞》，都用音乐伴奏，而停止那种贯穿皮革的猛射。大家既穿起文绉绉的礼服，腰际还插着记事用的手板，而雄赳赳的战士亦解除刀剑了。祀乎明堂，所以教人民知孝悌也；定期朝见天子，诸侯就知道怎样为臣了；天子亲自耕种藉田，诸侯就知道恭敬了。五者，天下之大教也（此据《祭义》补正）。因为宴请三老五更到太学里，虽已贵为天子，仍要袒着上衣替老者分割牲体，拿着酱碟向老者献食，端着酒杯向老者劝饮，老者酒醉饭饱之后，天子还要戴着礼冠持着盾牌以歌舞娱乐老者，这种种行动，都是做给那些由老粗而封为诸侯的人观看，使他们懂得敬老尊贤。像这样，周代的教化普及四海，礼乐交相配合，由此看来，《武》舞表演时间长，不是很应该的吗？

君子曰：礼乐不可斯须去身[1]。致乐以治心，则易直子谅之心油然生矣[2]。易直子谅之心生则乐，乐则安，安则久，久则天，天则神[3]。天则不言而信，神则不怒而威，致乐以治心者也。致礼以治躬则庄敬，庄敬则严威。心中斯须不和不乐，而鄙诈之心入之矣。外貌斯须不庄不敬，而易慢之心入之矣[4]。故乐也者，动于内者也；礼也者，动于外者也。乐极和，礼极顺，内和而外顺，则民瞻其颜色，而弗与争也；望其容貌，而民不生易慢焉。故德辉动于内，而民莫不承听；理发诸外，而民莫不承顺。故曰：致礼乐之道，举而错之，天下无难矣。

今注

1　按：此一节亦载于《祭义》。斯须，须臾。
2　子谅，《韩诗外传》写作"慈良"。
3　天，自然。神，不见形迹。
4　易慢，轻易怠慢。

今译

君子曰：人们不可片刻离开礼乐。运用乐来陶冶内心，则平易爽直慈爱善良的念头便会油然而生。有这易直慈良的心，必然会觉很乐观，乐观就能安于现状，能安于现状则能持久，能持久则能上通于天，上通于天就能与神交会。有天不必说话，就能使人相信，神不须发怒，就使人敬畏。这就是用乐来陶冶内心的效果。详审礼的作用以调理身体言行就会使人变得端庄而敬慎，能端庄敬慎则显得整饬而威严。如果一个人心中有片刻不和不乐，卑鄙奸诈的心思就会侵入。如果外貌有片刻不庄不敬，则轻易怠慢的念头就会出现。所以乐是陶冶内心的，礼是调理外貌的。乐极其和畅，礼极其恭顺。一个人能做到内心和畅而外貌恭顺，则人们仅望见其表情便不敢与之抗争，只看见他的容貌便不敢有轻视侮慢的念头。因此，由于德行的光辉发作于内，则人们莫敢不接受其指示，行为的文理表现于外，人们亦莫敢不顺从其领导。所以：运用礼乐的教化，再把它运用起来，则世上的许多问题都不难解决了。

　　乐也者，动于内者也；礼也者，动于外者也。故礼主其减，乐主其盈[1]。礼减而进，以进为文；乐盈而反，以反为文[2]。礼减而不进则销，乐盈而不反则放[3]；故礼有报而乐有反[4]。礼得其报则乐，乐得其反则安；礼之报，乐之反，其义一也。

今注

1 礼主其减，指礼仪的原则在乎克己而尊重别人，故为"减"，"减"是自抑损。乐主其盈，指乐的性质是在抒发性情，故为"盈"，"盈"是满足。

2 文，是美的现象。

3 放，是流湎忘本。

4 报，郑玄说，当读为"褒"，是鼓励的意思。反，是抑损。

今译

乐是发动于内心的，礼是调理外貌的。礼要以克制自己尊重别人为原则，乐则以充分发挥性情为原则。不过，克制自己，其事难行，须要特别努力，以努力去做为美。而乐使人抒发、充盈，做起来比较易，所以要有所控制，以有所控制为美。因为礼主"减"，不鼓励，就会渐渐消亡；乐主盈，不再裁抑则将至于放肆。所以，礼应该有鼓励，而乐则须加以控制。礼得到鼓励则使人乐于实行，乐得到控制则使人心安。因此，礼之"鼓励"和乐之"控制"，二者意义是相同的。

夫乐者乐也，人情之所不能免也。乐必发于声音，形于动静，人之道也。声音动静，性术之变，尽于此矣。故人不耐无乐，乐不耐无形，形而不为道不耐无乱[1]。先王耻其乱，故制《雅》《颂》之声以道之[2]，使其声足乐而不流，使其文足论而不息[3]，使其曲直繁瘠廉肉节奏足以感动人之善心而已矣[4]，不使放心邪气得接焉，是先王立乐之方也。是故乐在宗庙之中，君臣上下同听之则莫不和敬；在族长乡里之中[5]，长幼同听之则莫不和顺；在闺门之内，父子兄弟同听之则莫不和亲。故乐者，审一以定和，比物以饰节[6]，节奏合以成文。所以合和父子君臣，附亲万民也，是先王立乐之方也。故听其《雅》《颂》之声，志意得广焉；执其干戚，习其俯仰诎伸[7]，容貌得庄焉；行其缀兆，要其节奏[8]，行列得正焉，进退得齐焉。故乐者，天地之命[9]，中和之纪，人情之所不能免也。

今注

1　耐，古"能"字。

2　道，引导。

3　息，《荀子·乐论》作"諰"，胡思乱想。

4　繁瘠，《乐书》作"繁省"。廉肉，指声音的清脆或圆润。

5　族长，皆乡党之属。

6　审一，"一"指音乐的"基调"，众声据此以调和。比物，旧注以为配合各乐器。今按：上句言音乐，此句当言歌舞。"物"即是"事"，此"物"是模仿事迹。"节"当指舞蹈的章节。

7　诎伸，《荀子》中"屈"皆作"诎"。

8　要，趁从。

9　天地之命，《荀子》作"天下之大齐"，《史记》作"天地之齐"。按：当作"天下之齐"。齐，是"合同而化"之意。

今译

乐就是快乐，而为人情所本有的。人有所乐，必然发于声音，表现于动作，这是人性的通常道理。人心之变化，差不多都在这声音及动作上看出来了。故而人不能没有喜乐，而喜乐不能没有表现形式；表现得不得其道就会乱来。先王耻恶其乱，故制作《雅》《颂》的声乐来引导人心，要求声歌足以使人喜悦而又不至于放肆，要求歌辞足以表达义理而又不至于引起胡思乱想；要求音乐的曲直繁省廉肉节奏，足可激动人们的善心而不使放荡的念头、邪恶的想象接近人心，那便是先王立乐的宗旨。因此，先王之乐，在宗庙中演奏，君臣同听，则感情融洽而相尊敬。在族长乡里演奏，长幼老少一起听就无不和气顺从。在家门之内演奏，父子兄弟同听，则感情融洽而相亲爱。所以音乐之事，是确定一个基调而众乐器跟着和声，模拟某种事迹而整理成舞蹈的章节，再配合节拍而形成一部歌舞。融洽父子君臣的感情而使万民归为一体，这才是先王立乐的宗旨。所以听《雅》《颂》之声，会使人不再自私自利；执其干戚，练习俯仰屈伸，会使人的仪态变得庄重；踏着那舞位，趁着那节奏，会使大众的行列整齐，进退划一。所以说，乐是天下之和同，中和的条理，而为人情所不可少的。

夫乐者，先王之所以饰喜也；军旅鈇钺者[1]，先王之所以饰怒也。故先王之喜怒，皆得其侪焉[2]。喜则天下和之，怒则暴乱者畏之。先王之道，礼乐可谓盛矣。

今注

1 鈇钺，大斧（已见《王制》注）。

2 侪，郑玄说是"辈类"的意思。按：《荀子·乐论》此字作"齐"，言先王之或征诛，或揖让，目的皆在于齐一人心，用以引申前文"天下大齐"之意。此虽断章取义，宜仍依荀书为解。

今译

本来，乐之事，先王是用来表达其喜悦的；而军旅鈇钺，则是用来表示愤怒的。故先王之喜或怒，都可以使天下齐一。所以，因其所喜，而天下亦莫不和；因其所怒，则暴乱者畏，亦莫敢不和。先王治国平天下的道理，可以说是全靠礼乐教化而兴盛了。

子赣见师乙而问焉¹，曰：赐闻声歌各有宜也，如赐者，宜何歌也？师乙曰：乙贱工也，何足以问所宜？请诵其所闻，而吾子自执焉²，"爱者宜歌商³；温良而能断者宜歌齐。夫歌者，直己而陈德也。动己而天地应焉，四时和焉，星辰理焉，万物育焉。故商者，五帝之遗声也。""宽而静⁴，柔而正者宜歌《颂》。广大而静，疏达而信者宜歌《大雅》；恭俭而好礼者，宜歌《小雅》。正直而静，廉而谦者宜歌《风》。肆直而慈爱"（商之遗声也）⁵，商人识之，故谓之商。齐者，三代之遗声也，齐人识之，故谓之齐。明乎商之音者，临事而屡断；明乎齐之音者，见利而让。临事而屡断，勇也；见利而让，义也。有勇有义，非歌孰能保此⁶？故歌者，上如抗，下如队，曲如折，止如槁木，倨中矩，句中钩⁷，累累乎端如贯珠。故歌之为言也，长言之也。说之，故言之⁸；言之不足，故长言之；长言之不足，故嗟叹之；嗟叹之不足，故不知手之舞之，足之蹈之也。子贡问乐⁹。

今注

1　赣，《史记·乐书》作"贡"，据篇末题名，今依《史记》。师，乐师。乙，其名。

2　自执，自己抉择。

3　自此句至"五帝之遗声也"共五十一字，书于一枚简上，本次在后，今错厕在前。郭嵩焘云：五帝以揖让得天下，故商声为慈；三王以征诛得天下，故齐声为能断。郑玄云：商，是宋诗。按：《史记》"商之音""齐之音"句，"音"字皆作"诗"。

4　自此句至"肆直而慈爱"共四十九字，书于另一枚简上，本次在前，今错厕在后。郑玄说前后错简宜更正（今更正之于译文）。按慈爱之"爱"字是衍字。

5　"商之遗声也"五字亦是衍文，宜删。

6 保，保持。

7 倨，直转。中，恰合。句，即勾。

8 说，读为悦。

9 "子贡问乐"，本是这一篇的篇名。

今译

子贡拜访师乙而向他讨教，说：我听人家说，学唱歌须要适合人的个性，但不知像我这样的人，该学唱什么歌？师乙回答说：我只是个微贱的乐工，怎配得讨论适合个性的问题？现在只能把所听到的照着说出，究竟怎样，还请您自己抉择吧！我听说，宽而静，柔而正者，宜歌《颂》。广大而静，疏远而信者，宜歌《大雅》；恭俭而好礼者，宜歌《小雅》。正直而静，廉而谦者，宜歌《风》。坦率而慈爱者，宜歌"商"。温良而能断者，宜歌"齐"。唱歌这件事，就是表达自己的心情，展示自己的品德。自己唱了起来以后，会觉得天地也在响应，阴阳和顺，星辰按序运行，万物各得其所。"商"者，五帝之遗声也。商人识之，故谓之"商"。"齐"者，三代之遗声也，齐人识之，故谓之"齐"。明白"商"音真谛的人，遇事总能果断。明白"齐"曲真谛的人，能够见利而让。遇事常能果断，这是勇敢；遇利而能推让，这是义气。既勇敢而又有义气，怕只有在声歌中能保有之。所以唱歌者，高音像是愈抬愈高，低音像是愈跌愈低，转折处忽如中断，终止时寂如枯木，弯转之音合乎矩尺，弯屈之音合乎环钩。声调音节相连累的情形就恰似贯串的珠子。所以用歌声来说话者，实即把语言的音节拉长。心里高兴，所以要说出来；说得不够尽兴，所以拉长声音来说；拉长声音仍不够尽兴，所以继之以吁嗟；到了吁嗟不够尽兴时，就不知不觉地舞动肢体而手舞足蹈起来了。

第二十　杂记上

郑玄云：本篇杂记诸侯以下至士之丧事。然今分为上下两篇，而下篇则并载其他杂事，则似不限于“丧”。盖为丛残古记之零简被附辑于篇末，次序甚为散漫。唯上篇所记诸侯大夫士死亡在外，其复、讣、敛、殡等节文，有为《士丧礼》《丧服传》所未备者；除附见于《曾子问》《丧服小记》《丧大记》诸篇之外，间复杂辑于此。其中有与《檀弓》相类者，亦有似为《玉藻》脱简者，可互参详之。

诸侯行而死于馆，则其复，如于其国[1]。如于道，则升其乘车之左毂，以其绥复[2]。其輤有裧，缁布裳帷素锦以为屋而行[3]。至于庙门，不毁墙遂入适所殡，唯輤为说于庙门外[4]。

今注

1　馆，今称“招待所”或“宾馆”。复，招魂，详见《礼运》注。如于其国，依照其死于国内之礼行之。

2　道，郑云：道上庐宿处；“绥”当为“緌”。郭嵩焘云，如于道，只是说：死在路上车中，不必有庐宿，故其招魂，乃登车之左毂。左毂代表“东荣”（见《礼运》注）。绥，即是登车下车所用的引手绳（《曲礼上》注）。今从后说。

3 輤，赤色的灵柩车盖，亦称"鳖甲"。裧，鳖甲的边缘。缁布裳帷，染褐色的丧车围布，象征围墙。屋，小帐。

4 毁墙，撤除围布。说，亦作"脱"字。

今译

诸侯出国旅行，倘是死于宾馆中，则其招魂之礼，当如死在国内一样，捧着他的衣服，从东荣登屋，向北叫魂。倘是死在半路上，则登上他所乘的车左毂上，捧着他所执的"绥"向北叫魂。载运灵柩的车，上有赤色的顶盖，顶盖周沿有垂边，并用褐色的布帷围绕着灵柩车，如同宫室一样地送他走。到了停柩的庙门外，不要解除围帷，直送至庙内两楹中间停放着，仅只把顶盖卸下，放在庙门外。

大夫士死于道，则升其乘车之左毂，以其绥复。如于馆死，则其复，如于家。大夫以布为輤而行，至于家而说輤，载以辁车 [1]，入自门至于阼阶下而说车，举自阼阶，升适所殡 [2]。士輤，苇席以为屋，蒲席以为裳帷。

今注

1 辁，郑玄云即"辁"字，或写作"槫""团"，又或误为"国"。《说文》：有辐曰轮，无辐曰辁。辁车就是用整块圆轮的车子。

2 孔颖达云：此言大夫、士死于路上，载尸而归，虽用丧车，但到了家，则从车上移尸，从东阶登堂，放在停尸之所。倘是灵柩，则当升自西阶。

今译

大夫或士，死于路上，则登其乘车之左毂，用他的引手绳来招魂。倘是死于客馆，则依照其死于家里一样行招魂之礼。大夫的丧车用未染的布为饰，而载之以行。到了家，除去丧车的外饰，另换辁车，运至门内阼阶之下，然后把小敛的尸，从阼阶抬至停尸之所，再行大敛。士的丧车用苇草的席子做覆盖，以蒲草制的席子做裳帷。

凡讣于其君，曰：君之臣某死。父母、妻、长子，曰：君之臣某之某死[1]。君讣于他国之君，曰：寡君不禄，敢告于执事[2]。夫人，曰：寡小君不禄。大子之丧，曰：寡君之适子某死。大夫讣于同国：适者[3]，曰：某不禄；讣于士，亦曰：某不禄[4]。讣于他国之君，曰：君之外臣寡大夫某死。讣于适者，曰：吾子之外私寡大夫某不禄，使某实[5]。讣于士，亦曰：吾子之外私寡大夫某不禄，使某实[6]。士讣于同国大夫，曰：某死。讣于士，亦曰：某死。讣于他国之君，曰：君之外臣某死。讣于大夫，曰：吾子之外私某死。讣于士，亦曰：吾子之外私某死。

今注

1 君之臣某之某，上"某"指臣名，下"某"指其亲属。

2 死，不禄。《曲礼下》云：士曰不禄，庶人曰死。此处皆降级言之，表示谦辞。执事，指"他国之君"的左右人等，不直接告诉他国之君，而曰"执事"，亦是谦辞。

3 适者，适是"匹敌"，指同等地位的人。

4 此处"讣于士"与讣于同等地位之大夫相同，是自贬损之意。

5 无直接统属关系，故曰"外臣"。虽无直接关系，但有私人交情，故曰外私。使某实，郑注云："实"当为"至"字，古代陕甘方言如此。俞樾云："至"当即"致"字，是"致意"的意思。

6 此处言大夫讣告外国同级大夫与讣告于士，所言同。亦自贬损之意。下文同。

今译

凡是家中有丧事，讣告于国君，当曰"君之臣，名某某者死了"。如果是父母或妻室，或长子，则说"君之臣某某的什么人死了"。为国君之丧而讣告于他国之君，则说"寡君不禄，敢告于执事"。如果为国君的夫人报丧，则说"寡小君不禄"。如果死的是国君的长子，则称"寡君的嫡子某某死了"。大夫有丧，讣告于同国的大夫，称"某人不禄"；讣告于士，亦同之。倘是讣告于他国之君，则曰"君之外臣寡大夫某死"。倘是讣告于同辈的外国大夫，则称"您的外国好友寡大夫某人不禄，使我来报丧"。对于士，亦同。士人向同国的大夫报丧，只说"某人死了"，其词与讣告于士者同。倘是讣告于他国之君，则曰："君之外臣某死"；讣告于外国大夫或士，则皆称"您的外国好友某某死了"。

大夫次于公馆以终丧，士练而归[1]。士次于公馆，大夫居庐，士居垩室[2]。

今注

1　此言大夫、士遭遇国君之丧，因蒙恩之轻重，而为之持丧亦有不同。公馆，国君的馆舍。终丧，臣为君持丧三年，然后回家。练，指同年的练祭，士只需在公馆周年即可回去。

2　士次于公馆，此句甚难解，前人议论甚多。俞樾云："士"是衍字，此处但言大夫、士次于公馆，所居于"庐"或"垩室"之不同。庐，指"倚庐"。垩室，没有涂饰的小室。按：此所记，与《丧大记》略有不同。

今译

大夫遇到国君之丧，要在国君馆舍的丧次守丧三年而后回家；

士，只要守丧周年便可回家。他们在公馆的丧次，亦有区别：大夫在倚庐，士则在垩室中。

大夫为其父母兄弟之未为大夫者之丧，服如士服[1]。士为其父母兄弟之为大夫者之丧，服如士服。大夫之適子，服大夫之服。大夫之庶子为大夫，则为其父母服大夫服；其位，与未为大夫者齿[2]。士之子为大夫，则其父母弗能主也，使其子主之。无子，则为之置后[3]。

今注

1　郑注云：大夫虽尊，但不欲逾越父兄，故特为降等。但今本《丧服》无"大夫""士"之等差，此但欲示自贬损而已。

2　未为大夫者，亦指上而言。齿，谓同其等列。

3　孔颖达云：此言父贵可以及子，故大夫之子得用大夫之礼。子贵不可以及父，故其父不得用大夫之礼。

今译

身为大夫，给他没有做过大夫的父母兄弟服丧，则依士礼为父母兄弟服丧。如果自身为士，而父母兄弟为大夫，及其丧，仍依自身为士之礼服丧。大夫的嫡子可依大夫之礼服丧；如果是庶子而身居大夫之位，亦可为其父母之丧用大夫之礼，但哭泣的位置则与没有当大夫的同列。士之子为大夫，死时，父母因仅有士的身份，故不为主丧，要使他自己的儿子为主。如果没有儿子，则替他立个承嗣的人。

大夫卜宅与葬日[1]，有司麻衣布衰布带，因丧屦，缁布冠不蕤。占者皮弁[2]。如筮，则史练冠长衣以筮。占者朝服[3]。

今注

1 卜宅，卜择葬地。

2 有司，参与卜筮之大小宗人（见下节注）。此等人，虽为大夫之家臣，本服丧服，但因卜筮乃鬼神之事，属吉礼，故用吉服；其中只着麻去蕤，表示不纯吉而已。蕤，冠缕。占者，指卜人。则纯用吉服。

3 长衣，是深衣之纯素者。朝服，吉服。

今译

大夫之丧，到了卜择葬地和葬期的时候，执事人等则穿白布深衣，缀以粗麻，腰扎布带，照旧穿丧履，戴没有蕤的便帽。至于占者则戴皮弁。倘是用筮，则筮人戴白练冠，素色深衣而布著以筮。为之占者则穿着朝服。

大夫之丧，既荐马[1]。荐马者，哭踊，出乃包奠而读书[2]。大夫之丧，大宗人相，小宗人命龟，卜人作龟[3]。

今注

1 荐马，牵马进入庙门，运送灵柩，是迁祖之时。

2 "荐马者"，朱轼云此三字乃衍文。方苞云此三字当在"哭踊"二字之下。兹依孔疏，亦当作"见荐马者"。哭踊，指主人哭踊。包奠，指送葬时"遣车"所载奠品，即《礼运》所谓饭腥而苴孰之"苴熟"。读书，此"书"亦即《檀弓》所云"读赗"，是把附葬之物列成清单。即曾子说是"非古也"（并详《檀弓》注）。

3 此一小节，当为前节之附记，错编在此。大宗人小宗人，郑玄以《周礼》之大小宗伯为说。但据《士丧礼》云："卜日，族长莅卜，宗人命龟"之文，虽所记者为"士"，但可推知此所谓大宗人小宗人，亦即大夫家之族长与宗人，亦即前节所称"有司"。卜人，即前节所称之"占者"。

今译

大夫的丧事，在灵柩迁出庙时，先牵马入门，孝子们见牵马者，则哭踊。既迁出，则包裹祭奠所余之食物放在车上一起送去埋葬，并宣读附葬物品名单。大夫之丧，以大宗的族人辅助主人卜地及择日；小宗的族人向龟祷告，卜人则灼龟占兆。

内子以鞠衣，褒衣，素沙……下大夫以禩衣，其余如士……复，诸侯以褒衣冕服，爵弁服，夫人税衣揄狄，狄税素沙。

按：此一节，郑玄亲见原文断烂失序，陈澔《集说》已依郑注略为整理。但未完全。今以《丧大记》比较，此处当先言"诸侯"，其次"夫人"，其次"大夫"，其次"世妇"，其次"士"，其次"士妻"。原文当在篇首言诸侯大夫、士之"复"下，今错乱在此，既颠倒次序又脱佚了士与士妻之文。兹依陈氏《集说》先更定其文然后注释。

复：诸侯以褒衣冕服，爵弁服[1]。夫人税衣揄狄，狄税素沙[2]。内子以鞠衣，褒衣素沙，下大夫以禩衣[3]。其余如士。

今注

1 复，指招魂所用之衣服。褒衣，指受到褒赏的赐衣（下文同）。爵弁服，是其爵位的礼服。

2 夫人税衣，"税"亦写作"褖"，黑色礼服，自后夫人至于士，所服皆同，唯此加"揄狄"而已。揄狄，亦写作"褕翟""摇翟"，是绘有飞鸟图案的褖衣，亦称狄税。素沙，是素色的纱，用作翟褖的里子（下文同）。

3 鞠衣（已见《月令》注）。禩衣，亦写作展衣，坦白无文采的衣服。

今译

招魂时用的衣服：诸侯用赐衣，爵服。夫人用翟褖白纱里子。内子用鞠衣，赐衣素里。下大夫用白礼服，其余的人皆用黑色褖衣。

复西上 [1]。大夫不揄绞，属于池下 [2]。

今注

1 西上，以靠西者为上位。

2 此亦前文残简，烂脱在此。宜与大夫之輤相比次，谓灵柩车饰。揄绞，是车盖上画有翟雉的系缯，亦名"振容"（详见《丧大记》注）。池，指承顶盖（鳖甲）的笼子（见《檀弓》注）。

今译

招魂的位置以西边为上位。大夫的灵车不用飘动的揄绞，只要把它系在鳖甲的"池"下。

大夫附于士，士不附于大夫，附于大夫之昆弟。无昆弟，则从其昭穆 [1]。虽王父母在，亦然。妇附于其夫之所附之妃 [2]，无妃，则亦从其昭穆之妃。妾附于妾祖姑，无妾祖姑，则亦从其昭穆之妾。男子附于王父则配；女子附于王母，则不配 [3]。公子附于公子 [4]。君薨，大子号称子，待犹君也。

今注

1 此节言"附"，郑玄皆读为"祔"，谓祔庙之礼。郭嵩焘引《丧服小记》言附葬及《周礼·冢人》之文，则谓此处亦言附葬。兹依郑说。从其昭穆，指与所祔者同辈之祖。

2 夫所附之妃，即指妇之祖姑。

3　配，指配享。言男子祔于祖父时则并祭祖母，女子谓未嫁者，不配，不兼祭祖父。

4　公子附于公子，因其父祖为国君，自有世子祔之。其他公子则只能祔于国君之兄弟，以严宗法。

今译

大夫死后可祔祭于为士的祖先，但士之死则不能祔祭于为大夫的祖先，而可祔于为大夫之祖先的兄弟曾为士者；倘无这样的兄弟，则依其同辈之为士者，亦可。即使祖父母尚在，亦是这样做。妇人要祔于丈夫所祔的那个人的配偶；那个人倘无配偶，则亦依从其同辈者的配偶而祔。妾要祔于祖父之妾，倘无那样的妾祖姑，则依祔于祖父辈之有妾者之妾。男子入祔于祖父时，则并祭及祖母；未嫁的女子祔于祖母时，则无须并祭于祖父。国君的庶子只能祔于上一代国君的庶子。国君刚死，太子改称子，虽然称"子"，但实际的待遇如国君。

有三年之练冠，则以大功之麻易之[1]；唯杖屦不易。有父母之丧，尚功衰，而附兄弟之殇则练冠[2]。附于殇，称阳童某甫，不名，神也[3]。

今注

1　冠，三年之丧须挂重孝而首绖；至满一年，小祥而祭，除首绖，仅余练冠。大功之麻易之，这是说彼时又遭大功之丧，则为此亲人加上大功的麻绖。

2　兄弟之殇，指大功以下亲人未成年而死者。则练冠，即不易大功之麻。

3　称阳童，郑玄云：庶子未成年而死曰"阳童"，倘是宗子，则称"阴童"。参阅《曾子问》"阴厌""阳厌"之文。王夫之云，

"阳童"二字疑为"殇童"之讹。某甫，指其字，不称名。神也，以为"神道"。

今译

父母之丧，既练，又遇到大功之丧，则改戴大功的麻绖，唯有孝棒及绳屦则不改。父母之丧，又在大功的孝服期间，遇到举行未成年兄弟的厌祭时，则戴练冠不加麻绖。未成年者之厌祭，称"阳童字某某"，不用"名"者，因其属于神事之故。

凡异居，始闻兄弟之丧，唯以哭对，可也。其始麻，散带绖[1]。未服麻而奔丧，及主人之成绖也：疏者，与主人皆成之；亲者，终其麻带绖之日数[2]。

今注

1　始麻散带绖，始着麻衣时，散垂其腰带之麻绖。孔疏云：此指大功之丧；倘是小功之丧，则结垂不散。

2　与主人皆成之，谓与丧主同时成丧服。亲者，谓大功以上。日数，指大功齐衰一年。

今译

凡是未与兄弟同住者，刚听到他的死讯时，可以不说话只是哭来对答报丧者是可以的。开始替死者披麻戴孝时，散垂着腰上的麻带，表示万分忧急。如果未及披麻即赶往丧所，跟丧主一起遵礼成服，那时，倘是堂兄弟，则与主人一起成服；倘是亲兄弟，则要披麻戴孝至大功齐衰一年。

主妾之丧，则自祔至于练祥，皆使其子主之[1]。其殡祭，不于正室。君不抚仆妾[2]。女君死，则妾为女君之党服[3]。摄女君，则不为先女君之党服。

今注

1　主妾，主妇死，以妾代之。这样的妾之丧，自祔至于练祥，葬后以其神主祔于庙。上文，妾得祔于妾祖姑。但主妾，当是主妇死后才死，故孔疏云：得祔于已死之女君。练祥，指小祥大祥之祭，皆由妾子为主，《丧服小记》云："妇之丧，祔则舅主之。"此云"皆使其子主之"，所以异于女君。

2　抚，抚尸而哭。仆妾，贱妾。

3　女君之党，主妇的家族。

今译

以妾为主妇，她葬后自卒哭祔庙以迄于小祥大祥之祭，皆由她的儿子主持。殡、祭时，亦不在正堂。主人不要抚摩仆妾的尸体。主妇死，妾仍须为主妇的家族服丧；但代理主妇者，则无须如此。

闻兄弟之丧，大功以上，见丧者之乡而哭[1]。适兄弟之送葬者弗及，遇主人于道，则遂之于墓[2]。凡主兄弟之丧，虽疏亦虞之[3]。凡丧服未毕，有吊者，则为位而哭拜、踊。大夫之哭大夫，弁绖；大夫与殡，亦弁绖[4]。大夫有私丧之葛[5]，则于其兄弟之轻丧，则弁绖。

今注

1　《奔丧》云："齐衰望乡而哭，大功望门而哭。"望乡而哭之哀情甚于望门而哭。此处盖就其甚者言之。

2　适，是"往"的意思。遂之于墓，谓主人已返，而独自走到墓地为止。

3　亦虞之，"虞"是死人埋葬以后，迎其神主而安置之之祭，是一般丧事完了，"祭事"开始之期。

4　与殡，参加移柩赴殡。弁绖，谓爵弁之上加环绖。

5　私丧之葛，谓妻子之丧，至卒哭时，以葛衣代麻衣。

今译

听到兄弟之丧，凡属大功以上的亲人奔丧时，望见其所住的地方就开始哭。去给兄弟送葬，但是来不及，虽然路上遇到丧主已经回来了，亦要独自走到墓地哭吊。凡是为兄弟主持丧事，尽管亲属关系很疏远，但亦须为死者举行虞祭。凡是丧期还未完了，遇到有人来吊问，都得设位而哭，拜而且踊。大夫前往哭吊大夫时，在爵弁上加以环绖。参与移殡，亦应如此。大夫的妻子死了，到卒哭之时，已换上葛衣，遇到远房兄弟之丧，亦于爵弁加环绖而往吊之。

为长子杖，则其子不以杖即位。为妻，父母在，不杖，不稽颡。母在，不稽颡。稽颡者，其赠也拜[1]。违诸侯之大夫，不反服。违大夫之诸侯，不反服[2]。

今注

1　稽颡，向地磕头，表示罪孽深重祸延父母。故父母在，不稽颡。即遇必须磕头，亦改用“拜”。

2　违，离开。反服，回复原有的丧服。

今译

长子死了，父为持丧棒，则长子之子不须以丧棒就孝子之位。妻室之丧，为着父母俱在，不用丧棒，见吊客亦不用磕头。即使只有母在，亦不磕头。遇到要磕头的，如受赠时亦只用拜。离开了国君到大夫家做事之人，不再为国君服其丧。离开大夫而成为诸侯之臣的，不再为大夫服丧。

丧冠条属，以别吉凶[1]。三年之练冠，亦条属，右缝，小功以下左[2]。缌冠缫缨[3]。大功以上散带。朝服十五升，去其半而缌；加灰，锡也[4]。

今注

1　条属，用一条绳子绕过帽子的"卷边"（名曰"武"，见后文），交结于后脑，然后盘到下颌，留其余为缨，叫作"条属"。

2　练冠右缝，谓丧冠的摄缝向右，小功以下则向左边。

3　缫，郑玄云：当作"澡"字。是漂白的麻布。澡缨，即以此种麻布结之为缨。

4　升，是"总"字，八十缕为一总。加灰锡也，言缌麻再加灰制作，使之柔滑，则是"锡衰"，为大夫吊丧穿的。

今译

丧冠有条属，用以区别吉凶之礼。三年之丧，至小祥之后改着练冠，亦有条属，不过帽子的摄缝在右边，而小功以下则在左边。缌麻亲属的丧冠，用麻布条子系之为缨。大功以上的亲属，但散其带不加系结。朝服是一千二百缕织成的细布，若减其半，剩六百缕织成的，则成缌麻；倘更用石灰制成柔滑的缌麻，则是"锡衰"。

诸侯相襚，以后路与冕服。先路与褒衣，不以襚[1]。遣车视牢具[2]。疏布輤，四面有章，置于四隅[3]。载粻，有子曰：非礼也[4]。丧奠，脯醢而已。祭称孝子孝孙。丧称哀子哀孙。端衰，丧车，皆无等[5]。

今注

1　赠送死人殓葬用的衣物曰"襚"。后路，即次辂，随从的车。先路，即正辂，卿大夫的座车。

2 遣车，即前文运载"包奠"的车。牢具，指所备办的祭品（太牢或少牢）的数量。《檀弓下》云：国君（包奠）七个，遣车七乘；大夫五个，遣车五乘。

3 疏布輤，指牢肉有顶盖覆蔽之。章，障蔽。四隅指圹之四隅。

4 糗，粮食（见《王制》注），此指遣车所载黍稷麦等物。有子，孔子弟子。《士丧礼》言丧奠不用黍稷，今此遣车包奠之中有"糗"，故云非礼。

5 端，本指吉服"玄端"。孔颖达云：丧服上衣缀六寸之缞于心前，故称端衰。无等，无贵贱之等差。

今译

诸侯互相赠送殡葬的衣物，可用次辂和礼服，但不能用自己座车和天子赏赐的品服。送葬的遣车要看包奠的多寡而定。遣车上罩以顶盖，四面有障蔽，放在圹穴的四隅。有若说：遣车上载粮食，这是不合礼的。因为丧事的奠祭都只用肉干肉酱。吉祭的时候，自称为"孝子"或"孝孙"，但丧事则自称"哀子"或"哀孙"。挂孝的衣服和丧事的车辆，皆为表示哀情。哀情一样，所以这些东西亦无等级之分。

大白冠，缁布之冠，皆不蕤[1]。委武玄缟而后蕤[2]。大夫冕而祭于公，弁而祭于己。士弁而祭于公，冠而祭于己[3]。士弁而亲迎，然则，士弁而祭于己可也。

今注

1 大白冠，即布冠（见《郊特牲》注）。缟冠，染成褐色之布冠。《郊特牲》云："其缞也，孔子曰：未之闻也。"盖谓二者皆不蕤。

2　委武，陆佃云："委即委貌"，周代冠名（见《郊特牲》）。武是卷边。卷边的帽曰"委武"。玄缟，指黑色或白布的帽子。

3　冕、弁、冠，都是帽子，此处以冕为大礼帽，弁为文官的制帽，冠泛指便帽而言。

今译

本色的布帽，染色的布帽，都没有结在颔下的帽带穗子。至于卷边帽子，黑帽白帽，才有帽带的穗子。大夫参加国君的祭祀，戴大礼帽，家祭只戴自己的制帽。士参加国君的祭祀戴制帽，家祭只戴便帽。然而，《礼书》记载：士盛服而戴制帽去迎亲，那么家祭用盛服戴制帽亦未始不可了。

畅曰以椈，杵以梧[1]。枇以桑，长三尺；或曰五尺[2]。毕用桑，长三尺，刊其柄与末[3]。率带，诸侯大夫皆五采；士二采[4]。醴者，稻醴也。瓮甒筲衡，实见间而后折入[5]。重，既虞而埋之[6]。

今注

1　陆德明云："畅"字本作"鬯"。鬯曰，是捣郁金香草的曰。椈，柏木。捣曰的杵用梧木。

2　枇，亦写作"朼"，盛饭用的称"饮朼"。郑注此为从锅中挑起牲体用的大朼。三尺五尺，盖指周代的尺（其长短，见《王制》）。

3　毕，是木叉，用以叉肉的。刊其柄与末，切去把手及叉尖。按：上记诸物，郑注皆以为祭时用器。今从"刊柄与末"观之，疑皆殉葬之物。亦即前文"包奠读书"之所列举的东西。倘是祭器，而刊柄与末的木叉，又有何用？

4　率带，郑云即是縺带，未经针线缝边的带子。五采，五色俱备。二采，只用朱绿。《檀弓》云殉葬之物皆是"备物而不可用也",率带亦如此。

5　瓮甒筲衡，郑云："衡"当作"桁"，是木架子。"瓮"贮酱属的食品；"甒"贮饮料；筲，竹篓子，贮黍稷；皆指殉葬物。实，作"填塞"讲。"见"，当为"苀"字，误作"见"。苀即幠字，圹中用以覆棺之物。折，放置席子的支架。

6　重，已见《檀弓》注。

今译

殉葬之物：捣鬯的臼用柏木，杵用梧木制成。捞肉的大朼用桑木，长三尺；有的说是五尺。叉肉的木叉亦用桑木，长三尺，切去把手及叉尖。率带，诸侯大夫皆用五色，士用二色。醴，用稻米酿制。先把大瓮小坛和一篓篓的粮食平放在桁上，填入圹壁和棺衣之间的空隙，然后在上面搭以支架，覆上席子，再封上。"重"，既是暂时用的神主，到了葬后，把死者的灵魂迎回，安顿在正式的神主上，举行过这样的虞祭之后，就可以把"重"木埋入祖庙门外的东边土中。

凡妇人，从其夫之爵位。小敛、大敛、启，皆辩拜[1]。朝夕哭，不帷。无柩者不帷[2]。君若载而后吊之[3]，则主人东面而拜，门右北面而踊。出待，反而后奠[4]。

今注

1　启，即启期，指移柩赴殡。辩拜，即遍拜。

2　帷，遮住灵柩，既要哭灵，所以不用施帷。

3　载，指灵柩已载到车上。

4　出待，先走出门外等待。

今译

凡是妇女之丧，皆依其夫爵位之高低为礼。小敛裹尸、大敛入棺、定期移棺，皆须遍拜来吊的宾客。早晚哭奠，要拉开帷幕。已移棺赴葬，则亦不用帷幕。如果灵柩已载到车上时，国君前来作吊，则主人要退居宾位向东拜谢，再在门右向北哭踊。然后先自出门等候，拜送国君去后，再回来祭奠。

子羔之袭也：茧衣裳与税衣纁袡为一[1]，素端一，皮弁一，爵弁一，玄冕一[2]。曾子曰：不袭妇服[3]。

今注

1　子羔，《孔子弟子传》曰：高柴，卫国人，尝为郈宰。袭，小敛时为死者穿衣。茧，指丝绵。以丝绵纳于上衣下裳，犹今言绵衣绵裤。税衣，即褖衣（已见前注）。纁袡，绛边。

2　玄冕，郑云：或作玄端或作玄冠。

3　黑衣加红边，是妇人服。

今译

子羔小敛时的穿戴：一是绵衣绵裳，又有绲红边的黑衣。二是素色衣裳。三是皮帽，四是制帽，五是黑冠。曾子说：不要穿那绲红边的女人衣服就好了。

为君使而死于公馆，复；私馆不复。公馆者，公宫与公所为也。私馆者，自卿大夫以下之家也[1]。公七踊，大夫五踊，妇人居间，士三踊，妇人皆居间[2]。

今注

1　此上数语已见《曾子问》注。

2　踊，指始死至于殡之间的哭踊。诸侯五日而殡，大夫士三日而殡，日数有长短，故踊之数亦不同。居间，谓接续男子而踊。徐师曾云：上"妇人居间"四字是衍文。

今译

为国君当使者而死于公家的宾馆，则招魂。倘死在私人的馆舍，则不招魂。因为公馆是国君的客馆或国君指定的宾馆，而私馆是卿大夫以下的私宅，不可在别人家里招魂。踊的礼节：公之丧，自始死至入棺，哭踊七次，大夫五次，士三次，妇人哭踊皆在男人之后而在来客之前为之。

公袭：卷衣一，玄端一，朝服一，素帻一，缥裳一，爵弁二，玄冕一，褒衣一。朱绿带，申加大带于上[1]。

今注

[1] 按：此一节宜与"子羔之袭"为同类。此下亦疑脱大夫、士之袭。原简错置，又有脱佚。前后许多散策，皆属此类，兹不赘语。申加，是加添一层的意思。

今译

公爵的袭敛：用衮衣一套，玄端一套，朝服一套，素帻一套，绛裳一套，爵弁二通各为一套，玄冕一套，褒衣一套，合为九套。朱绿带又加大带于其上。

小敛环绖，公、大夫、士一也。公视大敛，公升，商祝铺席，乃敛[1]。鲁人之赠也：三玄二缥，广尺，长终幅。

今注

[1]《丧大记》云："君至升堂，即位于席端，迁尸，卒敛。"此处所言略同。又，《士丧礼》云："公若有赐焉，则视敛。"此言视敛，盖因有所赐，故由商祝（以办丧事为职业的人）铺席，然后以赐物附敛。

今译

小敛之时，首加环绖，国君、大夫、士皆一样的。国君来视大敛，升堂之后，商祝更铺席，迁尸而后敛入棺中。鲁国的风俗，赠予死人，虽用三黑色两绛色的帛，但仅只有一尺宽，一幅布那样长。

吊者即位于门西，东面；其介在其东南，北面西上，西于门[1]。主孤西面。相者受命曰："孤某使某请事[2]。"客曰："寡君使某如何不淑[3]。"相者入告，出曰："孤某须矣[4]。"吊者入，主人升堂，西面。吊者升自西阶，东面，致命曰："寡君闻君之丧，寡君使某如何不淑！"子拜稽颡，吊者降，反位[5]。

按：自此一节以下，分别记载诸侯遣使吊丧及所行"含""襚""赗""临"等礼节，文字颇有脱误，今并附订之于注文中。

今注

1　西于门。因吊者位于门西，而"介"在其东南，"介"非一人，而以西为上位，故特记其"西于门"。

2　相，辅助丧主之人，《丧大记》写作"傧"。孤某，谓孝男某名。使某，"某"是相者自称名。请事，接待之事。

3　客，即吊者，此对"相者"而言。不淑，王国维云：是"不幸"；表示哀悼之意。

4　须，等待着。此言在内等待，未便出迎。

5　"降反位"，郑注云："降"字下当脱一"出"字。宜为"降，出，反位"，与下节同。以上言吊的礼节。

今译

诸侯遣来作吊的使者，先站到大门口的西边，脸朝东；他的副使则排列在他的东南方，脸朝北，以靠西的为上位，亦即后文的"上介"。全体皆在门口以西，不可对着门口。门内，孝男站在东阶之下，脸朝西。辅助孝男的人得到吩咐就走出来，对吊者说："孝男某某叫我来接待。"吊者说："敝国主君特遣我来表达他的哀悼。"辅助者听了进去报告孝男，然后又出来对吊者说："孝男某某，有丧在身，未得出迎，但已在里面恭候了。"于是吊者入门，孝男从东阶登堂，脸朝西站着。吊者从西阶登堂，脸朝东站着，向死者表达来意，说："敝国主君听见了您不幸的事，特遣我某某前来表达他的哀悼之情。"孝男磕头拜谢。吊者就走下西阶，出门，回到原来的位置。

含者执璧将命曰：寡君使某含[1]。相者入告，出曰：孤某须矣。含者入，升堂，致命。再拜稽颡[2]。含者坐委于殡东南，有苇席；既葬，蒲席[3]。降，出，反位。宰〔夫〕朝服，即丧屦升自西阶，西面，坐取璧，降自西阶以东[4]。

今注

1 含，已见《檀弓》注。此言"含者"，盖为"介"中之一人，受命来赠含的。其时，含用璧玉，故云"执璧"。

2 再拜稽颡，"再"字依上下节，当作"子"字；指孝男拜谢致含者。

3 坐，今之跪。坐委，跪着放下璧玉。殡东南，停殡处的东南方。既葬蒲席，因有远地使者，到达时，已在葬后；此时委璧则承之以蒲席。

4 宰夫朝服，据后文，"夫"字衍，应删。此一节言致含。

今译

前文说过吊者既出即位，接着是奉命来致"含"之人端着璧玉上前通话说：敝国主君遣我某某来致含礼。于是，辅助的人进内报告之后，出来说：孝男某某在恭候着。含者便进门，从西阶登堂，向殡说明来意，孝男一旁磕头拜谢。含者便在停殡的东南方，跪着把璧玉放在苇席上。如其时已葬，则用蒲席。既毕，仍从西阶下去，回到原来的位置。这一边，宰的官，穿着朝服，换上绳屦，从西阶登堂，脸朝西，跪下取璧，然后再从西阶下去往东走。

襚者曰：寡君使某襚。相者入告，出曰：孤某须矣。襚者执冕服；左执领，右执要[1]入，升堂致命曰：寡君使某襚。子拜稽颡。委衣于殡东。襚者降，受爵弁服于门内霤，将命[2]，子拜稽颡，如初。受皮弁服于中庭，自西阶受朝服，自堂受玄端，将命，子拜稽颡，皆如初。襚者降，出，反位。宰夫五人，举以东。降自西阶。其举亦西面[3]。

今注

1　襚，是赠死者以衣服，盖以冕服为重，故由襚者亲执之，左手提着衣领，右手托着衣腰。

2　受爵弁服于门内霤。此言襚者一人，两手只能捧一件冕服。故于放下冕服之后，又下堂来到门内屋檐正中处取爵弁服。郑玄说：递与襚者以爵弁服及以下皮弁服等的，是"贾人"（见《少仪》）。将命，即上文"致命曰云云"的省文；下文同。

3　宰夫五人，谓分执冕服、爵弁服、皮弁服、朝服、玄端，须有五个人。降自西阶其举亦西面，是补叙"举以东"的语句。正言之，当作"宰夫五人，朝服，即丧屦，升自西阶，坐取某服，举而降自西阶以东"。下节言"举以东"者同此。按：此一节言致襚。

今译

接着奉命来赠葬衣的人上前说道：敝国主君遣我某某送襚。辅助者进去报告了出来说：孝男某某在恭候着。于是，襚者先捧着冕服，左手提衣领，右手捧衣腰，进去，从西阶登堂，向殡说明来意之后，孝男磕头拜谢。襚者先把冕服放在殡东，然后从西阶下来，到了门内正檐下，从贾人手中接过爵弁服，再登堂，和前回一样说了话，孝男拜稽颡，之后，又来到中庭从贾人手里接过皮弁服，从西阶接过朝服，登堂。最后就在堂上接过玄端，致辞委衣，孝男拜稽颡。襚者把那些东西一次又一次地都行礼如仪之后，才从西阶下来，走出门外，站到原位置。这一边宰夫五人，从西阶登堂，跪在殡东，脸朝西，一人捧起一件襚服，从西阶下来，向东走去。下堂要从西阶，取衣时面也向西。

上介赗，执圭将命[1]，曰：寡君使某赗。相者入告，反命曰：孤某须矣。陈乘黄大路于中庭，北辀[2]。执圭将命。客使自下，由路西[3]。子拜稽颡，坐委于殡东南隅[4]。宰举以东。凡将命，乡殡将命，子拜稽颡。西面而坐，委之。宰举璧与圭，宰夫举襚，升自西阶，西面，坐取之，降自西阶[5]。赗者出，反位于门外。

今注

1　赗，是赠死者的家属的礼品，诸侯用车马，车马不可执，故执圭。此云"上介"，是副使中居于首位，亦即前文站在"西于门"之西"上"者。

2　乘黄，《诗》毛传云：四马皆黄者曰乘黄。辀，车辕。北辀，谓车辕朝北。

3　郑注：客使，是使唤的人。自，率领。下，指马，谓马在车下。郭嵩焘云：《仪礼·既夕礼》云："宾奉币，由马西，当前辂。"前此当谓执圭将命，下来时从路车之西。今参用二说。

4　坐委于殡东南隅，此指放置其所执之圭。

5　自"凡将命"至此句，皆为补记之语，错杂在此。尚有同类补记之语散错于下篇。依序，此等语皆当附列于下节之文之后。

今译

副使进赗，执圭传话，说：敝国主君遣我某某来致赗礼。辅助的人进去报告了回来答话说：孝男某某在恭候着。于是，陈列四匹黄马和一辆大辂车于中庭，车辕朝北。执圭的副使从大车的西边下来，循西阶登堂，说了来意，孝男拜稽颡。副使把圭安置在殡之东南隅，然后下阶，出门，站回原位。这边由宰的官依前式举圭，降自西阶向东而去。（补记）凡"将命"：都是向殡（死者）表达来意，而孝男则叩头而拜。凡放下礼品，都是脸朝西（亦是向着殡）跪着安放之。凡是举"璧"与"圭"，皆由"宰"自为之，宰夫则举襚；他们之登堂悉由西阶，举起礼物时，皆是朝西面跪着取物；下来时，亦皆由西阶。进赗者出门，返回原位。

上客临[1]，曰：寡君有宗庙之事，不得承事，使一介老某相执綍[2]。相者反命，曰：孤某须矣。临者入门右，介者皆从之，立于其左东上。宗人纳宾，升，受命于君[3]；降曰：孤敢辞吾子之辱，请吾子之复位[4]。客对曰：寡君命某，毋敢视宾客[5]，敢辞。宗人反命曰：孤敢固辞吾子之辱，请吾子之复位。客对曰：寡君命某，毋敢视宾客，敢固辞。宗人反命曰：孤敢固辞吾子之辱，请吾子之复位。客对曰：寡君命使臣某，毋敢视宾客，是以敢固辞。固辞不获命，敢不敬从。客立于门西，介立于其左，东上[6]。孤降自阼阶，拜之，升哭，与客拾踊三[7]。客出，送于门外，拜稽颡。（诸侯使人吊，其次含襚赗临，皆同日而毕事者也，其次如此也⁸。）其国有君丧，不敢受吊。

今注

1　上客，是奉命来吊丧的那位使者。临，是亲自视丧之礼。

2　宗庙之事，是守护国家的意思。一介老某，谦称一个老臣某某名。相执绋，协助执绋之事。

3　宗人纳宾，言丧者的宗人欲接纳吊者，先须登堂申请主人同意。

4　"孤敢辞……"，"孤"字下当脱一"某"字。"吾子之辱"，辱字当"厚意"讲。复位，意谓请回步，仍在原来位置。

5　视，比照。

6　东上，以站在东边者为首位。

7　拾，朱骏声云是"迨"或"跲"字，陆德明读为 shè。拾踊三，是迭相顿足而踊三次。

8　此一段补记之语，今散厕于下篇，姑先补于此处，余详下篇注。

今译

正使来临，先对辅助的人说：敝国主君，因须看守宗庙，没法子分身来参加办理丧事，所以差遣一个老臣我某某前来协助牵引丧车。辅助者听了，进去报告之后，出来传话说：孝男某某在恭候着。于是正使进入大门右边，他的副使全数跟着进去，站在他的左边，以靠东的为首位。宗人接纳这些客人时，要先自登堂请示于主人，然后下来替主人传话说：孝男某某不敢当你们的厚意，请你们在原来的位置就好了。正使回答说：敝国主君遣我们来当差，请不要把我们看作客人，所以再请您不要客气。但是主人仍不答应。这样三辞之后，只好听从了。于是，正使站在门的西边，副使站在他的左边，以靠东接近主人者为首位。这时孝男从东阶下来，向他们下拜，然后登堂而哭，和正使迭着顿足三踊。然后送他们出门，望之下拜稽颡。（诸侯使人吊丧，其次序是：含、禭、赗、临，都在同一天里做完，其礼节就是这样的。）国内有国君之丧，一般的人不敢接受别国宾客的吊问。

外宗房中南面，小臣铺席，商祝铺绞纷衾，士盥于盘北，举迁尸于敛上，卒敛，宰告子，冯之踊。夫人东面坐，冯之兴踊 [1]。士丧有与天子同者三：其终夜燎，及乘人，专道而行 [2]。

今注

1　以上是《丧大记》"君将大敛……"一节之下半段文字，末但云"夫人东面亦如之"无"坐冯之兴踊"五字。郑玄说是《丧大记》脱文，重记于此。今疑其为另一《丧大记》的残简辑于此处。今注与译文，移并于《丧大记》。兹不重出。

2　终夜燎，孔疏云：出殡之夜，须灯火通明，整夜不熄。又，柩车由人们执绋牵挽而行，故曰"乘人"。又，柩车经过路上，不避让行人，等于专据一条路了。

今译

……士人之丧，有三件事和天子一样：第一是出殡之夜，通夜灯火；第二是不用马匹而用人挽车；第三是专据一条通道而行。

第二十一　杂记下

有父之丧，如未没丧而母死，其除父之丧也，服其除服[1]。卒事，反丧服[2]。虽诸父昆弟之丧，如当父母之丧，其除诸父昆弟之丧也，皆服其除丧之服。卒事，反丧服[3]。如三年之丧，则既颖，其练祥皆行[4]。王父死，未练祥而孙又死，犹是附于王父也[5]。

今注

1　除服，谓祥祭之服。亦即父先死，母后死，皆服重丧。但到了父死周年，应除重服而练服。

2　卒事，指祥祭既毕，仍须为母服重服，因母丧尚未周年。大祥之祭，其除服亦比照而行。

3　诸父兄弟之丧，服较轻，遇到重丧，但在除服之祭日，可暂服轻服。

4　颖，枲麻之类的植物。郑玄云：无葛之乡，以颖代葛。既颖，就是换麻衣穿葛衣，没有葛，则穿颖制的孝服。练祥皆行，即上注2，大祥小祥皆比照而行。

5　郑注："附"当作"祔"。孙祔于祖，祖虽未练祥，仍用此祔祖。

今译

父的丧期还没有完毕，又遭母丧，在这种情形之下，遇到应为父丧除重服的日子，得改换轻服举行祥祭，祭事毕，则又为母服其重服。即使是在叔伯兄弟的丧期中遭到父母丧而服重服，在为伯叔兄弟除丧的日子，亦得暂换除服，俟祭事毕，再服重服。如果父母之丧，到了改麻衣换葛衣，这无论是周年的练祭，或三年的大祥之祭，一律这样。祖父死，未满一年或二年，那时孙子死了，其灵位仍得祔于祖父。

有殡，闻外丧，哭之他室[1]。入奠，卒奠，出，改服即位，如始即位之礼[2]。

今注

1 有殡，指父或母尚未葬。外丧，指上篇所言"异居"的兄弟。他室，谓在另一房间为位而哭。

2 改服即位，孔疏云：改服外丧应服之服。即位，即哭于他室时之位。

今译

父母棺在殡宫，听到远地亲属的死讯，应在另一室中哭之。第二天早晨先到殡宫祭奠父母，奠毕出来，得暂换下原来的丧服而为远方亲属挂孝，并如原先一样就其灵位举哀。

大夫、士将与祭于公，既视濯[1]，而父母死，则犹是与祭也，次于异宫[2]。既祭，释服出公门外，哭而归。其他，如奔丧之礼。如未视濯，则使人告。告者反，而后哭[3]。如诸父昆弟姑姊妹之丧，则既宿[4]，则与祭。卒事，出公门，释服而后归。其他如奔丧之礼。如同宫，则次于异宫[5]。

今注

1 《仪礼·特牲馈食礼》云，祭前日，主人拜众宾，宗人视壶濯及豆笾……云云。祭事慎重，故祭前须检视诸祭器祭品，必极鲜洁。其时与祭者已受主人拜，盖不敢失散于鬼神，故虽闻父母之丧而犹待毕祭，然后奔归。后儒以父母丧为重，对此礼甚表怀疑，郭嵩焘直斥之为"秦人悖礼"，似可不必。

2　异宫，孔疏云，吉凶不同处，故须次于别馆。

3　告，孔疏云，告于公。而后哭，是哭父母。

4　宿，谓祭前三日宿宾斋戒，参加祭典。

5　"如同宫，则次于异宫"，似为上文"次于异宫"的夹注，附书于此。

今译

大夫、士将参加公家的祭典，都已经参加"视濯"了，遭逢父母之丧，就得参加到底。但要另处于别室。等到祭事完毕，然后脱掉祭服走出公门，哭着回去。其他的礼节，就像奔丧之礼。如果那时尚未行过"视濯"，则使人报告主人，等到使者回时，然后哭其父母。如果是伯叔兄弟或姑姊妹之丧，倘已斋戒了，则仍参加祭事，等到祭毕，走出公门，脱掉祭服赶去奔丧；其他，皆如奔丧之礼。前面说次于异宫，是指本来同宫而处的。

曾子问曰：卿大夫将为尸于公，受宿矣，而有齐衰内丧[1]，则如之何？孔子曰：出舍乎公宫以待事[2]，礼也。父母之丧，将祭[3]，而昆弟死；既殡而祭。如同宫[4]，则虽臣妾，葬而后祭。祭，主人之升降散等[5]，执事者亦散等。虽虞附亦然[6]。

今注

1　齐衰内丧，指诸父昆弟姑姊妹等之丧。

2　待事，侍候公祭。

3　将祭，其"祭"谓练祭或大祥之祭。

4 同宫，指同屋而居的亲属。此语乃补记上文"将祭而昆弟死"之昆弟，当属分居的昆弟。

5 散等，即栗阶。朱骏声云："栗"借为"历"。栗阶即历阶。一足跨上一阶，异于"拾级聚足"（见《曲礼上》注）。

6 附，亦写作祔。《檀弓》云："葬日虞，比至于祔。"（这一节似为《曾子问》之脱简。）

今译

曾子问：卿大夫将要担任国君的祭典之尸，而且已斋戒了，遇到叔伯兄弟姑姊妹之丧，怎么办？孔子说：住在国君的馆舍等候举祭，是合于礼的。父母之丧，将届练祥之祭时，遇到已分居的兄弟之丧，则要等到兄弟的灵柩移入殡宫之后再举祭。如果后死的人与父母是同居的亲属，虽为臣妾，亦等到埋葬之后再举祭。举祭之时，主人登阶降级都是一足踩上一级，执事人等亦如之。葬后之虞祭，虞祭后的祔庙之祭，亦是一样。

自诸侯达诸士，小祥之祭，主人之酢也哜之[1]；众宾兄弟，则皆啐之。大祥：主人啐之，众宾兄弟皆饮之[2]，可也。凡侍祭丧者，告宾祭荐而不食[3]。

今注

1 酢，举杯回敬。此指正祭之后，主人献酒于宾，宾回敬主人。哜，只沾及唇。

2 啐，沾了一口。饮，喝进去。

3 侍祭丧者，谓帮忙祭祀或办丧事的人。祭荐，进脯醢。郑注云："祭祀，告宾祭荐，宾既祭而食之；丧祭，宾不食。"据此注，则原文当作："凡侍丧祭者，告宾祭荐而不食。"今此"祭丧"二字误倒。

今译

从诸侯到士，举行小祥之祭时，宾客回敬主人的酒，主人只沾一沾唇；而众宾和兄弟，接过主人敬献的酒则可以喝一口。在大祥之祭，主人对宾客回敬的酒可以喝一口，而众宾兄弟，则可喝下去。凡是帮助人家举行丧事和祭奠的人，在主人向宾客献脯醢时，都只做个样子而不吃。

子贡问丧，子曰：敬为上，哀次之，瘠为下[1]。颜色称其情，戚容称其服。请问兄弟之丧。子曰：兄弟之丧，则存乎书策矣。君子不夺人之丧，亦不可夺丧也[2]。孔子曰：少连大连善居丧，三日不怠，三月不解，期悲哀，三年忧。东夷之子也[3]。三年之丧，言而不语，对而不问。庐，垩室之中，不与人坐焉[4]；在垩室之中，非时见乎母也，不入门。疏衰皆居垩室不庐。庐，严者也[5]。

今注

1　瘠，谓无哀敬，但有枯槁憔悴之状。

2　按：此语已见《曾子问》。唯字面略异，兹广其意以说明：夺，剥削、刻薄的意思。《檀弓》云："之死而致死之，不仁而不可为也；之死而致生之，不知而不可为也。"《荀子》云"刻死附生，刻生附死"，皆属"夺丧"。

3　大连少连，盖东夷之人。孟子曰："舜生于诸冯，迁于负夏，卒于鸣条，东夷之人也。"东夷，今山东半岛地区。

4　"三年之丧，言而不语……"等句，与《间传》《丧服四制》等篇所记颇不同，似并齐斩之丧而言。庐，倚庐。《丧大记》云："练居垩室，不与人居。"居，古字作"凥"，亦即"坐"的意思。

5　疏衰，指期服之亲。孟子"齐疏之服"，注云"齐衰"。

庐，斩衰者所居；严，严格。

子贡问怎样为父母守丧，孔子说：敬意第一重要，其次哀伤的表情，只有枯槁憔悴的外貌为最下。说到外貌，憔悴的样子要恰合哀情的程度，哀戚的表情要恰合丧服的差等。子贡又请问怎样为兄弟守丧。孔子说：这类丧礼，书本就有记载了。君子不但不剥夺别人的丧礼，亦不可以减省自己的守丧礼节。孔子说：少连大连两个人都非常懂守丧的礼节：父母始死，三天之内无时不哭；三月之内，哭奠没有松懈；到了周年之后，想起父母即复哀泣；过了三年，虽没有哭，但仍满面哀容。他们是东夷地方的人，也能如此懂礼。父母之丧，有时只有作声而不发话，只有应声而不发问。当其坐在倚庐或垩室之中，绝不和别人坐在一起，即至周年之后，移居垩室，要不是为着进见母亲，亦不进家门。凡是服期年齐衰的，皆居于垩室，不居倚庐。居倚庐之礼，就更严格了。

妻视叔父母，姑姊妹视兄弟，长中下殇视成人[1]。亲丧外除，兄弟之丧内除[2]。视君之母与妻，比之兄弟。发诸颜色者，亦不饮食也[3]。免丧之外，行于道路，见似目瞿，闻名心瞿[4]。吊死而问疾，颜色戚容必有以异于人也。如此，而后可以服三年之丧。其余，则直道而行之[5]，是也。

今注

1　视，比照。

2　外除，谓外表虽因练祥而除服，而内心不忘哀戚。内除，则并哀戚亦随时而渐减。

3　丧服：昆弟之服期年，为君之母妻亦期，故可相比照。发诸颜色者，指酒食之类。因为君之母妻服丧，是由于社会关系，本非骨肉之亲；但求"戚容称其服"，所以亦不可喝酒而变改其戚容。

4　瞿，是恻然动容的样子。见似，谓相似亲人的形貌者。闻名，谓与亲人名字相谐音者。

5　直道，指良心而言。

今译

居丧之礼，妻丧比照叔父母，姑姊妹之丧比照兄弟，长殇、中殇、下殇都比照成人。为父母守丧，丧期已尽而哀情不尽，为兄弟服丧，哀情随丧期而尽。为国君之母或妻之死而挂孝，其丧服与兄弟之丧同，虽非骨肉之亲，但对于会影响哀容的食物，亦不要吃喝。除丧之后，走在路上，看到形貌和亲人相像的，或听到名字和亲人同音的，还会恻然动容；往人家作吊或是探问病人，脸上表情比一般人显得特别哀戚。像这样，才算是真正能服三年之丧的。其余，但凭良心行事罢了。

祥，主人之除也，于夕为期，朝服[1]。祥因其故服。子游曰：既祥，虽不当缟者必缟，然后除服[2]。

今注

1　于夕为期，谓祥祭之先一夕为期。朝服十五升布。《间传》云"大祥素缟麻衣"，郑云，麻衣十五升。盖与"朝服"同。

2　《檀弓》云："祥而缟。"此言"不当缟者"，当指另有他丧未除。其例：如本篇首"有父之丧，如未没丧而母死，其除父之丧也，服其除服。卒事，反丧服"。故曰"不当缟者不缟"。然后除服，谓此缟非真除服，其除服又在后日。郑云：此因赠赙者来，临时变服云云，意稍迂曲。

祥祭，是丧主除服的祭，祭之前夕请期，穿十五升的白麻衣，像平常的深衣。子游说，既行祥祭，有宾部来吊，主人虽然已不穿那白麻衣，亦须穿上。俟祭事过后反服未完的孝服，然后依礼再行除服。

当袒，大夫至，虽当踊，绝踊而拜之[1]，反，改成踊，乃袭。于士，既事成踊[2]，袭而后拜之，不改成踊。

今注

1 当袒，士丧礼：大小敛时，主人皆袒而踊。绝踊，谓暂停其踊而拜大夫，但仍袒着。

2 既事，言小敛大敛之事已毕，而踊亦已停止。

今译

当大敛小敛之时，丧主袒衣哭踊，遇到大夫来吊，可以停踊而袒着去拜谢大夫，待拜毕回来，行完哭踊之礼，然后披衣。如果来吊者只是士，则让他等候到小敛或大敛事毕；踊亦踊过了，然后披衣向他拜谢，而不改哭踊之礼。

上大夫之虞也，少牢。卒哭成事，附[1]，皆大牢。下大夫之虞也，犆牲[2]。卒哭成事，附，皆少牢。祝称卜葬虞，子孙曰哀，夫曰乃[3]，兄弟曰某，卜葬其兄弟曰伯子某。古者，贵贱皆杖。叔孙武叔朝，见轮人以其杖关毂而輠轮者，于是，有爵而后杖也[4]。凿巾以饭，公羊贾为之也[5]。冒者何也？所以揜形也。自袭以至小敛，不设冒则形[6]，是以袭而后设冒也。

今注

1 后文有"大夫三月而葬，五月而卒哭"。卒哭之祭成为吉事，故曰"卒哭"成事。附，当作"祔"，下文同。

2　牲牲，即特牲。大夫特牲之祭，用一豚。

3　祝称，祝词上的自称，此言卜葬日及虞祭皆用以下称谓。夫为妻卜葬虞，自称"乃某"。

4　叔孙武叔，鲁大夫叔孙仇。关毂，贯其车毂。輠，滑转。《仪礼·丧服传》："杖，爵也。"此处似言其掌故。

5　饭，即是"含"，后代以玉塞入死人口中，亦称为"饭"。因死者状貌可怖故以巾覆面。饭时，在其当口处剪开巾以纳"含"。此大夫之礼。郑注云：士亲饭，必先揭巾，公羊贾是士人，所以失礼。

6　冒是小敛以后，用布袋从上下把尸首套住（见《檀弓》注），不显死人形。

今译

上大夫的虞祭，用羊豕二牲；卒哭及祔庙之祭，皆用牛羊豕三牲。下大夫的虞祭，用一豕；卒哭及祔庙之祭，皆用羊、马二牲。卜葬日及虞祭的祝词称谓，倘是子或孙的卜辞则自称"哀子某"或"哀孙某"；倘是夫为妻卜，则自称"乃夫某某"；兄弟自称"某某"，倘为其兄弟卜葬，则称"某卜葬伯兄某"。古代无论贵贱的人皆用杖扶病。据说，鲁国大夫叔孙仇，有一次看制轮的匠人却用杖贯通车毂以滚转那车轮。从那时起，规定有爵位的人才许用杖。用中间有孔的布巾盖在尸体面上的饭含是大夫用的礼，而公羊贾是士，也这样做了。小敛用"冒"，原因是要掩蔽死人的形体。先替死人穿好衣服，到了小敛，倘不用布袋把尸首套起来，则其形体仍很可怕，所以"袭"之后又加"冒"。

或问于曾子曰：夫既遣而包其余[1]，犹既食而裹其余与？君子既食，则裹其余乎？曾子曰：吾子不见大飨乎？夫大飨，既飨，卷三牲之俎归于宾馆。父母而宾客之²，所以为哀也！子不见大飨乎！〔……非为人丧问与赐与³？〕

今注

1 遣，出葬时先在殡宫祭奠，曰遣奠。奠后出殡，把遣奠剩下的食品包裹起来，曰包奠。运送包奠的车，曰遣车。此处言遣奠后而包裹其余的食品。

2 父母而宾客之，把亲生父母当作宾客。

3 郑玄所见此句原文，已是没头没尾的烂简，不知所云。朱轼及郭嵩焘皆以此句连下一节为解，兹依其说。

今译

有人问曾子说：出殡时，既已有遣奠，又把遣奠剩下的食物包起来送去，这不像吃了酒食又带走吃剩的东西吗？难道体面的人，吃了酒食还要把剩下的食物卷走吗？曾子说：你大概还没见过国君大宴会吧？国君大宴贵宾，宴后，还要把盘里的三牲包卷起来送到宾馆去。不过，包奠只是把父母当作贵宾，而且是永远不再回来的宾客，所以这是极悲哀的。只可惜你还没见过大宴罢了！

非为人丧，问与赐与¹：三年之丧，以其丧拜；非三年之丧，以吉拜²。三年之丧，如或遗之酒肉³，则受之必三辞。主人衰绖而受之。如君命，则不敢辞，受而荐之⁴。丧者不遗人，人遗之，虽酒肉，受也⁵。从父昆弟以下⁶，既卒哭，遗人可也。

今注

1 问，问疾。赐，君所赐。"问"及"赐"，皆不是为人家的丧事而赠予，故云"非为人丧"。

2 郑注云：稽颡而后拜曰"丧拜"，拜而后稽颡曰"吉拜"。然而郑注《檀弓》"拜而后稽颡"句又云："此殷之丧拜。"兹按前文皆曰"子拜稽颡"，岂其皆从殷礼？唯《奔丧》郑注曰"尚左手吉拜也"，为近之。

3 《曲礼下》云："居丧之礼，有疾则饮酒食肉。"此处盖为补记"问与赐与"之问。

4 如君命，盖补记"问与赐与"之赐。赐物非为有疾，故先荐之于死者。

5 遗，皆读 wèi，馈赠。此则上文之说明语。

6 从父昆弟以下，指"非三年之丧"者。

今译

守丧时，对于不是为着丧事而馈赠，如问疾或赏赐等怎么办呢？倘居父母之丧，则仍用"丧拜"来拜谢。倘非居父母之丧，则要用吉拜来拜谢。居父母丧的，如果有人问疾而馈赠酒肉，则于接受时须再三推辞，推辞不掉，由丧主披麻戴孝来接受。如果是国君赐物，虽无他故亦不敢推辞，唯是接受之后要先拿来供祭。居丧的人不馈赠别人，但别人馈赠给他，即使是酒肉，亦可接受。倘属叔伯兄弟以下，则于行过卒哭之祭以后，可以馈赠别人。

县子曰：三年之丧，如斩。期之丧，如剡[1]。期之丧，十一月而练，十三月而祥，十五月而禫。三年之丧，虽功衰不吊，自诸侯达诸士。如有服而将往哭之，则服其服而往[2]。练则吊。既葬，大功吊，哭而退，不听事焉[3]。期之丧，未葬，吊于乡人，哭而退，不听事焉。功衰吊，待事不执事[4]。小功缌，执事不与于礼[5]。相趋也，出宫而退。相揖也，哀次而退。相问也，既封而退。相见也，反哭而退。朋友，虞附而退[6]。吊，非从主人也[7]。四十者执綍；乡人五十者从反哭，四十者待盈坎。

今注

1　叀子，见《檀弓上》。刻，割削。

2　身有功衰虽不出吊别人之丧，但遇到五服内的亲人死了则须往哭之。往哭时脱下自己的功衰而穿与死者关系上所应服的丧服。

3　不听事，谓不等待丧事的节目进行。

4　待事不执事，谓等待丧事诸节目之进行，但不参加做事。

5　礼，指参与馈奠之礼。

6　此一节言交情之浅深，待事时间之短长。相趋，指慕名而来吊者。相揖，指点头之交。相问，指互赠过礼物的人。相见，正式会谈过的人。朋友，同学或同志的人。王引之云：附字衍，因袝非同日之事。

7　从，谓跟随。

今译

叀子曾说过，三年之丧，痛如刀斩。期年之丧，痛如刀割。期年的丧事，十一个月举行练祭，十三个月举行祥祭，十五个月举行禫祭，禫祭之后，则是毕丧。凡居三年之丧者，虽到了改换相当于大功的丧服，但创痛在心，仍自哀不暇，故不去作吊，这是从诸侯通于士的阶级都一样的。不过，倘遇到五服之内的亲人死了，则须往哭，往哭之时，改穿与那亲人相关的丧服。练祭之后，可出吊丧。未及练祭，仅及葬后，居大功之服者可出吊丧，但哭了即退，不必等候丧事进行。如居期年之丧者，未葬之前，往乡人处作吊，也要哭了即退，不必等候丧事之进行。居功衰而出作吊，虽等候丧事进行，但不参与执事。居小功缌麻之丧者，其出吊丧，可参与执事但不参加行礼。慕名而往吊者，只等到灵柩一出门，即可回去。点头之交，要等到灵柩经过门外举哀的幕次然后退回。如果是曾经互赠过东西的，就要送到葬地看见下棺封土之后回去。倘是谈过话的人，要等到葬毕，主人迎着灵魂回到家时，退去。至于同学同志的朋友就要一直等到安置神主的虞祭后退回。作吊，并非跟随着主人走走，而要帮同服务。四十岁以下的吊客，须执绋挽着枢车。同乡的人，五十岁者可以不出力，葬后即随丧主还家反哭；四十岁者则留在葬处，帮同覆土至满坎，然后回去。

丧食虽恶必充饥，饥而废事[1]，非礼也；饱而忘哀，亦非礼也。视不明，听不聪，行不正，不知哀，君子病之[2]。故有疾饮酒食肉，五十不致毁，六十不毁，七十饮酒食肉，皆为疑死[3]。有服，人召之食，不往。大功以下，既葬，适人，人食之，其党也食之，非其党弗食也[4]。功衰食菜果，饮水浆，无盐酪[5]。不能食食，盐酪可也。孔子曰：身有疡则浴，首有创则沐，病则饮酒食肉。毁瘠为病，君子弗为也。毁而死，君子谓之无子[6]。

今注

1　丧食虽恶，按：居丧者的饮食，详于《丧大记》及《间传》。废事，指不能行礼。

2　《曲礼》云："居丧之礼视听不衰。"不衰即是不至于不明不聪。行不正，行动失常。不知哀，精神失常。"病"，当作"忧虑"讲。

3　疑死。郑注云："疑"是"恐惧"的意思。疑死，是害怕哀毁过度而至于丧生。

4　适人，是往别人家里。党，亲属之人。

5　《丧大记》："练而食菜果……以醯酱。"功衰，指练祭后换上大功之服。盐酪，指醯酱之类，用以佐餐。

6　已见《曲礼下》注。

今译

居丧者的食品虽然不好，但须能够充饥。若使饿着肚子而不能持丧，那就失礼了。相反地，倘因温饱而忘却哀思，那亦是失礼的。因哭泣哀伤而弄到视力听力都衰退了，或是行动不正常，精神麻木不知哀伤，这些情形都是君子所担忧的。因此礼文规定：居丧者有疾病可以饮酒吃肉。五十岁以上的人勿过于哀伤，六十岁以上可免哀伤，七十岁以上，照常可以饮酒吃肉。这都为害怕年老的人因丧事而送命。身上有孝服，倘遇人家请宴会，不要去。如果孝服是在大功之亲以下，到了葬后，可以往人家赴宴。不过，人家请吃饭，如果是亲属，则接受；倘非亲属，则不接受。周年练祭之后，可以吃菜果，喝汤水，但不用盐酪佐餐；如果吃不下饭，亦可用盐酪。孔子说：居丧之人，如果身上发痒，就要洗澡；头上有疮，就要洗头；有病，可以饮酒食肉。反之，因哀伤憔悴而至于大病，君子不愿这样做；如果因哀伤而至于送命，君子以为那就是要使父母绝嗣了。

非从柩与反哭，无免于堩[1]。凡丧，小功以上，非虞附练祥，无沐浴[2]。疏衰之丧，既葬，人请见之，则见；不请见人。小功，请见人可也[3]。大功不以执挚。唯父母之丧，不辟涕泣而见人[4]。三年之丧，祥而从政；期之丧，卒哭而从政；九月之丧，既葬而从政；小功缌之丧，既殡而从政[5]。

今注

1　免，孝冠（见《檀弓上》注）。堩，道路。按：《丧服小记》云："远葬者比反哭者皆冠，及郊而后免。"然则，垣乃指近郊的道路。

2　此似补记"身有疡，首有创"之例外者而言。

3　此似补记上节"既葬适人"之事。

4　执挚（见《曲礼》注）。上节谓"丧者不遗人"，不以执挚，则不论"见面礼"之事了。辟，避。

5　此处所言，与王制不同。

今译

孝子若不是送葬及葬毕还家，都不可以戴着"免"走在路上。凡是居丧之人，自小功以上，若不是逢到虞、祔、练、祥诸祭日，皆不沐发浴身。齐衰之丧，到了葬事完毕，若有人请见面，则见之，但自己不到人家求见。至于小功之丧，则可以请见。居大功之丧者不考虑见面礼物。唯有父母之丧，有人来吊，不妨带着鼻涕眼泪见人。三年斩衰之丧，在祥祭之后，即可出应公差。服齐衰朝年的人，卒哭祭后就可以去服徭役了。九月大功之丧，在丧事完毕即可出应公差。至于小功及缌麻之丧，只要移殡之后就可以应公差了。

曾申问于曾子曰[1]：哭父母有常声乎[2]？曰：中路婴儿失其母焉，何常声之有？

今注

1　曾申，见《檀弓》注。

2　常声，如《间传》所云："斩衰之哭，若往而不返；齐衰之哭，若往而返；大功之哭，三曲而偯。"

今译

曾申问曾子说：哭父母有一定的声音吗？曾子说：譬如小孩

子在半路上找不到母亲，那有什么一定的声音！

卒哭而讳[1]。王父母兄弟，世父叔父，姑姊妹。子与父同讳[2]。母之讳，宫中讳。妻之讳，不举诸其侧[3]；与从祖昆弟同名则讳。

今注

1 已见《曲礼》《檀弓》注。

2 此言父与子对于王父母兄弟等亲人之丧，于卒哭之后，同时忌讳称死者之名。

3 不举诸其侧，谓妻所忌讳的死者之名，不可在她身边说出。

今译

卒哭之祭时，开始讳言死者之名。父亲应避讳祖父母、兄弟、伯父叔父、姑及姊妹之名，儿子跟从父亲亦忌讳那些人的名字。母亲所讳称的人名，全家人亦跟着忌讳。至于妻所忌讳的人名，只是不在她身旁直呼其名；如果那人名和从祖兄弟相同，则全要忌讳。

以丧冠者，虽三年之丧，可也[1]。既冠于次，入哭踊，三者三[2]，乃出。大功之末[3]，可以冠子，可以嫁子。父，小功之末[4]，可以冠子，可以嫁子，可以取妇。己，虽小功，既卒哭，可以冠，取妻；下殇之小功，则不可[5]。

今注

1 《曾子问》云："如将冠子，未及期日而有齐衰大功小功之丧，则因丧而冠。"此亦其例，谓因丧服而加冠。

2 冠于次，次指倚庐。三者三，谓三哭，每一哭三踊。

3 末，郑注为"卒哭"，陈澔说是将除服之时。

4　父小功之末，王引之云：当作"父大功之末"。

5　"下殇之小功"本是齐衰之亲，因其未成人，故降服小功。虽降服，而亲情仍在，故既卒哭，仍不可行冠礼婚礼。

今译

将行冠礼，遇到丧事，可穿着丧服加冠。这对于三年之丧，亦可适用。既在丧次加冠后，就进去对灵柩一哭三踊，连连三哭九踊，然后退出。有大功的丧服在身，但到了将要除服之时，可以为儿子行冠礼，为女儿行婚礼。如果父亲有大功之服，即将除服，可以为儿子加冠或娶妇。而自己丧服较轻的，虽是小功之服，但到卒哭祭后，即可加冠或娶妻。唯是为下殇而服小功的，其情谊本属齐衰大功，故卒哭祭后，仍不得行冠婚之礼。

凡弁绖，其衰侈袂[1]。父有服，宫中子不与于乐[2]。母有服，声闻焉不举乐。妻有服，不举乐于其侧。大功将至，辟琴瑟[3]。小功至，不绝乐。

今注

1　此一散简，当与上篇"朝服十五升去其半"为同类，言锡衰缌服。侈袂，大袖。

2　不与于乐，谓在家不弄琴瑟。

3　辟，除去。

今译

凡是戴弁帽的麻绖，往人家作吊，所穿的缌衣都是大袖的。父亲为亲人挂孝，在他未除服以前，家里的子弟不可奏乐。母为其亲人挂孝而未除服，则只能听人奏乐而不自弄琴瑟。妻为亲人服丧，不可在她身边奏乐。有大功丧服的人，在既葬其亲人之后来访，就要收起乐器。如果来人只穿小功丧服，可以继续弹奏。

姑姊妹，其夫死，而夫党无兄弟，使夫之族人主丧。妻之党，虽亲弗主[1]。夫若无族矣，则前后家，东西家；无有，则里尹主之。或曰：主之，而附于夫之党[2]。

今注

1　妻之党，指外戚。《丧服小记》云"男主必使同姓"，故虽为妻之骨肉，终属异姓，不可主丧。

2　"或曰"，别有一说。

今译

姑姊妹的丈夫死了，既无子嗣，其夫又没有兄弟，就得请其夫的族人主丧。因为妻党虽至亲，亦属外姓的人，不得主丧。如果夫家亦无同姓族人，则请前后或左右邻舍；如或连左邻右舍亦没有，则由地方官主持收敛。但亦有的说：妻子的娘家人可以主丧，只不过要祔于夫的族属。

麻者不绅，执玉不麻，麻不加于采[1]。国禁哭，则止朝夕之奠，即位自因也[2]。童子哭不偯，不踊，不杖，不菲，不庐[3]。孔子曰：伯母叔母，疏衰，踊不绝地[4]。姑姊妹之大功，踊绝于地。如知此者，由文矣哉！由文矣哉[5]！

今注

1　绅是大带，吉服。丧服用腰绖。执玉，属聘享之事，不以居丧者为之。采指玄衣纁裳。

2　国禁哭，指国家大祭祀（见《郊特牲》）。"即位自因也"，陆佃云：此是错简，应次于前文"如始即位之礼"句下。自因，谓自己仍旧行之。

3　童子未成人，不备礼。偯，拉长哭声。不杖，指不为家主者。《问丧》云："童子当室，则免而杖。"不菲，菲，谓绳屦。

4　不绝地，足不离地。

5　由文，能用礼文。

今译

披麻挂孝的人不用绅带，执玉行礼的人不能披麻，麻衣不能套在吉服上面。国家有大祭祀，禁止哭泣，遭丧的人家则暂停早晚的哭奠，不过仍须照常站在原来的位子上。一般的儿童在丧期中，哭声不必拉长，不必顿足而踊，不用孝棒，不穿孝履，不居倚庐。孔子说：伯母叔母之丧，披齐衰而哭，踊时接连跺脚；对于姑姊妹，虽披大功之衰，而哭踊则一足一顿，这里面亲情的厚薄，表现得极精细。懂得这样的人，就能依文行礼了！就能依文行礼了！

世柳之母死，相者由左[1]。世柳死，其徒由右相。由右相，世柳之徒为之也。

今注

1　世柳，亦写作泄柳，鲁穆公时人（见《孟子》）。按：《檀弓下》云："有若之丧，悼公吊焉。子游摈，由左。"盖相丧者当由左。

今译

世柳的母亲死时，有宾客来吊，相礼者皆站在左边。到了世柳之丧，他的门徒却从右以相礼。相礼者由左变右，是世柳的门徒做出来的。

天子饭，九贝；诸侯七，大夫五，士三[1]。士三月而葬，是月也卒哭；大夫三月而葬，五月而卒哭；诸侯五月而葬，七月而卒哭。士三虞，大夫五，诸侯七[2]。诸侯使人吊，其次：含襚赠临，皆同日而毕事者也，其次如此也³。卿大夫疾，君问之无算⁴；士壹问之。君于卿大夫，比葬不食肉，比卒哭不举乐；为士，比殡不举乐⁵。升正柩，诸侯执绋者五百人⁶，四绰，皆衔枚，司马执铎，左八人，右八人，匠人执羽葆御柩⁷。大夫之丧，其升正柩也，执引者三百人，执铎者，左右各四人，御柩以茅⁸。

今注

1 郑玄云：夏时死者饭含用贝，周时改用玉。

2 《仪礼·士虞礼》：始虞，再虞，三虞，卒哭。由既葬至卒哭，其日月延长者，其虞祭数亦不同。

3 此上篇脱简，已注释于前，兹不重复。

4 《丧大记》云："君于大夫疾，三问之。"此云"无算"，倘非其间有脱误，则属别说。

5 比葬，比卒哭，比殡："比"是"到达"那日期。

6 "诸侯执绋者五百人"，按：此语有脱误，应作"诸侯之丧，其升正柩也，执绋者五百人"。正柩，谓将葬时，灵柩入祖庙告别，柩置于庙之正中。五百人，按：汉景帝中二年诏，限三百人。

7 羽葆，臧琳云："当作羽葆幢。"今按郑玄注《周礼·乡师》引此句云："匠人执翿以御柩。"羽葆，幢也。犹今幢幡之属。

8 此言以"茅"代羽葆幢。

今译

上古天子饭含，用九个贝壳。诸侯七个，大夫五个，士三个。士之丧三月而葬，葬后三虞，即于是月卒哭。大夫三月而葬，五虞，至五月而卒哭。诸侯五月而葬，七虞，至七月而卒哭。（中略，见上篇）卿大夫有疾，国君频加探问；士一问而已。国君对于卿大夫之丧，不至葬后不食肉，不至卒哭之时不举乐。对于士，则在既殡之后即举乐。诸侯出殡，朝祖庙之后，为之抬起灵枢，牵挽枢车的有五百人，用四根大绋挽车，执绋的人嘴里都衔着枚。司马执铃铎，左右各八个人，警告行人回避。匠人执幢幡护卫灵枢而行。大夫之丧，其升正枢，牵挽纼绋的有三百人，执铃铎者，左右各四人，并以白茅护卫灵枢而行。

孔子曰：管仲镂簋而朱纮，旅树而反坫，山节而藻梲。贤大夫也，而难为上也。晏平仲祀其先人，豚肩不掩豆[1]。贤大夫也，而难为下也。君子上不僭上，下不偪下[2]。

今注

1　以上已见《礼器》注。

2　僭上，侈如王侯。偪下，使下人难以为礼。

今译

孔子说：管仲用镂花的簋、朱红的帽带，树屏风、设反爵的坫，雕刻的欂栌以及彩绘的短柱。他虽然是个极能干的大臣，但做他的国君却很难。晏平仲祭祀祖先，用的小猪蹄髈还不够装满碗，像他那样节俭，他虽是个极能干的大臣，但做他属下的人可真难了。倘是君子，他既不僭拟于上，亦不刻薄于下。

妇人非三年之丧，不逾封而吊[1]。如三年之丧，则君夫人归。夫人，其归也以诸侯之吊礼；其待之也，若待诸侯然。夫人至，入自闱门，升自侧阶[2]，君在阼。其他如奔丧礼然[3]。嫂不抚叔，叔不抚嫂[4]。

今注

1　逾封，即越疆，见《檀弓下》注。

2　闱门，侧门。侧阶，边阶。

3　其他如奔丧礼，指哭踊髽麻之属。

4　此两句亦似为一断简，应与上篇"君不抚仆妾"为同类，但此为避嫌而已。

今译

如果不是父母丧，妇女不到别国去作吊。如果是父母之丧，虽贵为国君夫人，亦得奔丧回去。国君夫人之回去应有诸侯一样的排场，而母国待她亦要和诸侯一样。夫人回娘家，自侧门进去，从边阶上来，而国君则在主阶。接着举行哭踊、髽发、披麻等，则皆依照奔丧礼。夫弟之丧，为嫂者不用抚其尸哭；嫂之丧，为其小叔者亦一样。

君子有三患：未之闻，患弗得闻也；既闻之，患弗得学也；既学之，患弗能行也。君子有五耻：居其位，无其言，君子耻之。有其言，无其行，君子耻之。既得之而又失之[1]，君子耻之。地有余而民不足[2]，君子耻之。众寡均而倍焉[3]，君子耻之。

今注

1　《论语》云："知及之，仁不能守之，虽得之，必失之。"

2　《王制》云："地邑民居，必参相得也。无旷土，无游民。"

3　旧说皆以"倍"为双倍之意。按：《曲礼》云："分毋求多"，而"倍焉"则多于人了。

今译

君子有三种忧虑：第一忧虑许多未曾听过的知识而没有法子听到，第二忧虑只听到而没法子学到，第三忧虑学到而做不到。君子又有五种羞耻：第一是身居某职，对于职务上的事毫无意见可言；第二是只发表意见却不能实行；第三是已经得到了东西又失去了；第四是管辖的区域广大而老百姓都很贫苦；第五是使用的人力彼此均等，而他的功绩倍于自己。

孔子曰：凶年则乘驽马。祀，以下牲[1]。恤由之丧，哀公使孺悲之孔子学"士丧礼"，士丧礼于是乎书。子贡观于蜡[2]。孔子曰：赐也乐乎？对曰：一国之人皆若狂，赐未知其乐也！子曰：百日之蜡，一日之泽[3]，非尔所知也。张而不弛，文、武弗能也；弛而不张，文、武弗为也。一张一弛，文、武之道也。

今注

1　下牲，指豚、豕。

2　蜡，见《郊特牲》。

3　郑注云：民有百日之劳，乃获此一日的恩泽。俞樾云："蜡"与"泽"相对成文，则"蜡"为"泽"之反义，故"蜡"字当作"腊"，谓干枯，与"润泽"相反对。今兼取之。

今译

孔子说：若遇到年荒岁歉，则只能骑劣马，祭祀亦只用特豚。鲁国恤由之丧，哀公派遣孺悲到孔子那里学"士丧礼"，"士丧礼"从此就有记载了。子贡参观年终的蜡祭，孔子问他说：端木赐，你觉得他们快乐吗？子贡答道：全国的人都跟发疯了似的，我不能理解他们的快乐。孔子说：他们辛苦了一整年，才得到这样一天的畅快。这里面的道理不是你能理解的！只是紧张而不得轻松，即使是文王武王亦做不到；只管轻松而不紧张，那又是文王武王所不愿意的。所以有时紧张，有时亦要轻松一下，这才是文王武王的办法。

孟献子曰[1]：正月日至，可以有事于上帝；七月日至，可以有事于祖[2]。七月而禘，献子为之也[3]。夫人之不命于天子，自鲁昭公始也[4]。外宗为君夫人，犹内宗也[5]。

今注

1　孟献子，鲁公子庆父之子仲孙的后裔，亦称仲孙蔑，为鲁大夫。其事见于《左传》宣公至襄公时代。

2　《明堂位》云："正月祀帝于郊，六月以禘礼祀周公于大庙。"周代以夏历十一月为正月。夏历十一月冬至，故云"正月日至"。周七月即夏历五月，夏至在是月，故云"七月日至"。

3　《左传·襄公七年》，夏四月三卜郊不从，孟献子曰："启蛰而郊，郊而后耕，今既耕而卜郊，宜其不从也。"按：《左传》记鲁郊之礼多在四五月或晚至九月，盖儒者习于所见，反以孟献子之言为非礼。

4　郑注：周人同姓不婚。鲁昭公娶吴孟子，以吴与鲁同姓，遂不告于天子，天子亦不命之。

5　《服问》云："君为天子三年，夫人如外宗之为君也。"郑注云：外宗，君外亲之妇。为夫人服齐衰期年，如五服内之亲。

今译

孟献子曾经说过：周之正月冬至，可举行郊祭于上帝；周之七月夏至，可以祭祀于祖庙。因此七月而行禘祭，是孟献子发起的。诸侯的夫人没有经过天子赐命的，则始于鲁昭公娶同姓的吴国公主。外姓嫁来的妇女及本家娶来的命妇，皆得为国君的夫人服丧期年，如同五族内的亲人一样。

厥焚，孔子拜乡人为火来者。拜之，士壹，大夫再。亦相吊之道也[1]。孔子曰：管仲遇盗，取二人焉，上以为公臣，曰：其所与游辟也。可人也[2]！管仲死，桓公使为之服。宦于大夫者之为之服也，自管仲始也，有君命焉尔也。

1　此言慰问受灾者，亦用吊礼。

2　辟，罪。"可人"，可造就的人才。

今译

马厩失火，孔子拜谢那些来慰问的乡人，对于士，拜一拜；对于大夫，则拜两拜。这种办法亦如吊丧之礼。孔子说：从前管仲遇到盗贼，从贼党中抽选两个人推荐给齐桓公委任他们做臣子，并且说明，这两人是可造就的人才，只是由于交游不慎，才至犯罪。到了管仲之丧，桓公使那二人为管仲挂孝。以后服务于大夫而替大夫服丧的，便是从管仲的事开始，因为那是有国君的命令。

过而举君之讳，则起。与君之讳同，则称字¹。内乱不与焉，外患弗辟也²。赞，大行曰圭。公九寸，侯伯七寸，子男五寸。博三寸，厚半寸。剡上，左右各寸半，玉也。藻三采六等³。哀公问子羔曰：子之食奚当？对曰：文公之下执事也⁴。

今注

1　过而举，一时错误说出触讳的名字。讳同，指其与君讳相同者。

2　与，参与其难。辟，避免。《公羊传》云："君子辟内难不辟外难。"按：此语似与子羔之事有关。《左传·哀公十五年》，卫国内乱，子路死于其乱，子羔没有死。孔子闻之，曰："柴也其来，由也死矣。"高柴（子羔）是不与内难者。

3　赞，王夫之曰：当作瓒，是灌礼用的玉瓒，以圭为柄。大行，古之外交官，称大行人。剡上，削去上头的两旁。藻，亦写作"缫"，垫圭的东西，有朱、白、苍三色，因其色彩之多少及不同，区分作六等。按：此一则，似为《玉藻》散简。

4　子羔已见前文。卫文公与鲁哀公年代相去甚远，故郑注
"子之食奚当"为问其祖先食禄，始于什么时代。

今译

一时疏忽误说出国君的讳名，要赶快起立示歉。凡与国君讳
名相同的，可用他的甫字。士大夫可以不死于内乱，但对于外来
的侵略必以死抵抗之。瓒这件东西，大行人亦称为圭。公爵用的
九寸长，侯伯七寸，子男五寸。宽皆三寸，厚半寸。上头的两旁
各切去寸半，略显三角形，那是玉制的。垫底用彩带，一共三种
彩色，由于彩色的多少及不同，区分为六等。鲁哀公问子羔说：
你家里哪一代开始做官，相当于什么阶级？子羔说：从卫文公时
代开始做执事。

成庙则衅之[1]。其礼：祝、宗人、宰夫、雍人，皆爵弁纯衣。
雍人拭羊[2]，宗人视之，宰夫北面，于碑南，东上[3]。雍人举羊，
升屋自中，中屋南面[4]，刲羊，血流于前，乃降。门、夹室，皆
用鸡。先门而后夹室。其衈，皆于屋下[5]。割鸡，门当门，夹室
当室。有司皆乡室而立，门则有司当门北面。既事，宗人告事毕，
乃皆退。反命于君曰：衅某庙事毕。反命于寝，君南乡于门内朝
服。既反命，乃退[6]。路寝成则考之而不衅[7]。衅屋者，交神明之
道也。凡宗庙之器，其名者，成则衅之以豭豚[8]。

今注

1　"衅"是用血祭神。此言诸侯新庙落成，举行血祭。其文
亦见《大戴礼记》。

2　雍人，执行割切的厨子。纯衣，指玄衣𬘘裳。拭羊，把羊
揩拭干净。

3　碑，庙内拴牲口的石桩。

4 中屋，屋脊当中。

5 衈，拔掉耳旁毛。

6 按："反命"一段文字，《大戴礼记》较为详明，其文曰："既事，宗人告事毕，皆退，反命于君。君，寝门中，南向。宗人曰：衈某庙事毕。君曰：诺。宗人请就宴，君揖之，乃退。"兹依此作今译。

7 考，《礼运》云"事行有考"，是"成就"的意思。路寝是生人所居，不用血祭，但用"考"，即今称"落成典礼"。

8 名者，谓重要的，如尊彝之类。豭豚，小公猪。

今译

新庙竣工则行血祭。这种祭礼是：祝、宗人、宰夫、厨子，皆穿戴士人的礼服礼帽。先由厨子把羊揩抹干净，经过宗人检视一遍，然后宰夫朝北站在拴牲口的石碑之南，靠东首位上。厨子举羊爬登屋顶，走到屋脊当中地方，脸朝南，然后宰羊。要等到羊血流到屋檐下，才又下来。至于"衈"门及庙中夹室，则皆用鸡血。先祭门而后夹室。先在屋下，拔掉耳边毛。然后宰鸡，滴其血于门上及夹室当中，衈夹室，诸执事皆向着夹室站立；衈门，诸执事则脸朝北对着门。血祭完毕，由宗人宣告礼成，大家全体退出，往国君住的地方报告。报告之时，国君在寝门中，南向，宗人说：衈某庙的礼已经完成。国君答云：知道了。接着宗人请就宴，国君向他揖了一下，这才退出。如果是住宅竣工，只行落成典礼而不用血祭。因为以血祭屋子，是和鬼神交接的缘故。凡是宗庙所用的器物，其重要的都要血祭一下，用的是小公猪。

诸侯出夫人，夫人比至于其国，以夫人之礼行；至，以夫人入[1]。使者将命曰：寡君不敏，不能从而事社稷宗庙，使使臣某，敢告于执事。主人对曰：寡君固前辞不教矣[2]，寡君敢不敬须以俟命。有司官陈器皿，主人有司亦官受之[3]。妻出，夫使人致之曰：某不敏，不能从而共粢盛[4]，使某也敢告于侍者。主人对曰：某之子不肖，不敢辟诛[5]，敢不敬须以俟命。使者退，主人拜送之。如舅在，则称舅。舅没，则称兄。无兄，则称夫。主人之辞曰：某之子不肖。如姑姊妹，亦皆称之[6]。

今注

1 出，离婚。送回母国。在路上及入国时，她的身份仍是夫人。

2 郑注云：前辞不教，谓"纳采"时即已说过。按：《士昏礼》云：使者请纳采。主人对曰："某之子蠢愚，又弗能教。吾子之命，某不敢辞。"郑注指此。

3 有司官，指随从使者同来的执事人等。陈器皿，排列以前陪嫁的妆奁。亦官受之，亦依来人分别接受之。

4 共粢盛，亦即供奉祖先。

5 诛，"谴罚"之意。

6 此一段为补记上文使者奉谁之命而来，及主人答词所指称的"某之子"。

今译

诸侯跟他的夫人离婚，把她送回母国。夫人将抵达母国，应以诸侯夫人出门之礼护送而行。她到家，还是以夫人的身份进去。护送前来的专使，先传话说：敝国主君很冒昧，因为不能再跟她共同主持社稷宗庙的事，所以特派使臣某某向左右执事报告。这边接话的人回答：敝国主君早就说过，她不大聪明，又缺少教导；现在既是这样，亦不敢不遵从贵主君的意思了。于是跟随使者前来的执事们，便把她的嫁奁——排列出来，而这一边亦派人——

点收了。士人跟妻子离婚，就派人到她娘家致辞说：某不聪明，无法跟她一起奉祀祖宗，现在遣我某人来报告于左右。主人回答说：我家的女儿不贤惠，我不敢逃避责罚，只好听从贵东人的话了。于是使者退出，主人仍拜送之以礼。这里面，男方的使者来时，如果离婚的妇人仍有公公，则称奉公公之命。没有公公，则称伯兄之命。没有伯兄，然后才说是她丈夫的意思。至于女方，称"某之子不肖"，不管是姑、姊、妹，都照这样说。

孔子曰：吾食于少施氏而饱，少施氏食我以礼[1]。吾祭，作而辞曰：疏食不足祭也[2]。吾飧，作而辞曰：疏食也，不敢以伤吾子[3]。

今注

1 少施氏，郑注：鲁惠公子施父之后。食我，请我食。"食"字读如前文"人食之"之食。

2 祭，食时挟食物在旁之礼（见《曲礼上》注）。作，起身。疏食，谦称食品粗恶。

3 吾飧，我要吃饭。伤，损胃口。

今译

孔子说：我在少施氏家里吃饭，吃得很饱。因为他们待我非常客气。我祭食时，他便起身谦逊一番说：这点粗肴用不着祭食啊。我要吃饭时，他又起身谦逊地说：只怕粗饭损您的胃口。

纳币一束，束五两，两五寻[1]。妇见舅姑，兄弟、姑姊妹，皆立于堂下，西面北上，是见已。见诸父，各就其寝[2]。女虽未许嫁，年二十而笄，礼之，妇人执其礼。燕则鬈首[3]。笄，长三尺，下广二尺，上广一尺。会去上五寸，纰以爵韦六寸，不至下五寸。

纯以素，纰以五采[4]。

今注

1　纳币，谓婚礼纳征。十个为束，每两个合为一，故曰五两。八尺曰"寻"，五寻是四丈。

2　诸父，夫之伯叔。寝，指其居处。

3　《士昏礼》记云："女子许嫁，笄而醴之。"《内则》云："十有五年而笄，二十而嫁。"此云虽未许嫁，至二十岁亦要挽发簪髻，有如男子之冠礼。燕，谓在家燕居之时。鬌首，孔疏云：分梳成"鬌紒"，按鬌紒，犹今言"双桃髻"。

4　韠如蔽膝。上边曰"会"，旁边曰"纰"。"纯"是绳边，"纰"是带子。爵韦，见《玉藻》注。

今译

订婚的聘礼用的"币"，十个为一束。一束便有五两。每两长四丈。新妇见公公婆婆时，其夫兄弟及姑姊妹，皆立于堂下，脸朝西，以靠北者为首位。新妇进来时打从他们跟前经过，则是已经见过了。至于谒见伯叔父，就要到他们住的房间。女子即使尚未订婚，但到了二十岁亦要把头发簪起来。为她行礼的，由一般妇女主持。她平时在家，可梳作双桃髻。古人用的蔽膝，长三尺，下广二尺，上广一尺。上边打围带用的"会"，距上端五寸；两旁用爵韦六寸，距下端五寸。用白绢绳边，带子则是五色丝织的。

第二十二　丧大记

本篇旧注疏本分为"丧大记"及"丧服大记"两部分。但自糅合之后，到郑玄时，已不复能辨。宋元以下注本，则合而为一，而章节颇为脱乱。郑《目录》叙曰："名曰《丧大记》者，以其记人君以下死、敛、殡之大事，此于《别录》属丧服。"但丧礼是"以生者饰死者"（见《荀子·礼论》）的节文，而丧服是生人因遭丧而"自饰"，其中包括衣服年月，以及与此等衣服年月相配的变态生活。二者虽相因而后有，但其主体不同，所以不当混为一谈。本篇文句多与《杂记》相呼应，而又更近于《士丧礼》。兹略依王夫之的分章，并照注疏本的顺序注译。

疾病，外内皆扫[1]。君大夫彻县，士去琴瑟[2]。寝东首于北牖下[3]。废床。彻亵衣，加新衣，体一人[4]。男女改服[5]。属纩以俟绝气[6]。男子不死于妇人之手，妇人不死于男子之手。君夫人卒于路寝，大夫世妇卒于适寝，内子未命，则死于下室[7]，迁尸于寝，士之妻皆死于寝。

今注

1　病，疾甚叫"病"。外，是门庭；内，是燕寝。皆扫，是为了要办大事，且有宾客要来。

2　县，音悬，就是乐县。不命之士没有乐县，只有琴瑟。撤除乐器，以此后长时间不能奏乐。

3　北牖下：郑玄说"或为北墉下"。牖当作墉，《仪礼·既夕礼记》作"北墉下"。牖是窗，而古时北面无窗。墉是墙。

4　废床，郑玄谓："废，去也。人始生在地，去床，庶其生气反。"毛奇龄极辨其妄（《续集说》引）。废床，敦煌写本作"发床"，"发床"和《既夕礼记》的"迁尸"意相近。而迁尸则在气绝之后。本章盖本《既夕记》而夹杂其他记语，以至头绪紊乱，不如《既夕记》文之明顺。《既夕记》云："士处适寝，寝东首于北牖下……彻琴瑟……疾病，外内皆扫。彻亵衣，加新衣，御者四人皆坐持体。属纩以俟绝气。男子不绝于妇人之手，妇人不绝于男子之手。……设床第当牖，衽下莞上簟设枕。迁尸。"体一人：体，是手足，因死者手足痉挛，所以四肢皆使人持之。

5　改服，郑玄以为改服朝服，庶人深衣。孙希旦以为男子笄深衣；妇人斩衰者去笄深衣，齐衰者骨笄深衣。

6　纩，是丝绵。放在鼻孔，观察其呼吸之有无。

7　内子未命，孙希旦说内子是卿之妻，王夫之说是世妇女御。未命，孙希旦说是其夫未爵于大庙（君于卿大夫，年五十，乃假祖庙而命之）。下室，是妻之寝。

今译

病危以后，里里外外都要打扫干净。诸侯、大夫都撤除乐县，士也得将琴瑟收藏起来。头向东，躺在屋里北面的墙下。（死后再迁尸到南面的窗下。）头朝东，不用床只用条席铺在地上。脱掉旧衣，换上新衣。四肢都有人捉着，以防手脚痉挛。主人主妇都改变服饰，只穿深衣。放点丝绵在弥留者的鼻孔边等他断气。为病者换衣做事，都要以同性别的人来做。男子不可死在妇人的手里，妇人不可死在男子的手里。诸侯的夫人必须死在诸侯的正寝里，大夫的世妇也死在大夫的正寝里，卿大夫如果没有在太庙中受过爵命，他的妻子就只能死在自己的寝室里，死后再迁尸到正寝里，士的妻都死在丈夫的正寝里。

　　复，有林麓，则虞人设阶；无林麓，则狄人设阶[1]。小臣复，复者朝服。君以卷，夫人以屈狄；大夫以玄赪，世妇以禕衣；士以爵弁，士妻以税衣[2]。皆升自东荣，中屋履危，北面三号，卷衣投于前，司服受之，降自西北荣[3]。其为宾，则公馆复，私馆不复[4]；其在野，则升其乘车之左毂而复[5]。复衣不以衣尸，不以敛。妇人复，不以袡[6]。凡复，男子称名，妇人称字。唯哭先复，复而后行死事[7]。

今注

　　1　复，是招魂。林麓，《周礼·地官》林衡注："竹林生平地曰林，山足曰麓。"有无林麓，是指其封国邑境内有无山林。虞人，是掌管山泽的官；狄人，是主招魂的官。阶，是梯子。

　　2　小臣，是近臣。卷，就是衮，衮是公爵以上的礼服。屈狄，是子爵、男爵夫人的礼服。按：这一段所记用以招魂的衣服，皆只举其上服以统其余，而且男子举"公"为例，夫人则举"子""男"的夫人为例，是互言以见意，就是说公侯伯子男及其夫人都用礼服招魂：公以衮，其夫人用禕衣；侯伯以鷩，其夫人用揄狄；子男以毳，其夫人用屈狄。玄赪，是玄衣赤裳。禕衣，是世妇的命衣。税衣，税与褖同，黑衣裳，赤缘。

　　3　荣，是屋檐飞起的角。

　　4　公馆、私馆，见《曾子问》。

　　5　毂，车轮的中央，车轴所贯的部分。

6　袡，绛缘的上衣，嫁时所穿。

7　一断气就哭，然后招魂，招魂以后还不能复苏，才开始办后事。

今译

在招魂的时候，如果封邑内有山林，就由掌山林的虞人安置梯子；如果没有山林，就由掌“复”事的狄人安置梯子。招魂的人选，是死者的近臣，而担任招魂的人要穿着朝服。用来招魂的衣服，公爵是用衮，而子男的夫人用屈狄，其余的君和夫人类推；大夫用的是玄衣赤裳，世妇用她的命服；士用他的礼服礼帽，士的妻则用黑色绲赤缘的礼服。但无论死者的身份如何，招魂的人一律从东南面的檐角上屋，在屋脊的正中用竿揭起衣服，大喊死者三次，然后用竿将衣服卷着，掷向檐下，平日典掌衣服的人员就将衣服接住，（覆在死者身上）招魂的人就从西北角的屋檐下来。客死异国的人，要是死在公家的宾馆里就可以招魂，死在卿大夫的家里就不必了；要是死在半路，就站到左边的车毂上招魂。招魂用的衣服不再穿到尸体上，在敛时也不能用它。招妇人的魂，不能用她出嫁时所穿的礼服。在招魂的时候，对象是男人，就喊他的名，女人就喊她的字。在丧礼的程序中，只有哭在招魂以前开始，要在招魂以后才开始办丧事。

始卒，主人啼，兄弟哭，妇人哭踊[1]。既正尸[2]，子坐于东方[3]，卿大夫父兄子姓立于东方[4]，有司庶士哭于堂下北面[5]；夫人坐于西方，内命妇姑姊妹子姓立于西方[6]，外命妇率外宗哭于堂上北面[7]。大夫之丧，主人坐于东方，主妇坐于西方，其有命夫命妇则坐[8]，无则皆立。士之丧，主人父兄子姓皆坐于东方，主妇姑姊妹子姓皆坐于西方。凡哭尸于室者，主人二手承衾而哭[9]。

今注

1　啼，是哭得像婴儿一般，呜咽不成声。哭，是还能保持哭的声调。主人，包括嫡子和众子，兄弟是期以下之亲。

2　既正尸，是指迁尸南牖下南首。自"既迁尸"到"外命妇率外宗哭于堂上北面"，都是记诸侯初丧的哭位。

3　子，是世子。

4　父兄，是大功以上尊长之亲。子姓，是众子、从子及诸孙。

5　有司，王夫之说是有丧职的士，其余的是庶士。

6　内命妇，是君的世妇。子姓，是女儿、孙女之类。

7　外命妇，是指同姓卿大夫之妻。外宗，是同宗的妇女。

8　命夫命妇，正式任命而加爵服的贵族及其夫人。

9　承是举的意思，衾是覆尸的被子。举衾是亟想见尸致哀的表现。

今译

死人刚断气，孝子们就哭得像婴儿一般地呜咽着，兄弟们号哭着，妇人是又哭又踊。（君之丧）在迁尸南牖南首摆正以后，世子跪在东方，卿大夫、父辈兄辈的亲属以及众子从子诸孙都站在东方，有丧职无丧职的士人都在堂下，北向而哭；夫人跪在西方，君的世妇、姑姑、姊妹、女儿、孙女都站在西方，同姓卿大夫的夫人率领同宗的妇女在堂上，北向而哭。大夫的丧礼，嫡子跪在东方，主妇跪在西方，其余加了爵服的男女才坐着，没有加爵服的人都得站着。士的丧礼，嫡子、父辈兄辈的亲属和众子从子诸孙都跪在东方，主妇、姑姑、姊妹、女儿、孙女都跪在西方。主人在房里哭尸的时候，都得用两手托着覆尸的被子，表现出亟欲见尸的样子。

君之丧，未小敛，为寄公国宾出[1]；大夫之丧，未小敛，为君命出[2]；士之丧，于大夫不当敛则出。凡主人之出也，徒跣扱衽拊心，降自西阶。君拜寄公国宾于位；大夫于君命，迎于寝门外，使者升堂致命，主人拜于下；士于大夫亲吊则与之哭，不逆于门外。夫人为寄公夫人出，命妇为夫人之命出，士妻不当敛，则为命妇出。

今注

1 寄公，是失去领地而寄寓的诸侯的国君。国宾，是来做客的诸侯。

2 君命，国君派来吊襚的使者。

今译

君的丧事，在小敛以前，遇有失地而寄寓本国的诸侯和在本国做客的诸侯来吊唁，丧主要出房迎接；大夫的丧事，在小敛以前，主人必须出迎君派来吊襚的使者；士的丧事，如果大夫来吊襚，只要主人不是正在进行小敛，都得出来迎接。详细说来，凡主人为贵宾而出，都得赤脚，把深衣的前襟向上反插在带里，捶着胸膛，从西阶下来，表示还不敢以主人自居。拜寄公于门西，拜国宾于门东；大夫对于君的使者，就必须到寝门外迎接他，使者到堂上传达君的旨意，主人在堂下拜谢；士人对于来吊的大夫，只要拜后在西阶下，南面对着宾一起哭踊，而不必到门外去迎接他。君夫人为寄公的夫人来吊而出拜；大夫的命妇为君夫人来吊而出迎；士的妻子除了正在敛的时候，都得为大夫的命妇出房迎接。

小敛，主人即位于户内，主妇东面，乃敛。卒敛，主人冯之踊[1]，主妇亦如之。主人袒说髦，括发以麻，妇人髽[2]，带麻于房中。彻帷，男女奉尸夷于堂，降拜：君拜寄公国宾，大夫、士拜卿大夫于位，于士旁三拜[3]；夫人亦拜寄公夫人于堂上，大夫内子士妻特拜，命妇泛拜众宾于堂上。主人即位，袭带绖踊。母之丧，即位而免，乃奠[4]。吊者袭裘，加武带绖，与主人拾踊[5]。君丧，虞人出木角，狄人出壶，雍人出鼎[6]，司马县之，乃官代哭，大夫官代哭不县壶，士代哭不以官。君堂上二烛、下二烛[7]，大夫堂上一烛、下二烛，士堂上一烛、下一烛。宾出彻帷[8]。哭尸于堂上，主人在东方，由外来者在西方[9]，诸妇南乡。妇人迎客送客不下堂，下堂不哭；男子出寝门见人不哭。其无女主，则男主拜女宾于寝门内；其无男主，则女主拜男宾于阼阶下。子幼，则以衰抱之，人为之拜；为后者不在，则有爵者辞，无爵者，人为之拜[10]。在竟内则俟之，在竟外则殡葬可也[11]。丧有无后，无无主。

今注

1　冯，就是凭。之，指尸而言。

2　髦，幼时剪发为之，至年长，则垂于两边，表示人子事亲，还保持孩童的样子；父死就脱左髦，母死脱右髦，双亲都死，就都脱掉。鬌，见《檀弓》注。

3　夷，是陈的意思。于士旁三拜：士贱而人数又多，只向众士所在的方向三拜。

4　免，见《檀弓上》注。

5　袭裘，见《檀弓上》注。武，是冠卷。加武，是加绖于冠卷。拾踊，拾是更迭的意思。拾踊，谓主人先踊，妇人踊，吊者踊，三者轮流顿足。

6　虞人，见前。木，是薪。角，是水枓。壶，是铜壶滴漏的壶，就是计时用的漏水器，冬漏以火烧鼎，用开水浇在漏上，以防结冰，这本是挈壶氏的职掌，诸侯国无此官，故由狄人代理。狄人，见前。雍人主烹饪，所以出鼎。

7　烛，旧说以为第三天黎明灭燎，日光未明，所以设烛。王夫之以为就是燎，但燎设在中庭，似不当设于堂上，不如从旧说。

8　宾出彻帷，卒敛彻帷，宾出又彻帷，郑玄以为这是君、大夫之礼，异于士礼。孙希旦以为有脱文，王夫之则以为帷有不同，前者为尸而设，后者是为别男女而设。

9　外来者，是宾客之属。

10　有爵者、无爵者，旧说以为指死者及其后人而言；王夫之以为是指来吊的宾客而言。

11　在竟内、在竟外，是指嫡子而言。

今译

小敛的时候，主人就位，在门里稍东而西向，主妇东向，然后敛尸。敛毕，主人凭着尸号哭踊脚，主妇也如此。主人袒露胳膊，脱掉象征承欢膝下的装饰——髦，用麻绳束发；妇人也露出她的发髻，去饰带麻。这都在房内行之。这时撤除了堂上的帷幕，主人主妇帮着抬尸安置到堂上，然后下堂拜宾：国君拜失地的诸侯和做客的诸侯，大夫和士向卿大夫个别下拜，对于众士，则向着他们的方位拜三拜；君夫人也要在堂上一个一个地向失地诸侯的夫人拜，大夫还没有加爵服的妻妾和士的妻都要向卿大夫的夫人个别礼拜；加了爵服的命妇就只要在堂上向宾客广泛地礼拜就行了。主人站在阼阶下之位置，披衣、围上麻带、戴上麻绖而踊。倘属母亲的丧事，主人就位只加"免"。然后开始小敛之奠。这时，吊丧的宾客将皮裘罩袍的上衿掩着，在冠卷上加了绖，腰上围着麻葛的带子，再跟主人主妇更番踊跃。国君的丧事，虞人提供薪木水杓，狄人提供计时用的铜壶，雍人提供烧开水的鼎，司马负责将壶悬挂起来，然后安排属员轮流号哭；大夫的丧事，由属下轮流号哭，但因人少，不必悬壶计时；士没有属员，就由亲友代哭。国君的丧事，堂上设置两根蜡烛、堂下也是两根；大夫，堂上一根、堂下两根；士，堂上堂下各一。宾客出门之后，就将分别男女的帷幔撤除。在堂上哭尸的时候，主人在东方，宾客在西方，妇人们都面向南。妇人在迎送宾客时都不下堂，为了别的缘故而下堂也不准在堂下哭；男子出到寝门外见到人也不准哭。拜谢吊丧宾客，如果没有主妇，就由主人站在寝门内主妇的位置上向女宾拜；如果没有男主人，就由主妇在阼阶下男主人的位置向男宾拜。要是嫡子还小，就用衰衣裹着抱他，请别人代拜；要是嫡子不在家，有爵位的人来吊，就必须向他说明主人不在家，没有爵位的人来吊，就可以受吊而由旁人代拜。如果嫡子在国境内，就等他回来主持殡葬；如果远在国外，就可以由别人代为主持殡葬了。办丧事的时候可能没有子孙主持，但不可以没有主丧之人。

君之丧：三日，子、夫人杖[1]，五日既殡，授大夫世妇杖[2]。子、大夫寝门之外杖、寝门之内辑之[3]；夫人世妇在其次则杖，即位则使人执之[4]。子有王命则去杖，国君之命则辑杖[5]，听卜有事于尸则去杖[6]。大夫于君所则辑杖[7]，于大夫所则杖。大夫之丧：三日之朝既殡，主人主妇室老皆杖。大夫有君命则去杖，大夫之命则辑杖；内子为夫人之命去杖，为世妇之命授人杖。士之丧：二日而殡，三日而朝，主人杖，妇人皆杖。于君命夫人之命如大夫，于大夫世妇之命如大夫。子皆杖，不以即位[8]。大夫、士哭殡则杖，哭柩则辑杖[9]。弃杖者，断而弃之于隐者。

今注

1 子，王夫之以为是嗣君，孔颖达以为兼嫡庶及世子。

2 世妇，孙希旦说是诸侯的次妇。

3 寝门，指殡宫而言。辑，是敛的意思，辑杖就是举杖不以拄地。

4 次，是妇人居丧之地，在门内。位，是行礼之位，妇人的位在堂上。

5 子，是世子。国君，是友邦的国君。

6 卜，是卜葬日。有事于尸，是虞以后的各种丧祭。

7 君所，是嗣君起居办事的地方。

8 子，是庶子。不以杖即位，以示和嫡子有别。

9 哭殡是在殡的期间，其时柩的周围还有种种屏障。哭柩是启灵以后，屏障已除掉了。按：在殡以前虽然也哭柩，但那时还没有开始用杖。

今译

办诸侯的丧事：死后三天，孝子们和夫人开始用丧杖，过了五天在殡以后，嗣君才授命大夫和世妇用杖。众孝子和大夫在殡宫外用杖拄地，进入殡宫就要把杖提起不能用它撑着地；诸侯的夫人和如夫人在她们居丧的房里可以撑着丧杖，到堂上就位行礼，就要教别人拿着。嫡子在接奉天子的命令时要将杖拿开，在友邦的国君来吊丧时要将杖提起不能撑着，在卜葬或虞后的各种丧祭里都要把杖拿开。大夫在嗣君起居办事的地方都要将杖提起，在大夫那里就可以撑着杖。大夫的丧事：死后三天的早晨，在殡以后，主人主妇和老家臣都开始用杖。大夫的嗣子在接奉君命时要将杖拿开，有大夫来吊就要将杖提起；大夫的夫人为了接奉君夫人的命令而将杖拿开，为了接奉世妇的命令而教人将杖拿着。士的丧事：死了两天就殡，第三天早晨，男男女女都开始用杖。接奉国君和夫人的命令就比照大夫的做法，将杖拿开，接奉大夫世妇的命令也比照大夫做法将杖提起。众子们都用杖，却不能拿着杖就位行礼。大夫和士到殡宫哭的时候可以用杖，在启灵以后对着柩哭就要将杖提起。大祥以后不再用杖，要将杖折断，放在隐僻的地方。

始死，迁尸于床[1]，帱用敛衾[2]，去死衣，小臣楔齿用角柶[3]，缀足用燕几[4]，君大夫士一也。

今注

1　迁尸于床，是在南牖下铺好一张床，然后将北墉下的尸体迁来摆正。

2　帱，是覆的意思。敛衾，孔颖达以为是大敛用的被子；王夫之以为是小敛用的被子。

3　角柶，是角质的匙，长六寸，两头屈曲。楔，拄——撑开的意思。死后要用珠玉米贝放在死者口中行含礼，恐怕他牙关紧闭，所以在僵硬以前用角柶撑着。

4　缀足用燕几，缀，是拘的意思。燕几，是燕居所用的几。人刚死还没僵硬以前用燕几的脚夹着死人的脚，使其端正。

今译

人刚死，就将尸首搬到南牖的床上，用大敛时用来入殓的被子盖着，褪掉死时穿的衣服，近臣用角质的匙撑开牙关，用平日燕居的几拘限着脚，使其端正，无论君、大夫、士都是这样做。

管人汲[1]，不说繘、屈之[2]，尽阶不升堂，授御者；御者入浴：小臣四人抗衾，御者二人浴，浴水用盆，沃水用枓[3]，浴用绤巾[4]，

抯用浴衣 [5]——如它日；小臣爪足，浴余水弃于坎 [6]。其母之丧，则内御者抗衾而浴 [7]。

今注

1 管人，孔颖达说是掌管馆舍的人；王夫之说是司汲之官。

2 说，就是脱。纃，就是（绠），汲水索。匆遽间来不及解掉汲水瓶上的绳子，所以将绳子萦屈握在手中。

3 枓，杓子。

4 绤，是细葛。

5 抯，拭的意思。浴衣，大概是布做的袍子。

6 坎，在阶间临时掘来倒脏水的。

7 内御者，是闺里的侍从，婢女之类。

今译

浴尸的过程是由管人汲水，不必解升瓶上的绳索，只要将绳子屈叠在手里，就捧着上阶，走到阶上不必升堂，就交给侍者；由侍者端进去浴尸：由四个近臣高举盖着尸的被子，两名侍者为尸首洗澡，洗澡水先用盆盛着，再用杓子把水浇在尸上，洗澡巾是细葛的巾，揩干身子是用浴衣，就像生前洗澡一般；然后近臣为他修脚指甲，浴尸的水都倒在阶下的坎里。要是母亲死了，只有一点不同，就是由婢女举着被子，为她洗澡。

管人汲，授御者，御者差沐于堂上 [1]——君沐粱，大夫沐稷，士沐粱 [2]。甸人为垼于西墙下 [3]，陶人出重鬲 [4]，管人受沐，乃煮之，甸人取所彻庙之西北厞薪 [5]，用爨之。管人授御者沐，乃沐；沐用瓦盘，抯用巾——如它日，小臣爪手翦须，濡濯弃于坎 [6]。

今注

1 本章所记皆沐之事，《士丧礼》是先记沐，再记浴。差，就是搓，淅米的意思。

2　士沐粱，《士丧礼》作"士沐稻"。

3　甸人，大概是掌取薪炊爨的人。堲是土灶。

4　陶人，做陶器的官。重鬲，悬挂在木架上的瓦瓶。

5　庙，指正寝而言。扆，是隐蔽的地方。

6　濡濯，是洗过头的脏潘水。按：本章承上章而来，有些相同的细节，略而不言。

今译

管人汲水交给侍者，侍者就在堂上用水淘米取潘水用于洗头——君用粱米的潘水洗头，大夫用稷的潘水洗头，士亦用粱米潘水洗头。甸人西墙下筑土灶，陶人提供挂在木架上的瓦瓶，管人再从侍者接下潘水，就拿来煮，甸人从正寝西北隅的隐蔽处拆些旧料来当柴烧。潘水煮开以后，管人再交给侍者，就由侍者为尸首洗头；洗头水用瓦盘盛着，用布巾揩干头发——就像生前一样，然后由近臣剪指甲、修胡须，洗过头的脏潘水就倒在阶下的坎里。

君设大盘造冰焉[1]，大夫设夷盘造冰焉，士并瓦盘无冰，设床禘第[2]，有枕。含一床，袭一床，迁尸于堂又一床，皆有枕——君大夫、士一也。

今注

1　本章郑玄所见旧本将其列在"始死迁尸于床"之前，但郑玄说："此事皆沐浴之后，宜承'濡濯弃于坎'下。"今从之。大盘，汉制。大盘广八尺，长丈二，深三尺，木制。夷盘可能略为小些。造，是纳的意思。

2　禘，是露的意思。第，就是簀。禘第，是只有床垫而不铺席子，以便床下的寒气透上来。

今译

国君死了，沐浴过后，床下放个大盘装冰，大夫用夷盘装冰，士是并列两个瓦盘装水而没有冰，床上只有垫子而没有席子，但枕头还是有的。在含的时候用一张床，穿衣服的时候换一张床，迁尸到堂上又换一张床，都有枕头——君、大夫和士的丧礼都是一样的。

君之丧，子、大夫、公子、众士皆三日不食。子、大夫、公子、众士食粥[1]，纳财[2]，朝一溢米[3]，莫一溢米，食之无算[4]；士疏食水饮[5]，食之无算；夫人世妇诸妻皆疏食水饮，食之无算。大夫之丧，主人室老子姓皆食粥[6]，众士疏食水饮，妻妾疏食水饮。士亦如之。既葬，主人疏食水饮，不食菜果；妇人亦如之——君、大夫、士一也。练而食菜果，祥而食肉。食粥于盛不盥，食于篹者盥[7]。食菜以醯酱[8]，始食肉者先食干肉，始饮酒者先饮醴酒。期之丧，三不食；食[9]：疏食水饮，不食菜果，三月既葬，食肉饮酒。期终丧，不食肉，不饮酒，父在为母，为妻[10]。九月之丧[11]，食饮犹期之丧也，食肉饮酒，不与人乐之[12]。五月三月之丧[13]，壹不食再不食可也。比葬，食肉饮酒[14]，不与人乐之。叔母、世母、故主、宗子，食肉饮酒[15]。不能食粥，羹之以菜可也；有疾，食肉饮酒可也。五十不成丧，七十唯衰麻在身。既葬，若君食之，则食之；大夫父之友食之，则食之矣。不辟粱肉，若有酒醴则辞。

今注

1　公子、众士食粥，唐石经“食粥”上无“众士”二字，注疏本同。阮元《校勘记》引钱大昕说众士不在食粥之列，订为衍字。

2 纳财，郑注谓"食谷是也"。郝敬以为"纳"是进的意思，"财""才"通。但财固然可作"才"的通假字，但也可指实物或资材而言，而且，也可能是误入之文。

3 米一升又二十四分之一为"溢"。

4 食之无筭，居丧病困，而且事情繁杂，所以不必按平日顿数进食，饿了就吃。

5 疏食，是粗饭。

6 子姓，是众子。

7 盛，是杯盂之属。篹，是筥，竹编的饭器。歠粥不用手所以不必洗手，古人吃饭用手抓，所以要洗手。

8 醯，是醋。

9 三不食，是禁食三顿饭，也就是禁食一整天的意思；但《间传》和《白虎通》皆作"齐衰二日不食"，可能是《间传》和《白虎通》较为后出，而踵事增文。

10 父卒为母齐衰三年，父在则降服为一年，故虽终丧而必伸其情，而不食肉饮酒；至于为妻亦如此者，王夫之以为天子为后服三年，服期也是降等，殊为牵强。因为本章所记皆君、大夫、士之礼，不可能在中间不加标明而忽然伸至天子。为妻服期，本来就不关乎父在与否。看来是妻为夫斩衰三年，而夫为妻服期，所以亦伸其情。

11 九月之丧，是大功之丧。

12 食肉饮酒，亦是指下葬以后而言。不与人乐之，陈澔谓："不以酒肉与人共食为欢乐也。"这是指终丧以前而言。

13 五月三月之丧，是小功缌麻之丧。

14 比葬，食肉饮酒：谓自成服以至于葬，得食肉饮酒也。

15 世母，是伯母。故主，是旧君。宗子，是大宗之子。食肉饮酒，也是指自成服至于葬，得食肉饮酒。

今译

守君之丧，嗣子、大夫、庶子、众士都要三天不吃东西。以后，嗣子、大夫和庶子都只能喝稀饭，分配实物，是早上一溢米，晚上一溢米，随饿随吃，不必有固定的顿数；众士是吃粗饭喝水，不必规定顿数；夫人、世妇、妻妾都吃粗饭喝水，不必规定顿数。守大夫之丧，嗣子、家臣、众子都只能喝稀饭；属下的众士吃粗饭喝水；妻妾也吃粗饭喝水。守士之丧也如此。下葬以后，嗣子就可以吃粗饭喝水了，但是还不准吃蔬菜和果品；妇人们也都这样：这种规定适用于君、大夫和士。到小祥服练以后才可以吃蔬菜果品，大祥以后才可以吃肉。用碗盛着稀饭捧着喝就用不着洗手，用手从饭器中抓干饭吃就得洗手。到可以吃蔬菜时先用醋酱腌渍，刚开始吃肉时先吃干肉，刚开始喝酒的时候先喝甜酒。服期之丧，只要禁食三顿，以后是吃粗饭喝水，而不准吃蔬菜果品；三个月后下过葬，就可以吃肉喝酒了。服期之丧，在除服之前，都不吃肉，也不喝酒，这是由于父亲健在而为母亲降服，或者为妻子只服期的缘故。服九个月大功之服，饮食之节一如期之丧，在下葬以后开始吃肉饮酒，但不可和别人吃肉喝酒作乐。服五月的小功或三月的缌麻，只要禁食一两顿饭，在下葬以前就可以吃肉喝酒，但不能和别人同乐。居叔母、伯母、旧君、同宗之丧，都可以吃肉喝酒。在规定喝稀饭期间，要是吃不下，用菜羹泡饭吃也可以；要是生病，为了补养身体，也允许吃肉喝酒。五十岁以上居丧，就不必事事都照规定了；七十岁居丧，只要披麻戴孝就行了，生活仍然照平常一样。就是居父母之丧，在下葬以后，要是国君给吃的，都可以吃；大夫给士或父执给晚辈东西吃，也都可以吃，即使是白米饭和肉类也不必禁忌，但对于烧酒甜酒，就一定要辞谢不能喝。

小敛于户内，大敛于阼。君以簟席[1]，大夫以蒲席，士以苇席。小敛：布绞[2]，缩者一、横者三。君锦衾，大夫缟衾，士缁衾，皆一。衣十有九称，君陈衣于序东[3]，大夫士陈衣于房中；皆西领北上[4]，绞紟不在列[5]。大敛：布绞，缩者三，横者五，布紟二衾，君、大夫、士一也。君陈衣于庭，百称，北领西上；大夫陈衣于序东，五十称，西领南上；士陈衣于序东，三十称，西领南上。绞紟如朝服，绞一幅为三、不辟[6]，紟五幅、无紞[7]。小敛之衣，祭服不倒。君无襚，大夫、士毕主人之祭服[8]；亲戚之衣，受之不以即陈。小敛，君、大夫、士皆用复衣复衾；大敛，君、大夫、士祭服无算，君褶衣褶衾，大夫、士犹小敛也[9]。袍必有表，不禅[10]，衣必有裳，谓之一称。凡陈衣者，实之箧，取衣者亦以箧升，降者自西阶。凡陈衣，不诎[11]，非列采不入[12]，絺绤纻不入[13]。凡敛者祖，迁尸者袭。君之丧，大胥是敛[14]，众胥佐之；大夫之丧，大胥侍之，众胥是敛；士之丧，胥为侍，士是敛。小敛大敛，祭服不倒，皆左衽结绞不纽。敛者既敛必哭。士与其执事则敛，敛焉则为之壹不食。凡敛者六人。君锦冒黼杀，缀旁七[15]；大夫玄冒黼杀，缀旁五；士缁冒赪杀，缀旁三。凡冒质长与手齐，杀三尺，自小敛以往用夷衾，夷衾质杀之，裁犹冒也[16]。

今注

1　簟，郑玄说是细苇席，王夫之说是细篾席。

2　绞，用以扎紧尸体所穿衣服的布带。小敛时先铺绞，衾铺在绞上，衣铺在衾上，再举尸于衣上，然后依相反的顺序穿着装束。

3　序东，东墙下的走廊。

4　西领，衣领向西。北上，以北方为上。先陈祭服，余服依次向南。

5　纷，是单被。

6　辟，是擘的意思。小敛的绞，擘开末端，大敛的绞，不擘。

7　纮，装饰在被子上的丝带叫纮。

8　毕，是尽的意思。

9　复衣，《释名·释衣服》云："有里曰复，无里曰禅。"褶衣，郑玄说是袷，就是夹衣。《玉藻》郑注云："有表里而无着。"然而复衣就不但是夹衣，而且还充了絮。大敛时，国君的衣服很多，所以只能用夹衣，而大夫、士的衣服较少，就可以用有絮的复衣。

10　禅，就是单衣。参阅注9。

11　诎，是卷折的意思。

12　列采，就是正色。

13　绨绤纻，都是夏布制成的内衣。

14　大胥，郑注云："胥，乐官也，不掌丧事；胥当为'祝'字之误也。"俞樾说是声近而误。本章的"胥"字都当作"祝"。

15　冒，是韬尸的囊。分上下两截，上截叫"质"，也叫"冒"；下截叫"杀"。上截的长和手齐，下截从脚套上，其制较质为小而且向足渐削，所以叫"杀"。质杀之制，只缝合一头和一边，空出的一头用以韬尸，不缝的一边做了布带，韬尸以后再打上结。国君的冒，上下共打七个结，大夫五，士三。

16　夷衾，是小敛覆尸的被子，其长短和冒一样；质地颜色也有质杀之分，和冒相同。

今译

　　在卧室门里举行小敛，在堂前的东阶上举行大敛。凡敛，床上都铺席子，君用细篾席，大夫用蒲叶编织的席子，士用芦苇编织的席子。小敛穿衣、覆衾以后用来扎紧尸体的布条，是直一横三。君用的覆尸被子是织锦的被面，大夫是白帛的被面，士是黑帛的被面，都只用一条被子。小敛的衣服用十九套，君的敛衣陈列在东厢的走廊上，大夫、士的都陈列在房里，衣领皆向西，横着从北向南排列下来，但布条和单被都不在十九套中。大敛时用来扎紧尸首的布条，是直三横五，用两条单被；这些，国君、大夫、士都是一样的。国君大敛用的衣服都陈列在庭里，总共要用一百套，衣领朝北，从西面排起；大夫大敛用的衣服陈列在东墙下的走廊上，要用五十套，衣领朝西，自南面排起；士的敛服也陈列在东厢的走廊上，要用三十套，衣领向西，自南面排起。布条和单被的质地与朝服一样，大敛用的布条是一幅布裁成三条，末端不必裁开；单被用五幅布拼成，但不用钉上丝带。小敛的十九套衣服里，只有祭服不能颠倒来穿着或放置。敛时，国君不用宾客所赠的衣服，大夫和士要先用完自己的祭服以后，才用宾客所赠的衣服凑足十九套；但亲戚所赠的衣服，接受以后就收起来，不用陈列。小敛的时候，君、大夫、士用的衣服都装着棉絮；大敛的时候，君、大夫、士用以入殓的祭服不必限定数目，用完了才用旁的衣服凑数。国君的衣服多，所以衣被都只能用夹的；大夫和士少，就可以像小敛一样使用充有绵絮的衣被。入殓的袍子一定要配上罩袍，不能光用单衣；有上衣，就一定要配下裳，这才叫一"称"。陈列衣服的时候，都要装箱，要拿衣服的时候，也要连箱子端上去，再从西阶下来。陈列衣服的时候，不能将衣服卷折，不是正色的衣服不准陈列，夏布做的内衣也不准陈列。

从事大小敛的人都要打赤膊，迁移尸体的时候就穿上衣服。国君的丧事，由大祝主持入殓，众祝从旁协助；大夫的丧事，大祝在一边指点，由众祝动手入殓；士的丧事，祝在旁指点，由士人动手入殓。小敛大敛的时候，不准将祭服颠倒，衣衽都是向左开的，而且用布条打结而不用纽扣。动手入殓的人，在敛毕以后都要哭。凡是士和帮忙的人动手敛尸，帮忙的人都要为此禁食一顿。凡敛，都需要六个人。用囊韬尸的规定是：国君的上截套子用织锦，下截画着斧文，旁边打七个结；大夫用玄色的帛做上截的套子，下截画斧文，旁边打五个结；士用黑色的帛做上截套子，下截是浅红色，旁边打三个结。无论哪一种冒，上截的长度和手并拢的部位等齐，下截是三尺长。小敛以后就用夷衾覆尸，夷衾被面所用的质料和颜色就像冒一样分上下两截，而且裁制得和冒差不多。

君将大敛，子弁绖[1]，即位于序端，卿大夫即位于堂廉楹西[2]，北面东上[3]，父兄堂下北面，夫人命妇尸西东面，外宗房中南面[4]。小臣铺席，商祝铺绞紟衾衣[5]，士盥于盘，上士举迁尸于敛上。卒敛，宰告[6]，子冯之踊，夫人东面亦如之。大夫之丧，将大敛，既铺绞紟衾衣，君至、主人迎，先入门右，巫止于门外[7]，君释菜[8]，祝先入升堂，君即位于序端，卿大夫即位于堂廉楹西，北面东上，主人房外南面，主妇尸西东面。迁尸、卒敛，宰告，主人降，北面于堂下，君抚之[9]，主人拜稽颡，君降，升主人冯之[10]，命主妇冯之。士之丧，将大敛，君不在，其余礼犹大夫也。铺绞紟、踊，铺衾、踊，铺衣、踊，迁尸、踊，敛衣、踊，敛衾、踊，敛绞紟、踊。君抚大夫，抚内命妇；大夫抚室老，抚侄娣。君、大夫冯父母、妻、长子，不冯庶子；士冯父母、妻、长子、庶子，庶子有子，则父母不冯其尸。凡冯尸者，父母先，妻子后。君于臣抚之，父母于子执之，子于父母冯之，妇于舅姑奉之，舅姑于妇抚之，妻于夫拘之，夫于妻于昆弟执之[11]。冯尸不当君所。凡冯尸，兴必踊。

今注

1　大敛时尚未成服，所以戴弁加绖。弁，郑玄说如爵弁而素，孙希旦说是皮弁。此时之绖是环绖。

2　廉，是堂的侧边。

3　东上，东面近尸，所以是尊位。

4　外宗，是同宗的妇女。

5　商祝，就是丧祝。

6　宰，孔颖达说是太宰。

7　"先入门右，巫止于门外"：陆德明《经典释文》云："巫止，本或作巫止门外，'门外'，衍字耳。"阮元《校勘记》引山井鼎云："古本先入门右，无门字；巫止于门外，无于门外三字。"但后文又有一节记既殡之后君临臣丧，有"于门外"三字，《经典释文》不以为衍，则此处亦可能不衍。

8　释菜，是放下祭品，郑玄以为是为了要祭告门神。

9　抚之，抚是抚摩。之，指尸体而言。

10　冯，是抱的意思。

11　执，是抓着死者当胸的衣服。奉，是手心向上捧着死者的衣服。拘，是扯着死者的衣服。

今译

即将举行国君的大敛，嗣子戴皮弁而加上环绖，在东墙下的走廊南端就位，卿大夫在堂上南边楹柱的西面就位，脸朝北排列，而以东方为尊位，父兄辈的族人在堂下向北站着，国君的夫人命妇站在尸首的西面，脸朝东，同宗的妇女都站在西房中，脸向南。

近臣在床上铺席子，丧祝铺上布条、单被、被子、衣服，层层铺好，士在盆里洗过手，上士举起尸首抬到敛服上。敛完之后，太宰向主人报告，嗣子就过去抱着尸首而跺脚，夫人脸向东面，也抱尸跺脚。大夫的丧礼是在将要大敛的时候，已经铺好布条、单被、被子、衣服，国君到了，主人就到门外迎接他，然后先走进门里站在右边肃客，陪伴国君一起来的巫师就停在门外，君放下祭门神的祭品，祝先进去登上堂上，国君就到东边走廊的南端就位，卿大夫在堂上南侧楹柱的西边就位，脸朝北排列，而以东方为尊位，主人站在房外，面向南方，主妇站在尸首西边，面向东方。然后将尸首迁到铺好的敛服上，敛完之后，家宰向主人报告，主人就走到堂下向北站着，国君抚摩尸首，主人要下拜叩头；国君就从堂上下来，让主人主妇上去抱尸。士的丧礼是即将举行大敛的时候，国君不会光临，其余的礼节和大夫相同。在铺布条、单被的时候，主人主妇要跺脚；铺被时，铺衣服时，抬尸时，穿衣时，裹被子时，包单被、捆布条时，都要跺脚。国君抚摩大夫和内命妇的尸衣；大夫抚摩其家臣和贵妾的尸衣。国君大夫要抱着父母、妻、长子的尸首哭泣，对于庶子就不必了；士要抱着父母、妻、长子和庶子的尸首哭泣，如果庶子已经有儿子，那么父母就不必如此了。抱尸哭泣的次序，是死者的父母在先，妻子和儿子随后。国君只抚摩臣子的衣被，父母对儿子要紧抓着哭泣，儿子对父母要拥抱着哭泣，媳妇对于公婆是捧着尸衣哭泣，公婆对于媳妇只要抚摩衣服，妻子对于丈夫要扯着衣被哭泣，丈夫对于妻子、对于兄弟是抓紧了尸衣哭泣。抱尸哭泣，要在国君不在场的时候。凡是抱尸痛哭，起身时必跺脚。

父母之丧，居倚庐、不涂[1]，寝苫枕出[2]，非丧事不言。君为庐宫之，大夫、士襢之³。既葬拄楣，涂庐不于显者⁴。君、大夫、士皆宫之。凡非嫡子者，自未葬以于隐者为庐⁵。既葬，与人立：君言王事，不言国事；大夫、士言公事，不言家事。君既葬，王政入于国，既卒哭而服王事；大夫、士既葬，公政入于家，既卒哭、弁绖带，金革之事无辟也。既练，居垩室⁶，不与人居。君谋国政，大夫、士谋家事。既祥，黝垩⁷。祥而外无哭者⁸；禫而内无哭者，乐作矣，故也。禫而从御，吉祭而复寝。期居庐，终丧不御于内者，父在为母为妻；齐衰期者，大功布衰九月者，皆三月不御于内。妇人不居庐，不寝苫。丧父母，既练而归；期九月者，既葬而归。公之丧，大夫俟练，士卒哭而归⁹。大夫、士父母之葬，既练而归。朔月忌日，则归哭于宗室。诸父、兄弟之丧，既卒哭而归。父不次于子，兄不次于弟¹⁰。

今注

1　倚庐，用木斜靠在殡宫门外东墙上，用茅茨覆盖在上面而成的居室。不涂，是不能涂上泥土。

2　由，是古块字。

3　宫，是围墙。襢，是露的意思。

4　显者，是壁外显眼的地方。

5　庶子的倚庐是搭在隐蔽的地方，别于嫡子。

6　垩室，是不加涂饰的房子。

7　黝，黑色，指地而言；垩，白土，指墙而言。

8　《间传》云："大祥居复寝。"所以外面没有哭声。

9　《杂记》云："大夫次于公馆以终丧，士练而归。"这里说"大夫俟练，士卒哭而归"。孙希旦以为这里的大夫是指和国君异姓的卿、大夫、士。王夫之连着下文为解，以为是居君丧又遇父母之丧，就要待练以后回家，揆上下文意，实扞格不入。

10　子，是指众子而言。嫡子和父母同住。尊者不住在卑者家里。

今译

为父母守丧，孝子住在临时搭盖的倚庐里，倚庐不涂泥土。睡在草垫上，用土块做枕头。除了丧事之外，什么也不说。国君住的倚庐，可以加上围墙，但大夫、士的倚庐，则暴露着。在下葬以后，可以将门楣支撑起来，在倚庐里不显眼的地方涂上泥土。而且不但是国君，连大夫、士也可以加上围墙。至于诸侯、大夫、士的庶子，在其父母尚未下葬以前，也在角落里搭着倚庐。到了父母下葬以后，虽可和别人一起站着言谈，但诸侯只能讨论天子的大事，而不能谈论自己国事；大夫、士可以讨论国事，而不能谈论自己家事。诸侯在下葬以后，王朝的号令可以施于其国；在卒哭以后，就要服行王事了。大夫、士在下葬以后，国君的号令可以下达其家；卒哭以后，虽仍戴弁加葛绖葛带，但遇征战的诏令就不得逃避了。在"练"祭以后，住到不加涂饰的屋里，但不可以留客同住。诸侯可以策划国事，而大夫、士也可以策划家事。大祥以后可以整理殡宫的地面成黑色，粉刷墙壁。因为大祥以后，孝子已经搬进殡宫去住，门外再没有哭声了。禫祭以后除服，连屋里也没有哭声，因为已经可以奏乐了。禫祭以后，可以让妇人服侍，因为吉祭以后已经搬离殡宫，睡到寝室里了。期年的丧服，居于倚庐，在终丧以前不以妇人侍寝的规定，只限于父亲健在，为母亲服期，或为妻服期的人。其他，服一年的齐衰，服九个月的大功布衰，只有三个月不进入寝室。妇人体弱，不必住在倚庐，不必睡在草垫上。遇到父母的丧事，奔丧回娘家，在练祭以后就可以回夫家了。如果是为娘家的人服期或者九月的丧服，在送葬以后就可以回夫家了。遇到国君的丧事，异姓的大夫只要在练祭以后，士在卒哭以后就可以回家。大夫、士如果是庶子而为父母亲居丧，在练祭以后就可以回家；以后只要在月初和忌日才回宗子家里去哭。为叔伯、兄弟居丧，卒哭以后可以回家。父亲不在庶子家搭棚守丧，哥哥不住在弟弟家搭棚守丧。

君于大夫，世妇大敛焉[1]；为之赐，则小敛焉[2]。于外命妇，既加盖而君至。于士，既殡而往；为之赐，大敛焉。夫人于世妇，大敛焉；为之赐，小敛焉。于诸妻，为之赐，大敛焉。于大夫外命妇，既殡而往。大夫、士既殡而君往焉，使人戒之[3]，主人具殷奠之礼，俟于门外。见马首，先入门右，巫止于门外，祝代之先，君释菜于门内[4]。祝先升自阼阶，负墉南面。君即位于阼。小臣二人执戈立于前，二人立于后。摈者进[5]，主人拜稽颡。君称言，视祝而踊，主人踊。大夫则奠可也，士则出俟于门外，命之反奠，乃反奠。卒奠，主人先俟于门外，君退，主人送于门外，拜稽颡。君于大夫疾，三问之，在殡，三往焉；士疾，壹问之，在殡，壹往焉[6]。君吊则复殡服[7]。夫人吊于大夫、士，主人出迎于门外，见马首，先入门右。夫人入，升堂即位。主妇降自西阶，拜稽颡于下[8]。夫人视世子而踊[9]。奠如君至之礼。夫人退，主妇送于门内，拜稽颡；主人送于大门之外不拜。大夫君，不迎于门外[10]。入即位于堂下。主人北面，众主人南面；妇人即位于房中。若有君命，命夫命妇之命，四邻宾客，其君后主人而拜[11]。君吊，见尸柩而后踊。大夫士若君不戒而往，不具殷奠，君退必奠。

今注

1　世妇，是君的世妇。

2　赐，是加惠的意思。则小敛焉，小敛就去吊丧，然后大敛时再往。

3 戒，是告的意思。

4 释菜，见前注。

5 摈，赞相丧礼的人。

6 这里的"三问"和《杂记下》的"卿大夫疾，君问之无算；士一问之"颇有出入。疑"无数"是古来的说法，而"三问"是后起的说法。

7 君吊则复殡服，国君，在殡后往吊，则主人须恢复殡前未成服的装束，据《丧服小记》："君吊，虽不当免时也，主人必免。"则主人当着"免"的装束。免，见《檀弓上》注。

8 下，是阼阶下面。

9 世子，孙希旦以为是"女祝"之误。

10 君，家臣办丧事，其为大夫的主人，叫大夫君。

11 君命，是国君遣使来吊。遇到"君命、命夫命妇之命"到的时候，就由大夫君代表而拜。孔颖达以为主人在大夫君之后而拜，是就时间的前后而言；孙希旦以为是就位置的前后而言。

今译

国君参加大夫和内命妇的大敛；若是特别赏脸，就连小敛亦参加。对于大夫的命妇，要在大敛以后，盖上棺材盖时才到场。对于士，在殡以后才去；要是特别赏脸，才去参加大敛。夫人参加内命妇的大敛；要是特别赏脸，才连小敛都参加。对于各御妻，要是特别赏脸，才去参加大敛。对于大夫的外命妇，要在殡以后才到场。大夫、士在殡以后如果国君要去吊丧，要先派人通知，而主人就得预先备办最隆重的具有牺牲的奠礼，向死者报告，然后在门外候驾。一见到君车的马头，就先进门，站在右边。国君到了，和国君同行的巫师先停在门外，由丧祝引路，国君把祭门神的祭品放在门里。祝先从东阶上堂，背着墙，向南面站着。国君这才在东阶就位。两个侍从拿着戈站在他前面，两个站在后面。这时，赞相丧礼的人引主人到堂下，主人就下拜叩头。国君致吊辞，然后祝先踊，君跟着踊，主人最后踊。如果丧家是大夫，就可以接着举奠；若是士，就得走出门外等待拜送国君，倘非国君命他回去举奠，不可即行奠礼。奠礼毕，主人先到门外等着恭送国君，国君回去时，主人要送到大门外，拜谢叩头。大夫病倒了，君要去探视三次，在殡的时候，也去三次；士病倒了，君去探视一次，在殡的时候也只去一次。君在殡后来吊丧，主人就要恢复殡以前还没成服的装束。君夫人到大夫、士的家里吊丧，主人接到通知，就要在门外接驾，一见到马头，就先进门，站在门右。夫人进到里面，上堂就位。主妇就从西阶下来，在堂下拜谢叩头。夫人跟着世子踊。关于主人举行奠礼的原则，就和国君来时一样。夫人回去时，主妇送到门里，拜谢叩头；主人要送到门外，但不必下拜。大夫到他的家臣家里吊丧，家臣不必到门外迎接。大夫进去，在堂下就位。嫡子面向北，庶子面朝南；妇人在房里就位，然后行礼。这时如果有君或命夫命妇的使者以至于四邻宾客来吊丧，家臣的主子大夫君，就代表主人拜谢，主人也在他后面同时下拜。国君去吊丧，要待见到灵柩始踊。大夫、士在国君来吊时，如果事先没有接到通知，就不必预备有牺牲的奠礼；不过君来过以后，就一定要举行奠礼，报告死者。

君大棺八寸，属六寸，椑四寸；上大夫大棺八寸，属六寸；下大夫大棺六寸，属四寸；士棺六寸[1]。君里棺用朱绿，用杂金鐕；大夫里棺用玄绿，用牛骨鐕；士不绿[2]。君盖用漆，三衽三束；大夫盖用漆，二衽二束；士盖不用漆，二衽二束[3]。君、大夫鬐爪，实于绿中；士埋之[4]。

今注

1 《檀弓上》云："天子之棺四重：水兕革棺被之，其厚三寸，杝棺一，梓棺二，四者皆周。"这里所记，诸侯三重，没有水兕革棺；大夫二重，没有椑；士只有大棺一重而已。椑，是亲身的棺，大棺是最外层的棺，属在二者之间。

2 绿，郑玄没有注文，但在下文"君大夫鬠爪实于绿中"，注云："绿当为角，声之误也；角中，谓棺内四隅也。"这里孔疏云："本经中绿字，定本皆作琭，琭谓钻琭朱缯贴着于棺也……大夫里棺用玄绿者，四面玄，四角绿。"一"绿"字做几种解释。不如《说文》衣部所谓"裯，棺中缣里，读若雕"。段玉裁注云："《丧大记》，君里棺用朱绿，用杂金鐕，大夫里棺用玄绿，用牛骨鐕，士不绿。古本三绿皆正作裯。"以绿当作"裯"最为得当。按："裯"字，朱骏声《说文通训定声》云："今苏俗制裘，通曰裯，不知非吉语。"则裯是"棺中缣里"，其例类似后世制裘所用的里囊。鐕，是钉。

3 漆，用漆涂合棺盖和棺墙的接缝。衽，是棺盖和棺墙的接榫。束，是皮带，古代棺不用钉。

4 鬠，音舜，乱发。爪是指甲。士的棺没有衬里，所以只好埋了。绿，参阅注2。

今译

诸侯的棺有三重：大棺八寸厚，第二重的"属"六寸厚，最里面亲身的"椑"四寸厚；大夫的棺两重，上大夫大棺八寸厚，属六寸厚；下大夫大棺六寸厚，属四寸厚；士只有大棺，六寸厚。诸侯的里棺用朱色的缣衬里，用金属的钉子钉着；大夫的里棺用玄色的缣衬里，用牛骨的钉子钉住；士的棺没有衬里。诸侯棺盖和棺墙的接缝用漆涂合，而且每边有三处接榫，再以三条皮带捆住；大夫的棺盖和棺墙的接缝也用漆涂合，但每边只有两个接榫，用两条皮带束着；士不用漆，但每边也有两处接榫，用两条皮带捆着。君和大夫遗留的头发和指甲，就填在衬里的囊中；士的棺没有衬里，埋掉了事。

君殡用辐，欑至于上，毕涂屋；大夫殡以帱，欑置于西序，涂不暨于棺；士殡见衽，涂上帷之[1]。熬，君四种八筐，大夫三种六筐，士二种四筐，加鱼腊焉[2]。

今注

1　参阅《檀弓上》"天子之殡"章。欑，就是菆、丛的意思。上，孔颖达说是棺上。帱，是覆在棺上的棺衣。涂不暨于棺，是因为大夫所围的丛木和棺之间没留什么空间，所以棺不能涂饰。

2　熬，是煎谷，放在殡旁。其作用，郑玄以为是用来诱开蚍蜉，使其不去侵蚀棺材。敖继公（孙希旦《集解》引）以为只是孝子致其爱敬之意。四种，是黍、稷、稻、粱，三种是黍、稷、粱，两种是黍、稷。鱼腊，是干鱼、腊肉。

今译

诸侯的殡是将柩放在载柩的车上，四面用丛木围着，丛木的上端在棺上合拢，就像屋顶的形状，整个都涂饰起来；大夫的殡是用棺衣覆在棺上，放在西墙下，三面用丛木围着，斜靠在墙，涂饰的时候，不必涂棺；士的殡是掘了坎放棺，露出接榫以上的部分，将上面露出的部分加以涂饰，再用帷幔围着。煎熟谷物放在殡的四周，君是用黍、稷、稻、粱，以八只筐盛着，大夫是用黍、稷、粱，以六只筐盛着，士是用黍、稷，以四只筐盛着；每只筐里还要加上干鱼、腊肉。

饰棺 [1]，君龙帷三池 [2]，振容 [3]。黼荒 [4]，火三列，黻三列 [5]。素锦褚 [6]，加伪荒 [7]。纁纽六 [8]。齐，五采五贝 [9]。黼翣二，黻翣二，画翣二，皆戴圭 [10]。鱼跃拂池 [11]。君纁戴六，纁披六 [12]。大夫画帷二池，不振容。画荒，火三列，黻三列。素锦褚，纁纽二，玄纽二。齐，三采三贝。黻翣二，画翣二，皆戴绥。鱼跃拂池。大夫戴前纁后玄，披亦如之。士布帷布荒，一池，揄绞 [13]。纁纽二，缁纽二。齐，三采一贝。画翣二，皆戴绥。士戴前纁后缁，二披用纁。

今注

1 饰棺，是指出葬时棺材周围的种种装饰。

2 池，是用竹制成像承霤的装饰，衣以青布，挂在帷下。

3 振容，像小曲屏风的装饰。

4 荒，是柳车的上幔。缘边画黑白相间的斧文叫"黼荒"。

5 火三列、黻三列，列是行。火，是连续半圆形而成的图案。黻，是两己相背的图案。

6 褚，是屋的意思。

7 伪荒，"伪"当作"帷"，音近而误。

8 纁，是浅绛色。纽，是用以连接上幔和边帷的纽扣。

9 齐，是帷顶。五采，用五彩的缯制成车顶的垂饰。五贝，是挂着五串贝壳。

10 翣，见《檀弓》注。《礼器》云："天子八翣，诸侯六，大夫四。"这里所记："诸侯黼翣二，画翣二。"共四翣，恐有误。画翣，是画了云气的翣。戴圭，翣的两角锐起部分，戴上圭璧。

11 鱼跃拂池，池的下面挂着铜鱼，灵车行进而振动，鱼就跳上跳下拂着池了。

12 戴，犹言"带"，将灵柩捆在车架上的带子。披，一头系着带，一头伸出帷外，供送葬的人牵引。

13　揄绞，形制像振容而略为简单。

今译

　　出葬时棺材周围的装饰：诸侯的棺材四周挂着画龙的帷幔，前面和左右挂着像承霤般的池，后面装饰着像屏风一般的振容。上面盖着边缘画着斧文的幔，中间还画了三行火文和三行"己"字相背的连续图案。再用白锦做成屋顶的样子，加在幔上。用六枚浅绛色的纽扣将上下连接起来。顶上用五彩做绥，挂着五串贝壳。边上用两把画着斧文的翣、两把画着"己"字相背图案的翣和两把画着云气的翣屏障着，翣角都装上圭。池下挂着铜鱼，柩车行进而振动，铜鱼就上下跳动。君的柩车，用六条浅绛色的帛带捆着棺材，绑在车架上，再将六条浅绛色的帛带伸出帷外，让送葬的人牵引。大夫的棺材四周挂着画了云气的帷幔，前后挂着像承霤的池，后面就用不着装饰"振容"了。上幔的边缘画着云气，中间画着三行火文和三行"己"字相背的连续图案。白锦做的屋顶，连接上下的纽扣两枚是浅绛色的，两枚是玄色的。顶上用三色的绥，挂着三串贝壳。边上用两把画着"己"字相背图案和两把画着云气的翣屏障着，翣上都装了绥。池下挂着铜鱼，柩车行进振动时就上下跳动，拂着池。大夫的棺材，其捆绑棺材连接车架的帛带，前面用的是浅绛色的，后面是玄色的，伸出帷外的帛带也是这样。士用白布做棺材四周和上面的帷幔，前面挂着"池"，后面装饰着类似"振容"的"揄绞"。用两枚浅绛色的和两枚黑色的纽扣连接上下。顶上有三色的绥，但只挂一串贝壳。有两面画着云气的翣，翣上都装饰了绥。士用以捆绑棺材连系车架的帛带，前面是浅绛色的，后面是黑色的，只有两条伸出帷外的帛带，都是浅绛色的。

君葬用辁[1]，四绋二碑[2]，御棺用羽葆[3]。大夫葬用辁[4]，二绋二碑，御棺用茅[5]。士葬用国车，二绋无碑，比出宫，御棺用功布[6]。凡封[7]，用绋去碑负引[8]，君封以衡，大夫、士以咸[9]。君命毋哗，以鼓封；大夫命毋哭；士哭者相止也。

今注

1　辁，是载柩的车。

2　绋，音弗，下窆时系着棺材的引绳。

3　御棺，指挥棺材的进止缓急。羽葆，在竿端插着鸟羽，用以指挥。

4　辁，郑玄以为当作辁，辁和下文"士葬用国车"的国车，也都和辁同样是载柩的车子，或写作"輲"作"抟"作"团"，郑玄云："团"又误作"国"。

5　茅，是旗的一种。

6　功布，裁大功（八九升）之布挂在竿首，用以指挥。

7　封，本章三个"封"字都当读如"窆"，就是"下棺"的意思。

8　用绋去碑负引：下棺时绋的一头系着棺材，另一头绕过碑上的辘轳，引棺的人在碑外背碑而立，扯着引绳，应鼓声将棺放到圹里。

9　咸就是缄，束棺的布带。以大木从皮带下贯穿，叫衡，引绳系在两端，更为平稳。

今译

诸侯用辁车载柩，下窆时用四条引绳和两座安置辘轳的大木做的碑，用头上插着羽毛的竿子来指挥棺材的进止缓急。大夫用辁车下葬，用两条引绳和两座安辘轳的碑，用旗子指挥棺材的进止缓急。士用国车下葬，用两条引绳而不用碑，从启灵出了殡宫，就裁一块大功的布挂在竿头指挥送葬的行列。下窆的时候，都是背着碑来拉引绳的。诸侯下窆时用大木头横贯在束棺的皮带下，再将引绳系在横木的两端，大夫和士都是直接系在皮带上。诸侯下窆时，送葬的人多，要先宣布禁止喧哗，然后应着鼓声下棺；大夫下窆时要先宣布停止哭泣；士下窆时，送葬的人少，只用互相劝告止住哭声就得了。

君松椁，大夫柏椁，士杂木椁。棺椁之间，君容柷，大夫容壶，士容甒[1]。君里椁虞筐，大夫不里椁，士不虞筐[2]。

今注

1　椁，见《檀弓》注。柷，木制的乐器。《尔雅》注以为方二尺四寸，深一尺八寸。壶、甒，都是盛酒器，壶容一石，甒容五斗。

2　里椁虞筐，郑玄注云："未闻。"俞樾以为筐就是匡，虞是"安"的意思；里椁，是椁的衬里，像亲身的棺里一样。

今译

诸侯的椁用松木做材料，大夫的椁用柏木做材料，士的椁用杂木做材料。棺椁之间的空隙，诸侯可以容得柷，大夫可以容得壶，士可以容得甒。诸侯的椁有衬里，安了框子，大夫的椁没有衬里，士的椁连框子都没有。

第二十三　祭法

本篇多节录《国语·鲁语》之文而颠倒其次序。清代儒者如崔述，疑为《国语》抄录此文；而姚际恒则反是；又或疑其出于汉儒之手。但，西汉成哀之世，已有人征引本篇文字，则所谓"汉儒"，当是成哀以前的经师了。今从本篇颠倒《鲁语》的原文来看，则似有意如此安排。因《鲁语》所说的是各氏族崇拜有功德于人的神祇，其目的在于崇功报德，本篇则但引以为事例，列叙古代有这种祭礼，盖欲借为统一诸氏族以后的帝王祭祀的参考。

祭法：有虞氏禘黄帝而郊喾，祖颛顼而宗尧[1]。夏后氏亦禘黄帝而郊鲧，祖颛顼而宗禹。殷人禘喾而郊冥，祖契而宗汤。周人禘喾而郊稷，祖文王而宗武王[2]。

今注

1　禘、郊、祖、宗，是四种祭名。

2　此段亦见于《国语·鲁语》，本是说各个氏族各自有其崇拜的对象。今此则列为虞、夏、殷、周四代的祭祀对象。

今译

有虞氏用禘礼崇拜黄帝，用郊礼配享帝喾；庙祭则以颛顼为祖，帝尧为宗。夏后氏的禘礼虽亦崇拜黄帝，但郊礼则以鲧为配食；庙祭以颛顼为祖，以禹为宗。殷代则禘喾而郊冥，祖契而宗汤。至于周人，则以禘礼祀帝喾，以后稷配享为郊礼；庙祭以文王为祖，武王为宗。

燔柴于泰坛，祭天也；瘗埋于泰折，祭地也；用骍犊[1]。埋少牢于泰昭，祭时也；相近于坎坛，祭寒暑也[2]。王宫，祭日也；夜明，祭月也；幽宗，祭星也；雩宗，祭水旱也[3]；四坎坛，祭四方也。山林、川谷、丘陵，能出云为风雨，见怪物[4]，皆曰神。有天下者，祭百神[5]。诸侯，在其地则祭之，亡其地则不祭。

今注

1 坛、折，依郑注，二者皆堆土为之；所不同者：祭天则以牲币等祭品放在坛上用柴火焚化，使之升烟于天；祭地则以祭品埋藏土里。骍犊，是指那祭牲用的小黄牛。

2 泰昭，祭坛之名。相近，郑注云当为"禳祈"，王肃云当作"祖迎"。祖迎是迎送的意思。今按：《论衡·祭意》引作"相近"，王充所见在王肃郑玄之前。张载云：相近只是近于为"坎"、为"坛"的意思。坎是掘土为坑。

3 王宫、夜明、幽宗、雩宗，皆祭名。

4 怪物，指一切不常见的现象。

5 百神，"百"只是"很多"的意思。

今译

祭天，在高大的土坛上架柴焚烧祭品，祭地则把祭品埋在坛下，用小黄牛。埋羊豕于泰昭之坛下，是祭四季的神。相迎于坎坛的，是祭寒暑。祭日叫作王宫，祭月叫作夜明；幽宗是祭星，雩宗是水旱之神之祭。祭四方之神，用四坎坛。凡是山林、河谷、丘陵地带有云气往还，风雨驰骤，现出不常见的东西的，古人都称为"神"。所以主宰广大的国土者，可以祭天下众神。至于诸侯，只能祭自己境内的神，如果没有了国土，就不用祭。

大凡生于天地之间者，皆曰命[1]。其万物死，皆曰折；人死，曰鬼[2]；此五代之所不变也。七代之所以更立者：禘、郊、宗、祖；其余不变也[3]。

今注

1　命，是承受他人的意旨而行为。此谓一切生物皆禀天地之命而后有。

2　折是生命之毁坏，鬼是交还生命与天地。

3　姚际恒云：五代是唐、虞、夏、殷、周；七代是添上秦、汉二代。各朝代天子的祖先不同，所以这些祭祀的对象有变更。

今译

凡是生存于天地之间皆称为"命"。万物之死称为折，人死则称为鬼。这一切的名称，从唐、虞、夏、殷、周以来都没有变过。七代以来，有所更改的，只有禘郊宗祖等祭祀的对象；至于其他自然界的神祇则无变改。

天下有王，分地建国，置都立邑，设庙祧坛墠而祭之，乃为亲疏多少之数[1]。是故：王立七庙，一坛一墠。曰考庙，曰王考庙，曰皇考庙，曰显考庙，曰祖考庙；皆月祭之。远庙为祧，有二祧，享尝乃止[2]。去祧为坛，去坛为墠[3]。坛墠，有祷焉祭之；无祷，乃止。去墠曰鬼[4]。诸侯立五庙，一坛一墠。曰考庙，曰王考庙，曰皇考庙，皆月祭之；显考庙，祖考庙，享尝乃止。去祖为坛，去坛为墠。坛墠，有祷焉祭之，无祷乃止。去墠为鬼。大夫立三庙，二坛。曰考庙，曰王考庙，曰皇考庙，享尝乃止。显考祖考无庙，有祷焉，为坛祭之。去坛为鬼。适士二庙，一坛。曰考庙，曰王考庙，享尝乃止。显（皇）考无庙，有祷焉，为坛祭之；去坛为鬼。官师一庙，曰考庙。王考无庙而祭之，去王考为鬼[5]。庶士庶人无庙，死曰鬼[6]。

今注

1　祧，孙希旦说：祧在始祖庙堂后面。其实亦不尽然。后代帝王皆置有祧庙。今此文称"七庙"，实只有五庙二祧，是则"祧"亦称"庙"了。墠，是除地而不堆土。亲疏，即指祖先世代之远近与族属之亲疏。多少，是指祭祀次数及其规模的大小等。

2　二祧，一昭一穆，依其世代分别藏置。享尝，泛指四时之祭。

3　谓远祖不得在祧中受祭，则于坛上祭之。更远者，则仅于墠上祭之。故或为坛，或为墠。

4　去墠曰鬼者，孔颖达说是最远的祖先，不受祷祈，故无坛墠，其神主置于石函中，唯禘祫大祭时始陈列受祭。

5　按：此一节，官师，郑注云：中士、下士、庶士、府史之属。王肃：《家语·庙制》作"士立一庙"，无"官师"之文。"王考无庙而祭之"者，谓王考以上的神主皆置于石函中。

6　无庙但有石函，故曰鬼。郑玄云，凡鬼者，荐而不祭。

今译

统治天下的帝王，分划土地，封建侯国；又为卿大夫设置都邑；各在其封域之中建立庙、祧、坛、墠来祭祖。祖先有远近亲疏之不同，故祭祀的次数和规模的大小亦有分别。这样才能使"宗法"的系统分明而封建的意义显著。因此，帝王之七庙，一坛一墠。七庙：一为考庙，二为王考庙，三为皇考庙，四为显考庙，五为祖考庙。此五庙皆每月祭祀一次。其余在祖考之上的祖先则为"祧"，祧依其"昭""穆"的辈分，分为二祧。这两个祧庙，只有四时之祭。较祧庙更上的祖先（譬如九世祖），则不于祧庙中受四时之祭，对他有祷祈时，在坛上祭之。至于九世祖以上，有祷祈时，在墠上祭之；没有祷祈，亦不须祭。较九世祖更上的远祖，则仅置其神主于石函，名曰鬼。只有大祭祀的时候陈列在场，受子孙礼拜。所以，庙制有亲疏，而祭的数目有多少。诸侯设立五庙及一坛一墠。五庙：是考庙，王考庙，皇考庙；这三个庙，每月皆祭之。显考及祖考之庙，只有四时各一祭。六世祖祭于坛，七世祖祭于墠，而且是有祷则祭，无祷则不祭。到了八世祖以上则去墠为鬼。大夫之三庙，一坛。三庙：考庙、王考庙、皇考庙，只有四时各一祭。显考祖考没有庙，有祷祈时，祭之于坛上。去坛则为鬼。适士二庙，一坛。考庙、王考庙，四时各一祭。显考无庙，有祷时，为坛以祭；去坛则为鬼。官师只有一个考庙，亦无坛，并祭于考庙。王考以上则为鬼。庶人不立庙，死者曰鬼。

王为群姓立社，曰大社。王自为立社，曰王社。诸侯为百姓立社，曰国社。诸侯自为立社，曰侯社。大夫以下，成群立社曰置社[1]。

今注

1　大夫以下，谓大夫至于庶人。成群，是众居邑里。置社，谓特置之社。

今译

帝王为其统治下的许许多多不同族姓总立一个社庙，称为"大社"。为自己而立的，则称为"王社"。诸侯为其封国内许多族姓总立的社，称为"国社"；诸侯自立的则称为"侯社"。大夫以下不自立社，而联合其邑里的人们共立一社，称为"置社"。

王为群姓立七祀[1]：曰司命，曰中霤，曰国门，曰国行，曰泰厉，曰户，曰灶。王自为立七祀。诸侯为国立五祀，曰司命，曰中霤，曰国门，曰国行，曰公厉。诸侯自为立五祀。大夫立三祀：曰族厉，曰门，曰行[2]。适士立二祀：曰门，曰行。庶士，庶人，立一祀，或立户，或立灶。

今注

1　七祀，为七种与日常生活有关的幽灵。当出自原始的巫术思想，视凡百物皆有幽灵。然经书所载，皆仅有五祀，此云七祀，盖因帝王在诸侯之上，遂益之以两。

2　孔颖达谓，泰厉是没有后裔的古帝王之幽灵，公厉是没有后裔的古诸侯之幽灵，族厉则为大夫之无后者。按："厉"之本义为较坚之石，可用以磨刀者。

今译

帝王为群姓设立七祀，祭祀司命、中霤、国门、国行、泰厉、户、灶。同时，自己亦立七祀于宫中。诸侯减为五祀，大夫减为三祀，普通的士减为二祀。至于庶士及庶人则只有一祀，祀户或祀灶。

王下祭殇五：嫡子嫡孙嫡曾孙嫡玄孙嫡来孙[1]。诸侯下祭三，大夫下祭二，适士及庶人，祭子而止。

今注

1　郑玄云：祭嫡殇，是重视嫡系。姚际恒云：人寿有限，帝王何从见到来孙之死而且祭之？这不过是订个规则而已。

今译

帝王致祭于其嫡系的后代，可及于玄孙以下的来孙。诸侯下及三代，大夫下及二代，自普通的士至于庶人，但祭其嫡系的殇子。

夫圣王之制祭祀也：法施于民¹，则祀之；以死勤事，则祀之；以劳定国，则祀之；能御大菑，则祀之；能捍大患，则祀之。是故，厉山氏之有天下也，其子曰农，能殖百谷；夏之衰也²，周弃继之，故祀以为稷。共工氏之霸九州岛也，其子曰后土，能平九州，故祀以为社。帝喾能序星辰以着众³，尧能赏均刑法以义终⁴，舜勤众事而野死⁵。鲧障洪水而殛死，禹能修鲧之功。黄帝正名百物以明民共财，颛顼能修之。契为司徒而民成，冥勤其官而水死。汤以宽治民而除其虐；文王以文治，武王以武功，去民之菑。此皆有功烈于民者也。及夫日月星辰，民所瞻仰也；山林川谷丘陵，民所取财用也。非此族也，不在祀典。

今注

　　1　法施于民，《汉书·韦贤传》引作"功施于民"。"法"当作"功"。

　　2　此节录《国语·鲁语》之文，《鲁语》作"夏之兴也"，语意与此稍不同；今依本文作解。

　　3　王国维云：帝喾即帝夋，《山海经》有"帝俊之妻羲和生十日""帝俊之妻常羲生月十二"等语。《吕氏春秋》云："羲和作占日，常羲作占月。"盖以十日为"旬"，三旬为"月"，十二月为一"年"者，古传说，出于帝喾之世。

　　4　赏均刑法，《鲁语》作"尽平刑法"。今依本文。赏谓赏善，刑谓罚恶；均、法，谓合于公平而有法则。义终，郑玄谓其能让位与舜。

　　5　古传说，舜死于苍梧之野（已见《檀弓》）。

今译

　　圣王之制定祭法，自有其原则：一、有功于民的；二、为公事而死的；三、有安邦定国勋劳的；四、为大众防止灾害的；五、保卫民众不使受苦的。凡是这等人死了，都要祭祀。因此，当厉山氏统治天下的时候，他的儿子叫作农，能指导人民推广农业；到了夏代衰亡，周人名弃的又接着振兴农业，所以他们被后人崇拜，而为社稷之祭的"稷"。当共工氏征服了九州，他的儿子叫作后土，能区划九州的风土，使人民各得其宜，所以后人崇拜他为社稷之祭的"社"。帝喾能安排时间，使人民有劳作休息的次序；尧能公平地赏善罚恶，最后又能让位给贤者；舜为国家服务而死在他乡。鲧为着堵截洪水，没有成功而被流放至死，他的儿子禹却能改正鲧的错误而治水成功。黄帝制定人们的不同身份和职业，使人人能分工而合作，颛顼又从而增进之。契为舜的司徒之官，使人民受到教育；冥为水利之官而殉身于其职务上。汤给人民以自由而革除夏桀的暴政；文王从事文教建设，武王以武力扫荡人民的祸害。凡此种种，都是有勋劳功业留给人民的。此外，如日月星辰，是人民仰赖以识别春夏秋冬，便于耕耘收藏的工作；其他如山林、川谷、丘陵等等，则又是人民生活资源所在的地方。所以，这一切都值得崇拜。至于不属于这一类的，就不能混在祭祀之列了。

第二十四　祭义

　　本篇的篇名，早见于西汉韦玄成等人的奏议。但其文句，或存或不存。可借以知此非古《祭义》之原文。篇中多据常人的精神状态以解释崇拜鬼神的行为，而使此种迷信行为别具伦理道德的价值；较诸专以天威神力为迷信行为之借口者，似乎尤近于人智逐渐开通以后的常识；亦较近乎儒家之正统的思想。但因篇中多夹杂他篇文句，使本篇条理颇不通贯。今但斟酌前人所作段落而为之译注。

　　祭不欲数，数则烦[1]，烦则不敬。祭不欲疏，疏则怠，怠则忘。是故，君子合诸天道：春禘秋尝。秋[2]，霜露既降，君子履之，必有凄怆之心，非其寒之谓也。春，雨露既濡，君子履之，必有怵惕之心，如将见之。乐以迎来，哀以送往，故禘有乐而尝无乐[3]。

今注

　　1　《公羊传·桓公八年》作"亟则黩"。烦黩，如《礼器》言"季氏之祭"。

　　2　本脱"秋"字，依郑注补之。

　　3　此言春禘秋尝，与《郊特牲》所记者同；然彼处以阴阳之义解释其有乐无乐，而此处则但据人之感情为说。

今译

祭祀的礼节，不可太繁，太繁了，使人倦惰；到了倦惰的时候，便失去虔敬之心了。但又不可太疏简。太疏简了，则使人怠慢，怠慢不祭，就会遗忘。所以，君子参照天道运行的规律，春天举行禘礼，秋天举行尝礼。秋天，霜露覆盖着大地，君子踏上霜露，心中产生悲凉的感情，但这种感情，不是为着寒冷而是为着失去的亲人而起的。春天，雨露滋润了大地，君子踏上这雨露，必然有激动之心，好像将见到死去的亲人。人们以欣喜的心情迎亲人的回来，以悲哀的心情送亲人之离去，所以春天举行的禘礼用乐舞，而秋天的尝礼则不用乐舞。

致齐于内，散齐于外[1]。齐之日[2]：思其居处，思其笑语，思其志意，思其所乐，思其所嗜。齐三日，乃见其所为齐者。

今注

1　齐，读为斋，是调摄身心之事。散齐七日，隔绝交际，摄理其身；致齐三日，则摄理精神。内、外，指居处。《檀弓》云："非致齐也，不昼夜居于内。"

2　齐之日，《说苑·修文》引作"齐者"二字。汉简写"者"字有如"三日"的隶书。以下"思其……"五句，是说明"致齐"摄理精神的要点，其下"齐三日"，又重申致齐的日数。

今译

祭祀之前，要先调摄身心。致斋三日，居于内。散斋七日，可以在外。致斋之时，要时刻想念着死者生前起居、笑语、意向，以及其喜欢的和嗜好的东西。如此，三天之后，才能把所要祭的亲人影像，活现在心里。

祭之日：入室，僾然必有见乎其位[1]，周还出户，肃然必有闻乎其容声[2]，出户而听，忾然必有闻乎其叹息之声[3]。是故，先王之孝也，色不忘乎目，声不绝乎耳，心志耆欲不忘乎心。致爱则存，致悫则著[4]。著存不忘乎心，夫安得不敬乎？

今注

1　僾然，仿佛的样子。其位，《说苑》作"其容"。今"容"字错杂入下句。

2　"容声"二字与上"闻"字不相应，当为上句夹入的字。

3　上言"周旋出户"，与此"出户而听"，宜有时间的先后。

4　致爱，是极爱。存，谓亲人虽亡而如存。悫是诚恳，著是显形。

今译

祭祀之日，进到安置灵位的庙室中，仿佛看到了亲人的模样；礼拜过后，转身出门，心里肃然地好像听到亲人说话的声音；出门之后，耳际还嗫然地听到亲人发出的长叹。所以，先王之孝敬其亲人，亲人的影像永不离开他的眼里；亲人的声音，永不离开他的耳际；亲人的思想和爱好，时刻记在心上。为着爱到极点，所以亲人永远活在他的心里；真挚到极点，所以耳目中能显现亲人的影像。对于这样活在心里、现在眼前的亲人，怎能不敬畏呢？

君子生则敬养，死则敬享，思终身弗辱也[1]。君子有终身之丧，忌日之谓也[2]。忌日不用，非不祥也。言夫日，志有所至[3]，而不敢尽其私也。

今注

1　敬享，指祭祀。弗辱，不致蒙受恶名。

2　忌日，指亲死之日。年年逢到此日，犹如亲之初丧一样哀痛，这悲痛直到终身。

3　夫日，这一天。志有所至，心极眷慕已死之亲。

今译

君子对于父母，活着时则敬而奉养；父母死后则敬而祭享；一辈子都想着不可辱没父母。君子有一辈子的丧事，那就是说：年年都有父母死亡的那个日子，亦即"忌日"。忌日不做别的事情，并非那天不吉利，而是那一天，特别想念父母，没心绪去理别的事情。

唯圣人为能飨帝，孝子为能飨亲[1]。飨者，乡也。乡之，然后能飨焉。是故，孝子临尸而不怍[2]。君牵牲，夫人奠盎。君献尸，夫人荐豆[3]。卿大夫相君，命妇相夫人[4]。齐齐乎其敬也，愉愉乎其忠也，勿勿乎其欲其飨之也[5]。

今注

1　段玉裁云："享"是正字，"飨"是借字。帝，至高的神，亲是最亲的人。

2　怍，不调和的样子。极孝极敬，临尸犹如见其所欲孝敬者，故无怍色。

3　牵牲，荐盎。献尸，荐豆。此为略举祭祀仪式为例。详已见《礼器》注。

4　相，助手。

5　齐齐，动作整齐庄重的样子。愉愉，姿态和谐欢爱的样子。勿勿，古音与勉勉相近，是殷勤的意思。

今译

只有圣人真正能奉祀至上的神，能奉事至亲的人。"飨"字，本来就是"向"的意思，能虔心相向，然后鬼神才能接受那祭飨。因其有此虔心，所以孝子站在尸前不会有不和悦的样子。国君亲自牵入祭牲，主妇亲自设置醇酿。国君亲自以血、毛献尸，主妇亲自进肴。卿或大夫为国君的助手，命妇则协助主妇。敬意表现为庄重整齐的动作，虔诚表现为和谐欢爱的姿态，一心一意只希望所祭者能享受他的敬意。

文王之祭也：事死者如事生，思死者如不欲生[1]，忌日必哀，称讳如见亲[2]。祀之忠也：如见亲之所爱，如欲色然[3]；其文王与？《诗》云：明发不寐，有怀二人。文王之诗也[4]。祭之明日，明发不寐，飨而致之，又从而思之。祭之日，乐与哀半：飨之必乐，已至必哀[5]。

今注

1 不欲生，谓亲死，不愿独生于世。

2 讳，指亡亲生前之名。

3 欲色，嗜好的样子。

4 "明发"二句，本为《小雅·小宛》之诗。毛传说是宣王时的作品。诗人怀念文王，称他如此孝敬。

5 已至必哀，谓鬼魂既来飨，又将离去，故可哀。

今译

文王举行祭祀，敬事亡魂就像他还活着，想起死去的人时就不想独生于世。逢到父母死亡的那个日子，必然悲哀之至，提到父母生前的名字就像看见父母一样。在奉献祭品时的诚恳，就如同看到父母生前所喜爱、所嗜好的神色，这也只有文王吧？《诗经》上说：直到天亮还没有睡，为着思念死去的双亲啊！这是写文王的诗啊！到了正祭之第二天，仍还彻夜没有睡，备办百物让父亲来尝，又从而思念之。所以当正祭的那天，是一半欢喜一半悲哀：因所亲的人前来受享，所以欢喜；又因来后又要走，所以又觉得哀伤。

仲尼尝，奉荐而进其亲也悫，其行也趋趋以数[1]。已祭，子赣问曰：子之言祭，济济漆漆然[2]；今子之祭，无济济漆漆何也？子曰：济济者，容也远也；漆漆者，容也自反也[3]。容以远若容以自反也，夫何神明之及交[4]？夫何济济漆漆之有乎？反馈，乐成，荐其荐俎，序其礼乐，备其百官。君子致其济济漆漆，夫何慌惚之有乎[5]？夫言，岂一端而已，夫各有所当也[6]。

今注

1 趋趋，读如促促。数，读作速。这是用轻快的步子走路。

2 漆漆，读如切切。含义见下文。

3 济济是整饬的样子。远也，指那整饬是疏远的表示。漆漆是戒惧的心情。自反也，指那心情是自我警觉的意思。

4 容以远若容以自反，其中"若"字当"及"字解。神明之及交，犹如《礼运》所谓"合莫"，以至诚之心交通于神明，故能事死如事生。以上皆言亲自祭祀。

5 祭礼，血腥之祭毕，尸出在堂，主人更设馈于室，尸返而馈，是此"反馈"之意（详附录）。序礼乐，备百官，此言助祭者济济漆漆，因不必与神明交通。慌惚，即通神之意。

6 言岂一端，各有所当，谓祭时有主人有来宾，来宾必须整饬戒惧，而主人则不宜如此。下文有详细说明。

今译

孔子举行秋尝之祭，当他端着祭品献上亲人的灵位时，表现得老实忠厚的样子，走路很快而步子急促。祭过之后，子贡便问道：老师告诉我们，祭祀时候，须有庄重的仪态、戒惧的精神；这回，你老人家自己举祭，却不是那个样子，这该怎么说呢？孔子说：样子庄重是疏远的表情，心里戒慎是自己的警惕。如果有了疏远的表情和先自警惕的心理，如何能与亲人的灵魂相交通呢？自己举祭如何会仪态从容，精神矜持呢？参与天子诸侯的祭礼，在反馈毕奏乐之后，大家进其熟食，随音乐而动作，依其职位而应酬。那时，整饬谨慎，是必要的，客人是不会与神明交通的。所以一句话，该分作两方面讲，这才见得两方面各有其适当的意义。

孝子将祭，虑事不可以不豫；比时具物，不可以不备；虚中以治之[1]。宫室既修，墙屋既设，百官既备，夫妇齐戒沐浴，盛服奉承而进之，洞洞乎，属属乎，如弗胜，如将失之[2]，其孝敬之心至也与！荐其荐俎，序其礼乐，备其百官[3]，奉承而进之。于是，谕其志意[4]，以其恍惚以与神明交，庶或飨之[5]。"庶或飨之"，孝子之志也。

今注

1　虚中，心无杂念。

2　洞洞属属，已见《礼器》注。如弗胜，如将失之，此二语指"奉承而进"来说，亦即手执祭品时，好像十分沉重，又像怕它掉下的样子。《曲礼》"执轻如不克"，《少仪》"执虚如执盈"，亦此意，不胜就是不克。

3　"荐其荐俎"至"备其百官"十二字，依文义，当是上节复出的文句。

4　谕当作愉，即下节"进而不愉"之愉。将心情放松，使有愉色，有婉容。

5　庶或，仿佛是。

今译

孝子将要举祭，一切事情皆得预先考虑周到；及时应用百物，皆得筹办齐全；而且要专心致志地处理这些事务。庙宇修饰一新，墙屋间隔完备，诸执事人等亦已分派停当，夫妇就斋戒沐浴，奉持诸祭品而进前，恭恭敬敬地，像奉持不起，又像害怕失手的样子，这都是孝敬之心到了极致的表现啊！荐上牲体，奏起音乐，百官宾客也按照礼节来协听，这时便通过祝官表达主人的心愿。放松心情直接和亲人的魂灵交语，仿佛魂灵在享用那些祭品。"仿佛魂灵在享用祭品"，这只是孝子举祭的用心，而不是迷信。

孝子之祭也，尽其悫而悫焉，尽其信而信焉，尽其敬而敬焉，尽其礼而不过失焉[1]。进退必敬，如亲听命，则或使之也。孝子之祭，可知也，其立之也，敬以诎[2]；其进之也，敬以愉；其荐之也，敬以欲；退而立，如将受命；已彻而退，敬齐之色不绝于面。孝子之祭也，立而不诎，固也[3]；进而不愉，疏也；荐而不欲，不爱也；退立而不如受命，敖也；已彻而退，无敬齐之色，（而）忘本也[4]。如是而祭，失之矣。

今注

1　《郊特牲》云："岂知神之所飨也，主人自尽其敬而已。"以下数语，犹是此意。

2　诎，是屈，立即屈身。

3　固，粗野。

4　"而"是多余的字。

今译

孝子的祭祀，是尽其虔心而表现为敬虔的动作，尽其信念而表现为确信有鬼神的样子，尽其敬意而表现为敬事鬼神的行为，尽其礼节而没有过失。一进一退都是毕恭毕敬的，仿佛在倾听鬼神的吩咐，有什么要使唤自己似的。再说清楚一点：孝子举祭，站立着时，是鞠躬如也的；捧着祭品上前走着时，是显得十分愉快的；献上祭品时，只希望能讨鬼神的喜欢；献毕退后站着时，仿佛在倾听鬼神的嘱咐；到了移去祭品而退出时，那种虔诚恳切的神色一直还保留在脸上。反过来说：如果孝子奉祭，站着而不鞠躬，那就太粗野了；进前而没有愉快的样子，那就显得太疏远了；献上祭品而不希求鬼神享用，那就是没有爱心；退后站立而不像要听吩咐，那就显得骄傲；移去祭品退下时便失去虔诚恳切的神色，那就等于不把所祭的亲人放在心里了。像这样的祭祀，便失去了意义。

孝子之有深爱者，必有和气；有和气者，必有愉色；有愉色者，必有婉容。孝子如执玉，如奉盈，洞洞属属然，如弗胜，如将失之¹。严威俨恪，非所以事亲也，成人之道也²。

今注

1　执玉、奉盈、弗胜、如将失之，已见前注。

2　严威俨恪，即前文"济济漆漆"。自此以上，皆解释仲尼之尝，所以没有济济漆漆的理由。

今译

孝子如果对其亲人有深挚的爱心，必然表现出和悦之色；有了那样的和气，自然会表现出愉快的神色；有了那神色，自然会形成婉顺听话的样子。孝子作祭，只是像拿着极贵重的玉，捧着满杯的水一样，虔诚而又专心的，觉得十分沉重而又生怕失手似的心情。至于做出严肃而庄重的样子，那就不是奉侍父母应该有的态度，而只是大人对小辈的态度。

先王之所以治天下者五：贵有德，贵贵，贵老，敬长，慈幼。此五者，先王之所以定天下也。贵有德，何为也？为其近于道也。贵贵，为其近于君也。贵老，为其近于亲也。敬长，为其近于兄也。慈幼，为其近于子也。是故，至孝近乎王，至弟近乎霸。至孝近乎王，虽天子，必有父；至弟近乎霸，虽诸侯，必有兄[1]。先王之教，因而弗改，所以领天下国家也[2]。

今注

1　有父则当"孝"，有兄则当"弟"，此以五贵折合于"孝悌"二字。

2　因，根据。领，领导。孔颖达以为这一节以下是杂录之辞。

今译

先王用以统治天下者有五条：一是重视有德的人，二是重视有社会地位的人，三是尊重年老的人，四是尊敬长辈，五是爱护后辈。这五项，是先王用以安定天下的。若问为什么要这样？那就是：有德的人是近乎天理人情的，有社会地位的人是近于君主。老人，近似父母，长辈近似兄长，后辈则又和子女无异。所以，至孝者通乎天理人情而近于天下人所归心的"王"，至悌者能抑强扶弱近于大众所佩服的"霸"。至孝近乎王者，因其虽为天子，犹能敬事其祖先；至悌近乎霸者，因其虽为国君，犹能尊敬其兄弟。先王的教化，便是根据这理由而没有加以改变，所以能够领导天下国家。

子曰：立爱自亲始，教民睦也[1]。立敬自长始，教民顺也。教

以慈睦，而民贵有亲；教以敬长，而民贵用命[2]。孝以事亲，顺以听命，错诸天下，无所不行。

今注

1　爱自亲始，渐次而推广之，所以异于墨子的兼爱。睦，是慈睦。

2　贵用命，就是以顺从长辈为贵。

今译

夫子说：建立仁爱之心，自奉事父母开始，用以教导人民慈睦爱和。建立恭敬之心，自尊重兄长开始，用以教导人民顺从命令。教以慈睦，使人知道亲情的好处；教以敬长，使人知道顺从命令的好处。用孝心来服侍亲人，用顺从之心来接受命令，这样措置于天下，便没有行不通的事了。

　　郊之祭也，丧者不敢哭，凶服者不敢入国门，敬之至也。祭之日，君牵牲，穆答君，卿大夫序从[1]。既入庙门，丽于碑[2]，卿大夫袒，而毛牛尚耳[3]，鸾刀以刲，取膟膋[4]，乃退。焂祭，祭腥而退，敬之至也。

今注

1　宗庙之制，父辈为“昭”，子辈为“穆”。答君，对着主人。序从，以其班次，捧着刍币跟主人走。

2　丽，读如缡，就是“系”的意思。

3　毛牛尚耳，古代祭礼，要先供牛毛牛血，这句是说，取牛毛，当以耳上的毛为贵。

4　鸾刀，杀牲仪式所用的屠刀。刲，剖割。膟膋，是肠间的脂肪。

今译

举行郊天之祭时，凡是有丧事的不敢啼哭；披麻挂孝的人，不敢进入国门。因为天神比死人尊贵，祭天是吉事，不敢以私人丧事冲犯它，这是最尊敬的表示。庙祭之时，国君亲自牵着牺牲，他的儿子一辈的人对着主君协助他，卿大夫则依其班次跟随在后面。进入了庙门，把那牲口拴在特设的石碑上，卿大夫就袒开衣服宰牛，先取牛耳上的毛献祭，然后用弯刀剖开牛腹，取出肠子间的脂肪献祭，然后退去。要等到血毛之祭和焠肉之祭完毕，国君这才退下去，亦是最恭敬意的表示。

郊之祭，大报天而主日，配以月。夏后氏祭其暗，殷人祭其阳，周人祭日，以朝及暗[1]。祭日于坛，祭月于坎，以别幽明，以制上下。祭日于东，祭月于西，以别外内，以端其位。日出于东，月生于西[2]。阴阳长短，终始相巡[3]，以致天下之和。

今注

1　暗，郑注为黄昏时。刘敞云：当指日未出时。今稽以《淮南子·氾论训》之文，刘说为是。盖谓夏后氏摸黑起祭，以迎日出。阳，郑注为日中，亦不确，当是泛指日出时。周人以朝及暗，《淮南子》作"日出以朝"，谓从天未明而祭至天明时。

2　月生于西，谓每月的月牙初现，皆在西边天际。

3　巡，郑读如"沿"。按：巡即循回的意思。

今译

郊天之祭，是报答大自然的赐予，祭的主要对象虽是太阳，但亦配以月神。夏后氏在天未亮时举行，殷人在天亮时举行，周则从摸黑祭到早晨。祭太阳是在坛上，祭月神则在坑内，以此区别幽暗与光明，以定其上下的分际。祭日是向东方，祭月则向西方，这是因内外的区别，以端正其不同的位置。因为日出在东方，月之始生在西方的缘故。日月一阴一阳，昼夜或长或短，始终循环往复，使得天下和谐。

天下之礼，致反始也，致鬼神也，致和用也[1]，致义也，致让也。致反始，以厚其本也；致鬼神，以尊上也；致物用，以立民纪也[2]；致义，则上下不悖逆矣；致让，以去争也。合此五者，以治天下之礼也，虽有奇邪[3]，而不治者则微矣。

今注

1　致和用也。郑玄云：致，是"至"的意思；下文称"物用"此称"和用"，是互文见意。俞樾云：当并作"利用"，古"利"字书如"物"。今按：上下文当皆是"物用"二字，隶字"禾"旁"牛"旁字相似，易混。物用，今谓物资。

2　民纪，当是生活水平。

3　奇邪，邪恶。

今译

天下的礼，具有五种意义：一可以使人不至忘本，二可以通于鬼神，三可以开发资源，四可以树立道义，五可以提倡谦让。人不忘本，所以增厚其根基；通于鬼神，所以懂得尊重在上者；开发资源，所以提高生活水平；树立道义，则社会秩序不紊乱；提倡谦让，所以人与人不致冲突。如果兼具这五种意义的礼被用来治理天下的话，即使还有邪恶不听从治理的人，然而不被厘清的也很少了。

宰我曰：吾闻鬼神之名，而不知其所谓。子曰：气也者，神之盛也；魄也者，鬼之盛也；合鬼与神，教之至也。众生必死，死必归土：此之谓鬼。骨肉毙于下，阴为野土[1]；其气发扬于上，为昭明，焄蒿，凄怆[2]，此百物之精也，神之着也。因物之精，制为之极[3]，明命鬼神，以为黔首则[4]。百众以畏，万民以服。

今注

1　毙，本亦作"弊"，是"腐烂"的意思。阴，读为荫，在地下化为土壤。

2　焄，气味。蒿，蒸发的样子。郭嵩焘云："昭明"指气之可见者，"焄蒿"指气之可闻者，凄怆指气之可感者。今用其意。

3　极是至高无上。

4　秦时称老百姓为"黔首"。

今译

宰我说：我听到鬼呀神呀这两个名称，可不懂它的含义。夫子说：气由神的充盛而有；魄由鬼之充盛而有。合鬼与神，是神道设教之极则。因为有生之物必有死，而死后必归于土，这便是鬼。骨肉在地下腐烂，化作野土；但它的气却发扬于上，焕发出光芒，蒸出气味，和使人感动的东西，那就是生物的精灵而为可以看见的神。圣人依照百物的精灵而尊之为至高无上的神，作为老百姓的崇拜对象，使人们畏惧而慑服。

圣人以是为未足也，筑为宫室，设为宗祧[1]，以别亲疏远迩，教民反古复始[2]，不忘其所由生也。众之服自此，故听且速也。

今注

1　宗庙祧庙，疏远的祖先为祧庙。

2　这已不是神道设教，而是在原始迷信行为中灌入伦理的意义。

今译

圣人认为这样做还不够，所以要建筑宫室，作为宗庙祧庙，以区别鬼神之亲疏远近，教导人们追溯最早的祖先，纪念氏族的始祖，亦即使人不会忘记自身的由来。因此大众服其教导，而且是很快就信从了。

二端既立，报以二礼[1]。建设朝事，燔燎膻芗[2]，见以萧光，以报气也。此教众反始也。荐黍稷，羞肝肺首心，见间以侠甒[3]，加以郁鬯，以报魄也。教民相爱，上下用情，礼之至也。

今注

1　二端，即下文之"气"与"魄"，尊称则是"神"与"鬼"。二礼，一为朝事，献血腥之祭。一为荐黍稷，馈熟食之礼。

2　膻芗，当读为馨香。

3　见间，郑注云当作觋字。王夫之云："见"借作"间"字用。王引之云："见以萧光"之"见"亦当作"间"，都是"夹杂"的意思。侠甒，即双甒。甒是酒壶。

今译

既立鬼神两个名称，便报以两种礼节。一是设计"朝践"之礼，把血腥的祭品放在萧蒿上焚烧，发出气味还夹杂着火光，这是用气味以报神的，用以教导人们追怀初始。二是设计为"馈食"之礼，献上黍稷及牲的肝、肺、首、心等，夹以两壶酒，加上香草酒，以报祖先的鬼。教导人们同是一祖所生，应该相亲相爱，上下用情。这是礼之极致。

君子反古复始，不忘其所由生也，是以致其敬，发其情，竭力从事，以报其亲，不敢弗尽也。是故，昔者，天子为藉千亩[1]，冕而朱纮，躬秉耒。诸侯为藉百亩，冕而青纮，躬秉耒，以事天地山川社稷先古[2]，以为醴酪齐盛[3]，于是乎取之，敬之至也。

今注

1　藉，藉田。

2　先古，泛指上代祖先。

3　齐盛，即粢盛，是米饭之属。

今译

君子之返古复始，不忘其所由来，所以要向鬼神极尽敬意，发抒感情，拿出所有的能力来工作，用以报答亲人生我之恩，并且只怕报答得不够周到。因此之故，在古代，身为天子的人，仍要戴着系有红色帽带的礼帽，亲自拿着耒耙在藉田里耕种。诸侯也要戴着系有青色帽带的礼帽，亲自拿着耒耙在藉田里耕种，把亲手耕种的收获，供作祭祀天地山川社稷以及祖先之用；而祭祀所用的酒浆米饭，全是取给于此，这才是敬之极致。

古者，天子诸侯必有养兽之官，及岁时，齐戒沐浴而躬朝之。牺牷祭牲[1]，必于是取之，敬之至也。君召牛，纳而视之，择其毛而卜之，吉，然后养之。君皮弁素积[2]，朔月，月半，君巡牲[3]，所以致力，孝之至也。

今注

1　纯色的牛曰"牺"，身体完具的牛曰"牷"，凡祭祀所用之牛皆曰"牲"。

2　积，即"帻"字。此节自"君召牛"以下皆重申上文之意。

3　朔月，每月之朔。巡牲，即上文所谓"齐戒沐浴而躬朝之"之事。

今译

古代天子和诸侯必须设置养兽之官，每年到了一定的日子，天子或诸侯，都得斋戒沐浴，亲自前往巡视其所畜养的牲口。祭祀用的牺牛牷牛，皆取给于此，这是敬慎之至的表现。君主选牛，须先在所有的牛只中选择，依其毛色用龟卜来决定，卜得吉兆，然后加以特别饲养。在饲养时，每月之初一、十五，君主要穿礼服亲去巡视，这是表示尽力，为孝子之极致的表现。

古者天子诸侯，必有公桑、蚕室[1]，近川而为之。筑宫仞有三尺，棘墙而外闭之[2]。及大昕之朝[3]，君皮弁素积，卜三宫之夫人世妇之吉者，使入蚕于蚕室，奉种浴于川；桑于公桑，风戾以食之[4]。岁既单矣，世妇卒蚕，奉茧以示于君，遂献茧于夫人。夫人曰：此所以为君服与？遂副祎而受之[5]，因少牢以礼之。古之献茧者，其率用此与[6]？及良日，夫人缫，三盆手[7]，遂布于三宫夫人世妇之吉者使缫；遂朱绿之，玄黄之，以为黼黻文章。服既成，君服以祀先王先公，敬之至也。

今注

1　公桑，诸侯的桑园。蚕室，饲蚕的场所。

2　七尺曰仞，加三尺，当为一丈高。棘墙，墙上布棘。外闭，从门外反锁之。

3　大昕之朝，三月初一晨。

4　奉种，捧着蚕的种子。桑于公桑，上"桑"字动词，是采桑叶。风戾，叶上露水，被风晾干。食，读为"饲"。

5　岁既单矣，王引之云：是三月已尽之时。按：岁当指饲蚕的时限。副祎，副，首饰；祎，夫人礼服。

6　率，大体。此句或为旁注夹入正文。

7 缫，亦写作"缲"，抽剥茧丝。三盆手，把手放在水盆里浸三次。

今译

古代的天子诸侯，必有自己的桑园和养蚕的地方。近着水边，构筑一丈高的屋子，墙上布置棘刺，把门反锁着。到了三月初一的早上，君主穿戴礼服，卜择后宫合于吉兆的夫人和世妇，使她们往蚕室去，捧着蚕种在河里漂洗，再往桑园去采桑，把桑叶上的露水晾干了，就用以饲蚕。等到春季已尽，饲蚕的时限到了，世妇停止饲蚕，捧着蚕茧请君主检定，接着就献茧于夫人。夫人说：这就是预备给主君做祭服用的吗？于是，穿起礼服来接受蚕茧，并以羊豕二牲来祭它。（古代献茧之礼，大概都用少牢？）到了择定的吉日，夫人领导缫丝，并放手在水盆里泡三下，然后把蚕茧一一分配给宫里合乎吉兆的夫人世妇们去缫丝。之后，再分别染成红的、绿的、黑的、黄的颜色，并用以织成有图案花纹的衣料，再把它裁制成为礼服。然后，君主即穿这礼服去祭祀先王先公，这是敬慎到了极点的表现。

君子曰：礼乐不可斯须去身。致乐以治心，则易直子谅之心，油然生矣。易直子谅之心生则乐，乐则安，安则久，久则天，天则神。天则不言而信，神则不怒而威。致乐以治心者也。致礼以治躬则庄敬，庄敬则严威。心中斯须不和不乐，而鄙诈之心入之矣；外貌斯须不庄不敬，而慢易之心入之矣。故乐也者，动于内者也，礼也者，动于外者也。乐极和，礼极顺。内和而外顺，则民瞻其颜色而不与争也；望其容貌，而众不生慢易焉。故德辉动乎内，而民莫不承听；理发乎外，而众莫不承顺。故曰：致礼乐之道，而天下塞焉，举而错之无难矣。乐也者，动于内者也；礼也者，动于外者也。故礼主其减，乐主其盈。礼减而进，以进为文；乐盈而反，以反为文。礼减而不进则销，乐盈而不反则放。故礼有报而乐有反。礼得其报则乐，乐得其反则安。礼之报，乐之反，其义一也[1]。

今注

1　此一段已见《乐记》，兹不注译。

曾子曰：孝有三：大孝尊亲，其次弗辱，其下能养[1]。公明仪问于曾子曰：夫子可以为孝乎？曾子曰：是何言与？是何言与？君子之所谓孝者：先意承志[2]，谕父母于道。参，直养者也！安能为孝乎？

今注

1　能养，即下文"小孝用力"，以劳力所得供养父母。

2　先意承志，在父母未发表其意思时，即已预知其意而先为之。

今译

曾子说：孝有三等：上等的孝是尊敬父母，其次是不至辱没父母的名声，最下等的只不过能养活父母而已。他的学生公仪明问他说：像老师这样，该是孝了吧？曾子说：哪儿的话！哪儿的话！有知识的人所称为孝的是，能在父母意志还没有表示之前即已预知其意旨而先做了，而且同时又能使父母明白那是做人的正理。像我这样，简直只是能养活父母而已，怎么可称为孝呢？

曾子曰：身也者，父母之遗体也。行父母之遗体，敢不敬乎？居处不庄，非孝也；事君不忠，非孝也；莅官不敬，非孝也；朋友不信，非孝也；战陈无勇[1]，非孝也。五者不遂，灾及于亲，敢不敬乎？亨孰膻芗，尝而荐之，非孝也，养也。君子之所谓孝也者，国人称愿然曰：幸哉有子！如此，所谓孝也已。众之本教曰孝，其行曰养。养，可能也，敬为难；敬，可能也，安为难；安，可能也，卒为难[2]。父母既没，慎行其身，不遗父母恶名，可谓能终矣。仁者，仁此者也；礼者，履此者也；义者，宜此者也；信者，信此者也；强者，强此者也[3]。乐自顺此生，刑自反此作。

今注

1 战陈，即战阵，服兵役之事。

2 卒，谓终己之一生。

3 强者，谓自勉力者。

今译

曾子说：凡人的身体，都是父母给留下的。今以父母的遗物来行事，可不加以敬慎吗？日常生活，过得不庄重，就不是孝；替君主做事，做得不忠实，就不是孝；做官不够认真，也不是孝；跟朋友交往而不讲信用，也不是孝；打仗不勇敢，也不是孝。这五点，如果做不到的话，会给父母带来祸殃，能不慎重吗？像一般人那样，宰鸡杀鸭，焚香烧纸，到祭祀的日子奉祀一番，那都不是孝，至多只是供养而已。君子称为孝的，是全国的人都歆羡地喝彩，说是多么有福气呀，会有这么好的儿子！这才算是孝子了。教化民众的根本是孝，表现于行为的叫作养。养，也许做得到，但是具有敬意的养，就不容易；有敬意的养，就算也能做到了，但是做得很自然就很难；即使能做得很自然，但能终其一生，不管父母在不在世，都能那样自然地敬养着，那就更难了。父母死后，照样检点自身行事，不使父母蒙上恶名，这可说是能终其一生行孝了。所谓仁，就是要以孝为本；所谓礼，就是实行这一点；所谓义，就是要合乎孝；所谓信，就是要证明这一点；所谓努力，也就是要努力于这一点。而且人世的快乐，是依孝道而后产生；刑罚，也是为着违反孝道而后发作。

曾子曰：夫孝，置之而塞乎天地，溥之而横乎四海[1]，施诸后世而无朝夕，推而放诸东海而准，推而放诸西海而准，推而放诸南海而准，推而放诸北海而准。《诗》云：自西自东，自南自北，无思不服[2]。此之谓也。

今注

1　塞，充满。溥，普及。

2　《诗·大雅·文王有声》之诗。思，助词。

今译

曾子说：孝的意义，树立起来便充满天地之间，没有时间和空间的限制，散布开来普及四海，即在后世亦时刻存在。凡是有人类生存的地方都可仿效这准则行事。《诗经》有言："自西自东，自南自北，没有不遵从的！"正是说的这种情形。

曾子曰：树木以时伐焉，禽兽以时杀焉。夫子曰：断一树，杀一兽，不以其时，非孝也[1]。孝有三：小孝用力，中孝用劳，大孝不匮[2]。思慈爱忘劳，可谓用力矣。尊仁安义，可谓用劳矣。博施备物[3]，可谓不匮矣。父母爱之，喜而弗忘；父母恶之，惧而无怨；父母有过，谏而不逆；父母既没，必求仁者之粟以祀之[4]。此之谓礼终。

今注

1　滥杀乱杀，是不仁。仁者仁此者也，故不仁亦即不孝。

2　不匮，是终身行孝。

3　博施，是自己有仁德广施于人。备物，是因受惠者多，故祭祀时收到各地的赠品亦甚完备。

4　仁者之粟，指正当的收入。

今译

曾子说：树木要等到可砍伐的时候砍伐，禽兽要在该宰杀的时候宰杀。因为我的老师说过：如果不适时而砍掉一棵树，宰杀一只兽，都不合乎孝道。孝道有三等：小孝用体力，中孝兼用心智，大孝则能永久维持孝心。为着父母抚育的恩惠而忘记身体的疲劳，竭力供养父母，这可说是用力了。崇拜仁者而习惯于合理的行为，可以建功立业，为父母争光，这可说是用劳了。至于推广自己的爱心，使广大的人皆受到恩惠，父母死后，人们各以其敬礼来参与自己的祭祀，这就可说是无所欠缺了。父母喜爱我，便高兴得永久不忘怀；父母不喜欢我，便该自己反省而特别谨慎，没有一点埋怨；父母纵有错处，可以婉言相劝，但不反抗；父母死后，必以自己正当的收入来祭祀他们。这才是实行孝道的终点。

乐正子春下堂而伤其足，数月不出，犹有忧色。门弟子曰：夫子之足瘳矣，数月不出，犹有忧色，何也？乐正子春曰：善如尔之问也！善如尔之问也！吾闻诸曾子，曾子闻诸夫子曰：天之所生，地之所养，无人为大[1]。父母全而生之，子全而归之，可谓孝矣。不亏其体[2]，不辱其身，可谓全矣。故君子顷步而弗敢忘孝也[3]。今予忘孝之道，予是以有忧色也。壹举足而不敢忘父母，壹出言而不敢忘父母。壹举足而不敢忘父母，是故道而不径，舟而不游[4]，不敢以先父母之遗体行殆[5]。壹出言而不敢忘父母，是故恶言不出于口，忿言不反于身。不辱其身，不羞其亲，可谓孝矣。

今注

1　无人为大，是说世上没有比“人”更可贵的东西。

2 亏,损毁。

3 顷步,郑注:"顷"当为"跬"。亦写作"蹞",音同。跨上一足曰"跬",连跨两足为"步"。

4 道而不径,走路要走大路不走小径。舟而不游,渡河要乘船不要游水。

5 行殆,冒险。

今译

乐正子春有一次从堂上走下来,不慎而跌伤了脚,好几个月没有出门,还是很烦恼的样子。他的门下弟子便问道:老师的脚,不是好了吗,你一连数月不出门,现在脸上还有忧虑的神色,这是为什么呢?乐正子春说:你真问得好啊!你真问得好啊!我从前听见我的老师曾子说过,而我的老师又是从孔老夫子那里听到的,老夫子说:天之所生,地之所养,世间万物再没有比"人"更伟大的了。父母齐齐整整地生下我们做个"人",我们死时也得齐齐整整地归还给他们,这便是"孝"。没有损毁自己的身体,没有辱没自己做个"人",这便是"全"。因此,君子走半步路,都不敢忘了孝道。这回,我竟然忘了孝道,所以使我烦恼着。每一次抬足都不敢忘记父母,每一次说话都不敢忘记父母,这意思是,一起步便不忘父母,自然走路要走大路而不走小径,渡河要好好乘船而不去游水,因为不敢把父母付给我们的身体,拿来做不必要的冒险行为。一开口便不忘父母,自然不会说出脏话,也不致招惹别的诟骂。自身没有受辱,父母也不会被蒙上耻辱,这样,可说是孝了。

昔者,有虞氏贵德而尚齿,夏后氏贵爵而尚齿,殷人贵富而尚齿,周人贵亲而尚齿[1]。虞、夏、殷、周,天下之盛王也,未有遗年者。年之贵乎天下，久矣；次乎事亲也²。是故，朝廷同爵则尚齿。七十杖于朝，君问则席³。八十不俟朝，君问则就之，弟达乎朝廷矣。行，肩而不并，不错则随⁴。见老者，则车徒辟；斑白者不以其任行乎道路⁵，而弟达乎道路矣。居乡以齿，而老穷不遗，强不犯弱，众不暴寡，而弟达乎州巷矣。古之道，五十不为甸徒，颁禽隆诸长者，而弟达乎搜狩⁶。军旅什伍，同爵则尚齿，而弟达乎军旅矣。孝弟发诸朝廷，行乎道路，至乎州巷，放乎搜狩，修乎军旅⁷，众以义死之，而弗敢犯也。

今注

1 贵德，以人格为贵；贵爵，以功勋为重；贵富，重视生产能力；贵亲，重视人伦关系。尚齿，尊重年长的人。

2 事亲为孝，敬长为弟。其重要性仅次于孝道。

3 席，特设座位。

4 错，雁行斜错的样子。此指年辈与兄相同者（参《王制》"兄之齿雁行"注）。随，追随其后。

5 车徒，乘车及徒步者。辟，读为避，是让开的意思。以其任，任是负担。

6 甸徒，田猎的走卒。颁禽，分配猎获物。

7 王念孙云，"修"当作"循"。

今译

有虞氏时代，虽重视人格，但亦尊尚年长者；夏后氏重视功勋，但亦尊尚年长者；殷人重视生产能力，但亦尊尚年长者；周人讲究人伦关系，但亦尊尚年长者。虞夏殷周，是天下王道全盛的时代，他们都没忽视年龄的可尊。可见，年龄之被人重视，其由来已久的了，其重要性仅次于孝道。因此之故，在朝廷上，爵位相等的，就论年龄，年高者居上。做官的到了七十岁，可以扶杖上朝廷，国君若有讯问，要给安个座位。到了八十岁就可以不必等朝事结束就可以回家了，国君如有询问，应该亲往他家里去讨教。这就是悌道通行于朝廷了。走路时，不能和年长者并肩，看他年长若干，倘是兄辈，则斜错在他肩后走；倘是父辈的年龄，那只有跟随着走了。在路上，看见年长的人，不管乘车或是步行，都得让过一旁；看见头发花白的人挑担走路，就得有人给他代劳，这样，就是悌道通行于道路上了。住在乡里，凡事以年长者居先，不遗弃老穷的，强不欺弱，众不欺寡，这样，就是悌道行于州巷了。依照古代的规矩，五十岁以上的人不充当田猎的走卒，但在分配猎获物的时候，年长的人要特别给得多，因他不容易得到这些东西；这样，就是悌道通行到了猎狩的事上了。在军队里，不管是一班或是一排之中，官阶相同的皆以年长者居先，这样，就是悌道通行于军队中了。孝悌的行为，从朝廷上发起，通达到道路上、州巷中，且为狩猎和军队所遵行，大家死守着孝悌，就没有敢来侵犯的人了。

祀乎明堂[1]，所以教诸侯之孝也；食三老五更于大学，所以教诸侯之弟也。祀先贤于西学，所以教诸侯之德也；耕藉，所以教诸侯之养也[2]；朝觐，所以教诸侯之臣也。五者，天下之大教也。

今注

1 郑注，明堂是周人祭祀文王的庙。

2 养，当是前文所说的致力供祭。

今译

周人在文王庙举行大祭，是用以教导诸侯怎样孝敬父母；请年老的人在大学里宴会，是用以教导诸侯怎样敬事兄长。又在小学里礼拜那些已死的贤人，是用以教诸侯怎样做人；亲自耕作于藉田里，是教诸侯怎样终养；举行朝觐的典礼，是教诸侯怎样服从。这五项，是有天下者的重大教育。

食三老五更于大学，天子袒而割牲，执酱而馈，执爵而酳，冕而总干，所以教诸侯之弟也。是故，乡里有齿，而老穷不遗，强不犯弱，众不暴寡，此由大学来者也[1]。

今注

1　此节已见《乐记》及前文，兹不注释。自此以下，皆杂辑凑附之文。

天子设四学，当入学，而大子齿[1]。天子巡守，诸侯待于竟。天子先见百年者[2]。八十九十者东行，西行者弗敢过；西行，东行者弗敢过[3]。欲言政者，君就之可也。壹命齿于乡里，再命齿于族，三命不齿；族有七十者，弗敢先[4]。七十者，不有大故不入朝；若有大故而入，君必与之揖让，而后及爵者。

今注

1　太子与同学之人序齿而分上下。

2　竟与“境”同。此二句似是断简，所言者二事。郑注以为问诸侯以百年者所在，先往见之。信如郑说，则巡守变作拜访老者了。兹不从。

3　朱轼云：东行西行，只是说在路之东边或西边走。老者虽在路之东边走，而走在西边的人亦不敢超过他。

4　郑玄以此为乡饮酒时的礼节。但按此为《周礼·地官·党正》之文。谓官拜三命者，虽不须与族人序齿，但对于族中年过七十者仍不敢居先。

今译

天子在京都设立东西南北四个学校。当入学之后，太子就要和同学的人一样依年龄大小而分上下。天子巡守时，诸侯要在自己的边界上迎候。天子到诸侯国中，先往见年满百岁的人。八九十岁的人，走在东边，即使走在西边的人也不敢超过他；如果他是走在西边，而东边的人亦一样的。八九十岁的人，如果有政见要发表，国君应该去拜访他。官拜一命的，还得跟同乡里的人序齿；二命，虽不必和同乡序齿，但对于族人仍得论年龄；到了三命之官，虽不必和族人序齿，但还得让七十岁的人居先。七十岁的人，没有重大的事情，不必入朝；倘有大事入朝，国君必须对他客气，然后才轮到爵位高的人。

　　天子有善，让德于天；诸侯有善，归诸天子；卿大夫有善，荐于诸侯；士庶人有善，本诸父母，存诸长老；禄爵庆赏，成诸宗庙[1]；所以示顺也。昔者，圣人建阴阳天地之情，立以为易[2]。易抱龟南面，天子卷冕北面，虽有明知之心，必进断其志焉[3]。示不敢专，以尊天也。善则称人，过则称己。教不伐以尊贤也[4]。

今注

　　1　存诸长老，王念孙云："存"字本作"荐"，即"荐"字，此文亦见于《管子·君臣》。成诸宗庙，按：《王制》有"告成""受成"之语，此亦其意。

　　2　建阴阳天地之情。王引之云：阴阳天地，非圣人所能建，"建"字当作"达"字。按：《史记·历书》称黄帝建气物分数，此处圣人，当是指此而言，毋烦改字。易，郑注云：易是官名，《周礼》称大卜。

　　3　进断，进前而决定。

4 不伐，不敢矜伐自大。以上皆似申言前文"致让"之义。

今译

天子倘觉得自己有点善行，应该说是天的赐予，不可自居其功；诸侯有善行，当归功于天子；卿大夫即归功于诸侯；士与庶人有善行，应认为因父母而有，并归功于长辈的教导；倘使得到优异的爵禄和奖赏，则须告成于宗庙，认为祖宗积德所致。这种谦让便是顺从的表示。古时，圣人测定日月运行和寒暑的原则，而把握其变化的情形，叫作"易"。掌"易"之官，抱着宝龟南面而立，天子要穿大礼服，北面朝他。尽管自己有高超的智慧，也得向他请教而做最后的决定。这就是不敢自专而尊重天意的表示。凡有善行，就说是别人给予的；遇有坏事，则自己担承，这是使人不至矜伐自大而尊重比自己更好的人。

孝子将祭祀，必有齐庄之心以虑事，以具服物，以修宫室，以治百事。及祭之日，颜色必温，行必恐，如惧不及爱然[1]。其奠之也，容貌必温，身必诎，如语焉而未之然[2]。宿者皆出[3]，其立卑静以正，如将弗见然。及祭之后，陶陶遂遂[4]，如将复入然。是故，悫善不违身，耳目不违心，思虑不违亲。结诸心，形诸色，而术省之[5]，孝子之志也。

今注

1 如惧不及爱然，担心见不到亲爱的人。"如……然"，"然"字是形容助字，下文皆同。

2 语焉而未之，要说而还没有说。

3 宿者，特别请来助祭的人们。

4 陶陶遂遂，相随行的样子。

5 "术"当为"述"，述省，是回忆反省的意思。

今译

孝子将要祭祀，必须专心而谨慎地考虑，筹办应备的祭服祭品，修葺宫室，以及一切事务。到了祭祀的日子，必须有温和的脸色、紧张的步伐，好像生怕看不到亲人的样子。当其与奠之时，态度必须婉顺，躬身听话，好像亲人要说话而还没说出的样子。到了助祭的来宾退出时，还是静静地躬身正立，好像即将看不到亲人的样子。及至祭祀完毕，仍是恍恍惚惚的，好像亲人还要进来的样子。因此，诚挚完美的态度一直保留在身上，耳目所闻所见的一直保留在心上，一切的思虑也一直没有离开亲人。郁结于内心，表现于外貌，反复地回忆反省着，这就是孝子的心理。

建国之神位：右社稷，而左宗庙[1]。

今注

1 郑注云：周人以左方为上。何休云：质家右宗庙，尚亲亲；文家右社稷，尚尊。兹按前文明言"周人贵亲"，则宗庙宜在右。今此云云，姜兆锡云：此二句盖尊神亲祖之意，当属《祭法》，错简在此。

今译

建立国家的神位：祭社稷的庙应在右方；祖宗的庙，应在左方。

第二十五　祭统

《祭义》篇发明祭祀的行为并非单纯出于迷信，本篇亦从这个观点出发，说明崇拜鬼神之事，只是孝心的表现而已。孝心则是博大深厚而持久的情感。人能饮水思源，不致忘恩负义，则不仅爱及生者，且将及于死者以至于供人生存的大自然，于是设为鬼神的名义。儒者重视这种孝心，遂并重视祭祀。本篇顺此宗旨，自祭前的斋戒、祭日的仪节，一一加以现实意义的解释。篇末虽亦附着一些不相干的简策，但《礼记》各篇皆是如此。

凡治人之道，莫急于礼。礼有五经[1]，莫重于祭。夫祭者，非物自外至者也，自中出生于心也；心怵而奉之以礼[2]。是故，唯贤者能尽祭之义。

今注

1　五经，郑注：为"吉、凶、宾、军、嘉"五礼，祭属于吉礼，居首。

2　《汉书·韦贤传》，韦玄成等七十人的奏疏引此语，但作"祭非自外至者也，由中出，生于心也"。心怵，犹如《祭义》所言怵惕。

今译

管理人们的生活，没有比礼更要紧的。平常的礼有五种，但没有比祭祀更重要的。所谓祭祀，并不是外面有什么东西使人那样做，而是出自人们内心；内心有所感念，而表现于行为便是祭祀了。因此，唯有内心真诚的贤者，才能完全了解祭祀的意义。

贤者之祭也，必受其福。非世所谓福也。福者，备也[1]；备者，百顺之名也。无所不顺者，谓之备。言：内尽于己，而外顺于道也。忠臣以事其君，孝子以事其亲，其本一也[2]。上则顺于鬼神，外则顺于君长，内则以孝于亲。如此之谓备。唯贤者能备，能备然后能祭。是故，贤者之祭也：致其诚信与其忠敬，奉之以物，道之以礼[3]，安之以乐，参之以时。明荐之而已矣，不求其为[4]。此孝子之心也。

今注

1 福，备，古音相近，故用以互训。

2 其本一也，皆由"顺"而来。

3 道，陆德明读为"导"，陆奎勋云：道，是"行"的意思。

4 明荐，郑注："明"为"洁"。斋戒沐浴，亲视涤溉，而后奉献，是明荐。不求其为，《郊特牲》云："祭祀不祈"，则不是为着有求而祭了。

今译

智慧高超的人举祭，必然受"福"，但这个"福"，可不是世人所称的"福"。因为"福"的本义是"备"，"备"是百顺的总名，无所不顺就叫作"备"。那意思是说：在内竭尽自己的心，在外顺从天理人情。忠臣顺这情理为国君服务，孝子顺这情理来孝敬父母，忠与孝，都是由这"顺"字出发。对于形而上的，则顺从着鬼神；对于一般社会，则顺从着君长；对于家庭，则孝敬父母。无所不顺，这才叫作"备"，唯有贤者才能做到这样完备的地步。能如此完备，然后才能做到必然受"福"的祭。所以，贤者之祭，必极其诚信与忠敬，奉以礼物，行其典礼，安以声乐，稽以时令，用纯洁的心进行，绝没有其他的要求。这才是祭祀中所谓"孝子"的精神。

祭者，所以追养继孝也。孝者，畜也[1]。顺于道不逆于伦，是之谓畜。是故，孝子之事亲也，有三道焉：生则养，没则丧，丧毕则祭。养则观其顺也，丧则观其哀也，祭则观其敬而时[2]也。尽此三道者，孝子之行也。

今注

1　孔颖达引《孝经援神契》云：庶人孝曰畜，似与此处训义不合。郭嵩焘据《说文》谓畜，蓄积。盖敬养时久，蓄积于心，故能顺道而不逆于伦。

2　时，不数不疏，依时举祭。

今译

祭的行为，是用以补足生前未尽的供养而延长奉侍父母的时间。所以"孝"就是畜，是蓄积下来的敬养父母的行为习惯。顺从人理而不悖人伦，这就叫作"畜"。所以孝子之奉侍父母，有三个原则：父母活着时要供养，死了时要服丧，丧期完毕要祭祀。供养时要看他顺从与否，服丧时要看他哀伤与否，祭祀则要看他诚敬和按时与否。这三个原则，都是孝子的行为。

既内自尽，又外求助，昏礼是也。故国君取夫人之辞曰[1]：请君之玉女，与寡人共有敝邑，事宗庙社稷。此求助之本也。夫祭也者，必夫妇亲之，所以备内外之官也；官备则具备。水草之菹，陆产之醢，小物备矣；三牲之俎，八簋之实，美物备矣；昆虫之异，草木之实，阴阳之物备矣[2]。凡天之所生，地之所长，苟可荐者，莫不咸在，示尽物也。外则尽物，内则尽志，此祭之心也。是故，天子亲耕于南郊，以共齐盛；王后蚕于北郊，以共纯服[3]。诸侯耕于东郊，亦以共齐盛；夫人蚕于北郊，以共冕服。天子诸侯非莫耕也，王后夫人非莫蚕也，身致其诚信，诚信之谓尽，尽之谓敬，敬尽然后可以事神明，此祭之道也。

今注

1　取，作“娶”字讲。

2　美物，阴阳之物，已详《郊特牲》注。

3　以共齐盛，以共纯服，两“共”字皆作“供”字解。下文同。

今译

在内既已尽心尽意，在外还要求助于异姓之人，则是婚礼了。所以国君娶夫人之辞，必须说：“请君之玉女，与寡人共有敝邑，奉侍宗庙社稷。”这些事就是求助的目的。因为祭祀必须夫妇同行，这样才算内外的职分都齐全了。职分齐全则供祭的物品才齐全。水产的腌菜，陆产的酱菜，这些小物齐全了；牛、羊、豕三碗荤的，八碟素的，这些美物也齐全了；此外还备有可食的昆虫和时鲜的水果，则阴阳之物也齐全了。像这样，把天之所生和地之所长的东西，凡是可以奉献的，全都陈设出来，就表示竭尽可能了。在外面已竭尽可能，在心里又竭尽诚敬，这才算祭祀用心了。所以天子要亲耕于南郊以供应祭祀用的饭食，王后要亲自养蚕于北郊以供应祭祀用的礼服。诸侯要亲耕于东郊以供饭食，他的夫人也要亲自养蚕于北郊以供祭服。天子诸侯不是没有人替他们耕田，王后和夫人也不是没有人替她们养蚕，一切皆要竭尽其诚心。有这诚心才叫作"尽"，"尽"才是"敬"，有此"敬尽"，然后可以奉侍神明。这是"祭"的原则。

及时将祭，君子乃齐。齐之为言齐也[1]。齐不齐以致齐者也。是以君子非有大事也，非有恭敬也，则不齐。不齐则于物无防也，嗜欲无止也。及其将齐也，防其邪物，讫其嗜欲[2]，耳不听乐。故记曰：齐者不乐。言不敢散其志也。心不苟虑，必依于道；手足不苟动，必依于礼。是故君子之齐也，专致其精明之德也。故散齐七日以定之，致齐三日以齐之[3]。定之之谓齐。齐者，精明之至也，然后可以交于神明也。

今注

1 乃齐，齐之为言，其中两"齐"字皆读为"斋"，余皆为"整齐"之"齐"。

2 将齐，读为"斋"；防，是拒绝；讫，是禁绝。

3 以齐之，读"整齐"之"齐"；后两"齐"字读为"斋"。

今译

将要举行祭祀的时候，要先斋戒。斋戒是整齐心身的意思。齐一自己不整齐的心思言行而使之齐一。因为君子在没有祭祀、没有恭敬的时候，也许不斋戒。不斋戒则不能拒绝任何事，也不阻遏嗜欲。但到了将斋的时候，必须彻底拒绝邪恶而禁断嗜欲，耳不听音乐。所以旧书里说："持斋就不举乐。"意思是不敢因听乐而散乱心志。心里不起杂念，一依于道；手足亦不乱动，必依于礼。所以君子在斋戒时要专一而尽其精明的德性。因此，先行七日的散斋来稳定其心志，再行三日的致斋来整齐其心志。稳定心志，叫作"斋"。"斋"是精明之至的事，心自精明，然后可以与神灵交通了。

是故，先期旬有一日，宫宰宿夫人[1]，夫人亦散齐七日，致齐三日。君致齐于外，夫人致齐于内，然后会于大庙。君纯冕立于阼，夫人副袆立于东房。君执圭瓒裸尸[2]，大宗执璋瓒亚裸。及迎牲，君执纼，卿大夫从士执刍。宗妇执盎从夫人荐涚水。君执鸾刀羞哜[3]，夫人荐豆，此之谓夫妇亲之。

今注

1　宫宰，宫内官名。宿，读为"肃"，预告的意思。

2　裸，亦作灌。注见《郊特牲》。

3　涚水，已见《郊特牲》注。哜，是以齿尝而不食。

今译

因此，祭前十一天，宫宰就郑重告诫夫人，夫人开始散斋七天，再行致斋三天。致斋的日子，国君在外，夫人在内，要等到祭祀那天才会在宗庙会面。国君穿着祭服站在阼阶上，夫人也穿戴首饰和礼服站在东房里。国君执着圭瓒在尸前举行裸酒之礼后，大宗伯便拿璋瓒接着行裸礼。到了迎接祭牲进来时，国君牵着绳子，卿大夫就跟着士拿着草料。宗妇端着盎齐的酒，跟随夫人而进献清酒。国君拿鸾刀割取祭牲的内脏献给尸来齿尝，夫人则献盖碗的熟肴，这便是"夫妇亲之"的意思。

及入舞，君执干戚就舞位，君为东上，冕而总干[1]，率其群臣，以乐皇尸[2]。是故天子之祭也，与天下乐之；诸侯之祭也，与竟内乐之。冕而总干，率其群臣，以乐皇尸，此与竟内乐之之义也。

今注

1 干戚，已见《乐记》注。

2 皇，是伟大的意思，称皇尸，犹如称皇考。

今译

到了举行乐舞的节目，国君拿着斧和盾牌站到舞位上。国君靠东边上位，戴冕而握盾，带领许多部属舞蹈，来娱乐那些充当先皇的尸。所以，天子举祭，是与天下人同乐；诸侯举祭，是与境内的人民同乐。戴冕握盾，领导部属而载歌载舞来娱乐皇尸，目的就在于与境内人民同乐。

夫祭有三重焉：献之属，莫重于裸，声莫重于升歌，舞莫重于《武宿夜》[1]；此周道也。凡三道者，所以假于外而以增君子之志也，故与志进退；志轻则亦轻，志重则亦重。轻其志而求外之重也，虽圣人弗能得也。是故君子之祭也，必身自尽也，所以明重也。道之以礼[2]，以奉三重，而荐诸皇尸，此圣人之道也。

今注

1 《武宿夜》，舞曲名。模仿武王伐纣的故事。

2 道，作"引导"解。

今译

祭祀有三个重要的礼。献酒之礼，以"裸"礼最重要；声乐之礼，以登堂歌唱《清庙》最重要；舞之礼，以《武宿夜》最重要，这是周人的习惯。因为这三个礼，都要借外在的举动来加强君子举祭的心志，所以它和心志一起升降。如果心志轻忽则其举动亦很轻忽，心志庄重则其举动亦很庄重。心志轻忽而要求其外表之庄重，这是连圣人也做不到的。所以君子之祭，一定要先自己竭尽诚信，即因这诚信而显得庄重，以庄重的心志导引至礼上。

奉行这三个礼,以这三个最重要的礼来告慰先皇,这是圣人的祭祀之道。

夫祭有馂;馂者,祭之末也[1],不可不知也。是故,古之人有言曰:善终者如始。馂其是已。是故,古之君子曰:尸亦馂鬼神之余也。[2]惠术也,可以观政矣。是故,尸谡[3],君与卿四人馂。君起,大夫六人馂,臣馂君之余也。大夫起,士八人馂,贱馂贵之余也。士起,各执其具以出,陈于堂下,百官进,彻之[4],下馂上之余也。凡馂之道,每变以众,所以别贵贱之等,而兴施惠之象也。是故以四簋黍见其修于庙中也[5]。庙中者,竟内之象也。祭者,泽之大者也。是故,上有大泽,则惠必及下,顾上先下后耳。非上积重而下有冻馁之民也。是故上有大泽,则民夫人待于下流[6],知惠之必将至也,由馂见之矣。故曰:可以观政矣。

今注

1 末,是指最后一个礼。

2 尸亦馂鬼神之余,祭品先供鬼神,然后尸乃食。

3 谡,起身。

4 百官进,百官,指各种当差的人。郑云:"进"字当作"馂"。

5 见其修于庙中,陆德明云:别本"修"字作"遍",王念孙云:当作"遍"。

6 民夫人,是人民一个个的。

今译

祭祀有一个"馂"的礼,也是祭祀的最后一个礼,不可不说明其意义所在。古人曾说,好的结束要像好的开始一样。这句话恰好说明"馂"的意义。古之君子说:"祭祀之尸,也是吃鬼神剩下的祭品。"这是一种施惠之道，由这上面可以看出政治的意义。所以祭毕，尸起身之后，国君与卿四人吃尸所剩下的祭品。国君他们起身之后，大夫六人来"馂"，那是吃国君剩下的食物。大夫起身之后，士八人来"馂"，那是地位低的人吃贵人剩下的食物。士起身，各端着剩下的祭品，把它陈列在堂下，于是群执事都来"馂"，然后撤去，这是底下人"馂"上位者之余。综观这样"馂"的办法，是每换一次而共"馂"的人就越多，那是区别出贵人少贱者多，而显得施惠的对象越来越扩大。所以只用四盘食物代表施惠之普遍于庙中，而庙中又是代表着一国之内的景象。祭是报答鬼神的大恩泽，所以上面的人得到大恩泽，必须以之普施于下，只不过是上者先得而下者后得而已；并不是全部堆积在上，而底下却有挨饿受冻的人。因此，上面的人有了大好处，则人民一个个都等待在下面，知道那好处必然会轮到他们享受的，由"馂"便见一二。所以由这点也可看出政治的意义了。

夫祭之为物大矣，其兴物备矣。顺以备者也 [1]，其教之本与。是故，君子之教也，外则教以尊其君长，内则教以孝于其亲。是故，明君在上，则诸臣服从；崇事宗庙社稷，则子孙顺孝。尽其道，端其义，而教生焉。是故君子之事君也，必身行之，所不安于上，则不以使下；所恶于下，则不以事上。非诸人，行诸己 [2]，非教之道也。是故君子之教也，必由其本，顺之至也，祭其是与。故曰：祭者，教之本也已。

今注

1 依文义，此三句当作"夫祭之为物顺矣，其兴物备矣，顺以备也者"。为物，郑云：物指礼仪。兴物，是献百品。

2 说别人那样做不好，自己却那样做。

今译

祭祀之为礼，是顺着天理人情的。祭祀供献的物品是十分完备的。这种顺和备，就是教化的根本。所以君子的教化，对外则教人们尊敬君长，对内则教人们孝顺父母。因此，圣明的国君在上，臣子们都能服从；重视宗庙和社稷的祭祀，则子孙们就跟着孝顺了。如果能尽心于此道，端正上下之义，教化就开始了。所以君子奉侍君主，必须亲自去做，这样才会知道长辈不适合做什么事情，也就不会还叫后辈去做那些事情；后辈不喜欢做的事情，同样也就不会还把那些事情拿来奉事长辈。凡是批评别人不好，而自己却要那样做，那都不是教化的道理。因此君子的教化，必从自己的内心做起，而极力顺行之，祭祀差不多就是这样。所以说：祭祀是教化的基础。

夫祭有十伦焉：见事鬼神之道焉，见君臣之义焉，见父子之伦焉，见贵贱之尊等焉，见亲疏之杀焉，见爵赏之施焉，见夫妇之别焉，见政事之均焉，见长幼之序焉，见上下之际焉。此之谓十伦。

铺筵设同几[1]，为依神也；诏祝于室，而出于祊，此交神明之道也。

君迎牲而不迎尸，别嫌也。尸在庙门外则疑于臣，在庙中则全于君；君在庙门外则疑于君，入庙门则全于臣，全于子。是故，不出者，明君臣之义也。

夫祭之道，孙为王父尸。所使为尸者，于祭者子行也；父北面而事之，所以明子事父之道也。此父子之伦也。

尸饮五，君洗玉爵献卿；尸饮七，以瑶爵献大夫；尸饮九，以散爵献士及群有司，皆以齿。明尊卑之等也。

夫祭有昭穆，昭穆者，所以别父子远近长幼亲疏之序而无乱也。是故，有事于大庙，则群昭群穆咸在而不失其伦。此之谓亲疏之杀也。

古者，明君爵有德而禄有功，必赐爵禄于大庙，示不敢专也。故祭之日，一献，君降立于阼阶之南，南乡。所命北面[2]，史由君右执策命之。再拜稽首，受书以归，而舍奠于其庙[3]。此爵赏之施也。

君卷冕立于阼，夫人副袆立于东房。夫人荐豆执校，执醴授之执镫。尸酢夫人执柄，夫人授尸执足[4]。夫妇相授受，不相袭处，酢必易爵。明夫妇之别也。

凡为俎者，以骨为主。骨有贵贱；殷人贵髀，周人贵肩，凡前贵于后。俎者，所以明祭之必有惠也。是故，贵者取贵骨，贱者取贱骨。贵者不重，贱者不虚，示均也。惠均则政行，政行则事成，事成则功立。功之所以立者，不可不知也。俎者，所以明惠之必均也。善为政者如此，故曰见政事之均焉。

凡赐爵，昭为一，穆为一。昭与昭齿，穆与穆齿，凡群有司皆以齿，此之谓长幼有序。

夫祭有畀辉胞翟阍者，惠下之道也。唯有德之君为能行此，明足以见之，仁足以与之。畀之为言与也，能以其余畀其下者也。辉者，甲吏之贱者也[5]；胞者，肉吏之贱者也；翟者，乐吏之贱者也；阍者，守门之贱者也。古者不使刑人守门，此四守者，吏之至贱者也。尸又至尊；以至尊既祭之末，而不忘至贱，而以其余畀之。是故，明君在上，则竟内之民无冻馁者矣，此之谓上下之际。

今注

1 几，祭祀鬼神有配偶，配偶共同一个几案，曰同"几"。

　　　　　　　　　　　　　礼记今注今译　下

2　所命北面，指受爵赏者面朝北。

3　舍奠，亦写作"释奠"，是一种不用牲而行一献的祭。

4　校，是"豆"下面垂直的部分。镫，是校底下的"跗"。酢，回敬，用雀形的爵，雀尾即是"柄"。足，是爵的足。

5　辉，郑注云当作"䩙"，治皮革的小工，掌制鼓之事。郭嵩焘云：制鼓小工不得称为"甲吏"，疑当作"辉"，是司火烛的人。按：此云"甲吏之贱者"，皮革可为铠甲，但制鼓，故称"贱者"，今依郑说。

今译

祭祀具有十种意义：一可从而体现奉侍鬼神的道理，二可从而体现君臣的身份，三可从而体现父子的关系，四可从而体现贵贱的等级，五可从而体现亲疏的有别，六可从而体现爵赏的给予，七可从而体现夫妇的区别，八可从而体现政事的均等，九可从而体现长幼的秩序，十可从而体现上下的分际。

祭祀的时候，筵席上会设置一个几案，是供神灵倚靠用的；祝先在室内告神，又在门外告神，随神灵之来去而告语，这是在和神灵进行交接。

国君要走出庙门去迎接牺牲，但不能出去迎尸，这是为了避嫌。因为尸在庙门外，仍还是国君的臣子，要到庙内才算是代表那庙内的尊神；反过来说，国君在庙门外，仍还是个国君，到了庙内才算是尊神的臣子。所以不出门迎尸，是要明确君臣的身份。

祭祀的办法，孙辈可以充任祖辈的尸。所以充任尸的人，便是那主祭者的儿子辈。祭祀时，父辈的人要朝北面而礼拜子辈的人，好让子辈的人知道怎样敬侍父辈，这便是体现了父子间的伦常关系。

九献之礼，五献之后，尸饮毕，国君要洗玉爵献卿；七献之后，尸饮毕，要用瑶爵献大夫；九献之后，尸饮毕，要用散爵献与士以及许多执事的人，按其年龄大小而顺次行之。这就体现了尊卑的等级。

祭祀要分昭一辈，穆一辈。昭穆，是用以区别父辈、子辈，远房、近亲的长幼亲疏的秩序，使之不至紊乱。所以在太庙里举祭的时候，许多昭辈和穆辈的人都聚在一起而辈分不会弄错了，这就是亲疏有别的意义。

古代，贤德的君王对于有德的人必加以爵位，有功的人必赐以俸禄。凡赐爵禄的典礼，必在太庙里举行，意思是让祖宗知道，自己不敢擅专。所以有时候就在祭祀的日子里进行。行一献毕，国君就下来，站在阼阶的南面，面向南；而受爵禄的人，面向北，主管文书的人就在国君右边，拿着册书给他。受爵禄的人，先拜了两拜，叩个头，接受了册书就拿回去，在自己家庙内行"释奠"的礼，以报告祖宗。这是爵赏的施行。

当祭祀时，国君穿戴礼服、礼帽，站在阼阶上；夫人穿戴礼服、首饰，站在东房里。夫人进豆的时候，手握住豆的校；执醴的人送豆给夫人时，手托着豆的镫。尸回敬夫人时，手执着爵的柄；夫人授爵与尸时，手执着爵的足。主人、主妇授受时，不能手执着同一部分；要回敬的时候必须先换个爵。这就明确夫妇之别了。

凡是分配俎肉，以带骨的部分为主体。骨的贵贱不一样：殷人以髀骨为贵，周人以肩骨为贵。大体上，牲体前部的贵于后部的。分配俎肉，是显示祭祀一定人人各有好处的。地位高的人分得贵骨，低的人分得贱骨；但是有地位的人不得分双倍，而低位的人也不至于分不到，以显示其公平。好处能公平分配，则政事就容易办理，容易办理则事业能够成就，事业成就也就是建立功绩了。所以不可不知道立功的理由。祭祀之分俎，是用以显示有福必能同享，善于主持政事的人都是这样，所以说，祭礼可以看出政事的公平与否。

凡是赏赐爵禄，昭辈坐一起，穆辈坐一起，昭辈一起以年龄分上下，穆辈一起亦以年龄分上下；其他，凡是执事人等也都以年龄为次序。这叫作长幼有序。

祭礼中还有分给皮匠、屠夫、舞师，以及守门者吃的东西，这是恩惠普遍及于下人的办法。只有贤德的君主，能懂得下情，他有眼光、有肚量，能看到这点，而且能普及之。"畀"字的含义就是"给予"，是能把多余的给予下人的意思。辉，是装铠甲工匠中的小工；胞，是屠宰中的小工；翟，是舞师中的小工；而阍，则是守门中的小工。古代是不用受过刑罚的人看守门户的。在祭祀时，居于这四种微末的职务者，都是执事中最低贱的人，而尸又是祭祀中最尊贵的人，今以最尊的人到了祭祀末了仍没有忘记最贱的人，而把多余的食物分给他们。所以，就知道英明的君主虽高高在上，但其国境之内却不会有一个受寒挨饿的人民，这就是"上下之际"的意义了。

凡祭有四时：春祭曰礿，夏祭曰禘，秋祭曰尝，冬祭曰烝。礿、禘，阳义也；尝、烝，阴义也。禘者，阳之盛也；尝者，阴之盛也。故曰：莫重于禘、尝。古者于禘也，发爵赐服[1]，顺阳义也；于尝也，出田邑，发秋政[2]，顺阴义也。故记曰：尝之日[3]，发公室，示赏也。草艾则墨[4]，未发秋政，则民弗敢草也[5]。

今注

1 发爵赐服，此为奖赏之事，见《月令》。

2 出田邑，旧注甚含糊。今按《月令》，出田邑，当为演习军旅田猎；发秋政，则是动用刑罚。

3　尝之日，其上当脱一"禘"字，其下云："发公室，示赏也"，盖就"禘之日"言之。

4　墨，黥面之刑，此则泛指"尝之日"可以行刑言之。

5　王引之云："草"上脱一"艾"字。

今译

大凡祭祀，可分作四时。春祭曰"礿"，夏祭曰"禘"，秋祭曰"尝"，冬祭曰"烝"。礿与禘二祭，是体现阳的意义；尝与烝二祭，是体现阴的意思。而禘又是阳气的极盛，尝则是阴气的极盛。所以说："没有比禘、尝更重要的。"古代，禘祭之时，要颁发爵位，赏赐车服，这是顺阳气发舒的意义；到了尝祭，便出外围猎，并开始用刑罚，这则是顺阴气肃杀的意思。所以从前的记载有：到了禘祭、尝祭的日子要拿出公家的财物，以示奖赏。而到了刈草的季节，就要开始用刑；如果没有开始用刑，则人民亦不敢刈草。

故曰：禘尝之义大矣。治国之本也，不可不知也。明其义者，君也；能其事者，臣也。不明其义，君人不全；不能其事，为臣不全。夫义者，所以济志也，诸德之发也。是故，其德盛者，其志厚。其志厚者，其义章[1]。其义章者，其祭也敬。祭敬，则竟内之子孙莫不敬矣。是故，君子之祭也，必身亲莅之；有故[2]，则使人可也。虽使人也，君不失其义者，君明其义故也。其德薄者，其志轻，疑于其义，而求祭；使之必敬也，弗可得已。祭而不敬，何以为民父母矣？

今注

1　章，明显。

今译

所以说："禘祭与尝祭具有重大的意义，为治国之本，是不可以不了解的。"了解这意义的，才是国君；能办好这事的，才是臣子。如果不了解这意义，则是国君的缺失；不能办好这事，则是臣子的缺失。这里所谓的意义，是用来使内心志向得以实现，各种品德得以显露。所以德行圆满的，其意志也坚定；意志坚定的，其行为的意义也特别明显。意义明显，则祭祀时必极诚敬。祭祀能诚敬，则国境之内的子孙就没有不诚敬的了。所以，国君举祭，一定要亲自到场；除非特别事故，可以叫人代表主持。虽则叫人代表，然而国君仍没有失去其意义，因为他了解祭祀的重要性。至于德行薄劣的人，他的意志轻忽，对这意义本无坚定的信心，还要求他在祭祀中必有诚敬，是做不到的。如果祭祀时没有诚敬，怎么配做人民的父母呢？

夫鼎有铭，铭者，自名也。自名，以称扬其先祖之美，而明著之后世者也。为先祖者，莫不有美焉，莫不有恶焉，铭之义，称美而不称恶，此孝子孝孙之心也。唯贤者能之。铭者，论撰其先祖之有德善、功烈、勋劳、庆赏、声名，列于天下，而酌之祭器[1]，自成其名焉，以祀其先祖者也。显扬先祖，所以崇孝也。身比焉[2]，顺也。明示后世，教也。夫铭者，壹称而上下皆得焉耳矣[3]。是故君子之观于铭也，既美其所称，又美其所为。为之者，明足以见之，仁足以与之[4]，知足以利之，可谓贤矣。贤而勿伐，可谓恭矣。

今注

1　斟酌先祖之德善，而铸其文辞于祭器之上。

2 比，"并"的意思。自己的名字亦得并列其中。

3 壹称，只有一次赞美。上下，指先祖及子孙。

4 与之，参与其中。

今译

祭祀用的鼎，常铸有铭文。铭的意思就是自己立名。自己立名来赞美祖先的盛德，使它清清楚楚地传及后世。凡人的祖先，他们各自有好的地方，也各自有不好的地方，铭的目的则在于说好不说坏。这种孝子孝孙的用心，唯独贤智的人能做到。铭文上面，论述先祖的德行和善事，把他们的功业、勋劳，受到的褒奖和荣誉，使之公布于天下，斟酌其重要的，刻铸在祭器上，并附以自己的名字，然后用以祭祀先祖。这样显扬先祖，是增强孝敬之心，而自己也附在其上，是顺理而行的事。更用以传布于后世，则是以孝顺教导后世了。铭文是一种赞美的话语，但一次赞美，先祖和后世的人都能得到好处。因此，君子观看铭文，既会叹美其中赞扬的话语，又会叹美这种制铭的举动。因为制铭的人，既有眼光能看出先祖的美德，又有爱心能参与这样的善举，更有智慧能利用这善举以教导后人，真可说是贤智了。既贤智而又不自满自夸，更可说是谦恭了。

故卫孔悝之鼎铭曰：六月丁亥，公假于大庙[1]。公曰：叔舅！乃祖庄叔[2]，左右成公。成公乃命庄叔，随难于汉阳，即宫于宗周，奔走无射[3]。启右献公。献公乃命成叔，纂乃祖服。乃考文叔，兴旧耆欲，作率庆士[4]，躬恤卫国，其勤公家，夙夜不解，民咸曰：休哉！公曰：叔舅！予女铭，若纂乃考服[5]。悝拜稽首曰：对扬以辟之，勤大命施于烝彝鼎[6]。此卫孔悝之鼎铭也。古之君子，论撰其先祖之美，而明著之后世者也。以比其身，以重其国家，如此。子孙之守宗庙社稷者，其先祖无美而称之，是诬也；有善而弗知，不明也；知而弗传，不仁也。此三者，君子之所耻也。

今注

1 六月丁亥，当是卫国举行夏禘之日，王应麟云："亥"或有误。公，卫庄公，名蒯聩。假，来到。大庙，卫之祖庙。蒯聩劫持孔悝，孔悝立之为卫庄公。子路死于其难，事详《左传·哀公十五年》。此言庄公因夏祭为孔悝之先祖作铭。

2 叔舅。孔圉娶蒯聩之姊，生孔悝。异姓称"叔舅"，已见《曲礼》篇。庄叔，孔疏引《世本》云："庄叔，孔达生得间，叔谷；谷生成叔，烝鉏；鉏生顷叔，罗；罗生昭叔，起；起生文叔，圉；圉生悝。"故庄叔当是孔悝七世祖。

3 《左传·僖公二十八年》，晋文公在城濮打败了楚军，卫成公惧而逃往楚国。后因杀其弟叔武之故，被晋人逮捕，押送往京师。宗周，指京师。无射，"射"亦写作"斁"，是"厌倦"的意思。

4 兴旧耆欲，洪颐煊云："旧"当作"观"，此言孔圉能振作观省其志愿。作率庆士，旧注说是"起循善事"的意思。应子容云："庆士"即"卿士"。今从其说。

5 若，你。纂……服，继续……服务。

6 辟，读为"闢"，"阐明"的意思。烝彝鼎，烝祭用的彝鼎。

今译

春秋时代卫国大夫孔悝铸的鼎铭，是这样写的："六月丁亥那一天，卫庄公来到太庙里举行夏祭的时候，对孔悝说：'小外甥！你的七世祖孔达，服务于我祖先成公，当成公出国的时候，曾叫他跟随着逃难到汉水的彼岸，后来又跟随到京城里去，一路辛苦都没有厌倦。天保佑我的先祖献公能够返国，所以又叫你的六世祖孔烝鉏来继承他父亲的职务。而你的父亲孔圉，又能振奋观省自己的志愿，起来领导卿士们，努力把卫国搞好。你的父亲日夜为国家效劳，毫不倦息，老百姓都在喝彩叫好。'庄公又说：'小外甥！我就替你写一篇铭文吧！你继承你老子的职位吧。'孔悝就下拜磕头说：'敬领盛情，我要发扬它，现在把你的厚意刻在冬祭用的彝鼎上。'"这就是孔悝家里的鼎铭。鼎铭是古代的君子，论述其祖先的美德，使它能清楚地流传于后世，并附加自己的声名，尊重自己国家，都是这样做的。如果，子孙里面负责主持宗庙社稷的人，他的祖先并没有做过好事，而乱加赞美，那就是扯谎，像孔悝的鼎铭一样。如果祖先们有好事，而子孙竟不知道，这就是愚昧了。如果知道而不替他们宣扬，那又是没有仁爱之心了。扯谎、愚昧、没有仁心，这三种，都是君子引为可耻的事。

昔者，周公旦有勋劳于天下。周公既没，成王康王追念周公之所以勋劳者，而欲尊鲁，故赐之以重祭。外祭，则郊社是也；内祭，则大尝禘是也。夫大尝禘，升歌《清庙》，下而管《象》[1]；朱干玉戚，以舞《大武》；八佾[2]，以舞《大夏》；此天子之乐也。康周公，故以赐鲁也。子孙纂之，至于今不废，所以明周公之德而又以重其国也。

今注

1 下而管《象》，是堂下奏起管乐器，舞《象》舞。

2 八佾，八行舞队。按：此一节与《明堂位》篇所记略同，大抵是鲁国儒者说的。

今译

从前，因为周公有大功劳于国家，周公死了以后，到成王、康王时代，为纪念周公对国家的贡献，所以尊重他在鲁国的后裔，特准他们举行最隆重的祭祀。可以祭祀外面的神祇，可以祭天地；可以祭祀自己的祖先，可以举行大规模的尝祭、禘祭。要知道，那样大规模的尝祭、禘祭，歌者可以登堂合唱赞美文王的诗篇，堂下奏着管乐、舞《象》舞；再用红漆的盾牌和玉斧，舞着《大武》的舞曲；还用八列的舞队，舞《大夏》的舞曲；这些全是天子举行大祭时的乐舞。为着褒美周公的伟大，当时特别赐给鲁国的。鲁国的子孙便一直承继着，直到今天都未废止，原因是要用以宣扬周公的盛德，同时也是炫耀自己的国家。

第二十六　经解

　　《庄子·天下》篇尝分述《诗》《书》《礼》《乐》《易》《春秋》，马叙伦疑其为古注窜入，非《天下》篇本文。然则为经书作解题的，当以本篇为最早了。但本篇文句，多采自《荀子》《大戴记》《家语》之文，由总述"六经"宗旨及其得失，而后归结于礼，极言礼之关系于社会生活的重要性。前人皆以为出于汉儒所记，唯篇首冠以"孔子曰"三字，孔颖达遂通篇解释为孔子之辞，固属拘泥；但后人必痛斥之，以为不似儒者之说，则又太过了。

　　孔子曰：入其国，其教可知也[1]。其为人也，温柔敦厚，《诗》教也；疏通知远，《书》教也；广博易良，《乐》教也；洁静精微，《易》教也；恭俭庄敬，《礼》教也；属辞比事，《春秋》教也[2]。故《诗》之失，愚；《书》之失，诬；《乐》之失，奢；《易》之失，贼；《礼》之失，烦；《春秋》之失，乱。其为人也，温柔敦厚而不愚，则深于《诗》者也。疏通知远而不诬，则深于《书》者也。广博易良而不奢，则深于《乐》者也。洁静精微而不贼，则深于《易》者也。恭俭庄敬而不烦，则深于《礼》者也。属辞比事而不乱，则深于《春秋》者也[3]。

今注

1　教，教化。包括一切风俗习惯的养成。

2　《诗》《书》《乐》《易》《礼》《春秋》，虽属经书之名，但各经书皆有其独特的性质，此处但就其性质而言，教化是不同的。

3　失，其实只是指某种性质反面的缺点。旧说以为经书本身有缺点，致引起无数辩论。愚，谓纯任性情，缺少理智。诬，谓言辞过当，反失其实。奢，谓流而不反，不知检束。贼，当作"执迷不悟"讲。《论语·阳货》云："好信不好学，其蔽也贼"；此"贼"，释以今言，当是"迷信"。属辞比事，孔颖达云：聚合会同之辞，是属辞；比次褒贬之事，是比事。但是聚合比次不得其当，反见紊乱。韩非云："儒以文乱法"，正指此"乱"。

今译

孔子说："到了一个国家，可以看出他们的教化是怎样的。国民如果是温柔而厚道的，那就是得力于《诗》的教化；如果是很通达而博古的，那就是得力于《书》的教化；如果是爽快而和平的，就是得力于《乐》的教化；如果是清静而细心的，就是得力于《易》的教化；如果是谦逊而庄重的，就是得力于《礼》的教化；如果是善于设辞举例判断是非的，则是得力于《春秋》的教化。然而各种性质的教化，亦皆有其缺点。《诗》教的缺点，是缺少理智；《书》教的缺点，是言过其实；《乐》教的缺点，是奢侈浪费；《易》教的缺点，是易陷迷信；《礼》教的缺点，是烦琐不堪；《春秋》的缺点，是以文乱法。如果他们的国民既温柔敦厚又不缺少理智，那就是真的得力于《诗》教了。疏通博洽而又不言之过当，那就是真的得力于《书》教了。广博易良而不奢，是真合于《乐》教。洁静精微而不迷信，是真合于《易》教。恭俭庄敬而不烦琐，是深于《礼》的；能属辞比事而不失大体，是深于

《春秋》的。"

　　天子者，与天地参[1]。故德配天地，兼利万物，与日月并明，明照四海而不遗微小。其在朝廷，则道仁圣礼义之序[2]；燕处，则听雅颂之音；行步，则有环佩之声；升车，则有鸾和之音。居处有礼，进退有度，百官得其宜，万事得其序。《诗》云："淑人君子，其仪不忒。其仪不忒，正是四国。"此之谓也。发号出令而民说，谓之和。上下相亲，谓之仁。民不求其所欲而得之，谓之信。除去天地之害，谓之义。义与信，和与仁，霸王之器也[3]。有治民之意而无其器，则不成。

今注

　　1　参，就是三。天地人三者，天子为"人"的表率，故得配合"天""地"而为三。

　　2　道，郑注以为"言说"之言。按：即下文"发号出令"之义。

　　3　姜兆锡云："发号出令"以下皆言"霸"者之事，是不对的。发号出令，上下相亲，皆指王者；其下信、义，乃指霸者。先言义、信，后言和、仁，故曰"霸王"。

今译

　　所谓"天子"，应与天、地并列而为三，所以他的德行可以比并天、地，恩惠普施万物，和太阳、月亮一样有光、有热，照射全世界而无微不至。他在朝廷上，说的是仁爱、圣明、恭敬、正义的道理；休息时，则听着和平正派的音乐；在走路的时候，身上有佩玉发出的声响；登车的时候，车上有车铃的声响。这样，起居有一定的礼仪，进退有一定的节奏，用人莫不适当，做事皆有条理。《诗经·曹风·鸤鸠》有言："我的主上是个最好的人，他的礼仪从来没有差错；因为礼仪没有差错，所以四方都安定。"那就是说的这种情况啊。至于发号施令，而使人民喜悦，那叫作"和"。上上下下的人都能相亲相爱，那叫作"仁"。不等到老百姓开口而先给了他们好处，那叫作"信"。消除人类的祸害，那叫作"义"。"义"与"信"，"和"与"仁"，是霸王的工具。如果有统治人民的志愿而没有必要的工具，是做不到的。

礼之于正国也，犹衡之于轻重也，绳墨之于曲直也，规矩之于方圜也[1]。故衡诚县，不可欺以轻重[2]；绳墨诚陈，不可欺以曲直；规矩诚设，不可欺以方圜；君子审礼，不可诬以奸诈[3]。是故，隆礼由礼，谓之有方之士；不隆礼不由礼，谓之无方之民[4]。敬让之道也。故以奉宗庙则敬，以入朝廷则贵贱有位，以处室家则父子亲兄弟和，以处乡里则长幼有序。孔子曰："安上治民，莫善于礼。"此之谓也。

今注

1　衡，秤。方圜，读如方圆。

2　县，郑注为"秤锤"。诚，孔疏云：详审。按此"县"字与下文"陈""设"等字义相近，不当解作"锤"。县，即"悬"字，谓用秤时的平均状态。诚，当作"准确"的意思讲。

3　诬，亦是欺骗。

4　有方、无方，方，是道理。

今译

礼之用于治理国家，很像用秤来称量轻重，用绳墨来测验曲直，用圆规及方尺来画方圆。所以，天秤准确地悬着，是轻是重，便无法混过；绳墨准确地拉着，是曲是直，亦无法瞒过；圆规和方尺很准确地度量着，是方是圆，更无从走样；君子如果能认真地依照着礼来治国，就不会被奸邪的伎俩所欺骗。因此，重视礼、遵循礼，就叫作有道之士；不重视礼、不遵循礼，就叫无道之民。行礼，其实就是"敬"与"让"的道理。能敬能让，所以在宗庙里便会虔敬；在朝廷上，长官下属便安于职位；在家庭里，父子会相亲，兄弟会相爱；在乡里，则长幼有序。孔子在《孝经》里写道："安上治民，莫善于礼。"正是说的这个道理。

故朝觐之礼，所以明君臣之义也。聘问之礼，所以使诸侯相尊敬也。丧祭之礼，所以明臣子之恩也。乡饮酒之礼，所以明长幼之序也。昏姻之礼，所以明男女之别也。夫礼，禁乱之所由生，犹坊[1]止水之所自来也。故以旧坊为无所用而坏之者，必有水败[2]；以旧礼为无所用而去之者，必有乱患。故昏姻之礼废，则夫妇之道苦，而淫辟之罪多矣。乡饮酒之礼废，则长幼之序失，而争斗之狱繁矣。丧祭之礼废，则臣子之恩薄，而倍死忘生者众矣[3]。聘觐之礼废，则君臣之位失，诸侯之行恶，而倍畔侵陵之败起矣。

今注

1　坊，堤防。

2　毁灭的祸患。

3　倍，违背。下文"倍畔"，亦即"背叛"的意思。此言"倍死"，是说人们对死者忘恩负义。"忘生"二字，王念孙云：当作"忘先"，忘记其祖先。

今译

所以，朝觐之礼，是用以明确君与臣之间的大义。聘问之礼，是要诸侯间互相尊敬。丧祭之礼，是用以讲究为臣、为子者对君、父恩情的报答。乡饮酒之礼，是讲究长辈、小辈的秩序。婚姻之礼，是讲究男子、女子的区别。如此种种礼节，都为着要禁绝祸乱的发生，就像堤防一样，是用以阻挡洪水的泛滥。因此，倘或以为古老的堤防没有什么用处而毁弃了它，一定会被水灾毁灭；同样地，倘以为古老的礼教没有什么用处而废弃了它，一定会引起大祸乱。所以，如果废掉婚姻之礼，则做丈夫和做妻子的都很困难，从而发生无数淫奔苟合的罪案。如果废止乡饮酒之礼，则弄得没上没下，从而发生无数争夺打斗的官司。如果废弃丧与祭之礼，则为人臣、为人子的将变得薄情寡恩，从而养成无数背叛死者、忘记祖先的人。如果废弃朝觐之礼，则亦失去了君和臣应有的身份，于是，诸侯肆意作恶，发生反叛或互相吞并的战乱。

故礼之教化也微[1]，其止邪也于未形，使人日徙善远罪而不自知也[2]。是以先王隆之也。《易》曰："君子慎始，差若毫厘，缪以千里。"此之谓也。

今注

1　微，看不见的地方。

2　徙善，趋向好的方面。远罪，远避罪行。

今译

所以，礼之用于教化，是看不出的，它能在邪恶还没有发生的时候就加以禁止，同时，还能使人在不知不觉之中趋向善良而远避罪行。因此，先王无不重视它。《周易·系辞》云："做君长的人，凡在开始的地方，要特别谨慎，因为开头虽只有毫厘的差错，到后来却错到千里那么远了。"正是说的这个道理。

第二十七　哀公问

　　《大戴记》称此篇为《哀公问五义》，犹有点题之义。今此记，但摘取篇首三字以名篇。篇中所载，亦见于《家语·问礼》篇及《大婚解》篇，而文字稍有差异，可以互校。《大戴记》称之"五义"者，盖约取篇中之哀公问礼、问政、问政身、问成亲、问天道。孔疏云：篇中但有"问礼""问政"二事，则似犹不及前者之详审。《家语》区分之为"礼"与"大婚"，实即大婚之解，由"问政"而起，盖欲治国，必先齐家；欲齐家，必先修身。今编次杂错，且多错字，疑非原来的样子。

　　哀公问于孔子曰："大礼何如？君子之言礼，何其尊也？"孔子曰："丘也小人，不足以知礼[1]。"君曰："否！吾子言之也。"孔子曰："丘闻之，民之所由生，礼为大。非礼无以节事天地之神也，非礼无以辨君臣上下长幼之位也，非礼无以别男女父子兄弟之亲，昏姻疏数之交也；君子以此之为尊敬然[2]。然后以其所能教百姓，不废其会节。（既）有成事[3]，然后治其雕镂文章黼黻以嗣。其顺之（也），然后言其丧筭[4]，备其鼎俎，设其豕腊，修其宗庙，岁时以敬祭祀，以序宗族。即安其居（处），节丑其衣服[5]，卑其宫室，车不雕几，器不刻镂，食不贰味[6]，以与民同利。昔之君子之行礼者如此。"

1　不足以知礼，此是辞让之语。《曲礼上》云："长者问，不辞让而对，非礼也。"哀公是孔子的君长。"君曰"二字，据下文，亦当作"公曰"。

2　哀公问礼，只说何其"尊"也，此处答云"尊敬然"，"敬然"二字疑是衍文。

3　会节，旧说颇不一，王夫之且以"节"字连下句，读为"节有成事"。今按：《家语》作"既有成事"，因疑"节"字乃是"既"之讹。然则，不废其会，"会"即会合之会，指人与人的关系。

4　以嗣，《家语》作"以别尊卑上下之等"。按："嗣"当是"别"字之误，其下又脱"尊卑上下之等"。其顺之，《家语》作"其顺之也"。丧筭，《家语》作"丧祭"，今依《家语》。

5　孔疏如此断句，并解"节丑"二字为订正人民衣服的种类。今按：《大戴记》此二句作"则安其居处，丑其衣服"。姜兆锡云："丑是粗恶的意思。"今依后说。

6　雕几，已见《郊特牲》注。贰味，见《曲礼上》注。

今译

鲁哀公向孔子请教，说："大礼是怎样的？为什么君子都把礼说得那样重要呢？"孔子谦虚地答道："我呀，只是个平凡的人，还不够了解重大的礼。"哀公说："不！请先生尽管说吧。"孔子这才答道："依我所听到的，在人类生活中，礼是最重要的。没有礼，便不能正正当当地崇拜天地神明；没有礼，便不能分别谁是君长、谁是臣下以及贵贱长幼的辈分；没有礼，便亦不能区别男女、父子、兄弟的亲情，以及在婚姻上、社会上彼此之间的关系。

因此，君子把礼看得十分重要。然后以他所了解的来教导百姓，使他们不至把彼此的关系弄坏了。到了有成效的时候，再加以文采修饰，使其能在那文采修饰不同的情形中区别出长辈和小辈的等级。依照这些等级来讨论丧祭之事，如何备办食品，陈列牲体干货，修建祠庙，按时节举行严肃的祭祀，并借以排定亲属的秩序。君子自己就要习惯于这种礼俗，穿俭朴的衣服，住低小的房屋，乘车不雕饰什么图案，用具不镂刻什么花纹，吃简单的食物，以这种方式来和民众同甘苦。从前，有知识的君子，便是这样行礼的。"

公曰："今之君子，胡莫行之也？"孔子曰："今之君子，好实无厌[1]，淫德不倦，荒怠傲慢，固民是尽，午其众以伐有道[2]；求得当欲，不以其所[3]。昔之用民者由前，今之用民者由后。今之君子，莫为礼也。"

今注

1　好实，《家语》作"好利"，厌，即"餍"字，"满足"的意思。

2　固民是尽，是固执地要刮尽民财，与"好实无厌"一语相呼应。午其众，郑注"午"即"忤"字，违反众意。

3　求得当欲。"当欲"是满足个人的欲望。

今译

哀公说："现在的君子为什么没有人行这礼呢？"孔子说："现在的君子，只贪眼前的物质享受，而且没有满足的时候；过分地贪求利益，而且从不肯罢手。懒惰傲慢，非要刮尽人民的资财，而且违反大众的意思去侵犯好人，只求得个人欲望的满足，不择手段。要说从前的君子，他们是照前面所说的做法，而现在的君子，则是照刚才所说的去做。现在的君子没有肯实行礼教的了。"

　　孔子侍坐于哀公，哀公曰："敢问人道谁为大？"孔子愀然作色而对曰："君之及此言也，百姓之德也！固臣敢无辞而对[1]？人道，政为大。"公曰："敢问何谓为政？"孔子对曰："政者，正也。君为正，则百姓从政矣。君之所为，百姓之所从也。君所不为，百姓何从？"公曰："敢问为政如之何？"孔子对曰："夫妇别，父子亲，君臣严[2]。三者正，则庶物从之矣。"公曰："寡人虽无似也[3]，愿闻所以行三言之道，可得闻乎？"孔子对曰："古之为政，爱人为大。所以治爱人，礼为大。所以治礼，敬为大。敬之至矣，大昏为大。大昏至矣！大昏既至，冕而亲迎，亲之也。亲之也者，亲之也。是故，君子兴敬为亲；舍敬，是遗亲也[4]。弗爱不亲；弗敬不正。爱与敬，其政之本与？"

今注

　　1　百姓之德也，《家语》"德"字作"惠"。固臣，自谦称为鄙陋之臣，近似今言"鄙人"。

　　2　严，是互相敬重。

　　3　无似，《家语》作"无能"。郑注云："无似"如言"不肖"。

　　4　为亲、遗亲，"亲"即上文"亲之也"的"亲"，敬爱的意思。

今译

　　孔子陪伴哀公谈话，哀公说："请问做人的道理，最重要的是什么？"孔子听了乃肃然起敬地答道："君长会提到这个问题，真是百姓的福气了。鄙人敢不好好地答复吗？要说做人的道理，当然要以政务最为重要。"哀公说："那么'政'的含义是什么呢？"

孔子说:"'政'就是'正',国君做得正,百姓就跟着做得正了。因为国君所做的,是百姓效法的榜样;如果国君不做,百姓就无从学样儿了。"哀公又说:"那么政务该怎样办呢?"孔子说:"夫妇有分限,父子相亲爱,君臣相敬重。这三件事做好了,那么其他的事情都好办了。"哀公说:"像我这样,尽管不是个贤明的人,但是很愿意听你说一说怎样实行那三件事,你能说给我听吗?"孔子回答说:"古代负责政务的人,最重要的在于爱别人。要做到爱别人,最重要的则在于礼。要行礼,最重要的则在于敬。能够尽敬,最重要的乃在婚姻事上。婚姻,确是敬意中最难做到的一点啊!因为婚姻大事,要穿戴大礼服,亲自往女家迎接,这是表示爱着她。所谓爱着她,应该是敬慕着她。所以做君长的,能拿出敬慕之心与她相亲爱,如果抛开敬意,那亦即失去了爱慕的诚心。没有爱慕便不能相亲热,亲热而没有敬意,那就不是正当的婚姻了。在爱别人之中,第一个就是爱自己最亲近的妻子,对妻子能有爱有敬,这才是爱别人的起点,亦即政治的根本。"

公曰:"寡人愿有言。然冕而亲迎,不已重乎?"孔子愀然作色而对曰:"合二姓之好,以继先圣之后,以为天地宗庙社稷之主,君何谓已重乎?"公曰:"寡人固!不固,焉得闻此言也。寡人欲问,不得其辞,请少进!"孔子曰:"天地不合,万物不生。大昏,万世之嗣也,君何谓已重焉!"孔子遂言曰:"内以治宗庙之礼,足以配天地之神明;出以治直言之礼[1],足以立上下之敬。物耻,足以振之;国耻,足以兴之[2]。为政先礼,礼,其政之本与。"孔子遂言曰:"昔三代明王之政,必敬其妻子也,有道。妻也者,亲之主也,敢不敬与?子也者,亲之后也,敢不敬与?君子无不敬也,敬身为大。身也者,亲之枝也,敢不敬与?不能敬

礼记今注今译 下

其身，是伤其亲；伤其亲，是伤其本；伤其本，枝从而亡。三者，百姓之象也。身以及身，子以及子，妃以及妃³，君行此三者，则忾乎天下矣，大王之道也⁴。如此，则国家顺矣。"

今注

1　直言，郑注云，直言犹如正言，指发号出令。

2　物耻、国耻，郑注云，前者指臣下失职；后者指君主失职。

3　妃，陆德明读杨贵妃之"妃"。按：当读为"配"。

4　忾，王肃云，是"充满"的意思。大王，指周的祖先，亦称古公亶父，其故事散见《孟子》《庄子》《国语》《史记》《吕氏春秋》《毛诗》《列女传》等书。王肃注此云：太王爱姜女，国无鳏民，是爱己之身及己之妻子，推而爱民之身及民之妻子。

今译

哀公说："我还想插问一句话。像你说的，王侯娶亲，亦须穿戴大礼服去迎接一个女人，这不太过于隆重了吗？"孔子听了忽然皱眉板着脸回答道："婚姻之事是结合不同的血统，来承继祖宗的后嗣，担当天地、宗庙、社稷的主人，您怎能说是太过于隆重呢？"哀公赶忙说道："我真笨，若是不笨，就听不到这些话了。刚才我想问，一时找不到适当的话，现在请你继续说吧！"孔子就接着说："气候土壤不配合，万物就不能生长。王侯婚礼，是要传宗接代以至于万万代的，您怎能说它太隆重啊！"于是孔子更往下说："一夫一妇，在内，则主持宗庙之礼，彼此能够互相敬礼天地的神明；在外，发布朝政命令，彼此能够做个上下相敬的模范。有这模范，所以臣子失职，可凭此来纠正；国君失职，可凭此来复兴。行政必先有礼，所以说，礼是政务的根本。"孔子又往下说："从前，夏、商、周三代的贤明君主，在他们执政的同时必定敬重他们的妻子，这是有道理的。因为所谓'妻'者，是奉事宗祧的主体，这可以不敬重吗？而所谓'子'者，是传宗接代的人，这可以不敬重吗？所以君子无不敬重，而敬重自己，尤为重要。因为自己是从父母这个根本上长出来的枝干，这可以不敬重吗？如果不能敬重自身，就等于是伤害了血统；伤害血统，就是铲掉根本；铲掉根本，那么枝干亦随而灭绝了。这三项，身、妻、子，国君有的，百姓亦一样有。由自己之身推想到百姓之身，由自己之子推想到百姓之子，由自己的配偶推想到百姓的配偶，所以国君行此三敬，则满天下都行此三敬了。这就是周的祖先太王所实行的道理。要是能够做到这样，则整个国内莫不依从了。"

公曰："敢问何谓敬身？"孔子对曰："君子过言，则民作辞[1]；过动，则民作则。君子言不过辞，动不过则，百姓不命而敬恭，如是，则能敬其身；能敬其身，则能成其亲矣[2]。"公曰："敢问何谓成亲？"孔子对曰："君子也者，人之成名也。百姓归之名，谓之君子之子。是使其亲为君子也，是为成其亲之名也已！"孔子遂言曰："古之为政，爱人为大。不能爱人，不能有其身[3]。不能有其身，不能安土。不能安土，不能乐天。不能乐天，不能成其身。"

今注

1 此处上下句，"言"和"辞"是互文，都是"说话"的意思。

2 此处"亲"字，指上代人，下文有解释。

3 有其身，《家语》作"成其身"，并无以下的语句。姚际恒云，此处文理多不可通。今依《家语》文，《家语》所无者，亦不翻译。

今译

哀公说："请问怎样才叫作敬身？"孔子答道："君主说错了话，人民会跟着说错话；做错了事，人民会跟着模仿。所以做君主不能说错话，做事不能没有规律。能够这样，则不须发号施令而老百姓已跟着敬而且恭了。这就是敬身。能敬自身，同时还能成就上代人的名誉。"哀公接着又问："什么叫作成就上代人呢？"孔子答道："所谓'君子'这个名称，是人们加给的美名。百姓归向于他而加给他的美名，叫作'君子之子'，那么他的上代人便是'君子'了。这样成就了上代人的名誉。"孔子接着往下说："古代负责行政的，莫不以爱人为首要。如果他不能爱别人，别人亦即不能成就他了。"

公曰："敢问何谓成身？"孔子对曰："不过乎物[1]。"公曰："敢问君子何贵乎天道也？"孔子对曰："贵其不已[2]。如日月东西相从而不已也，是天道也；不闭其久[3]，是天道也；无为而物成，是天道也；已成而明，是天道也。"公曰："寡人蠢愚，冥烦子志之心也[4]。"孔子蹴然辟席而对曰："仁人不过乎物，孝子不过乎物。是故，仁人之事亲也如事天，事天如事亲，是故孝子成身。"公曰："寡人既闻此言也，无如后罪何[5]！"孔子对曰："君之及此言也，是臣之福也。"

今注

1 "不过乎物"，此处似有脱漏。《家语》作"夫其行己，不过乎物，谓之成身。不过乎物，是天道也"。朱熹云：以上下文推之，当从《家语》。郑注云："物"即"事"。谓凡事得中，毋过不及。

2 不已，郑注云：不止。

3 不闭其久，《家语》作"不闭而能久"。按：宜作"不闭则久"。"闭"是"阻塞"的意思。

4 此依孔疏断句，似有错误。《家语》于"烦"字上有"幸"字。按此处当为"寡人蠢，（愚冥）幸烦子志之于心也"。"寡人蠢"三字与前文称"寡人固"语法相同。"愚冥"疑为旁注夹入。志，郑玄读为"识"。

5 无如，无奈。后罪，怕后日仍有过失。

今译

哀公说："请问什么叫作成就自身呢？"孔子答道："自己的一切行为，都没有逾越事件的界限，这就叫作成就自身了。不逾越事件的界限，这是自然的法则。"哀公接着又问道："君子为什么要尊重自然的法则呢？"孔子答道："是尊重它的没有停息。譬如太阳和月亮从东到西运行不息，这是自然法则。既畅通无阻而又永远如一，这亦是自然法则。不显出能干的样子而能干出一切的事，这也是自然法则。再者，在无为之中成就了万物，这也是自然的法则。"哀公说："我实在很愚昧，幸好麻烦你给我灌输了许多知识。"孔子听了，赶忙离开座位回答说："仁人做事没有过失，孝子做事没有过失。因此，仁人之孝敬父母就像孝敬天一样，孝敬天就像孝敬父母一样，所以孝子能成就自身。"哀公说："我听了这一番大道理，只怕将来还有过失，该怎样办？"孔子说："您能担心将来的过失，正是臣下的福音啊。"

第二十八　仲尼燕居

　　本篇名《仲尼燕居》，下篇称《孔子闲居》，前人或以为时人所记者称"仲尼"，弟子所记者称"孔子"。郑玄复谓：退朝曰"燕居"，退燕曰"闲居"，一似颇有区别者。今按：两篇之中，莫非弟子问答之辞，既难分其孰为弟子所记，抑且《列子》书中亦有《仲尼闲居》篇名，而说事不同；《家语》则并两篇为一，说事皆同，而篇名《论礼》。可知前此区别，等是多余；而二者不过以篇首四字取名。唯此篇偏于说"礼"，而下篇则兼言及"诗"，此其稍异而已。

　　仲尼燕居，子张、子贡、言游侍，纵言至于礼。子曰："居！女三人者[1]，吾语女礼，使女以礼周流[2]，无不遍也。"子贡越席而对曰："敢问何如？"子曰："敬而不中礼，谓之野；恭而不中礼，谓之给；勇而不中礼，谓之逆[3]。"子曰："给夺慈仁[4]。"子曰："师，尔过；而商也，不及。子产犹众人之母也，能食之不能教也。"子贡越席而对曰："敢问将何以为此中者也？"子曰："礼乎礼[5]！夫礼所以制中也。"

今注

　　1　居，亦作凥，是"坐"的意思。女，陆德明云：别本或写作"汝"（下同）。

2　周流，到处传播。

3　野，土头土脑的。给，今言巴给，亦写作"巴结"。逆，是粗暴的样子。

4　夺，如《论语》"恶紫夺朱"之"夺"。此谓"巴给"会抢走（掩混）"慈仁"的美。

5　《家语》仅作"礼乎"。

今译

仲尼在家休息，他的学生子张、子贡、子游三人陪侍左右。闲聊中渐谈到礼。仲尼说："你们三人好好坐着，听我告诉你们礼是怎么回事，之后你们游历四方时传播开去。"子贡应声离席而起，说："请问老师，礼该是怎样的呢？"仲尼说："如果只是虔敬而不适合于礼，那就显得傻气；如果只是谦恭而不适合于礼，那就像是巴结；如果只是勇敢而不适合于礼，那就只是粗暴了。这里面，巴结往往会掩夺慈仁的本义。"仲尼接着又申诫地说："子张做得有点过火，而子夏做得又稍嫌不够。他很像郑国大夫子产，虽有一片慈母心肠，但那只会喂食而不会教导孩子。"子贡听着又随声离席说："请问，怎样能做到那么适合呢？"仲尼说："就是那个礼啊！唯有礼才是行为的标准，可以使一切行为做得恰到好处。"

子贡退，言游进曰："敢问礼也者，领恶而全好者与[1]？"子曰："然。""然则何如？"子曰："郊社之义，所以仁鬼神也；尝禘之礼，所以仁昭穆也；馈奠之礼，所以仁死丧也；射乡之礼，所以仁乡党也；食飨之礼，所以仁宾客也[2]。"子曰："明乎郊社之义，尝禘之礼，治国其如指诸掌而已乎！是故，以之居处有礼，故长幼辨也。以之闺门之内有礼，故三族和也。以之朝廷有礼，故官爵序也。以之田猎有礼，故戎事闲也。以之军旅有礼，故武功成也[3]。是故，宫室得其度，量鼎得其象[4]，味得其时[5]，乐得其节，车得其式，鬼神得其飨，丧纪得其哀，辨说得其党，官得其体，政事得其施；加于身而错于前，凡众之动得其宜。"

今注

1　领恶之"领"，郑注为"治"，后人议论甚多，姜兆锡、郭嵩焘以为"领导"之意。盖此语与《经解》篇之"从善远罪"相近，导人离开罪恶而保全善行。

2　以上诸"仁"字，郑注皆作"保存"解。姚际恒云：当是"爱厚"之意。

3　以上诸"以之"，犹如今言"因此"。

4　量鼎得其象，量是容量。古人铸鼎，容量大小不一。《周易·系辞》云："制器者尚其象"，指器物的形式。

5　五味分配于春、夏、秋、冬中，详见《月令》篇。

今译

子贡退到一旁，子游接着问道："请问所谓礼，就是治理邪恶，保全美德吗？"仲尼说："是的。"子游又问："那么它怎样领恶而全善呢？"仲尼说："譬如郊祭社祭的意义，是对鬼神的仁爱。尝祭、禘祭的礼仪，是对祖先昭穆前辈的仁爱。馈食享奠的礼仪，是对亡者的仁爱。射礼乡饮的礼仪，是乡里乡亲的仁爱。聚餐公宴的礼仪，是对宾客的仁爱。"仲尼说："如果明白了郊社和尝禘等礼仪的作用，那么管理一个国家就了如指掌了。所以，日常起居有了礼，长辈、小辈便分得清楚了。家庭内部有了礼，一家三代就能和睦了。朝廷上有了礼，百官的爵位上下便井然有序了。田猎有田猎之礼，军事行动便亦娴熟了。军队有军队之礼，就能建立战功。此外，又因有礼，所以造房子便有堂、有室，铸量鼎便有大小样式，烹调食品能适时，演奏音乐都合拍，车辆合乎规范，鬼神各得其供献，丧制亦能有适度的哀思，辩论谈话有章法，百官各有其本分，政事能顺利地推行；以礼加于身而措置于前，一切动作都做得恰到好处。"

子曰："礼者何也？即事之治也¹。君子有其事，必有其治。治国而无礼，譬犹瞽之无相与？伥伥其何之²？譬如终夜有求于幽室之中，非烛何见？若无礼则手足无所错，耳目无所加，进退揖让无所制。是故，以之居处，长幼失其别；闺门，三族失其和；朝廷，官爵失其序；田猎，戎事失其策；军旅，武功失其制；宫室，失其度；量鼎，失其象；味，失其时；乐，失其节；车，失其式；鬼神，失其飨；丧纪，失其哀；辩说，失其党；官，失其体；政事，失其施，加于身而错于前，凡众之动，失其宜。如此，则无以祖洽于众也³。"

今注

1 《家语》于"子曰"之上，有子张问语，此记盖脱佚。故自"礼者何也"以下，亦当为回答子张之辞，与前一节相连贯，特反而言之而已。即事之治，"治"犹今言"办法"。

2 瞽之无相，"相"是扶着盲人的人。伥伥，茫无定向的样子。

3 祖洽，倡导融洽。

今译

仲尼说："倘要问礼是什么？可以简单地说：礼就是做事的办法。有知识的人做什么事一定都有他的办法。如果管理国事而没有礼，就好比盲人没有扶着的人，东张西望不知道该走哪一边了。

又好比终夜在暗室里摸索，没有烛火怎能看见呢？没有礼，就会使得手足不知往哪儿放，耳目不知怎么使用，进退揖让都没有规矩。所以，像这样的，日常起居，便没上没下；在家族之内，三代不和；朝廷之上，官爵便没了秩序；在田猎演习，行动便不受指挥；在战斗行列，军队便失去控制；宫室没有尺度，用具没有形制，烹调失其时宜，音乐失其节拍，车辆不合规范，鬼神没有供飨，丧事不见哀感，辩论不伦不类，官常失守，政事阻滞，自身和所有事都不能做好。真是这样的话，那就没法子号召团结群众了。"

子曰："慎听之！女三人者，吾语女，礼犹有九焉，大飨有四焉。苟知此矣，虽在畎亩之中事之，圣人已[1]。两君相见，揖让而入门，入门而县兴[2]。揖让而升堂，升堂而乐阕。下管《象》《武》，《夏》籥序兴[3]。陈其荐俎，序其礼乐，备其百官。如此，而后君子知仁焉。行中规，还中矩，和鸾中《采齐》，客出以《雍》，彻以《振羽》[4]。是故，君子无物而不在礼矣。入门而金作，示情也。升歌《清庙》，示德也。下而管《象》，示事也[5]。是故，古之君子，不必亲相与言也，以礼乐相示而已。"

今注

1　"九"与"四"，自郑注以下，言者不一，大抵各执己意而为之数。徒劳心目，无甚益处。今按：《礼器》云："诵诗三百，不足以一献。一献之礼，不足以大飨。大飨之礼，不足以大旅。大旅具矣，不足以飨帝。毋轻议礼！"循是以观，则与此处"慎听之"语意，似颇有关。疑"礼犹有九焉"，盖谓礼数至多，而大飨尤其简单者。苟知此矣，虽在畎亩之中事之，圣人已。是指礼数及其意义难于尽详。

2　县兴，即下文之"金作"，词异义同，皆谓鸣奏钟鼓。

3　《夏》籥序兴，《夏》指《夏》舞，挨次而作。

4　《采齐》《雍》《振羽》(郑云即《振鹭》之诗)，皆古乐章名。

5　示情、示德、示事，可参阅《礼器》及《郊特牲》注。

今译

仲尼说："你们三人仔细听着，我告诉你们：礼的项目有九，而大飨之礼只居其四。如果有人能全部知道，则他虽只是个庄稼汉，仍够称得上为圣人了。姑以'飨礼'来说吧：两国的国君见面，就要三揖三让然后进入大门；一进入大门，就得鸣钟奏乐；他们二人又一路揖着让着，登上了大堂，刚好到达堂上而音乐亦停止了。堂下的管乐队起奏时，就舞《象》舞、《武》舞、《夏》舞，诸节目是一个挨着一个进行的。同时，摆设供献的食品，提调应有的仪式和乐章，而诸执事人等莫不齐全。像这样，然后君子都懂得互相敬爱。这以外，进一步退一步，都合乎一定的分寸，车铃的声音合于《采齐》乐章的节拍；贵宾出门，奏《雍》的乐章；散席之时，奏《振鹭》的乐章。因此之故，君子行动没有一点不是循着礼法的了。主客刚进门而鸣钟奏乐，是表示欢迎的情意；中间歌者登堂合唱《清庙》之诗，是表示赞美的意思；再而堂下奏管乐，舞《象》《武》舞，是表现祖先的功烈。所以古代两君相见的时候，不必用言语交谈，而彼此之间的情意但凭礼仪和音乐，就可互相融通了。"

子曰："礼也者，理也；乐也者，节也。君子无理不动，无节不作。不能诗，于礼缪；不能乐，于礼素[1]；薄于德，于礼虚。"子曰："制度在礼，文为在礼[2]，行之，其在人乎？"子贡越席而对曰："敢问：夔其穷与³？"子曰："古之人与？古之人也。达于礼而不达于乐，谓之素；达于乐而不达于礼，谓之偏。夫夔，达于乐而不达于礼，是以传此名也，古之人也。"

今注

1 缪，谬误。素，质朴不文。

2 文为，有修饰的行为。

3 按《韩非子·外储说》云：鲁哀公问孔子。孔子曰："夔无他异而独通于声。尧曰：'夔一而足矣，使为乐正。'"此处盖据这传说而发问。穷，是"不通"的意思。

今译

仲尼说："'礼'的意义在于'理'，'乐'的意义在于'节'。君子，不做无理无节的事。因为理节并重，所以不懂诗歌，行礼会错误；不能音乐，行礼会单调。如果道德浅薄，那么行礼只是空洞的形式了。"仲尼说："一切制度都在礼的范畴之内，一切修饰的行为亦都在礼的范畴之内；不过那范畴是抽象的，而变为具体的行为，还得由人来做。"子贡又离席发言，说："敢问老师，传说夔只懂得声乐，那么他对于礼亦有所不通吗？"仲尼说："你问的是古代的那个人吧？如果是古代的那个人，依理来说，通于礼而不通于乐的，叫作'素'；通于乐而不通于礼的，则叫作'偏'。如说古代的那个夔，他是通于乐而不通于礼，所以只传下来一个精通音乐的名声。他毕竟是古代的人。"

子张问政，子曰："师乎！前，吾语女乎？君子明于礼乐，举而错之而已¹。"子张复问。子曰："师，尔以为必铺几筵，升降酌献酬酢，然后谓之礼乎？尔以为必行缀兆，兴羽籥，作钟鼓，然后谓之乐乎？言而履之，礼也。行而乐之，乐也²。君子力此二者以南面而立³，夫是以天下太平也。诸侯朝，万物服体⁴，而百官莫敢不承事矣。礼之所兴，众之所治也；礼之所废，众之所乱也。目巧之室⁵，则有奥阼，席则有上下，车则有左右，行则有随，立则有序，古之义也。室而无奥阼，则乱于堂室也。席而无上下，则乱于席上也。车而无左右，则乱于车也。行而无随，则乱于涂也。立而无序，则乱于位也。昔圣帝明王诸侯，辨贵贱长幼远近男女外内，莫敢相逾越，皆由此涂出也。"三子者，既得闻此言也于夫子，昭然若发蒙矣。

今注

1　错，交错。此言礼乐刑政，交相为用。

2　言而履之，谓礼不只是"言"，而重要在于履行。行而乐之，"行"即上句之"履"，互文见意，此言在说行礼的快乐。

3　南面而立，指统治者的地位，亦即统治天下。

4　万物服体，郭嵩焘云，是万物各得其所的意思。

5　目巧之室，郑注云：但用巧目善意作室。

今译

子张问到政治的道理，仲尼说："子张呀！上前来，我告诉你。君子如果懂得礼乐，把它放到政治上去运用就行了。"子张仿佛没听清楚，接着又问。仲尼说："子张！你以为一定要摆设香案，跑上跑下，倒酒奉肴，劝杯回盏，那才叫作礼吗？你还以为只有排列舞队，挥动羽籥，鸣奏钟鼓，那才叫作乐吗？不是的！凡是可说而能行的，便是礼；行之而觉得胜任愉快的，便是乐。君子因努力于礼乐而站在统治者的地位，因此天下才得太平了。于是各国的诸侯都来朝贡，万物各得其所，百官没有人敢不忠于职守。礼之兴隆的时代，亦即社会安定的时代；礼之败坏的时代，亦即社会纷乱的时代。再说，只凭眼力测量建造的房屋，也有房间和台阶之分，就如排列座位总有上下，乘车总有左右，走路总有先后，站立总有次序，这是古代就有的道理。如果盖房子不分房间台阶，则厅堂和寝室都搞不清了。座位没有上下，则怎样就座亦搞不清了。乘车没有左右，则大家乱挤，在车上出乱子。走路不分先后，则大家抢先，在路上出乱子。站立没有次序，则大家挤作一堆，位置亦大乱了。从前，圣帝明王，列国之君，要分辨贵的贱的、长辈小辈、远亲近戚、男人女子、里里外外，都有一定的礼制，谁都不敢逾越，那都是根据这个道理来的。"当时，子张、子贡、子游三人，听了仲尼这一番大道理，简直就像眼瞎的人重见光明，觉得什么都清楚了。

第二十九　孔子闲居

　　本篇大抵亦因篇首四字而为题，如同其他古记，题名不足以代表题旨。其文亦收在王肃《家语》中，说礼而近于"玄"，颇为后人诟病。其中所引《诗经》，断章取义，文字往往与今传之《毛诗》不同，但可从而看到汉代《诗经》的面目。

　　孔子闲居，子夏侍。子夏曰："敢问《诗》云'凯弟君子，民之父母[1]'，何如斯可谓民之父母矣？"孔子曰："夫民之父母乎？必达于礼乐之原，以致'五至'，而行'三无'[2]，以横[3]于天下，四方有败，必先知之[4]。此之谓'民之父母'矣。"

今注

1　此引《诗经·大雅·泂酌》之句。凯弟，是爽快随和的性情。

2　五至、三无，见下文。

3　横，古音广，故有"扩充"的含义。

4　败，祸患。

今译

　　孔子闲居，子夏陪伴在侧。子夏请孔子讲解《诗经》里的诗句，说："'凯弟君子，民之父母'，究竟要做到怎样才配称为

'民之父母'呢？"孔子说："你要问为民之父母吗？必须通解礼乐的原理，达到'五至'，而实行'三无'，并以此扩充于天下，任何一方发生祸灾，必先预知，这样就配称为'民之父母'了。"

子夏曰："民之父母，既得而闻之矣；敢问何谓'五至'？"孔子曰："志之所至，诗亦至焉[1]。诗之所至，礼亦至焉。礼之所至，乐亦至焉。乐之所至，哀亦至焉。哀乐相生[2]。是故，正明目而视之，不可得而见也；倾耳而听之，不可得而闻也；志气塞乎天地，此之谓'五至'。"

今注

1　郑注云：凡言"至"者，至于民也。志，谓恩意。孔疏据以引申。大意说是统治者居心都为民众着想，则从此而起的诗、礼、乐、哀，无不与民众的利害息息相关。这便是"五至"。此为一说。姜兆锡云：在心为志，发言为诗，故志至而诗亦至。兴于诗而履之，即是礼；故诗至而礼亦至。立于礼成于乐，故礼至而乐亦至。而乐之中乎节者，其于哀也可知矣，故乐至而哀亦至。此又一说。姑志之以做参考。

2　"哀乐相生"的意思，旧注多不分明。今按《檀弓下》云："子游曰：人喜则斯陶，陶斯咏，咏斯犹，犹斯舞，舞斯愠，愠斯戚，戚斯叹，叹斯辟，辟斯踊矣。品节斯，斯之谓礼。"这或是子游一派的理论，与"吉凶异道"之说不同。

今译

子夏说："民之父母已经领教过了，但不知什么叫作'五至'？"孔子说："意志所到之处，诗也就产生了。诗所到之处，礼也就产生了。礼所到之处，乐也就产生了。乐所到之处，哀也就产生了。因为哀乐是互相引发的。这些道理，尽管睁大眼

晴亦看不见，拉长耳朵亦听不到；然而它却无所不在，这就叫作
'五至'。"

子夏曰："'五至'既得而闻之矣，敢问何谓'三无'？"孔
子曰："无声之乐，无体之礼，无服之丧，此之谓'三无'。"子夏
曰："'三无'既得略而闻之矣，敢问何诗近之？"孔子曰："'夙
夜其命宥密'[1]，无声之乐也。'威仪逮逮，不可选也'[2]，无体之
礼也。'凡民有丧，匍匐救之'[3]，无服之丧也。"

今注

1 此为《周颂·昊天有成命》之诗，其命，《毛诗》作"基
命"，谓承受天命。宥密，朱熹说是"深秘"的意思。

2 此为《国风·邶风·柏舟》之诗。逮逮，《毛诗》作"棣
棣"，郑注云：安和的样子。选，是选择。

3 此为《国风·邶风·谷风》之诗。匍匐，亦写作"扶
服"，是伏地以手足并行，形容哀恸惶急的样子。

今译

子夏说："'五至'的道理亦领教过了，请问什么叫作'三
无'呢？"孔子说："没有声音的音乐，没有仪式的礼节，没有服
制的丧事，这叫作'三无'。"子夏说："这样的'三无'，大体是
懂得了，但不知道有什么诗句与这些意思接近？"孔子说："'从
早到晚都承担着深秘的天命'，这近似无声之乐。又'大模大样而
又和和气气，没有一点可挑剔的态度'，这就近似无体之礼。再
如'人民遭遇死丧之事，便惶急地赶去协助料理'，这就像无服之
丧了。"

子夏曰："言则大矣！美矣！盛矣！言尽于此而已乎？"孔子

曰："何为其然也！君子之服之也，犹有五起焉[1]。"子夏曰："何如？"孔子曰："无声之乐，气志不违；无体之礼，威仪迟迟[2]；无服之丧，内恕孔悲[3]。无声之乐，气志既得；无体之礼，威仪翼翼[4]；无服之丧，施及四国。无声之乐，气志既从；无体之礼，上下和同；无服之丧，以畜万邦[5]。无声之乐，日闻四方；无体之礼，日就月将；无服之丧，纯德孔明。无声之乐，气志既起；无体之礼，施及四海；无服之丧，施于孙子。"

今注

1 服之，是"从事于此"的意思。五起，犹言"五端"。

2 迟迟，从容不迫。

3 内恕孔悲，恕，是替别人设想；悲，是同情别人。

4 翼翼，小心谨慎。

5 畜，是收容抚养。

今译

子夏说："这些话太伟大了！太美了！太充分了！这算是说尽了吗？"孔子说："怎么会说尽呢？作为一个君子，要从事于此，其中还有'五起'啊。"子夏说："那'五起'又是什么呢？"孔子说："第一，无声之乐，不违反意志；无体之礼，态度从容；无服之丧，富有同情的心。第二，无声之乐，意志满足；无体之礼，态度恭慎；无服之丧，施恩及四方。第三，无声之乐，意志融洽；无体之礼，上下相亲；无服之丧，抚慰万国。第四，无声之乐，传于四方；无体之礼，日成月进；无服之丧，纯德昭著。第五，无声之乐，意志充盛；无体之礼，普及天下；无服之丧，恩爱及于后裔。"

子夏曰："三王之德，参于天地，敢问何如斯可谓参于天地矣？”孔子曰：“奉三无私以劳天下[1]。”子夏曰：“敢问何谓三无私？”孔子曰：“天无私覆，地无私载，日月无私照。奉斯三者以劳天下，此之谓三无私。其在《诗》[2]曰：‘帝命不违，至于汤齐。汤降不迟，圣敬日齐[3]。昭假迟迟，上帝是祗。帝命式于九围[4]。’是汤之德也。

今注

1 劳，安抚的意思。

2 《诗经·商颂·长发》。

3 汤齐，郑玄读作“汤跻”，谓至成汤升跻天子之位。日齐，郑注云：齐是庄敬。朱熹读为“汤齐”“日跻”。今依后说。

4 昭，光明。假，孔疏云，闲暇。九围，九州的界域。

今译

子夏说：“三王的德行，得配于天地。请问怎么样才得配于天地而为三呢？”孔子说：“要用‘三无私’的精神来安抚天下。”子夏又问：“什么叫作‘三无私’？”孔子说：“要像天一样不私覆，地一样不私载，太阳月亮一样不私照。用这种精神来安抚天下，就叫作三无私。这意思在《诗经》有言：‘天命没有差错，到了成汤就统一天下。而成汤受命，不敢怠慢，聪明谨慎地一天天增进德行，光明磊落而又宽宏大量，一心敬畏上苍，上苍于是赐以九州之大国。’这就是汤的德行了。

“天有四时，春秋冬夏，风雨霜露，无非教也[1]。地载神气，神气风霆，风霆流形，庶物露生[2]，无非教也。清明在躬，气志如神，嗜欲将至，有开必先[3]。天降时雨，山川出云。其在《诗》曰：‘嵩高惟岳，峻极于天。惟岳降神，生甫及申。惟申及甫，惟周之翰。四国于蕃，四方于宣[4]。’此文武之德也。三代之王也，必先令闻，《诗》云：'明明天子，令闻不已。'三代之德也。'弛其文德，协此四国[5]。'大王之德也。"子夏蹶然而起，负墙而立，曰："弟子敢不承乎[6]？"

今注

1　此以春、秋、冬、夏等，隐喻礼、乐、刑、政。谓王者仿效自然法则以施行教化。

2　《家语》此处作"地载神气，吐纳雷霆，流行庶物"。吕与叔云：此上"神气风霆"四字，是多余的，可删。今译文依《家语》。

3　"嗜欲将至，有开必先"，郑注云：文王、武王将得天下，神有以开之，先为之生贤智之辅佐。按《家语》此二句作"有物将至，其兆必先"，朱熹云：《家语》的文句较正确。

4　此为《诗经·大雅·崧高》之诗。甫，谓甫侯，亦作吕侯。申，谓申伯。皆周之功臣。翰，郑注为"干"，如今言"干部"之干。蕃，是"屏藩"的"藩"。

5　"明明天子"及"弛其文德"四句皆引《诗经·大雅·江汉》之诗。弛，郑注为"施"。

6　蹶然，喜跃的样子。负墙，背靠着墙。承，接受。

今译

"天无私，四季循环，春生夏长秋收冬藏，有雨露滋润植物，有霜雪杀灭害虫，这种种自然界的法则，正是王者教化所仿效的法则。地无私，广载生物之神与气，且能消受雷霆，因而能生长出各样各式的动植矿物。有这种种宽宏大量，亦是王者教化所仿效的法则。王者身有清明的德行、如神的意志，这些虽是看不见的东西，但在将要出现之时，必有预兆可知。有如天之将降时雨，必先见山川吐出云气。这在《诗经》里有言：'崧然而高者唯有山岳，它的高度直耸天际。唯有这样嵩高的山神，才能生出甫侯、申伯那么伟大的人物。唯有伟大的甫侯、申伯，才是周室的栋梁。四方的国家得到他们的屏障，而周王的恩德亦随之宣扬及于四方。'这是说文王、武王的德行。三代的王者，都是先有了极好的名誉。像《诗经》里说的，'明明天子，他的好名誉是不断地传布着'，这是说三代王者的德行。又说：'传布他的美德，以团结四方的国家。'这则是说周之太王的德行。"子夏听到这里，高兴得直跳起来，背着墙站立，说道："学生敢不承受先生这番教导！"

第三十　坊记

坊者，堤防。郑玄《目录》云：“名曰坊记者，以其记六艺之义，所以坊人之失者也。”按本篇先言礼的规范行为，而推及于让、孝、敬，以至推利、防淫的事，与《表记》相为表里。坊是治人的道理，表是修己的方法。篇内多危急之辞，如云“以此坊民，民犹如何如何”，似礼义真不足以规范人民者，盖欲高其言，以收取震慑的效果。

子言之：“君子之道，辟则坊与¹？坊民之所不足者也。大为之坊，民犹逾之。故君子礼以坊德，刑以坊淫，命以坊欲。”

今注

1　辟，孙希旦读为“譬”，譬如。坊，防水的堤防。

今译

孔子说：“君子的治民之道，不就像防水的堤防吗？它是规范人民行为之缺失的。然而，规范那么严密，人民尚且逾越它而做邪辟的事。所以君子用礼教来做道德的规范，用刑罚来防止淫邪的行为，用法令来制裁泛滥的人欲。”

子云：“小人贫斯约¹，富斯骄，约斯盗，骄斯乱。礼者，因人之情而为之节文[2]，以为民坊者也。故圣人之制富贵也[3]，使民富不足以骄，贫不至于约，贵不慊于上，故乱益亡[4]。"

今注

1　约，窘迫。

2　节文，节制文饰。

3　制富贵，制定富贵的制度。

4　慊，不满足。

今译

孔子说："小人贫穷的时候便窘迫而自甘堕落，富有的时候便变得骄奢而傲慢；自甘堕落则作奸犯科，骄奢傲慢则要犯上作乱了。礼是顺应着人的常情而设立制度仪文，用作人民的规范。所以圣人制定富贵的制度，使人民富有而不致骄横，贫穷的人亦不致窘迫堕落的程度，有了一定地位而不会对上级不满，所以犯上作乱之事亦减少了。"

子云："贫而好乐，富而好礼，众而以宁者，天下其几矣。《诗》云：'民之贪乱，宁为荼毒[1]。'故制：国不过千乘，都城不过百雉[2]，家富不过百乘。以此坊民，诸侯犹有畔者。"

今注

1　《诗经·大雅·桑柔》。贪乱，因贪心而乱。宁，甘心。荼，苦，毒害。

2　郑玄曰：雉，度名，高一丈长三丈为一雉；百雉，为长三百丈，方五百步。

今译

孔子说："贫穷而能自得其乐，富有而能谦恭好礼，家口众多而能相安度日，像这样的人，世界上是极少的。《诗经》说：'人民贪心而作乱，甘心受到痛苦的毒害。'古代的制度，规定诸侯的国不能有超过千辆兵车，国都的城墙不能超过百雉，大夫的家不得有超过百辆兵车。有了这样的防范，可是诸侯还有反叛的。"

子云："夫礼者，所以章疑[1]别微[2]，以为民坊者也。故贵贱有等，衣服有别，朝廷有位，则民有所让。"

今注

1 疑，是非未定，以礼表明之，是章疑。

2 微，幽隐难辨，以礼区别之，是别微。

今译

孔子说："礼是用来裁决断定那些疑惑不定隐约不明的事情，以此来防范人民的。有了礼，贵贱有等级，衣服有差别，朝廷有秩序，使人彼此谦让。"

子云："天无二日，土无二王，家无二主，尊无二上，示民有君臣之别也。《春秋》不称楚越之王丧[1]，礼，君不称天，大夫不称君，恐民之惑也。《诗》云：'相彼盍旦，尚犹患之[2]。'"

今注

1 孔疏曰：言《春秋》之义，但书其卒，不称楚越王丧葬的事，若书葬，则当称葬楚越某土，避王的名，故不书葬。

2 逸诗。相，看。盍旦，一种夜鸣的鸟。孔疏曰：盍旦，夜鸣求旦的鸟，求不可得，人犹恶其反昼夜而乱昏明，何况臣的僭君？

今译

孔子说："天上没有两个太阳，地上没有两个君王，一家没有两个主人，最受尊敬的对象只有一个，这是对人民表示君臣有别。

《春秋》以楚国、越国为蛮夷，所以不记载他们国王的丧事。礼法中，称呼诸侯不称天，以避天子的名；称呼大夫不称君，以避诸侯的名，也是恐怕人民迷惑误会的缘故。《逸诗》说：'看那盍旦鸟，夜鸣求旦，人们尚且厌恶它，何况那些僭越的人？'"

子云："君不与同姓同车[1]，与异姓同车不同服，示民不嫌也。以此坊民，民犹得同姓以弑其君。"

今注

1 同姓，指同有继承君位资格的人，与之同车出入，会引起篡夺的嫌疑。

今译

孔子说："君主不和同姓的人同乘一辆车子，即使和不同姓的人同坐一辆车，亦穿着不同的服装，这是使人不至误认。用这样的方法来防范人们，可还是有同姓之人杀君主的。"

子云："君子辞贵不辞贱，辞富不辞贫，则乱益亡。故君子与其使食浮于人也[1]，宁使人浮于食。"

今注

1 食，俸禄。浮，超过。

今译

孔子说："君子推辞显贵而不推辞卑贱，推辞富有而不推辞贫穷，这样大家不争权夺利，祸乱也就减少了。所以君子与其使俸禄超过个人的才能，宁愿使才能超过所得的俸禄。"

子云："觞酒豆肉让而受恶，民犹犯齿；衽席之上让而坐下，民犹犯贵；朝廷之位让而就贱，民犹犯君。《诗》云[1]：'民之无良，相怨一方；受爵不让，至于已斯亡。’”

今注

1 《诗经·小雅·角弓》。

今译

孔子说："一杯酒、一盘肉，尚且推让再三，然后接受较为粗劣的那一份，依然还有侵犯长者的；在衽席上，再三推让，然后坐于下位，依然还有侵犯尊贵的；朝廷的爵位，再三推让，然后接受卑贱的爵位，依然还有冒犯君主的。《诗经》说：'人民没有善良的德行，彼此在背地里相埋怨；接受爵位又不推让，到后来只有一起败亡。'"

子云："君子贵人而贱己，先人而后己，则民作让。故称人之君曰'君'，自称其君曰'寡君'[1]。"

今注

1 寡，少。寡君犹言"缺少美德的君主"。

今译

孔子说："君子尊重别人而贬抑自己，让别人居先而自己在后，这样人民就会兴起谦让的风气。所以称呼别人的君主曰'君'，而对人称呼自己的君主则曰'寡君'。"

子云："利禄，先死者而后生者，则民不偝；先亡者而后存者，则民可以托[1]。《诗》云：'先君之思，以畜寡人[2]。'以此坊民，民犹偝死而号无告[3]。"

今注

1 亡者，出国在外的人。存者，在国内的人。托，寄托，付托。

2 《诗经·邶风·燕燕》。这首是庄姜送归妾戴妫的诗。先君是指死去的庄公。畜，《诗经》作"勖"，勉励。寡人，庄姜自称。

3 号，呼号。无告，无所投诉。

今译

孔子说："利益和荣誉先给死去的人，然后是活着的人，这样人民才不至于背弃死者；先给流寓国外的人，然后才轮到国内的人，这样人民可以有所托付。《诗经》说：'常常想念着死去的君王，来勉励我自己。'但即使现在用这样的方法来防范人们，还是有背弃死者，而使孤弱、啼饥、号寒之人没个地方投诉的事。"

子云："有国家者，贵人而贱禄，则民兴让；尚技而贱车[1]，则民兴艺。故君子约言，小人先言[2]。"

今注

1 车，君主所颁赐的车服。

2 约言，少讲话。先言，未做事，先说大话。

今译

孔子说："掌理国家的人，能尊重人品才能而不吝惜爵禄，人民便会兴起谦让；推崇技术而不吝惜车服，人民便会重视技艺。所以君子是多做事，少讲话，而小人则未做事先说大话。"

子云："上酌民言，则下天上施[1]；上不酌民言，则犯也；下不天上施，则乱也。故君子信让以莅百姓，则民之报礼重。《诗》云：'先民有言，询于刍荛[2]。'"

今注

1 酌，择取。下，指一般人民，下文同。天上施，谓如天之施恩。

2 《诗经·大雅·板》。刍荛，樵夫。

今译

孔子说："在上位的人能听取人民的意见而行事，则人民都感念上天的施惠；在上位的人不听取民意，就会与人民发生冲突；在下位的人不能感念上天的施惠，亦会引起变乱。所以君子用信用及礼让来对待人民，而人民给他的报礼亦必隆重。《诗经》说：'古时的人说过，政治措施，要咨询及于樵夫。'"

子云："善则称人，过则称己，则民不争；善则称人，过则称己，则怨益亡。《诗》云：'尔卜尔筮，履无咎言[1]。'"

今注

1 出自《诗经·卫风·氓》。履，《诗经》作"体"，兆卦的体。咎，过。此处引《诗经》，断章取义，意谓灵如蓍龟，表示没有不吉的话语。

今译

孔子说："有善行都归功于他人，有过错则归咎于自己，这样人民便不会发生争执；有善行都归功于他人，有过错则归咎于自己，这样怨恨就会日益减少。《诗经》说：'卜筮兆卦的体，本来就没有不吉的话。'"

子云："善则称人，过则称己，则民让善。《诗》云：'考卜惟王，度是镐京，惟龟正之，武王成之[1]。'"

今注

1 《诗经·大雅·文王有声》。考，稽考。度，营谋。

今译

孔子说："有善行都归功于别人，有过错都归咎于自己，这样人民就会互相推让善事。《诗经》说：'稽考于龟而占卜的是武王，他决定建都镐京的事，龟能正其吉兆，而武王完成这件大事。'"

子云："善则称君，过则称己，则民作忠。《君陈》曰[1]：'尔有嘉谋嘉猷[2]，入告尔君于内，女乃顺之于外，曰："此谋此猷，惟我君之德。"于乎！是惟良显哉[3]。'"

今注

1 《尚书》篇名。

2 嘉，好。猷，方法。

3 显，光明。

今译

孔子说："有善行都归功于君主，有过错都归咎于自己，这样人民就会兴起忠君的风气。《尚书·周书·君陈》篇说：'你有好的计划或方法，进去告诉你的君主，但你出来之后，在外就谦称："这些计划方法，都是我们有道德的君王才会想到的。"啊！只有良善的他才有这样荣耀。'"

子云："善则称亲，过则称己，则民作孝。《大誓》曰：'予克纣[1]，非予武，惟朕文考无罪；纣克予，非朕文考有罪，惟予小子无良。'"

今注

1 出自《尚书·周书·大誓》，是周武王伐纣时誓师的话。克，胜。

今译

孔子说："有善行都归功于父母，有过错都归咎于自己，这样，人民就会兴起孝顺的风气。《尚书·周书·大誓》说：'我之所以打败了殷纣，并非靠我的武力，是因我的父亲本来无罪；如果纣胜过我，则不是我父亲有罪，而是因我的不肖。'"

子云："君子弛其亲之过[1]，而敬其美。《论语》曰：'三年无改于父之道，可谓孝矣。'高宗云[2]：'三年其惟不言，言乃讙[3]。'"

今注

1　弛，忘记。

2　此语本出《尚书·周书·无逸》，因记殷高宗的事，所以说是高宗说的。

3　讙，当作"欢"，郑玄说是"声之误"。

今译

孔子说："君子忘掉父母的过错，而敬重他们的优点。《论语》说：'父亲死了三年，儿子仍然实行父亲的主张，可以说是孝子。'殷高宗说：'三年不发布政令，秉承着先君的政教，三年过后发布命令，使人民都乐于接受。'"

子云："从命不忿[1]，微谏不倦，劳而不怨，可谓孝矣。《诗》云：'孝子不匮[2]。'"

今注

1　忿，不甘心情愿的样子。

2　《诗经·大雅·既醉》："孝子不匮"，谓孝心无穷尽。

今译

孔子说："顺从父母的命令，不可有不满意的表示，即使不满意，亦当含蓄地再三劝谏，为父母担当，亦不可埋怨，这样，才可以叫作'孝'。《诗经》说：'孝子关怀父母的心意，是永远不会缺少的。'"

子云："睦于父母之党，可谓孝矣。故君子因睦以合族[1]。《诗》云：'此令兄弟，绰绰有裕；不令兄弟，交相为愈[2]。'"

今注

1 合族，合于祭燕。

2 出自《诗经·小雅·角弓》。令，善。绰绰，宽容的样子。愈，病。

今译

孔子说："能够与父母同辈的人相处得和睦，可以叫作'孝'了。所以君子因和睦而会合族人进行燕飨。《诗经》说：'有善良的兄弟，能使生活宽容充裕；那些不善良的兄弟，则彼此互相诟病。'"

子云："于父之执[1]，可以乘其车，不可以衣其衣。君子以广孝也[2]。"

今注

1 执，执志相同的。

2 广孝，推广孝道，因敬父而至于父执。

今译

孔子说："对于父亲执志相同的人，可以乘他的车子，而不可以穿他的衣服，这是因为车与身相差较远，而衣服贴身。君子把对父亲的孝敬推广到父亲的同辈，才这样做。"

子云："小人皆能养其亲，君子不敬，何以辨？"

今译

孔子说："小人亦能养活双亲，如果君子只能养活双亲而不恭敬，那与小人有什么分别？"

子云："父子不同位，以厚敬也¹。《书》云：'厥辟不辟，忝厥祖²。'"

今注

1 同位，尊卑相等。王夫之说："吊丧助祭俱为宾，而必异其列。"厚敬，敬意无所不在。

2 《尚书·太甲》三篇。辟，君。忝，辱。

今译

孔子说："父与子不处同等地位，这是强调敬重父亲的尊严。《尚书》说：'身为君主，而没有君主的庄严，而与臣子亵近，那就是辱及先祖了。'"

子云："父母在，不称老，言孝不言慈；闺门之内，戏而不叹¹。君子以此坊民，民犹薄于孝而厚于慈。"

今注

1 此言父母在，家门之内可以有嬉戏之声而不可唉声叹气。

今译

孔子说："父母健在，做儿子的不敢称老，平常只讲求怎样孝敬，而不敢企求双亲对自己的慈爱；在私人居处，可游戏而不忧叹。君子以此来做人们的规范，人们还是实行孝道者少，而企求慈爱者多。"

子云："长民¹者，朝廷敬老，则民作孝。"

今注

1 长，领导者。长民，为人民的长官。

今译

孔子说："作为人民的长官，在朝廷要尊敬老人，人民便兴起孝顺的风气。"

子云："祭祀之有尸也，宗庙之有主也，示民有事[1]也。修宗庙，敬祀事，教民追孝也。以此坊民，民犹忘其亲。"

今注

1 事，服侍。君主服侍庙祭之主，即教民以敬事主人之礼。

今译

孔子说："祭祀时有'尸'，是因为他是宗庙的主人，这是向人民表示有敬事的对象。修理宗庙，恭敬祭祀的事，是教人民追孝亲人。以此来规范人们行为，人们还有忘记亲人的。"

子云："敬则用祭器[1]。故君子不以菲废礼，不以美没礼[2]。故食礼，主人亲馈，则客祭；主人不亲馈，则客不祭。故君子苟无礼，虽美不食焉。《易》曰：'东邻杀牛，不如西邻之禴祭，实受其福[3]。'《诗》云：'既醉以酒，既饱以德[4]。'以此示民，民犹争利而忘义。"

今注

1 祭器，笾豆簠簋之类，祭祀时用的器皿。

2 菲，薄。没，过。

3 《易经·既济》九五爻辞。郑玄曰："东邻，谓纣国中；西邻，谓文王国中。西邻禴祭则用豕，言杀牛而凶，不如杀豕受福。"喻奢而慢不如俭而敬。

4 出自《诗经·大雅·既醉》。德，惠意。

今译

孔子说："对宾客尊敬，才使用祭祀的器皿来款待。所以君子不因待客的物品菲薄而废弃礼仪，亦不因物品过于美好而超出礼仪。所以食礼规定，主人亲自馈客的食物，客人才行祭食之礼；主人不亲自馈客，客便不行祭食之礼。所以君子受到礼数不庄重的接待，虽然物品美好也不肯吃。《易经》说：'殷国杀牛祭祀，还不及文王杀猪祭祀那么切实受到福佑，虽然物品较为菲薄，但敬意十足，神能享受。'《诗经》说：'宴会之后，大家都喝酒有醉意，又感受到恩德。'以此来指导人们，人们还有争夺利益而忘记道义的。"

子云："七日戒，三日齐，承一人焉以为尸，过之者趋走¹，以教敬也。醴酒在室，醍酒在堂，澄酒在下，示民不淫也²。尸饮三，众宾饮一，示民有上下也³。因其酒肉，聚其宗族，以教民睦也。故堂上观乎室，堂下观乎上。《诗》云：'礼仪卒度，笑语卒获⁴。'"

今注

1 戒、齐，见《祭统》注。承，奉事。过之者趋走，是说士大夫见到为君尸的人，要下车步行回避。

2 醴酒、醍酒、澄酒，见《郊特牲》注。下，堂下。淫，淫湎。

3 尸饮三，大夫、士祭礼，馈食之后，主人、主妇、宾长各以酒敬尸，而为三。众宾饮一，主人于众宾，只一献酒。上下，尊卑。

4 《诗经·小雅·楚茨》。卒，尽。获，相得。

今译

孔子说："实行七日的散斋、三日的致斋，以奉事一个做'尸'的人，士大夫看到他，都要下车步行回避，这是教导人们要恭敬。醴酒摆在室中，醍酒摆在堂上，清酒摆在堂下，酒味浓厚的反居在下，而淡薄的反居在上，这是指示人们不要沉湎于酒。尸饮三次，众宾才饮一次，是对人民表示有上下尊卑的分别。借着祭祀的酒肉，聚集宗族的人在宗庙饮宴，这是为了教导人们和睦相处。所以在堂上的人以室内的人为榜样，堂下的人又以堂上的人为榜样。《诗经》说：'礼仪都合于法度，谈笑都很得体。'"

子云："宾礼每进以让，丧礼每加以远。浴于中溜，饭于牖下，小敛于户内，大敛于阼，殡于客位，祖于庭，葬于墓，所以示远也。殷人吊于圹，周人吊于家[1]，示民不偝也。"子云："死，民之卒事也，吾从周。以此坊民，诸侯犹有薨而不葬者。"

今注

1　吊于圹，于圹上既窆（下葬）而吊。吊于家，反哭为吊。

今译

孔子说："行宾礼时，每逢前进都加以推让；行丧礼，每行一礼，死者就离家越远。初死时，在中溜下浴尸，窗下饭尸，户内小敛，堂上主位大敛，移到殡宫停柩，再移到庙庭祖奠，最后埋葬在墓地，这就是显示死者一步步远去。殷人在墓地上吊慰死者家属，周人在家中吊慰，是向人民表示不背弃死去的人。"孔子说："死是人的最后一件事，吊的目的是安慰活着的人，在家作吊较为合理，所以我依从周人的方法。用这来规范人们的行为，然而诸侯还有死了以后不如期而葬的。"

子云："升自客阶，受吊于宾位[1]，教民追孝也。未没丧不称君[2]，示民不争也。故《鲁春秋》记晋丧曰：'杀其君之子奚齐及其君卓[3]。'以此坊民，子犹有弑其父者。"

1　郑玄说这是反哭的时候。这时已经葬了，还不登由主阶者，是不忍即父位。

2　没丧，终丧。郑玄云：《春秋公羊传》曰："诸侯于其封内，三年称子，至其臣子，逾年则谓之君了。"

3　奚齐及卓都是晋献公的儿子。《春秋·僖公九年》，秋，九月，晋侯佹诸卒。冬，晋里克弑其君之子奚齐。这时晋侯死了尚未周年，所以奚齐不称君。十年，春，正月，里克弑其君卓。称卓为君，因他即位时已逾年了。

今译

孔子说："反哭的时候，死者的儿子从西阶升堂，仅在宾位上受吊，而不敢居主位。这是教导人们追孝亲人。三年的丧事未完，不称为'君'，是向人们表示不急于争取君位。所以《春秋》记载晋国的丧事说：'里克杀了他君主的儿子奚齐及他的君主卓。'以这样的方法来防范人们，人们还有杀父亲的。"

子云："孝以事君，弟以事长，示民不贰也[1]。故君子有君不谋仕[2]，唯卜之日称二君[3]。丧父三年，丧君三年，示民不疑也。父母在，不敢有其身，不敢私其财，示民有上下也。故天子四海之内无客礼，莫敢为主焉。故君适其臣，升自阼阶，即位于堂，示民不敢有其室也。父母在，馈献不及车马，示民不敢专也。以此坊民，民犹忘其亲而贰其君。"

今注

1　王夫之说：贰，如郑伯贰于楚之贰，有异心也。

2　郑玄曰：君子，君的儿子。有君，君王尚在的时候。谋仕，谋取官位。

3 孔疏曰：二当为贰，副贰。谓君有事，不得亲临卜筮，其嗣子为君而卜，其辞得称"君之贰某告龟筮"。

今译

孔子说："用对待父亲的孝来侍奉君主，用对待长兄的悌来侍奉长上，是向人民表示对君长没有异心。所以君主的儿子，在君主未死以前，不谋取官位，只有代父卜筮的时候，在卜辞里自称为君主的副贰。为父亲守三年丧，为君主亦守三年丧，这是向人民表示尊君的思想是无可置疑的。父母还活着的时候，儿子不敢专有自己的身体，不敢私藏财物，这是向人民表示有上下的分别。所以天子在国内没有做客的礼，因为天下都是他的，没有人敢做他的'主人'。所以君主来到臣子家中，要从主阶登堂，将位置设在堂上。这是向人民表示臣子不敢私有自己房屋。父母还活着的时候，馈赠或献给别人的东西，不能有车马等家中重要的物品，这是对人民表示不敢专有家产。然而以此来防范人们，依然还有忘记父母而背叛君主的。"

子云："礼之先币帛也，欲民之先事而后禄也。先财而后礼，则民利；无辞而行情，则民争[1]。故君子于有馈者，弗能见则不视其馈[2]。《易》曰：'不耕获，不菑畲，凶[3]。'以此坊民，民犹贵禄而贱行。"

今注

1 孙希旦曰：辞，宾主相接的言辞。行情，谓用币帛以表达其情谊。争，争夺。

2 馈，遗赠。弗能见，不能修相见的礼。

3 《易经·无妄》六二爻辞说："不耕获，不菑畲，则利有攸往。"无"凶"字。不耕获，不必耕种便有收获。《尔雅》曰："田一岁曰菑，二岁曰新田，三岁曰畬。”

今译

孔子说：“先行相见之礼，然后馈赠币帛，是希望人民先做事，然后再求利禄。如果以礼物为先，礼节为后，便会使人民趋于贪利；如果没有相交接的辞令，但用币帛，就会使人民争相贿赂。所以君子当有人赠送礼物时，如果不能和他见面，就不要看那礼物。《易经·无妄》说：‘不耕种而有收获，不经过第一年的菑田，便得到肥沃的良田，是不吉利的。’但是，以此来防范人们，依然还是有重视利禄而不讲礼义的人。”

子云：“君子不尽利以遗民[1]。《诗》云：‘彼有遗秉，此有不敛穧，伊寡妇之利[2]。’故君子仕则不稼，田则不渔，食时不力珍[3]；大夫不坐羊，士不坐犬[4]。《诗》云：‘采葑采菲，无以下体，德音莫违，及尔同死[5]。’以此坊民，民犹忘义而争利，以亡其身。”

今注

1 孔疏云：不竭尽其利，以余利遗留与人民。

2 《诗经·小雅·大田》。秉，禾把。敛，收。穧，禾穗。

3 食时，食四时的常膳。力珍，力求珍异。王夫之曰：此句疑脱“故国君”三字。

4 郑玄曰：古者杀牲食其肉，坐其皮；不坐羊犬，就是不无故杀之。

5 《诗经·邶风·谷风》。葑、菲，菜名。下体，根。德音，美好的话语。这首诗本来是弃妇怨夫而作，这里断章取义，说采葑菲的菜，不要连根也拔了，以证“不尽其利以遗民”的话。

今译

孔子说:"君子不要取尽利益,应遗留一些与人民。《诗经》说:'那里有留下来的禾把,这里有不收敛的禾穗,都是留给寡妇的利益。'君子做官就不种田,种田就不捕鱼,所以吃食的时候,不可力求珍异;大夫无故不杀羊,士无故不杀狗。《诗经》说:'采摘荸菲,不要连根拔掉,我们不可违背这美好的德训,我们愿生死与共。'以此来防范人们,依然还有忘记道义,为争夺利益而丧身的。"

子云:"夫礼,坊民所淫[1],章民之别,使民无嫌,以为民纪者也。故男女无媒不交,无币不相见[2],恐男女之无别也。以此坊民,民犹有自献其身[3]。《诗》云:'伐柯如之何?匪斧不克。取妻如之何?匪媒不得。蓺麻如之何?横从其亩。取妻如之何[4]?必告父母。'"

今注

1 淫,贪,贪于色。

2 孙希旦曰:无媒不交,男女行媒,然后始相知名。币,纳征的币。纳征而婚礼成,然后行亲迎的礼,执贽以相见。

3 此言"私奔"之事。

4 《诗经·齐风·南山》。柯,斧柄。克,能。蓺,种植。亩,田亩。

今译

孔子说:"礼是用来防止人们贪淫好色,表明男女的分别,避免发生暧昧嫌疑,从而成为民众的纪律。所以男女之间,不经过媒人通话,双方不得建立联系;没有经过订婚的手续,双方不得建立联系,这就是怕男女的界限不清。但是,这样防范人民,而人民还有未经结婚仪式而私奔的。《诗经》说：'怎样才能砍伐一根斧柄呢？那一定得用斧头。怎样才能娶到妻子呢？那一定得有媒人。怎样才能种麻呢？那一定得先整理田地耕成纵横的亩甽。怎样才能娶到妻子呢？那一定得先禀告父母知道。'"

子云："取妻不取同姓，以厚别也。故买妾不知其姓，则卜之。以此坊民，《鲁春秋》犹去夫人之姓曰吴，其死曰'孟子卒'[1]。"

今注

1 郑玄曰：吴，太伯的后代，姬姓，与鲁同姓。鲁昭公娶吴国女子。孔疏曰：依《春秋》的例，如夫人齐女，即云"姜氏至自齐"，以例而言，此吴女亦当云"夫人姬氏至自吴"，鲁则讳其姬姓，而不称其姓，是"去夫人之姓曰吴"。《左传·哀公十二年》称"孟子卒"，若其不讳，当云"夫人姬氏薨"，以其娶同姓，故讳言之，但云"孟子卒"。孟子是夫人的名字，不是姓，又不记"薨"而云"卒"。

今译

孔子说："娶妻不娶同姓的女子，是为了要强调血缘的分别。所以买妾的时候，如果不知道她的姓，就要占卜一下，看看是否吉利。用这样的礼法来防范人民，然而，鲁国的君主还是有娶同姓女子为妻的。例如，《春秋》记载，鲁昭公所娶的夫人，删掉了夫人的姓而只说是来自吴国，到她死时，又不记载她的姓，而只说是'孟子卒'。"

子云："礼，非祭，男女不交爵[1]。以此坊民，阳侯犹杀缪侯而窃其夫人[2]。故大飨废夫人之礼。"

今注

1 交爵，主人、主妇更迭酬酢敬酒。

2 阳、缪，两国名。古时于燕飨贵宾，其敬礼与祭祀同，必皆由主人、夫妇亲自接待。故天子飨诸侯，及诸侯相飨，后夫人皆参与献宾。缪侯飨阳侯，阳侯喜欢缪侯的夫人，遂灭其国而占有其夫人。

今译

孔子说："礼法规定，不是祭祀，男女不得在一起交杯敬酒。但以此来防范人们，阳侯还是杀掉了缪侯，占有了他的夫人。所以后来诸侯大飨之礼，就不要夫人参加了。"

子云："寡妇之子，不有见焉[1]，则弗友也，君子以辟远也。故朋友之交，主人不在，不有大故[2]，则不入其门。以此坊民，民犹以色厚于德。"

今注

1 郑玄云：有见，谓睹其才艺。

2 大故，水、火、死丧等大事。

今译

孔子说："寡妇的儿子，如果不是看到他真有才艺，就不必跟他做朋友，因为君子要避免嫌疑，远离是非。所以朋友的交情，如果主人不在家，倘非有水、火、丧葬等大事，就不要到人家串门。但以此来防范人们，依然还是有重色而不重德的。"

子云："好德如好色。诸侯不下渔色[1]。故君子远色以为民纪。故男女授受不亲。御妇人则进左手。姑姊妹女子，子已嫁而反，男子不与同席而坐。寡妇不夜哭。妇人疾，问之不问其疾。以此坊民，民犹淫佚而乱于族。"

今注

1　渔色，内娶于国中的美女。

今译

孔子说："人爱好道德的心，应该像爱好美色一样。诸侯不娶本国的美女为妻。因此君子以远离美色作为人民的榜样。男女不亲手传递物件。车上载着女子，驾车的男子应以左手在前，微微背着女子。姑、姊妹等女性亲属，出嫁后回到娘家，家里的男子就不要和她们同席而坐。寡妇不在晚上哭泣，以免旁人怀疑。妇人有疾，问候她时，不必问是什么病。但是，以此来防范人们，依然还是有贪淫放肆而乱伦常的。"

子云："昏礼，婿亲迎，见于舅姑[1]，舅姑承子以授婿，恐事之违也[2]。以此坊民，妇犹有不至者[3]。"

今注

1　此处"舅姑"，指外舅外姑，亦即新娘的父母亲。

2　承，奉。《仪礼·士昏礼》中父戒女曰："夙夜毋违命。"母戒女曰："夙夜无违宫事。"都是怕侍奉丈夫有不周到的地方。

3　不至，迎不到新娘。

今译

孔子说："举行结婚典礼的时候，新郎要亲自迎接新娘，见到女方的家长时，女方家长便牵着女儿交给新郎，同时还训诫了女儿。这是怕她在夫家有失妇道。但，以此来防范人们，依然还是有悔婚不随夫归家的。"

第三十一　表记

孔疏曰：本篇称"子言之"凡有八所，皇侃云：皆是发端起义，事之头首，记者详之，故称子言之；若于"子言之"下，更开其事，或曲说其理，则直称"子曰"。按此篇所说之事，依次为：君子行为的根本、仁与义的相互关系、仁的要素、义的要素、虞夏商周的政教得失、事君之道、言行待人之道及卜筮等八项，其分段皆甚明显，且各以"子言之"发端。唯"君子不以辞尽人"一节，作"子曰"，而此处实为阐述"言行待人"之首；而"后世虽有作者"一节，本为述"虞夏商周政教"之末，而称"子言之曰"，非唯不合于行文的体例，且辞句突兀，与他处不同，孙希旦疑为传写之误，盖或近之。若将两处"子言之曰"及"子曰"彼此移换，正合皇氏所说的体例。

子言之："归乎[1]！君子隐而显，不矜而庄，不厉而威，不言而信。"

今注

1　郑玄说：这是孔子行应聘，诸侯莫能用，心厌倦而讲的话。

孔子周游列国之后说:"还是回去吧!何必东奔西跑呢?君子身虽幽隐,但道德通达,声名自然显著;不必故作矜持而颜色自然庄重;不必故作严厉而威仪自然使人敬畏;亦不必多说话,别人自会相信。"

子曰:"君子不失足于人,不失色于人,不失口于人[1],是故君子貌足畏也,色足惮也,言足信也。《甫刑》曰[2]:'敬忌而罔有择言在躬[3]。'"

今注

1　失,不得体。足,一举一动。色,一颦一笑。口,一言一语。

2　《甫刑》,《尚书·周书》篇名,亦称《吕刑》。

3　忌,戒惧。罔,无。择,挑剔。这句是说:谨慎戒惧,本身没有说出被人挑剔的话。

今译

孔子说:"君子对人的一举一动、一颦一笑、一言一语都没有不得体的地方,所以君子的仪容使人敬畏,神色使人警惕,言语使人信任。《尚书·甫刑》云:'外表恭敬,内心戒惧,要使本身没有说过被人挑剔的言语。'"

子曰:"袒袭之不相因也[1],欲民之毋相渎也。"

今注

1　袒,袭已见《曲礼下》注。因,因循。郑玄说:不相因者,以其或以袒为敬,或以袭为敬。

今译

孔子说:"行礼时穿衣服,或以露出裼衣为敬,或以重袭上服不露裼衣为敬,不相因从,那是为了使人民不要彼此亵渎。"

子曰:"祭极敬,不继之以乐[1];朝极辨[2],不继之以倦。"

今注

1 极,尽。继,终。乐,欢乐。

2 辨,治理。

今译

孔子说:"祭礼一定要尽量表达敬意,虽然亦有宴飨,但并不是以寻乐为最终目的;朝廷的事一定要尽力处理好,虽然烦劳,但不可因疲倦而草草了事。"

子曰:"君子慎以辟祸,笃以不揜[1],恭以远耻。"

今注

1 笃,笃厚。揜,困迫。

今译

孔子说:"君子用行为谨慎来避免祸患,用修养笃厚来解除困迫,用恭敬待人来远离耻辱。"

子曰:"君子庄敬日强,安肆日偷[1]。君子不以一日使其躬儳焉[2],如不终日。"

今注

1 安,安乐。肆,放肆。偷,苟安。

2 儳焉,郑玄说是可轻贱的样子,王夫之说是"弱貌",应镛说是参差不齐的样子，总而言之，就是不整饬严肃的样子。

今译

孔子说："君子庄重恭敬，才会日比一日地意气坚强，如果安乐放肆，就会日渐苟且放荡。君子绝不会使自己的身心有一日之不整饬严肃，如同小人之慌慌张张，好像一日也过不完的样子。"

子曰："齐戒以事鬼神，择日月以见君，恐民之不敬也。"

今译

孔子说："斋戒然后奉祀鬼神，选择日子然后朝见君主，这样严谨，就是为着怕人民失去恭敬之心。"

子曰："狎侮，死焉而不畏也。"

今译

孔子说："在上位的人不自知检点而轻狎侮慢，那样，虽以死来恐吓下民，但他们也不会畏惧而遵从的。"

子曰："无辞不相接也，无礼不相见也；欲民之毋相亵也。《易》曰[1]：'初筮告，再三渎，渎则不告。'"

今注

1 《易经·蒙卦》辞。

今译

孔子说："朝聘会聚的时候，如果没有用言辞来互通情意就不相接，如果没有见面礼物就不相见；这样规定，是要使人民不要互相亵渎。《易经·蒙卦》说：'第一次筮占，是告诉问卜人凶吉的，但再问三问，就变成亵渎了，既已亵渎也就不必告了。'"

子言之：“仁者，天下之表也；义者，天下之制也；报者，天下之利也[1]。”

今注

1 表，模范。制，裁判。报，报复，以德报德，以怨报怨。

今译

孔子说：“仁是天下共同遵守的榜样；义是评定天下事物的准则；彼此相报，使人乐善去恶，所以为天下之利。”

子曰：“以德报德，则民有所劝；以怨报怨，则民有所惩[1]。《诗》曰：‘无言不雠，无德不报[2]。’《大甲》曰：‘民非后无能胥以宁；后非民无以辟四方[3]。’”

今注

1 劝，劝勉。惩，警惕。

2 《诗经·大雅·抑》。雠，回答。

3 《尚书·太甲》。胥，相。辟，君也。

今译

孔子说：“以好处报答别人对我的好处，大家就会有所劝勉而好好地相待；以恶劣的手段来报复别人对我的恶劣，大家就会有所警惕，亦就不敢对人不好了。《诗经·抑》说：‘别人对我说话，我一定回答；别人对我有恩惠，我一定报答。’《尚书·太甲》说：‘人民如果没有国君，不得安宁；国君如果没有人民，亦不能统治四方。’”

子曰：“以德报怨，则宽身之仁也[1]；以怨报德，则刑戮之民也。”

今注

1　郑玄说：仁亦当言民，是声之误。宽身即容身。

今译

孔子说："以恩惠报答别人对自己的怨恶的，是求苟安容身的人；以怨恶来报答别人对自己的恩惠的，一定是作奸犯科的恶人。"

子曰："无欲而好仁者，无畏而恶不仁者，天下一人而已矣。是故君子议道自己[1]，而置法以民[2]。"

今注

1　议道，检讨做人的道理；自己，从自我检讨入手。
2　置法，制定法律；以民，要以人民的情性为根据。

今译

孔子说："本身无所企求，而天性好仁的，及本身无所畏惧，而天性厌恶不仁的，天下间只有极少数这样的人。所以君子一定要明白这点，谈论道理时须从自身开始，自己能做多少才讲多少，而制定法律时，一定依据人民能做到的程度。"

子曰："仁有三，与仁同功而异情。与仁同功，其仁未可知也；与仁同过，然后其仁可知也。仁者安仁，知者利仁，畏罪者强仁。仁者右也，道者左也。仁者人也，道者义也。厚于仁者薄于义，亲而不尊；厚于义者薄于仁，尊而不亲。道有至，义有考[1]。至道以王，义道以霸，考道以为无失。"

今注

1　郑玄说："义"字上缺一"有"字；此处当作"道有至、有义、有考"。"考"就是"成"的意思。

今译

孔子说:"仁的行为有三种情况,虽然它们达成仁的效果一样,但行仁者的出发点却有不同。能够造成与仁同样的效果,都是泛爱众人,在效果方面就看不出行仁者修养的程度;但就行仁的利害关系来看,却可以知道他修养到了哪种程度。第一是,真正仁爱的人,他们天性安于行仁;第二是,有智慧的人,他们知道行仁有利益;至于第三种,乃是畏惧犯罪而为着免受刑罚才勉强行仁。仁是便于推行的,就像一般人以右为方便一样;道是要勉力推行,就像人的左手,稍为不便。仁是以人情的相爱为出发点,道是人所常行的,以合乎法则为出发点。过分笃厚于仁的,义就行得不够,所以对人亲爱而缺少尊敬;至于过分笃厚于义的,仁就行得不够,因而对人尊敬却缺少了亲爱。道有至极的道,有合于法则的道,有择取旧法而成的道。行至极的道,可以为天下之王;行合于法则的道,可以强霸诸侯;行择取旧法而成的道,可以免除过失。"

子言之:"仁有数,义有长短小大[1]。中心憯怛[2],爱人之仁也;率法而强之,资仁者也[3]。《诗》云[4]:'丰水有芑,武王岂不仕,诒厥孙谋,以燕翼子,武王烝哉[5]。'数世之仁也。《国风》曰[6]:'我今不阅,皇恤我后[7]。'终身之仁也。"

今注

1 数,数目多少。郑玄说:性仁义的人数长大,取仁义的人数短小。

2 憯,隐痛。怛,惊悼。

3 资,借。

4 《诗经·大雅·文王有声》。

5　芑，枸杞。仕，事。诒，遗。燕，安。翼，助。烝，君。

6　《诗经·邶风·谷风》。

7　阅，容纳。皇，空暇。恤，忧。

今译

孔子说："仁的程度有数目多少之分，义的程度亦有长短大小之别。人遇到不幸的事情，心中感到隐痛惊悼，这是发自内心爱人的仁；依从法律，勉强行仁，这不是真正的仁，只是借仁为手段以达成目的。《诗经·文王有声》说：'周武王必然惦念着天下的事，正如丰水必然有枸杞一样。武王留下了良好的计谋给他的子孙，帮助他们得到安乐，武王真是位伟大的君主啊！'这就是嘉惠及于若干世代的仁。《诗经·谷风》说：'我且自顾不暇，哪里还有时间为后代着想呢！'这就是随着自身死亡而结束的仁。"

子曰："仁之为器重，其为道远，举者莫能胜也，行者莫能致也，取数多者仁也；夫勉于仁者，不亦难乎？是故君子以义度人，则难为人；以人望人[1]，则贤者可知已矣。"

今注

1　望，朱骏声云：段借为方，是比方之意，以人望人，是把人当作平常人来看。

今译

孔子说："仁就像一件非常重的器具，如果道路非常长远，没有人能整个举起这重器，也没有人能整个走完这长路；我们只能比较谁举得更重，行得更远，以数量多的，算作'仁'了。像这样，勉力于仁，不是很困难吗？所以君子如果以义的标准来衡量一个人，那做人就很难够得上标准；如果以一般人的标准来要求别人，就可以知道谁是贤者了。"

子曰："中心安仁者，天下一人而已矣。《大雅》曰[1]：'德辁如毛，民鲜克举之；我仪图之，惟仲山甫举之，爱莫助之[2]。'"

今注

1 《诗经·大雅·烝民》。

2 辁，轻。鲜，罕少。克，能。仪，想象。图，思维。仲山甫，周宣王的大臣。

今译

孔子说："心中能够安于行仁的人非常少，天下只有一个而已。《诗经·大雅·烝民》说：'道德就像羽毛一样轻，但是很少人能够举起它；我再三想象，觉得只有仲山甫能够举起它，许多人虽然有心，却没有这份力量帮助他。'"

《小雅》曰[1]："高山仰止，景行行止[2]。"子曰："《诗》之好仁如此；乡道而行，中道而废[3]，忘身之老也，不知年数之不足也，俛焉日有孳孳[4]，毙而后已。"

今注

1 《诗经·小雅·车辖》。

2 景行，大道。

3 废，郑玄说：比喻力尽疲顿，不能复行则停止。

4 俛焉，勤劳的样子。孳孳，不怠懈。

今译

《诗经·小雅·车辖》说："高山是大家所仰望的，大路是众人所共行的。"孔子说："《诗经》的爱好仁恩到了这种地步；向着大道前进，至半途精疲力竭，不能继续而停下，都忘了身已衰老，还不计较能活得多久，仍在勉力地向前，到死方休。"

子曰："仁之难成久矣！人人失其所好，故仁者之过易辞也。"子曰："恭近礼，俭近仁，信近情。敬让以行，此虽有过，其不甚矣。夫恭寡过，情可信，俭易容也；以此失之者，不亦鲜乎[1]？《诗》曰：'温温恭人，惟德之基[2]。'"

今注

1 《诗经·大雅·抑》。

2 温温，敬让温柔的样子。

今译

孔子说："行仁难以有成就，是由来已久的事了！因为大家都失掉了爱好仁道的天性，所以行仁的人有过错，很容易为自己辩解。"孔子又说："恭敬很接近于礼，节俭很接近于仁，信用很接近于人情。做人能恭敬谦让，虽然有过错，也不会是大错。至于为人恭敬则能少犯过错，近于人情则使人信赖，而日用节俭则使人易于容纳；这样的人犯错误，不是少有的事吗？《诗经·大雅·抑》说：'礼貌温柔，行为恭谨，才是道德的基础。'"

子曰："仁之难成久矣，惟君子能之。是故君子不以其所能者病人，不以人之所不能者愧人。是故圣人之制行也，不制以己，使民有所劝勉愧耻，以行其言。礼以节之，信以结之，容貌以文之，衣服以移之[1]，朋友以极之[2]，欲民之有壹也[3]。《小雅》曰[4]：'不愧于人，不畏于天。'是故君子服其服，则文以君子之容；有其容，则文以君子之辞；遂其辞[5]，则实以君子之德。是故君子耻服其服而无其容，耻有其容而无其辞，耻有其辞而无其德，耻有其德而无其行。是故君子衰绖则有哀色；端冕则有敬色；甲胄则有不可辱之色。《诗》云[6]：'惟鹈在梁，不濡其翼；彼记之子，不称其服⁷。'"

今注

1　移，改变。王夫之说：易其耳目肢体的外表，以改变其淫陋。

2　极，聚合。

3　壹，专心向善。

4　《诗经·小雅·何人斯》。

5　遂，成就。

6　《诗经·曹风·候人》。

7　鹈，鹈鹕鸟。梁，鱼梁，竹石在河中围成的捕鱼器。记，《诗经》作"其"。

今译

孔子说："行仁而难以成功，是由来已久的事了，只有君子能够成功。所以君子知道一般人的修养能力，不会以自己做得到而别人做不到的事责备于人，亦不会以别人做不到的事便讥笑别人。所以圣人规范别人的行为，不是以圣人自身的能力为标准，他只是使人们互相规劝、勉励，使人们知耻知愧，从而按照圣人所说的去做。用礼来节制他们，用诚心来团结他们，用和婉的容貌来修饰他们，用衣服的整齐来改变他们的气质，用朋友的情义来勉励他们，这都是希望他们一心向善。《诗经·小雅·何人斯》说：'对人没有惭愧的地方，对天亦不必畏惧。'所以君子穿上了他们的服装，还要以君子的仪容来文饰；有了仪容，还要以君子的谈吐来文饰；谈吐清雅了，还要以君子的道德来充实自己。所以君子常因其徒有服饰而没有仪容而感到可耻，因其徒有仪容而没有辞令而感到可耻，因其徒有辞令而没有美德而感到可耻，因其徒有美德而没有好的行为而感到可耻。所以君子穿了丧服，就会有悲哀的表情；穿了朝服，就会有恭敬的表情；穿了军服，就会有威武不可侵犯的表情。《诗经·曹风·候人》说：'鹈鹕鸟在鱼梁捉鱼，还不至弄湿羽翼；那些没德行的官员们，真不配穿他那一身好衣服啊。'"

子言之："君子之所谓义者，贵贱皆有事于天下；天子亲耕，粢盛秬鬯以事上帝[1]，故诸侯勤以辅事于天子。"

今注

1　杜预说：黍稷等谷物叫作"粢"，把它摆在器皿就叫作"盛"。秬鬯，用黑麦造的香酒。

今译

孔子曾说："君子所说的义，就是无论尊贵或卑贱的人，在这世界上都会有要敬行的事；譬如天子那么尊贵，还要举行亲耕的仪式，然后以黍稷、香酒来奉侍上帝，所以诸侯要勤勉地辅助天子。"

子曰："下之事上也，虽有庇民之大德，不敢有君民之心，仁之厚也。是故君子恭俭以求役仁，信让以求役礼，不自尚其事，不自尊其身，俭于位而寡于欲，让于贤，卑己尊人，小心而畏义，求以事君，得之自是，不得自是，以听天命。《诗》云[1]：'莫莫葛藟，施于条枚[2]；凯弟君子，求福不回[3]。'其舜、禹、文王、周公之谓与！有君民之大德，有事君之小心。《诗》云[4]：'惟此文王，小心翼翼，昭事上帝，聿怀多福，厥德不回，以受方国[5]。'"

今注

1　《诗经·大雅·旱麓》。

2　莫莫，茂密的样子。葛藟，葛与藟均为蔓生植物。施，攀延，附着。条，树枝。枚，树干。

3 凯，快乐。弟，和易。求福不回，郑玄说是求修福德以等待，不做回邪的行为。

4 《诗经·大雅·大明》。

5 翼翼，恭敬。昭，心迹昭著。聿，语气词。

今译

孔子说："在下位的奉事在上位的，是理所当然的事，在上位的人虽然有庇护人民的大德，亦不敢有统治人民的心理，这才是最浓厚的仁恩。所以君子以恭敬节俭，希望做到服务于仁道，以信实谦让，希望合于礼仪。不夸耀自己的事，不抬高自己的职位，不放纵欲望，不跟别人争夺；贬抑自己而推崇别人，小心做事而谨慎事宜；希望以这样的态度来得到君上的信任。得意的时候这样做，失意的时候也这样做，以听由天命安排一生。《诗经·大雅·旱麓》说：'茂密的葛藟攀延在树木的枝干上，这是它们的天性；和易快乐的君子，常行正道，一心一意，不做回邪的事，以求取幸福，这也是他们的天性。'这正是舜、禹、文王、周公的最好写照。因为他们都有统治人民的大德，又有奉侍君主的细心。《诗经·大雅·大明》说：'周文王恭敬小心，心迹昭著，大公无私地奉侍上帝，虽得到了许多福佑，但仍专心一志，不做回邪的事，结果他得到了天下诸侯的拥戴。'"

子曰："先王谥以尊名，节以壹惠，耻名之浮于行也。是故君子不自大其事，不自尚其功，以求处情；过行弗率，以求处厚；彰人之善而美人之功，以求下贤。是故君子虽自卑，而民敬尊之。"

今译

孔子说:"先王对死了的人加一个谥号,目的是使那人的名誉得到尊崇,定谥号时,只是截取那人的一种美行做代表,其实那人不止有一种美德,但先王不将所有美行都安排在谥号内,是为了不使人的声名超过了行为。所以君子不自己夸耀所做的事情,不自己推崇自己的功绩,目的是求实在。有了超常的行为但不要求别人必以自己做榜样而跟着做,其目的就是怕别人也许做不来,因而显露出短处;那样,自己也就失去敦厚。表扬别人的好处而赞美别人的功劳,目的是对贤良的人表示敬意。所以君子虽然自己贬低自己,但人民却尊敬他。"

子曰:"后稷,天下之为烈也[1],岂一手一足哉! 唯欲行之浮于名也,故自谓便人[2]。"

今注

1 烈,功业的意思。

2 便人,郑云:便习于世事之人。

今译

孔子说:"后稷始创农业,教人耕植,因而受益的,岂止是一两个人而已! 但他为使自己的行为超过名声,所以说自己只是个懂得种庄稼的人。"

子言之:"君子之所谓仁者,其难乎!《诗》云[1]:'凯弟君子,民之父母。'凯以强教之;弟以说安之[2]。乐而毋荒;有礼而亲;威庄而安;孝慈而敬。使民有父之尊,有母之亲。如此而后可以为民父母矣;非至德其孰能如此乎? 今父之亲子也,亲贤而下无能;母之亲子也,贤则亲之,无能则怜之。母,亲而不尊;父,尊而不亲。水之于民也，亲而不尊；火，尊而不亲。土之于民也，亲而不尊；天，尊而不亲。命之于民也[3]，亲而不尊；鬼，尊而不亲。"

今注

1 《诗经·大雅·泂酌》。

2 说，同"悦"。

3 命，政令。

今译

孔子说："君子所讲的仁，实在是很难做到的！《诗经·大雅·泂酌》说：'快乐和易的君子，是人民的父母。'君子以快乐教人，使人自强不息而得到教育；以和易感化人，使人喜悦而不荒废事业。人民快乐而不荒废事业；有礼貌而不彼此疏远；威严庄重而不失安宁；孝顺慈爱而不失恭敬。使人民尊敬自己好像是对父亲一样；亲近自己好像是对母亲一般。这样然后可以做人民的父母；如果不是有极佳的德行，怎么能够这样？现在做父亲的，亲爱儿子是看儿子的情况，儿子能干就亲爱，不能干就看不起；做母亲的呢？儿子能干就亲爱，不能干就怜惜，和父之爱子是不一样的。所以母亲可亲近但没有尊严，父亲有尊严却难于亲近。水，对人来讲，是可亲近而无尊严；火，照耀万物而不可接近，是有尊严而不可亲。土地生养万物，却被人践踏，是可亲近而无尊严；天覆盖万物，是有尊严而不可接近。政令是教导人民的，是亲近而没有尊严；鬼神存于人的心中，是有尊严而不可亲近的。"

子曰："夏道尊命[1]，事鬼敬神而远之[2]，近人而忠焉[3]，先禄而后威，先赏而后罚，亲而不尊；其民之敝[4]：蠢而愚，乔而野，朴而不文[5]。殷人尊神，率民以事神，先鬼而后礼，先罚而后赏，尊而不亲；其民之敝：荡而不静，胜而无耻 6。周人尊礼尚施，事鬼敬神而远之，近人而忠焉，其赏罚用爵列 7，亲而不尊；其民之敝：利而巧，文而不惭，贼而蔽 8。"

今注

1　尊命，勤于政教、民事。

2　远之，不以鬼神之道立教。

3　近人，通达于人情。忠，尽其爱心。

4　敝，政教衰败的现象。

5　蠢，蠢钝。乔，同"骄"，骄傲。野，放肆。朴，质朴。

6　荡，放荡。静，安静。胜，务求争胜免罚。

7　列，等级。爵列是说以爵位的高低，为赏罚轻重的差别。

8　利，便利。巧，机巧。善于文饰，不顾实在。贼，互相贼害。蔽，互相欺骗蒙蔽。

今译

孔子说："夏代治国，是勤于政务、民事，敬奉鬼神，而不以鬼神的道理掺杂在教化里，通达人情，尽其爱心，以俸禄为先，责怒为次，以赏赐为先，刑罚为次，所以他们的政令是可亲近而没有尊严；到了政教衰败的时候，人民都变得蠢钝愚笨，骄傲放肆，粗鄙得毫无文采。殷代的人推崇神鬼，国君带领人民奉侍鬼神，推重鬼神而轻视礼教，注重刑罚而疏忽奖赏，所以他们的政令是有尊严而不可亲近；到了政教衰败的时候，人民都变得放荡而不守本分，但求争胜免罚而不知羞耻。周人推崇礼法，爱好施与，敬侍鬼神，但不以鬼神的道理掺杂在教化里，通达人情，尽其爱心，奖赏刑罚的轻重，以爵位的高低为差等，所以他们的政令是易于亲近而缺少尊严；到了政教衰败的时候，人民都变得贪利取巧，善于文饰过失而不知惭愧，为求达到目的，互相贼害，互相欺瞒。”

子曰：“夏道未渎辞，不求备，不大望于民 [1]，民未厌其亲；殷人未渎礼，而求备于民；周人强民，未渎神，而赏爵刑罚穷矣 [2]。”

今注

1　渎，烦渎。辞，政令。备，充足完备。大望，责望于人民者多，谓赋税重。

2　强民，勉强人民服从政教。穷，穷极繁多。

今译

孔子说：“夏代政令清简，对人民不苛求完备，赋税轻省，人民尚未厌弃亲亲之情；殷人礼法简约，但要人民做得过多；周人勉强人民奉行政教，虽未烦渎鬼神，然而奖赏晋爵以及刑罚便已极其繁多了。”

子曰：“虞夏之道，寡怨于民；殷周之道，不胜其敝。”

今译

孔子说：“虞、夏的政治单纯朴实，人民易于奉行而少怨恨；殷、周的政治逐渐繁杂，而终至于无法收拾了。”

子曰：“虞夏之质，殷周之文，至矣。虞夏之文不胜其质；殷周之质不胜其文。”

今译

孔子说：“虞、夏的朴实风气，及殷、周的文教礼法，都已到达极点了。虞、夏的文饰不及其淳朴，而殷、周的淳朴却不及其文饰。”

子言之曰："后世虽有作者，虞帝弗可及也已矣。君天下，生无私，死不厚其子；子民如父母，有憯怛之爱，有忠利之教；亲而尊，安而敬，威而爱，富而有礼，惠而能散；其君子尊仁畏义，耻费轻实[1]，忠而不犯，义而顺，文而静，宽而有辨。《甫刑》曰：'德威惟威，德明惟明[2]。'非虞帝其孰能为此乎？"

今注

1 费，浪费。实，财利。

2 惟威，都畏惧。惟明，都尊敬。

今译

孔子说："后代虽有明王复起，但再也没有虞舜那么好的了。他统治天下，活着时没有一点私心，死后也没特别优待他的儿子；对待人民，如同父母之待儿女，既有出自真心的爱护，也有确实对人民有益的教育；既易亲近，又有尊严，使人安乐而恭敬。他既有威仪又有爱心，使人民生活富足而不失于礼貌，能施惠于人民而又没有偏心。他的臣下，都崇尚仁而谨守着义，以浪费为羞耻，但并不斤斤计较财物，而且忠心耿耿不冒犯长官，循礼而听话，文明而稳重，既能宽容又有分寸。《尚书·甫刑》说：'舜德的威严使人敬畏，舜德的明察使人尊敬。'不是虞舜，哪一个能做到这种地步？"

子言之："事君先资其言，拜自献其身[1]，以成其信。是故君有责于其臣，臣有死于其言。故其受禄不诬，其受罪益寡。"

今注

1 拜自献其身，拜受君命而自进其身，谓担负起责任。

今译

孔子说："侍奉君主的人，要先将自己的治国计划对君主说明，君主认为可用，然后受命而贡献所有的力量，以实现这一计划。所以君主可以责成臣下，而臣下亦鞠躬尽瘁以实现自己的治国计划。所以做官的人，不随便接受俸禄，有多大本领才担当多大的责任，因而失职的事也就很少了。"

子曰："事君大言入则望大利，小言入则望小利[1]；故君子不以小言受大禄，不以大言受小禄。《易》曰：'不家食吉[2]。'"

今注

1　大言入、小言入，郑玄云：入或为"人"，则此当读"大言，人则望大利；小言，人则望小利"。

2　《易经·大畜·象辞》。郑玄说：这是说君主家中有大积蓄，不只与家人享受，应与贤人分享，才得吉利。

今译

孔子说："侍奉君主的人，贡献大的计划，人们就希望它带来大利益，贡献小的计划，人们就希望它带来小利益。造福于人，大者报酬大，小者报酬小，所以君子不因小计划成功而接受大俸禄，也不至于大计划成功只接到小俸禄。《易经·大畜·象辞》说：'君主家中有大积蓄，不是只跟家人享受，应分给贤人同享，这样才吉利。'"

子曰："事君不下达[1]，不尚辞，非其人弗自[2]。《小雅》曰：'靖共尔位，正直是与，神之听之，式穀以女[3]。'"

今注

1　下达，郑云：不以私事通于君。陈澔云：如逢君之恶。后说为近是。

2　自，所由进身者。

3 《诗经·小雅·小明》。靖，安。共，恭。尔，汝。式，用。縠，禄。

今译

孔子说："从政的人，不应以下流的事来讨长官的欢喜，不要尽说漂亮话，如果不是正直的人推荐，绝不随便和其交往。《诗经·小雅·小明》说：'安安分分地坚守着岗位，与正直的人为友，神明一定会知道你的好处，赐给你俸禄爵位的。'"

子曰："事君远而谏，则讇也[1]；近而不谏，则尸利也。"

今注

1 远而谏，谓越级献议。讇，同"谄"。

今译

孔子说："侍奉君主的人，如果地位疏隔而越级献议，则似谄媚贵人；但是，如果身在长官左右，有事而不劝谏，那就是吃饭不做事，好像祭祀的'尸'一样了。"

子曰："迩臣守和[1]，宰正百官[2]，大臣虑四方[3]。"

今注

1 迩臣，侍御仆从的近臣。守和，调和君主的德行。

2 宰，总理大臣。

3 大臣，谓各部长官。虑，谋虑。

今译

孔子说："君主身边侍御仆从的近臣，应注意调和君主的德行，总理大臣整治百官，各部大臣则谋划四方之事。"

子曰："事君欲谏不欲陈[1]。《诗》云[2]：'心乎爱矣，瑕不谓矣³？中心藏之，何日忘之？'"

今注

1　欲，应该。陈，宣扬。

2　《诗经·小雅·隰桑》。

3　瑕，何；"为什么"的意思。谓，告诉。

今译

孔子说："侍候君主，君主有过失就应该劝谏而不应该宣扬他的过失。《诗经·小雅·隰桑》说：'心里实在很爱护他，为什么不忠告他呢？心里要劝谏他的主意，什么时候忘记过？'"

子曰："事君难进而易退¹，则位有序；易进而难退则乱也。故君子三揖而进，一辞而退，以远乱也。"

今注

1　郑玄云：进难者，为主人之择己；退速者，为君子之倦也。按此并见《儒行》篇，盖谓知己之恩不易得，故难进；而忤心之事则常有，故易退。

今译

孔子说："从政的人，遇合有时，不随便进身，不合则退，不贪恋权位，这样职位的升降便有秩序了；如果只图权位而又不肯辞职，这样不懂职责，政府便要弄得一团糟了。所以君子做客，三揖然后入门，而告辞一次就要离去。这样难进易退，就是要免于混乱。"

子曰："事君三违而不出竟，则利禄也；人虽曰不要¹，吾弗信也。"

今注

1　利禄，"利"字作贪图讲。要，企求。

今译

孔子说："从政的人，与君主意见不合，经过三次之多，还不肯辞职，那就是贪图俸禄；即使别人说他不是企求非分，但我却不相信。"

子曰："事君慎始而敬终。"

今译

孔子说："从事政治的人，在开始的时候要谨慎而不随便接受官职；接受了之后就要尽心尽意地做到底。"

子曰："事君可贵可贱，可富可贫，可生可杀，而不可使为乱[1]。"

今注

1　为乱，郑云：废事君之礼。

今译

孔子说："从政的人，不论君主要使他尊显或卑贱，要使他富裕或贫窘，甚至于要他生或死，他都可以接受，但所不可废者是事君之礼。"

子曰："事君，军旅不辞难，朝廷不辞贱；处其位而不履其事，则乱也。故君使其臣得志，则慎虑而从之；否，则孰虑而从之[1]，终事而退，臣之厚也。《易》曰：'不事王侯，高尚其事[2]。'"

1　孰，同"熟"。孰虑就是详细考虑。

2　《易经·蛊卦》上九爻辞。

今译

孔子说："从事政治的人，战争时，在军队中不应该逃避艰难的任务，平时在朝廷中，不应推辞卑贱的工作，因为身处那个职位而不做那种事，就是乱。所以，如果君主使臣子做他愿意做的事，臣子应谨慎考虑自己的能力及计划，然后接受来做；如果君主交下来的任务，不是臣子愿意做的，臣子应该详细加以考虑，安排妥当，然后接受来做，而且不辞劳苦地将事情完成了，然后引退，这是做臣下忠厚的地方。《易经·蛊卦》说：'不是侍候王公诸侯，而是尊重事业。'"

子曰："唯天子受命于天，士受命于君。故君命顺则臣有顺命；君命逆则臣有逆命。《诗》曰[1]：'鹊之姜姜，鹑之贲贲[2]；人之无良，我以为君。'"

今注

1　《诗经·墉风·鹑之奔奔》。

2　郑玄说：姜姜、贲贲指争斗凶恶的样子。

今译

孔子说："天子是由上天任命的，官吏是由天子任命的，所以君主的政令，若是顺应人道，臣下就会顺从；若是违反人道，臣下就会反抗。《诗经·鹑之奔奔》说：'大鹊鸟姜姜地在上面争斗，小鹑鸟又贲贲地在下面争斗；我们人类也是一样，上有上争，下有下争，都是因为我们立了个不好的人做君主。'"

子曰："君子不以辞尽人。故天下有道，则行有枝叶；天下无道，则辞有枝叶。是故君子于有丧者之侧，不能赙焉，则不问其所费；于有病者之侧，不能馈焉，则不问其所欲；有客，不能馆，则不问其所舍。故君子之接如水；小人之接如醴。君子淡以成；小人甘以坏。《小雅》曰[1]：'盗言孔甘，乱是用餤[2]。'"

今注

1 《诗经·小雅·巧言》。

2 孔，甚。乱，祸乱。餤，进。

今译

孔子说："君子是不会因一个人说话动听与否而断定他的好坏。所以当社会有道德的时候，人们所做的事都比他所讲的多；当社会道德低落时，人们所讲的就比所做的事来得多了。所以君子跟那些有丧事的人在一起，如果不能资助他，就不要问他要用多少丧葬费；跟有病的人在一起，如果无力馈赠他，就不要问他需要什么东西；远客来访，如果没有地方让他住，就不要问他住在什么旅馆。所以君子之间的交情像水一般淡薄，小人之间的交情像甜酒那样浓厚。君子的交情虽淡薄，却能相辅相成；小人的交情虽浓厚，但是日久却会败坏。《诗经·巧言》说：'坏话十分动听的，但祸乱也就跟着来了。'"

子曰："君子不以口誉人，则民作忠。故君子问人之寒，则衣之；问人之饥，则食之；称人之美，则爵之。《国风》曰[1]：'心之忧矣，于我归说[2]。'"

今注

1 《诗经·曹风·蜉蝣》。

2 王夫之云：说，居住休息。

今译

孔子说："君子不以空言讨好别人，则人民就会兴起忠实的风气。所以君子问人是否觉得冷，同时就送衣服给他；问人是否饥饿，同时就送食物给他；问某人品德高尚与否，同时就准备任用他。《诗经·蜉蝣》说：'看到你这种使人忧虑的境况，不如跟我回家安居吧！'"

子曰："口惠而实不至，怨菑及其身。是故君子与其有诺责也，宁有已怨[1]。《国风》曰[2]：'言笑晏晏，信誓旦旦，不思其反[3]；反是不思，亦已焉哉！'"

今注

1 诺，承诺。已，拒绝。

2 《诗经·卫风·氓》。

3 晏晏，和悦的样子。旦旦，恳切的样子。反，实践诺言。

今译

孔子说："答应人家好处而不兑现，一定会引起人家怨恨，乃至因此而惹祸上身，所以君子事先不轻易答应别人的请求，宁愿受人埋怨。《诗经·氓》说：'起初和颜悦色，有说有笑，而且赌咒发誓表示诚实。不想一想那些话的后果，到了结果是相反的，那一切也都完了！'"

子曰："君子不以色亲人；情疏而貌亲，在小人则穿窬之盗也与[1]？"

今注

1 穿窬，钻墙洞。

今译

孔子说："君子不装模作样讨人欢喜，如果心里不喜欢而装作亲密的样子，这就小人来说，不就是钻墙洞的小偷吗？"

子曰："情欲信，辞欲巧。"

今译

孔子说："用心要真挚，说话要恰好。"

子言之："昔三代明王皆事天地之神明，无非卜筮之用，不敢以其私，亵事上帝。是故不犯日月，不违卜筮[1]。卜筮不相袭也。大事有时日；小事无时日，有筮[2]。外事用刚日，内事用柔日[3]。不违龟筮。"

今注

1 卜筮得在某月某日不吉利，就避免在那个日子行事，所以说"不犯"。既然卜筮，一定遵从，就是"不违"。

2 大事，有事于大神，如郊禘。小事，有事于小神。有时日，有规定的日子。

3 刚日，甲、丙、戊、庚、壬；柔日，乙、丁、己、辛、癸。外事，天神地祇；内事，宗庙。

今译

孔子说："从前夏殷周三代圣明的天子，都奉事天地众神，一切事都由占卜决定，他们不敢逞私意冒渎上苍。所以不至于冲犯不吉的日子，不违背占卜的指示。用卜就不再筮，二者不相重复。郊禘之祭，各有固定的日子，用卜；小祭祀，没有固定的时间，只用筮。祭祀天神地祇只用刚日，宗庙之祭用柔日。皆不敢违背龟筮的指示。"

子曰："牲牷礼乐齐盛¹，是以无害乎鬼神，无怨乎百姓。"

今注

1　王夫之说这里有阙文。牷，没有杂色的毛。齐，同"粢"。

今译

孔子说："毛色纯正的祭牲，仪式和乐舞以及黍稷等祭品，都是适合于鬼神，同时又是百姓能接受的。"

子曰："后稷之祀易富也¹；其辞恭，其欲俭，其禄及子孙。《诗》曰²：'后稷兆祀，庶无罪悔，以迄于今³。'"

今注

1　富，郑云，是完备的意思。

2　《诗经·大雅·生民》。

3　兆，郑云：四郊祭处。今按此字，《诗经》作"肇"，是开始的意思。迄，至。

今译

孔子说："后稷的祭祀，是很容易备办的；因他的言辞恭敬，欲望简单，而且他的福禄都施及子孙了。《诗经·生民》说：'自从后稷始祭，几乎都没有什么缺憾，直到今天还是这样。'"

子曰："大人之器威敬。天子无筮；诸侯有守筮¹。天子道以筮；诸侯非其国不以筮。卜宅寝室²。天子不卜处大庙³。"

今注

1　守，在国曰守，守筮，守国的筮，有事然后用。

2　宅，所居住的地方。

3　王夫之说：宾祭大事处之；不卜而行。孙希旦说：天子至诸侯的地方，一定居住在太庙，不用卜。按：孙氏的讲法与郑玄、孔颖达不同，但较为合理，故采用。

今译

孔子说："居大位的人所用的器具，都很有威仪很受尊重，不随便乱用。天子用卜不用筮；诸侯在国居守有事才用筮，大事卜，小事筮。天子出行，在道路上用筮；诸侯不在自己的封土内不用筮。搬家或迁移寝宫用卜。天子到诸侯的地方出巡，一定居住在太庙里，不必卜。"

子曰："君子敬则用祭器。是以不废日月，不违龟筮，以敬事其君长。是以上不渎于民，下不亵于上。"

今译

孔子说："君子尊敬别人，朝聘及款待宾客使用祭祀时用的器皿。所以宾客都按着规定的日子和卜筮的指示，而敬事君长。于是在上位的人给人民以尊严，在下位的人亦不敢对上有所怠慢。"

第三十二　缁衣

　　本篇所述，以好恶言行为大旨，而谈安国治民的道理，定名为《缁衣》，只是因篇内引有《缁衣》之文而已。王夫之以为由《坊记》以下，并《表记》以及此篇，本末相资，脉络相因，文义相肖，盖同一书，如今《礼记》杂《中庸》于《坊记》之后，是后世传者所乱。刘瓛说本篇是公孙尼子所作，未知何据，但本篇系续《表记》而作，似无可疑。

　　子言之曰："为上易事[1]也，为下易知[2]也；则刑不烦矣。"

今注

1　事，服侍。易事，谓容易服侍。

2　易知，谓坦诚无欺。

今译

　　孔子说："在上位的人和蔼可亲，则其部下不至犯上；在下位的人坦诚正直，则长官寄以心腹；这样就可省了许多刑事案件。"

　　子曰："好贤如《缁衣》[1]，恶恶如《巷伯》[2]，则爵不渎而民作愿[3]，刑不试而民咸服[4]。《大雅》曰[5]：'仪刑文王，万国作孚[6]。'"

今注

1 《缁衣》，《诗经·郑风》篇名。缁衣是朝服。这首诗是说郑武公、桓公父子为周司徒，善于职守，郑国人都很愿意留任他，他的朝服穿旧穿破，则又为他缝制新的。所以说是一首"好贤"的诗。

2 《巷伯》，《诗经·小雅》篇名。巷伯是宫廷中的小官。这首诗是说要将那些好说谗言的坏人，投给豺狼虎豹及诸方恶鬼吃掉，不要他们留在世上，所以说是"恶恶"的诗。

3 爵不渎，不轻易以官爵赏人。愿，谨厚。

4 试，动用。

5 《诗经·大雅·文王》。

6 仪刑，都是"效法"的意思。孚，信。

今译

孔子说："如果能够像《缁衣》那首诗所讲的那么爱护贤德的人，像《巷伯》那首诗所讲的那么痛恨坏人，执政者必不会胡乱把官爵奖赏别人，而人民亦变得谨慎笃厚，不必动用刑罚，人民都会服从政教了。《诗经·文王》说：'效法周文王，世界上就会兴起诚信的风气了。'"

子曰："夫民，教之以德，齐之以礼，则民有格心；教之以政，齐之以刑，则民有遁心[1]。故君民者，子以爱之，则民亲之；信以结之，则民不倍[2]；恭以莅之，则民有孙心。《甫刑》曰：'苗民匪用命，制以刑，惟作五虐之刑曰法。'是以民有恶德，而遂绝其世也。"

今注

1 格心，向善的心。遁心，逃避刑罚的心。

2 倍，同"背"。

今译

孔子说："对待人民，用道德来教育他们，用礼仪来约束他们，人民才会有向善的心理；如果用政令来教导他们，用刑罚来约束他们，人民就有逃避刑罚的心理。所以统治人民的人，能够以对待儿女的爱来爱护人民，人民才会亲近他；能够以信用来结纳人民，人民才不至于背叛他；能够恭恭敬敬，不作威作福地对待人民，人民才会顺服。《尚书·甫刑》说：'苗人不肯听命，要用刑罚制裁，制定了五种毒刑而称为法。'于是人民的人格愈见低劣，竟至于绝了后嗣。"

子曰："下之事上也，不从其所令，从其所行。上好是物，下必有甚者矣。故上之所好恶，不可不慎也，是民之表也。"

今译

孔子说："部下对待他的上级，不是服从命令，而是看上级的行动怎样，他们跟着去做。上级爱好这样东西，下级一定爱之比他更甚。所以在上者的爱憎，不可不谨慎，因为他们是人民的模范。"

子曰："禹立三年，百姓以仁遂焉，岂必尽仁?《诗》云[1]：'赫赫师尹，民具尔瞻[2]。'《甫刑》曰：'一人有庆，兆民赖之。'《大雅》曰：'成王之孚，下土之式。'"

今注

1 《诗经·小雅·节南山》。

2 赫赫，位高望重。师尹，就是"尹太师"的意思。

今译

孔子说:"禹登位才三年,人民都在仁的修养方面有所成就,难道他们本来就是仁人吗?那只是受禹的感化而已,他们并没有什么特别的地方。《诗经·节南山》说:'位高望重的尹太师呵,人民都注视着你呢!'《尚书·甫刑》说:'君主一个人有美德,千千万万人民都因他而蒙受了好处。'《诗经》说:'周成王诚信笃厚,是他部下人民的模范。'"

子曰:"上好仁,则下之为仁争先人。故长民者章志、贞教[1]、尊仁,以子爱百姓;民致行己以说其上矣。《诗》云:'有梏德行,四国顺之[2]。'"

今注

1 章,表明。贞,正。

2 《诗经·大雅·抑》。梏,《毛诗》此字作"觉";觉是正直的意思。

今译

孔子说:"在上位的人爱好仁,在下位的人都抢先去行仁,只怕落在别人后面。所以身为人民领导者的,应表明行仁的志向,以正道教育人民,推崇仁道,以对待儿子的爱心去爱人民;人民就会尽心尽力修养品德,以求获得领导者的欢心。《诗经·抑》说:'有正直德行的君主,四方的人民都会服从他。'"

子曰:"王言如丝,其出如纶;王言如纶,其出如綍[1]。故大人不倡游言[2]。可言也,不可行,君子弗言也;可行也,不可言,君子弗行也。则民言不危行[3],而行不危言矣。《诗》云:'淑慎尔止,不愆于仪。'[4]"

今注

1 纶，绶带。綍，同"绋"，引棺的大绳索。

2 游，浮。游言即空话。

3 危，高，过的意思。

4 《诗经·大雅·抑》。淑，善。止，容止。僭，同"愆"，过失。仪，礼仪。

今译

孔子说："君王说的，本只有丝那么细的意见，传到了臣民耳里，却变得绶带那么粗大；如果君王说的真有绶带那么粗大，传到了臣民耳里，就要变得缆索那么粗大了。所以执政的人，不要讲空话。讲得出而做不到的话，君子不说；做得到而不可告人的事，君子也不做。能够这样，人民就不至于说多做少，也不至于做的坏事多过所讲的好话了。《诗经·抑》说：'谨慎行为，不要触犯礼仪。'"

子曰："君子道人以言，而禁人以行。故言必虑其所终，而行必稽其所敝；则民谨于言而慎于行。《诗》云[1]：'慎尔出话，敬尔威仪。'《大雅》曰：'穆穆文王，於缉熙敬止[2]。'"

今注

1 《诗经·大雅·抑》。

2 《诗经·大雅·文王》。穆穆，美好。於、止，皆叹美辞。

今译

孔子说："君子以言语教导人向善，以行动禁止人作恶。所以执政者，讲话定要考虑其后果，行动必须了解其敝端，这样，人民亦不至于乱说而会小心行事了。《诗经·抑》说：'你要慎重发话，端正你的威严仪表。'《诗经·文王》说：'有美德的文王啊！

要不断发扬你恭敬的行为啊！'"

子曰："长民者，衣服不贰，从容有常，以齐其民，则民德
壹。《诗》云[1]：'彼都人士，狐裘黄黄，其容不改，出言有章，行
归于周，万民所望[2]。'"

今注

1 《诗经·小雅·都人士》。此诗作于周室东迁以后，诗人在
周东都回忆西都的情形。

2 都，西都。章，法则。周，忠信。

今译

孔子说："身为领导者的人，有固定不变的服装，有循规蹈矩
的仪节，这样来约束他的人民，人民的道德才会齐一而有恒。《诗
经·都人士》说：'想到那西都时代的先人，个个都穿了黄色的狐
裘皮衣，仪容有规矩，讲话有章法，行为都以忠信为本，他们都
是万民所敬仰的。'"

子曰："为上可望而知也，为下可述而志也[1]，则君不疑于其
臣，而臣不惑于其君矣。尹吉曰[2]：'惟尹躬及汤，咸有壹德[3]。'
《诗》云：'淑人君子，其仪不忒[4]。'"

今注

1 志，记识。

2 "吉"字当作"诰"。《尹诰》是伊尹告诫太甲的话。

3 躬，本身。壹德，纯一的德性。

4 《诗经·曹风·鸤鸠》。忒，差贰。

今译

孔子说："居上位能大公无私，使人一望而知其心意；在下位

忠诚勤恳，可以依据他的行为使人了解，这样君主就不会怀疑他的臣下，而臣下亦不会不了解他的君主了。伊尹告诫太甲说：'只有我伊尹及汤，才有纯一的道德。'《诗经·鸤鸠》说：'善人君子的仪容是不会有差异的。'"

子曰："有国者章善瘅恶，以示民厚[1]，则民情不贰。《诗》云：'靖共尔位，好是正直[2]。'"

今注

1　瘅，是"疾恶"的意思。

2　《诗经·小雅·小明》。靖，安分守己。

今译

孔子说："执掌国家政权的人，颂扬善良而痛恨罪恶，明确地让人民知道他立意的深切，这样人民才会立志向善，不会三心二意。《诗经·小明》说：'安分地守着你的职位，喜欢这样正直的人。'"

子曰："上人疑则百姓惑，下难知则君长劳。故君民者，章好以示民俗，慎恶以御民之淫[1]，则民不惑矣。臣仪行[2]，不重辞，不援其所不及，不烦其所不知[3]，则君不劳矣。《诗》云：'上帝板板，下民卒瘅[4]。'《小雅》曰：'匪其止共，惟王之邛[5]。'"

今注

1　御，控制。淫，贪佚奢侈。

2　仪行，效法君主的行为。

3　援，引。烦，打扰。郑玄说：引君所不及，谓必使其君所行如尧、舜；烦其所不知，谓必使其君知虑如圣人。

4　《诗经·大雅·板》。板板，王夫之说是"反复无常"的意思。卒，尽。

5 《诗经·小雅·巧言》。匪，非。止，居。共，恭敬。邛，辛劳。

今译

孔子说："居上位的人是非不明，就会使人民迷惑而不知所从；居下位的人虚伪奸诈，就会使长官格外操心。所以统治人民的人，必须表明自己的爱好，以指示人民风俗的趋向，谨慎地表明自己所厌恶的，以控制人民的贪佚奢侈，这样人民就不会陷于迷惑了。臣子效法君主的行为，不务空谈，不要求君主做他能力所不及的事，亦不烦扰他所不知道的事，这样君主就不会辛劳了。《诗经·板》说：'君主若果是个反复无常的人，人民全部都不得安乐。'《诗经·巧言》说：'恶劣的臣子，不是恭敬君主，只是给君主添麻烦。'"

子曰："政之不行也，教之不成也，爵禄不足劝也，刑罚不足耻也。故上不可以亵刑而轻爵。《康诰》曰[1]：'敬明乃罚。'《甫刑》曰：'播刑之不迪[2]。'"

今注

1 《尚书·周书》篇名。

2 播，布。迪，道。郑玄说："不"是衍字。

今译

孔子说："政令之所以不能推行，教化之所以失败，是因为爵禄的颁赠过于随便，不足以使人向善，刑罚的施行不公平，不足以使人感到羞耻而不再犯法。所以执政的人，不可滥用刑罚或将爵禄随便施之于人。《尚书·康诰》说：'用刑罚的时候一定要敬慎而公平。'《尚书·甫刑》说：'刑罚的施行，一定要合理。'"

子曰："大臣不亲，百姓不宁，则忠敬不足，而富贵已过也；大臣不治而迩臣比矣。故大臣不可不敬也，是民之表也；迩臣不可不慎也，是民之道。君毋以小谋大，毋以远言近，毋以内图外，则大臣不怨，迩臣不疾，而远臣不蔽矣。叶公之顾命曰[1]：'毋以小谋败大作[2]，毋以嬖御人疾庄后，毋以嬖御士疾庄士、大夫卿士[3]。'"

今注

1　叶公，郑玄说是叶公子高；孙希旦说"叶"字是"祭"字之误，"叶公之顾命"见于《逸周书·祭公解》，祭公就是祭公谋父。顾命，遗嘱。

2　小谋，小臣的计谋；大作，大臣的行为。

3　此句郑注说：庄士亦谓士之齐庄得礼者，今为大夫卿士。孔疏说：大夫卿士覆说，言庄士即大夫卿的典事者，"士"就是"事"的意思。俞樾说：按《礼记》原文当作"毋以嬖御士疾庄士"，与上文"毋以嬖御人疾庄后"两句一律，郑注"今为大夫卿士"应该作"或为大夫卿士"，因郑玄所根据的本子作"庄士"，而别本有作"大夫卿士"的，所以郑氏所记有这样的差异。《逸周书·祭公解》作"汝无以嬖御士疾大夫卿士"，无"庄士"二字，郑氏所见别的本子大概也是这样。后来注中"大夫卿士"四字传写误入正文，又改注文"或为"作"今为"，孔疏又曲为之说，意义殊不可通，今订正。

今译

孔子说："大臣有离心，不与君上亲近，政教烦苛，人民不安宁，这样君臣之间就不够忠实和恭敬，而富贵则已超过他们应得的程度了。这样的话，大臣就不愿为君主治理事务，而近臣就联群结党来欺骗君主了。所以君主不可以不尊敬大臣，因为他们是人民的模范；不可以不审慎选择近臣，因他们是人民所奔走的门径。君主不可跟小臣商议大臣的事，不可跟远臣谈近臣的事，亦不可同内臣图谋外臣的事；能够这样，则大臣没有怨恨，近臣不会妒忌，而远臣亦不会受人壅蔽而不能通达于上了。祭公谋父的遗嘱说：'不要因小臣的议论而败坏了大臣的行为，不要因宠爱的妃妾而厌弃庄重的皇后，不要因为宠近的臣子而排斥庄重的忠臣。'"

子曰："大人不亲其所贤，而信其所贱；民是以亲失，而教是以烦。《诗》云[1]：'彼求我则，如不我得；执我仇仇，亦不我力[2]。'《君陈》曰[3]：'未见圣，若己弗克见；既见圣，亦不克由圣[4]。'"

今注

1 《诗经·小雅·正月》。

2 则，语助词。执，留。仇仇，不相释放。不我力，不信用我。

3 君陈，《尚书》篇名。

4 由，用。

今译

孔子说："执政的人不亲信高尚贤德的人，而信用那些卑鄙的小人；于是人民跟着亲近失德的人，而教化便也跟着紊乱了。《诗经·正月》说：'君主请求我从政时，礼数繁多，唯恐得不到我；到我答应了，他只是苦苦地留着我，不让我走，但又不信用我。'《尚书·君陈》说：'人们没有看到圣道的时候，就像自己永远不能见到；到他见过了圣道，却仍然不愿照圣道来做事。'"

子曰："小人溺于水，君子溺于口，大人溺于民，皆在其所亵也。夫水近于人而溺人，德易狎而难亲也，易以溺人；口费而烦，易出难悔[1]，易以溺人；夫民闭于人，而有鄙心，可敬不可慢，易以溺人。故君子不可以不慎也。《太甲》曰：'毋越厥命以自覆也[2]。''若虞机张[3]，往省括于厥度则释[4]。'《兑命》曰[5]：'惟口起羞，惟甲胄起兵，惟衣裳在笥，惟干戈省厥躬[6]。'《太甲》曰：'天作孽，可违也；自作孽，不可以逭[7]。'《尹吉》曰[8]：'惟尹躬天，见于西邑；夏自周有终，相亦惟终[9]。'"

今注

1 费，郑读为"惠"，又云，或作"哕"或作"悖"。按"悖""费"读音相近。"哕"是胡诌。烦，多。

2 越，颠倒。命，命令。覆，倾败。

3 虞，掌管田猎的人。机，弓箭发射的扳机。张，弓弦张开。

4 省，仔细观察。括，箭矢的尖端。度，目标。释，放箭。

5 《尚书》篇名。郑玄说"兑"当为"说"，是指殷高宗的大臣傅说。

6 羞，辱。笥，箧笥，藏衣服的箱子。省，反省。

7 违，躲避。逭，逃。

8 郑玄说："尹吉"为"尹诰"之误。

9 天，郑玄说当为"先"字之误。西邑，夏的首都安邑，在殷首都亳的西边，所以殷人称安邑作西邑。周，忠信叫作周。相，辅相的臣子。

今译

孔子说："小人喜欢玩水便溺于水，君子喜欢议论便溺于口，执政的人则常为人民所陷溺，原因都是太接近而失去戒心。水与人们那么亲近，但人们常被淹死；有道德的人容易熟习但难以亲切，人们容易陷溺于狎玩。有人喜欢胡诌而且絮絮叨叨，但要知道，话是易于出口却难于追回的，所以人们也很容易陷溺于胡说八道。一般人们不通情理，却存有卑鄙之心，要对他们恭敬而不可怠慢随便，因为他们很容易陷溺于怨叛的困境。所以君子对这些不可不特别谨慎。《太甲》说：'不要颠倒他的命令，使自己倾败。''治理人民，应该审慎，像打猎的人，先要张开弓弦，扣住扳机，然后瞄准了才发射。'《尚书·说命》说：'嘴巴本是用以辩论的，但亦会招致侮辱；甲冑本是用以抵御侵略的，但亦会引来战争；朝衣朝服，本是赏给有功的人的，若胡乱奖赏，就不如藏在箱子里；干戈武器本是用来讨伐坏人的，但必须严于反省，才能动用。'《太甲》说：'天上降给我们的灾难，尚可避开，自己惹来的灾难，却逃不了。'《尹诰》说：'我伊尹的先祖以前曾亲眼看到夏代西邑的政治，夏代的君主用忠信治民而享有天命，所以辅助他的臣子也能享受天命。'"

子曰："民以君为心，君以民为体；心庄则体舒[1]，心肃则容敬。心好之，身必安之；君好之，民必欲之。心以体全，亦以体伤；君以民存，亦以民亡。《诗》云[2]：'昔吾有先正，其言明且清，国家以宁，都邑以成，庶民以生；谁能秉国成，不自为正，卒劳百姓。'《君雅》曰[3]：'夏日暑雨，小民惟曰怨，资冬祁寒，小民亦惟曰怨[4]。'"

今注

1　郑玄说：庄，齐庄也。俞樾说："庄"当读为"壮"，壮，大也，言心广大则体安舒。

2　这里所引《诗经》的前五句为逸诗，后三句则见于《诗经·小雅·节南山》。

3　君雅，《尚书》作"君牙"，君牙是周穆王的司徒。

4　资，郑云：当为"至"字。今本《尚书》作"咨"，语助词。祁，是，今依郑注。

今译

孔子说："人民把君主当作一个人的心脏，君主把人民当作一个人的身体；心广大则身体安舒，心严肃则容止恭敬。心有所爱好，身体一定能适应；君主有所爱好，人民亦希望得到。心，固然有身体保护，而不受侵损，但亦会因身体的不健康而受伤害；君主因为有人民，才能存在，但亦会因人民的不满，而终于灭亡。《诗经》说：'从前，我们国家有先贤，他讲的话通达事理而且公平，在他统治之下，国家得到安宁，城市建造起来，人民都过着富足的生活；但在今天，哪一个有能力主持国家的事情呢？那些执政的人，自己都不好好修养，只是使人民更加劳苦而已。'《尚书·君牙》说：'夏天炎热而潮湿，小民只知埋怨天热，但到了冬天寒冷起来，他们却又在抱怨了。'"

子曰："下之事上也，身不正，言不信，则义不壹，行无类也。"子曰："言有物而行有格也[1]；是以生则不可夺志，死则不可夺名。故君子多闻，质而守之；多志，质而亲之；精知，略而行之[2]。《君陈》曰：'出入自尔师虞，庶言同[3]。'《诗》云：'淑人君子，其仪一也[4]。'"

今注

1　物，事验。格，旧法。

2　质，郑玄说是"少"的意思；王夫之说是"简朴"，似乎未甚贴切。吕大临论质是"正"的意思，不敢信己，正于人，就叫作质。守之，服膺不失。亲之，学问不厌。略，约略。

3 《尚书·君陈》。师，众。虞，虑。

4 《诗经·曹风·鸤鸠》。仪，行为节制。一，纯一。

今译

孔子说："在下位的人侍奉君主，若使行为不检，讲话没信用，则是道义不专一，行为也就无从比较了。"孔子又说："我们讲的话要有事验，行为要合法则，所以生存时有不可动摇的志向，死了亦不至于被剥夺美名。所以君子应多多听取别人的意见，向人家质证之后，就服膺不失；多多学习，向大家质证之后，就不厌其详地求知；知识要精深，但只用其大体。《尚书·君陈》说：'无论收入还是付出，应该采纳众人的意见，要使大家说的一样。'《诗经·鸤鸠》说：'善人君子的行为，是纯一而不二的。'"

子曰："唯君子能好其正，小人毒其正[1]。故君子之朋友有乡，其恶有方；是故迩者不惑，而远者不疑也。《诗》云：'君子好仇[2]。'"

今注

1 毒，苦；亦即"讨厌"的意思。

2 《诗经·周南·关雎》。仇，匹配。

今译

孔子说："只有君子能爱好正直的德性，只有小人最讨厌正直的德行。所以君子有同类的朋友，有共同的好恶，因此，接近他们的人对他无所迷惑，远隔他们的人亦没有什么怀疑。《诗经·关雎》说：'君子喜欢言行相配的朋友。'"

子曰："轻绝贫贱，而重绝富贵，则好贤不坚，而恶恶不著也。人虽曰不利，吾不信也。《诗》云：'朋友攸摄，摄以威仪[1]。'"

今注

1 《诗经·大雅·既醉》。攸，所以。摄，约束整齐。

今译

孔子说："轻易地和贫贱的朋友绝交，而郑重地和富贵的朋友绝交；好贤之心不坚，嫉恶之行不显明。这种人，就算有人说他不是为了利益，我亦不相信。《诗经·既醉》说：'朋友之间互相牵引着的，就是那言行威仪。'"

子曰："私惠不归德，君子不自留焉。《诗》云：'人之好我，示我周行[1]。'"

今注

1 《诗经·小雅·鹿鸣》。周行，大道。

今译

孔子说："私自以恩惠加于人，而不合于道德的，君子一定不收留。《诗经·鹿鸣》说：'爱我的人，要指示我大道啊！'"

子曰："苟有车，必见其轼；苟有衣，必见其敝；人苟或言之，必闻其声；苟或行之，必见其成。《葛覃》曰：'服之无射[1]。'"

今注

1 《诗经·周南·葛覃》。射，厌倦。

今译

孔子说："人们如果真有了车子，一定可以看到那车前的横木；如果是衣服，一定会看到他穿到破烂；人在讲话时，一定听得到声音；真的在做事时，一定会见到成果。《诗经·葛覃》说：'旧衣裳穿不厌。'"

子曰："言从而行之，则言不可饰也；行从而言之，则行不可饰也。故君子寡言，而行以成其信，则民不得大其美而小其恶。《诗》云：'白圭之玷，尚可磨也[1]；斯言之玷，不可为也。'《小雅》曰：'允也君子，展也大成[2]。'《君奭》曰[3]：'昔在上帝，周田观文王之德，其集大命于厥躬[4]。'"

今注

1 《诗经·大雅·抑》。玷，缺点。

2 《诗经·小雅·车攻》。允，信。展，诚。

3 这篇是周公给召公的信。君，尊称。奭，召公的名。

4 上帝，上天。周，遍。田，王夫之说当作"申"，"详"的意思。郑玄谓古文家说田为"申劝"，比较接近。这里当作"申详"讲。

今译

孔子说："跟着说出的话去做，则所说的话便没法子掩饰；照着所做的来说，则所做的事亦没法子掩饰了。所以君子不必多讲话，只是以实行来证实他的信用，这样人民就不能夸大他的优点，而把缺点说小了。《诗经·抑》云：'白玉之圭有缺点，还可磨而平之；如果说话有缺失，便不好办了。'又如《诗经·车攻》云：'讲信用的人才是君子，真诚的人才能有大成就。'《尚书·君奭》说：'往日上天曾周遍详审地观察文王的德行，知道他志行纯一，才将伟大的天命集中降在他身上。'"

子曰："南人有言曰：'人而无恒，不可以为卜筮。'古之遗言与？龟筮犹不能知也，而况于人乎？《诗》云：'我龟既厌，不我告犹[1]。'《兑命》曰：'爵无及恶德，民立而正事，纯而祭祀[2]，是为不敬；事烦则乱，事神则难[3]。'《易》曰：'不恒其德，或承之羞[4]。''恒其德侦，妇人吉，夫子凶[5]。'"

今注

1 《诗经·小雅·小旻》。犹，道。不我告犹，郑玄说是"不告以吉凶的道理"。

2 民立而正事，此有误。纯而祭祀，郑云：别本"纯"或为"烦"。按今本《尚书》作"黩于祭祀"。"黩"即是"烦"。"而""于"古通用，故此"纯"当依别本作"烦"。

3 这里所引《说命》的文辞，王夫之说是"杂乱脱缺，殆不可读"，它的意思大概是说"渎人而人乱，渎神而神厌，无恒的人，不正不纯，无往而不穷"。郑玄依文作解，谓"恶德的人使事烦，事烦则乱；使事鬼神，又难以得福"。孙希旦更为推广，说是"以爵加人，而立他为卿大夫，一定要有恒而行正道的；若无恒的人，专求于鬼神，是为诡渎不敬，其事烦则乱于典礼，而事神难以得福"。今用孙氏说。

4 《易经·恒卦》九三爻辞。

5 《易经·恒卦》六五爻辞。侦，正。孔疏曰：言恒常其德，问正于人，妇人吉也；以妇人不自专，常须问正于人，故得名。夫子，男子也；当须自专，权干于事；若问正于人，则失男子之道，故为凶。

今译

孔子说："南方人有一句话：'人如果三心二意，便不可替他卜卦。'这大概是古人遗下的谚语吧！那种人的前程吉凶，连龟筮神明都不知道，何况是凡人呢!《诗经·小旻》说：‘卜问多了，龟都烦厌，再也不将吉凶的道理告诉我了。’《尚书·说命》说：‘爵禄不要赏给德行不佳的人；若赐爵与人，立他为卿大夫，一定要取有恒心而行正道的人；如果无道德的人时时刻刻求神问卜，是最大的不恭敬；事情烦琐了，就扰乱了典礼，侍奉鬼神也就难以得福了。’《易经》说：‘若不使德行有恒，就会受到羞辱。不过，恒常德行，要问正于人，这在妇人是吉，但在男人则是凶。’”

第三十三　奔丧

　　郑《目录》云："名曰《奔丧》者，以其居他国，闻丧奔归之礼，此于《别录》属丧服之礼矣；实逸《曲礼》之正篇也。"就其内容观之，本篇是以"士礼"为主而记载奔亲丧、奔母丧、齐衰以下者奔丧、妇人奔丧、奔亲丧而不及殡者、齐衰以下奔丧而不及殡者、闻丧不得奔而为位、为位遥哭、吊所识者各事。由于郑玄还见到古逸的《奔丧礼》文，而常引原文为注。二者相较，还可以看出本篇颇删节原文，而又时有新增入的文句。总之，本篇已非先秦流传至汉的古《奔丧礼》原文，则很显然。而且，可能由于本篇是在简策脱乱之后重编的，重编时又未按原状编成，加以杂掇《逸礼》之余而又参以古记，所以看来纠缠不清，颇见紊乱。

　　奔丧之礼[1]：始闻亲丧，以哭答使者，尽哀；问故，又哭尽哀。遂行，日行百里，不以夜行。唯父母之丧，见星而行，见星而舍[2]。若未得行，则成服而后行[3]。过国至竟，哭尽哀而止。哭辟市朝。望其国竟哭。至于家，入门左，升自西阶，殡东西面坐，哭尽哀，括发袒，降堂东即位，西乡哭，成踊，袭绖于序东，绞带[4]。反位，拜宾成踊，送宾，反位；有宾后至者，则拜之，成踊送宾皆如初。众主人兄弟皆出门，出门哭止；阖门，相者告就次⁵。于又哭，括发袒成踊；于三哭，犹括发袒成踊⁶。三日⁷成服，拜宾送宾皆如初。奔丧者非主人，则主人为之拜宾送宾⁸。

今注

1　奔丧之礼，这是一篇的总目。奔丧是"在外地赶回去办丧事"的意思。用"奔"字，是表现其急忙的情态。

2　唯父母之丧，见星而行，见星而舍：郑玄以为是"侵晨冒昏"而行的意思。但《北堂书钞》九十三注引《祭统》云："奔父母之丧，不避昼夜；齐衰之丧，见星而行，见星而止。"而《曾子问》也有"夫柩不蚤出，不莫宿。见星而行者，唯罪人奔父母之丧者乎"的话，而这里"唯父母之丧"的"唯"字，正如郑玄说的："唯，著异也。"正是表明只有父母之丧是可以夜行的唯一例外。所以在"见星而行，见星而舍……"上面可能脱了"不避昼夜，齐衰之丧"八个字。

3　若未得行，则成服而后行：盱衡上下文例，这十个字应当接在"……又哭尽哀，遂行"之下，这才合乎这一章用"变例"接于"正规"以下的文例。

4　绞带，用苴麻纠合而成的带子。

5　次，指孝子所住的"倚庐"而言。倚庐，见《丧大记》沣。

6　又哭，三哭：第二天的哭灵是又哭；第三天的哭灵是三哭。

7　三日，《曲礼上》云："生与来日，死与往日。"这里的"三日"是就生者而言。就是三哭的翌日。

8　奔丧者非主人，则主人为之拜宾送宾：这十五字，孔疏将其冠于"奔丧者自齐衰以下……"句上，但清儒多以为应当属于上面一章，"奔丧者自齐衰以下……"又是章节的起头。认为"奔丧者自齐衰以下……"另起一节是很对的，但以为这十五字是承上拜宾送宾之文，则嫌复沓。细按之，这十五字，当在下文"……于又哭三哭皆免袒"句下，接以"非主人，有宾则主人为之拜宾送宾"才来得顺当，或因竹简脱烂，抄录者重出此十五字。

今译

奔丧的礼节是：刚听到亲人去世的噩耗，只用哭来答应使者，充分发泄了心中的悲哀，然后才问明缘由，听到使者陈述以后，又尽情地哭泣。然后就动身上路了。要是有什么羁绊，还不能立刻动身，也可以过三天，成服以后再启程。其行程是每天赶一百里路但不必赶夜路，只有在赶回家办父母的丧事（才不分昼夜地赶路，齐衰以下的），是在清早星光还没有隐没时就动身，直到黄昏见到星星出现时才停止下来过夜。每经过一国，到了边境，就得停下来哭泣尽哀。哭时，要避开集市和诸侯的朝廷。望到祖国的国境就要哭不绝声了。抵达家门，从门的左面进去，从西阶登堂，坐在尸柩东边，面对着尸柩，尽情哀哭，这时要去冠，用麻带束发，而且打赤膊，然后从堂上下来在东边即位，向西方痛哭，还要踊脚，然后到东面的廊下加上麻经，带子是用苴麻纠结而成的。披麻戴孝以后，再回到主人的位置，向宾客拜谢，送宾客到门口，然后又回到主位上，这时如果有迟到的宾客，还要向他们下拜、踊脚、送客，就和刚才所做的一样。然后父亲的庶子和堂兄弟们都先出门外到他们居丧的庐舍去，出了大门就停止哭声；然后就将殡官的门关起，赞礼的相就告诉主人该到倚庐去了。在第二天哭灵的时候，仍然要用麻约发、打赤膊、踊脚；就是到第三天哭灵时，还是要如此。到三哭的翌日才成服，但拜宾送宾的礼节，还是和以前一样。（奔丧的人如果不是主人，那么拜宾送宾

920 礼记今注今译 下

仍由主人担任。）

奔丧者自齐衰以下，入门左中庭北面哭尽哀，免麻于序东[1]，即位袒，与主人哭成踊。于又哭三哭皆免袒，有宾，则主人拜宾送宾[2]。丈夫妇人之待之也，皆如朝夕哭，位无变也[3]。奔母之丧，西面哭尽哀，括发袒，降堂东即位，西乡哭，成踊，袭免绖于序东，拜宾送宾，皆如奔父之礼，于又哭不括发。

今注

1　免，见《檀弓上》注。

2　有宾，则主人拜宾、送宾：当作"非主人，有宾，则主人为之拜宾送宾"。参阅上节注8。

3　丈夫妇人之待之也，皆如朝夕哭，位无变也：待之，是待奔丧之人。皆如朝夕哭，朝夕哭之位，丈夫在阼阶下，妇人在阼阶上。位无变也，郑玄说是"不以序入"。孔颖达说是"奔丧者急哀，但独入哭，不俟主人为次序"。孙希旦反对孔疏，以为"丧礼于吊宾皆即朝夕哭位以待之，未尝为之变"。

今译

奔丧的人如果是服齐衰以下的亲属，从门的左边进去，在庭中间面北痛哭尽哀，然后到东边廊下在头上做"免"的打扮，腰上以麻为带，即位时要打赤膊，然后跟着主人哭踊。在第二天和第三天哭灵的时候，也都要打赤膊，（奔丧的人如果不是主人）有吊丧的宾客，就由主人（代表他）拜宾、送宾。主人、主妇对于有人奔丧回来，就保持朝夕哭时的礼节，用不着改变位置。奔母亲的丧事，上堂向西对着尸枢痛哭尽哀，用麻约发，打赤膊，从阼阶下堂即位，再向西痛哭踥脚，披麻戴孝都是在东边的廊上，拜宾、送宾的礼节和奔父丧一样，只是在第二天的朝哭就不再用麻约发，而是做"免"的打扮。

妇人奔丧，升自东阶，殡东西面坐，哭尽哀；东髻[1]，即位，与主人拾踊[2]。

今注

1 髻，见《檀弓上》注。东，郑玄以为是东序，姑从之。若非奔丧，则在房。

2 拾，"更"的意思。

今译

妇人奔丧，是从东阶上堂，在尸柩东边向西而坐，痛哭尽哀，在东序去缅，把髻露出来，然后到东阶上即位，和主人轮流痛哭踩脚。

奔丧者不及殡[1]，先之墓，北面坐，哭尽哀。主人之待之也[2]，即位于墓左，妇人墓右，成踊，尽哀，括发[3]，东即主人位，绖绞带，哭成踊，拜宾，反位，成踊，相者告事毕。遂冠归，入门左，北面哭尽哀，括发袒成踊，东即位，拜宾成踊。宾出，主人拜送；有宾后至者，则拜之成踊，送宾如初。众主人兄弟皆出门，出门哭止，相者告就次。

于又哭，括发成踊；于三哭，犹括发成踊。三日成服，于五哭[4]，相者告事毕。为母所以异于父者，壹括发，其余免以终事，他如奔父之礼。齐衰以下不及殡：先之墓，西面哭尽哀，免麻于东方，即位，与主人哭成踊，袭。有宾，则主人拜宾送宾；宾有后至者，拜之如初。相者告事毕。遂冠归，入门左，北面哭尽哀，免袒成踊，东即位，拜宾成踊，宾出，主人拜送。于又哭，免袒成踊；于三哭，犹免袒成踊。三日成服，于五哭，相者告事毕。

今注

1　奔丧者不及殡，这里是指奔父丧而言。

2　主人，是在家主办丧事者。

3　括发，括发则袒，这里不提，也许是省略了，也许是脱字。

4　五哭，成服那天的哭是四哭，四哭第二天的哭是五哭。

今译

奔父亲的丧，如果不能在停柩待葬期间赶到，就得先到墓上，向北痛哭尽哀。代为主持丧事的人对待他的礼节，是在墓左就位，妇人在墓右就位。然后跺脚，尽哀而止，改用麻带约发，奔丧的人这才到东边即主人的位置。披麻戴孝以后，又痛哭跺脚，然后向宾客拜谢，回到位上，再跺脚。这时，赞礼的相就宣布在墓上该行的礼节已经完毕了。于是就戴上帽子回家，从门的左边进去，向北方痛哭尽哀，去掉帽子，用麻约发，打赤膊，然后跺脚，即东阶下的主位，向宾客下拜，然后跺脚。宾客出门时，主人拜送；有迟到的宾客，主人还是要向他们下拜，跺脚，然后拜送宾客，和原先拜宾、送宾的礼节相同。宾客离去以后，庶子和堂兄弟们才出门去，一出门就得止住哭声，然后赞礼的相告诉主人可以到倚庐去了。在第二天哭灵的时候，还是要用麻约发，并且跺脚；在第三天哭灵的时候，仍然如此。回家三整天以后成服，再过一天做第五次哭泣，然后赞礼的相宣布在殡宫应做的事都已完成了。奔母丧和奔父丧不同的地方，只是在初回家时用麻束发，以后就用"免"的打扮，直到成礼都如此，其他的礼节和奔父丧一样。奔齐衰以下各等亲属的丧事，如果来不及在停柩待葬以前赶到，就要先上墓，面向西而痛哭尽哀，在墓的东边披麻戴孝，然后就位，和主人一起哭泣跺脚以后，穿回衣服。要是有宾客来吊，就由主人拜宾送宾；如果有迟到的宾客，也和原先一样，由主人拜送。然后赞礼的相宣告墓上的礼节已经完成了。于是就戴上帽子回家，从门的左边进去，面向北，痛哭尽哀，头上做"免"的打扮，打赤膊，踩脚，到东阶下即位，向宾客下拜，然后踩脚；宾客要出门离开的时候，由主人代表拜送。第二天哭泣时的打扮，头上是"免"，上身打赤膊，还要踩脚；第三天哭泣时还是如此。过了三整天以后才成服，再过一天，第五次哭泣以后，赞礼的相就宣告在殡官的礼节已经完成了。

闻丧不得奔丧[1]，哭尽哀；问故，又哭尽哀。乃为位[2]，括发袒成踊，袭绖绞带即位，拜宾反位成踊[3]。宾出，主人拜送于门外，反位；若有宾后至者，拜之成踊，送宾如初。于又哭，括发袒成踊，于三哭，犹括发袒成踊，三日成服，于五哭，拜宾送宾如初。

若除丧而后归，则之墓，哭成踊，东括发袒绖[4]，拜宾成踊，送宾反位，又哭尽哀，遂除，于家不哭。主人之待之也，无变于服[5]，与之哭，不踊。自齐衰以下，所以异者，免麻[6]。

今注

1　闻丧不得奔者，有的是由于君命有事，有的是有故出奔，有的是由于割据纷争所致。

2　乃为位，为位，是叙列亲疏的位置，主人的位置在阼阶下西面。闻丧即奔的人，则哭而不为位。《曲礼》云："大夫士去国，祭祀之礼，居丧之位，皆如其国之故。"正是指这种情形而言。

3　袭绖绞带即位，拜宾反位成踊，先袒括发成踊，然后袭绖绞带于序东，然后即位；在即位的时候，要先拜宾，然后反位成踊。

4　东括发袒绖，东，孙希旦说是"东即主人之位"。括发袒绖，陈澔说是"袒而袭，袭而加绖"。

5　无变于服，仍然穿原来除丧以后的服装，不必变为丧服。

6　免麻，免而麻绖，不必括发而袒的意思。

今译

听到父母的噩耗而不能奔丧的礼节是：痛哭尽哀，然后向使者问明父母去世的缘由，听他叙述以后，又痛哭尽哀。于是着手在庭院里叙列亲疏哭踊的位置。主人去冠用麻束发，打赤膊，跺脚；然后穿回衣服，戴上麻绖，围上用苴麻纠结成的带子就阼阶下主人之位，就位时要拜宾，再回到位上跺脚。宾客出门离开的时候，主人要在寝门外拜送，然后回到位上；如果有的宾客迟到了，还要照样下拜跺脚，照样拜送。在第二天哭灵的时候，仍然要去冠用麻束发，打赤膊，跺脚，第三天哭灵时也要如此，听到噩耗三整天以后成服，在第五天哭灵时，仍然要拜送宾客，就和头一天一样。如果在除丧以后回国，那就要先上墓，在墓南向北痛哭跺脚，然后在墓东即主人之位去冠用麻约发，打赤膊，然后穿回衣服再戴麻绖，拜宾，跺脚，送过宾客后回到位上，再痛哭尽哀，然后除服，回到家就用不着再哭泣了。原先在家代为主持丧事的人对待奔丧来的主人，是不必改变他平时装束的，而且只要陪他哭，而不必跺脚。齐衰以下的亲属在这种情形下回国，其礼节大致相同，所不同的只是在斩衰的人用麻束发和打赤膊时，改用"免"的装扮，并且穿着衣服加上麻带就是了。

凡为位，非亲丧，齐衰以下，皆即位哭尽哀，而东免绖，即位、袒、成踊、袭，拜宾反位，哭成踊，送宾反位，相者告就次[1]。三日五哭卒[2]，主人出送宾；众主人兄弟皆出门，哭止。相者告事毕。成服拜宾。若所为位家远，则成服而往³。

今注

1 次，在寝门外临时搭成的庐舍。

2 三日五哭卒，"卒"是"止"的意思。三日之中哭五次，计为：始闻丧为位后一哭，连接着两天里，每天早晚各哭一次，共五哭。

3 若所为位家远，则成服而往：闻丧不得奔丧的亲属可能有多人，如果有的亲属住得离主人很远，也可以在三日成服以后再到。

今译

凡叙列亲疏之位而遥哭的礼节，必须不是父母的丧事，而是齐衰以下的丧事，都是痛哭尽哀，然后在东序做成"免"的打扮，再加上绖带，然后就位，打了赤膊，踩脚，然后穿回衣服，拜过宾客，回到位上，又痛哭踩脚，然后拜送宾客，再回到位上，这时赞礼的人宣告主人该到寝门外的庐舍里去。第三天，五哭过后，主人出门送客；庶子和堂兄弟们也都出去。一出门外，就得止住哭声。这时赞礼的人就宣告哭灵的事已经结束了。满三整天，成服以后，主人照样要拜宾、送宾。如果不是身为主人，而"为位"的人又离得远，那也可以在成服以后赶到。

齐衰，望乡而哭；大功，望门而哭；小功，至门而哭；缌麻，即位而哭¹。

今注

1 齐衰，大功，小功，缌麻：见《丧大记》《檀弓上》注。奔父母之丧，是"望其国竟哭"，见前。"齐衰，望乡而哭；大功，望门而哭"和《杂记上》的"闻兄弟之丧，大功以上，望乡而哭"

有所不同。

今译

奔丧的时候：服齐衰的亲人，在望见家乡时开始哭不绝声；服大功的亲人，在望见家门时开始哭不绝声；服小功的亲人，要到了门口才哭不绝声；服缌麻的远亲要就位以后才哭。

哭父之党于庙[1]；母妻之党于寝；师于庙门外；朋友于寝门外；所识于野张帷[2]。

今注

1　父之党，是同姓而无服的人。

2　郑注引逸《奔丧礼》云："哭父族与母党于庙，妻之党于寝，朋友于寝门外。"和这里的记载不同，郑玄并无所发明，两存其说而已。又《檀弓上》云："孔子曰：'兄弟，吾哭诸庙门之外；师，吾哭诸寝；朋友，吾哭诸寝门外；所知，吾哭诸野。'"也颇有出入，孔颖达以为孔子所说是殷礼，这里所记的是周礼，聊备一说。

今译

同姓无服的人死了，就到祖庙里为他一哭；母亲或妻子的族人死了，就在寝室为他一哭；老师，是在庙门外哭他；朋友，在寝门外哭他；见过面通过姓名的人就在野外张开帷幔，在帷幔里面哭他。

凡为位不奠[1]。

今注

1　奠，见《檀弓上》注。

今译

凡在外国叙列亲疏的位置为亲人之死而哭，一概不必致奠。

哭天子九，诸侯七，卿大夫五，士三。

今译

为天子要哭九次，诸侯七次，卿大夫五次，士三次。

大夫哭诸侯，不敢拜宾[1]。诸臣在他国[2]，为位而哭，不敢拜宾。与诸侯为兄弟，亦为位而哭[3]。

今注

1 大夫为位哭旧君，不敢以主人自居，所以亦不敢拜宾。

2 诸臣在他国，是指大夫、士使于他国而言。

3 与诸侯为兄弟，是诸侯在异国的兄弟姊妹。这里不言"不敢拜宾"；大夫哭诸侯不言"为位"。王夫之以为是互文见意。

今译

大夫在别国为位哭旧君，不敢以主人自居而拜送宾客。出使外国的臣子，为位哭祖国的君主，也不敢以主人自居拜送宾客。诸侯在外国的兄弟姊妹为位而哭也如此。

凡为位者壹袒。

今译

凡在外国为位遥哭，只在闻丧的当天要打赤膊，以后就不必了。

所识者吊[1]，先哭于家而后之墓，皆为之成踊，从主人北面而踊。

1　所识者吊，指泛泛之交从外乡赶来吊丧，而来不及在殡的期间赶到。

今译

相识的人从外乡来吊丧而不及在殡殓时赶到，就得先到丧家去哭，然后上墓，但无论在家、在墓，都要踊脚，其方式是跟着主人，面向北而踊脚。

凡丧，父在，父为主[1]；父没，兄弟同居，各主其丧[2]。亲同，长者主之；不同，亲者主之。

今注

1　凡丧，父在父为主。例如儿子丧妻、丧子，还是由家长做丧主。

2　各主其丧，各为其妻子做丧主。

今译

凡是办丧事，只要父亲健在，就由父亲做丧主；父亲去世了，就是兄弟同居，也各自主持其妻子儿女的丧事。办丧事的时候，要是各人和死者的关系亲疏相同，就由年长的主持；亲疏不同的，就由最亲的人主持。

闻远兄弟之丧[1]，既除丧而后闻丧，免袒成踊，拜宾则尚左手[2]。

今注

1　远兄弟，是远房的兄弟，其服是小功或缌麻。

2　尚左手是吉拜，因为小功缌麻在除丧以后闻丧，不再追服，所以拜宾用吉拜的方式。

听到远房兄弟的噩耗，可是却是在除丧以后才听到的，这时还是得做"免"的打扮，打赤膊，并且踩脚，不过在拜宾时还是采用吉拜的方式——将左手放在右手外面。

无服而为位者，唯嫂叔及妇人降而无服者麻[1]。

今注

1　妇人降而无服者，是出嫁了的族姑姊妹。麻，是穿着类似吊服的衣服但用麻绖；按：吊服用葛绖。

今译

不服丧服而叙列亲疏的位置来哭的，只有嫂叔之间，及族中子侄和出嫁的族姑姊妹之间。但必须将吊服上的葛绖改成麻绖。

凡奔丧，有大夫至，袒，拜之，成踊而后袭；于士，袭而后拜之[1]。

今注

1　本章所记的礼节，都是就士为奔丧者而言。

今译

凡是从外乡赶回去行丧礼的时候，有大夫来吊丧，主人就要先赤膊，然后拜宾，在踩过脚以后才穿回衣服；士来吊丧，就要等穿过衣服以后才拜宾。

第三十四　问丧

郑《目录》云："名曰《问丧》者，以其记善问居丧之礼所由也。此于《别录》属丧服。"但详味其本文，可知郑氏只不过依题名起义，并没有什么依据。今按本篇前半，都是直接解释居丧哭泣的礼节，其文辞有的仿自《檀弓》篇，有的仿自《杂记》篇，而语法又比那两篇来得繁些，可见是晚出的作品。至于后半，才用问答体来解释袒、免与杖。其立意在说明"丧礼主哀"以及"悲哀在中故形变于外"之义。其文体和《三年问》相似，都是专讨论一二事，和《间传》篇的综合解释不同。而《问丧》和《三年问》可能都是因《丧大记》而做的引申说明，但其全文当不只此，而且残留在本篇的还有脱漏。

亲始死，鸡斯徒跣 [1]，扱上衽 [2]，交手哭 [3]。恻怛之心，痛疾之意，伤肾干肝焦肺 [4]，水浆不入口，三日不举火，故邻里为之糜粥以饮食之 [5]。夫悲哀在中，故形变于外也，痛疾在心，故口不甘味，身不安美也 [6]。

今注

1　鸡斯，当作"笄纚"，音同而误。笄，是簪子；纚，是韬发的帛。笄纚，就是去冠但还保持用簪子固髻，用帛裹髻；括发时，就连笄缡都除去。徒跣，见《丧大记》注。

2　扱上衽，见《丧大记》注。

3　交手，两手相交拊膺。

4　伤肾干肝焦肺，郑玄以为五脏肾在下，肝在中，肺在上，举肾、肝、肺三者的焦伤，而心脾已包括其中，也就是"五脏都焦伤"的意思。

5　邻里为之糜粥以饮食之，这是士礼，大夫则君命食之。

6　口不甘味，所以水浆不入口；身不安美，所以变服。

今译

在父母刚去世的时候，孝子就去冠留下簪子和裹髻的帛在头上，打光脚，把深衣下裳的前幅纳在带里，两手交叉在胸前痛哭。那种悲惨的心情、伤痛的意念，使肾脏受伤，肝脏干枯，肺脏焦燥，连一点儿水也喝不下，三天之内都不生火煮食物，所以要靠邻里煮点稀饭给他喝了。这都是因为心中有了悲哀，所以外在的感官起了变化；也就是说，因为心里伤痛，所以嘴里吃不出味道，而身上的穿戴也觉得不舒服了。

三日而敛，在床曰尸，在棺曰柩，动尸举柩，哭踊无数。恻怛之心，痛疾之意，悲哀志懑气盛[1]，故袒而踊之，所以动体安心下气也。妇人不宜袒，故发胸击心爵踊[2]，殷殷田田，如坏墙然[3]，悲哀痛疾之至也。故曰：辟踊哭泣哀以送之[4]。送形而往，迎精而反也。

今注

1　懑，"烦闷"的意思。

2　发，是"开"的意思。爵踊，像雀鸟在跳，就是"双脚一起跳"的意思。

3　殷殷田田，如壞墙然，孔颖达云："言将欲崩倒也。"孔氏以为"殷殷田田"是墙崩倒的声音，很不妥当。细味本文语意，"殷殷田田"是"击心"的声音；"如壞墙然"是形容击心之声和击心之状。而"壞墙"的"壞"字是讹字。稽之《月令》孟秋之月"坏墙垣"，孟冬之月"坏城郭"，《北堂书钞》一五四引、一五五引"坏""坏"都作"壞"字，可见隋以前古本《礼记》"坏""坏"二字，后世多讹为"壞"字。《吕氏春秋·孟秋纪》此字作"坿"，"丕""不""付"都是唇音，可以通假，而"坏"也就是"坿"的通假字，也可以写成"培"。"坏"字，郑注作"益"解，而益土筑墙就叫"坏"墙。用益土筑墙形容妇人击心的声音和形态，就很适当了。

4　辟踊，见《檀弓下》篇，"故曰"是引《孝经》的话。

今译

死后三天而入殓，死人在床上叫尸，装进棺材就称为"柩"了，由于丧礼有进无退，所以只要迁动了尸柩，就要尽情号哭和跺脚。由于悲惨的心情、伤痛的意念，使得悲哀烦闷、血气都充塞着，所以要打赤膊、跺脚，这样做能运动肢体，安定情绪，平静血气。妇人不宜赤膊，所以敞开一点胸口，捶着心胸，像雀鸟一般两脚齐跳，砰砰砰砰的，就像在筑墙似的，这是极悲哀痛苦的表现。所以《孝经》上说："捶胸跺脚痛哭流涕，用悲哀的心情来送死者。"把形骸送走，而接回的是他的精神。

其往送也，望望然汲汲然如有追而弗及也[1]；其反哭也，皇皇然若有求而弗得也[2]。故其往送也如慕，其反也如疑[3]。

今注

1　望望然，是瞻望的样子。汲汲然，是急促的心情。

2 皇皇然，彷徨不安的样子。以上并参阅《檀弓下》。

3 其往送也如慕，其反也如疑：说见《檀弓上》。

今译

在送葬的时候，瞻望着前面，心里很焦急，就像一心要追随先人而又跟不上的样子；在葬后一路哭着回来时，彷徨不安，就像请求先人回家而未得应允似的。所以说：孝子在送葬时，就像小儿追随父母时的哭叫；下葬后回来，又像在担心神灵是否跟他回家而迟疑不进。

求而无所得之也，入门而弗见也，上堂又弗见也，入室又弗见也。亡矣！丧矣！不可复见已矣！故哭泣辟踊，尽哀而止矣。心怅焉、怆焉、惚焉、忾焉[1]，心绝志悲而已矣。祭之宗庙，以鬼飨之，徼幸复反也。

今注

1 怅焉、怆焉、惚焉、忾焉，都是无可奈何的心情。

今译

在墓上祈求先人回家而得不到承诺，一回到家门又什么也看不见，登上厅堂仍然什么也没见着，进入寝室仍然一无所见。先人真的是失去了，死了；再也看不见了！所以除了捶胸跺脚还有什么办法呢？心里只有怅惘、凄怆、恍惚、感喟和绝望的悲哀而已。来到庙里把他当作幽灵来致祭，只是希望他的精神幸而能回来罢了。

成圹而归，不敢入处室，居于倚庐，哀亲之在外也；寝苫枕块[1]，哀亲之在土也。故哭泣无时，服勤三年[2]，思慕之心，孝子之志也，人情之实也。

今注

1　寝苫枕块，说见《丧大记》。

2　勤，"忧劳"的意思。

今译

下窆后将圹填平了回来，不忍住进寝室，而住在斜靠在门外墙边的草屋里，这是为着想起父母孤零零地在外而哀伤的表现；睡在草垫上用土块做枕头，这是为着想起父母躺在地下而哀伤的表现。所以时时哭泣，为着死者而忧心劳思了三年，这都由于孝子怀着思慕的心理，自己愿意这么做，亦是人们自然流露的真情。

或问曰[1]："死三日而后敛者何也？"曰："孝子亲死，悲哀志懑，故匍匐而哭之，若将复生然，安可得夺而敛之也？故曰三日而后敛者，以俟其生也；三日而不生，亦不生矣。孝子之心亦益衰矣；家室之计，衣服之具，亦可以成矣；亲戚之远者，亦可以至矣。是故圣人为之断决以三日为之礼制也。"

今注

1　以下都是设问以阐发其义理。

今译

有人问："死后三天才入殓，那是什么缘故呢？"答道："孝子死了父母，悲哀忧闷，所以趴在尸上痛哭，好像父母还能复活似的，这怎能从他手上抢来入殓呢？所以，死后三天才入殓，是为着要满足孝子指望死者复活的心理。过了三天还不见有复活的迹象，那就是死定了，而孝子的信心也就大为减弱了。而且到第三天，家里备办丧事工作和衣服器物，也可以完成了；而远道的亲戚也可以赶到了。所以圣人便决定以三天的期限作为礼制。"

或问曰：“冠者不肉袒何也？”曰：“冠，至尊也，不居肉袒之体也，故为之免以代之也¹。

今注

1　免，音问，说见《檀弓上》。

今译

或者有人又问：“戴着冠的时候就不能打赤膊，那是什么缘故呢？”答道：“冠是至尊的象征，不能戴在衣着不整齐、打赤膊的人身上。所以要打赤膊之前就得先脱掉冠，用‘免’来代替。

“然则秃者不免，伛者不袒，跛者不踊，非不悲也；身有锢疾¹，不可以备礼也。故曰：丧礼唯哀为主矣。女子哭泣悲哀，击胸伤心；男子哭泣悲哀，稽颡触地无容，哀之至也。”

今注

1　锢疾，经久不愈的疾病。俗作“痼疾”。

今译

“然而秃子就不用免，驼背者不打赤膊，跛子不踩脚，这并不表示他们不悲伤；只不过是身体有了疾病，没法完成这些礼节而已。所以说：‘丧礼是以悲哀为根本的。’女子以哭泣宣泄悲哀，还要捶击心胸；男子以哭泣宣泄悲哀，还要把额头磕到地面，这都是哀伤到了极点的表现。”

或问曰：“免者以何为也？”曰：“不冠者之所服也¹。《礼》曰：‘童子不缌，唯当室缌²。缌者其免也，当室则免而杖矣³。’”

今注

1　不冠，郑玄以为就是“未冠”；王夫之说得更清楚些，他说：“本已冠而去之若固未冠。”

2 《礼》曰："童子不缌，唯当室缌。"这两句引自《仪礼》。未成年的童子和疏远的亲戚没有交情可言，所以不必为远亲服缌麻，要小功以上的才为之服；如果童子的父母已经过世，由他主持家计，那就要为远亲服缌麻了。

3 杖，哀毁至病才用杖来扶持。童子通常不至于此。

今译

问道："在什么条件下要做'免'的打扮呢？"答道："脱掉冠，就要改服'免'。《仪礼》上说：'童子不必为远亲服缌麻，只有父母去世，自己当家，才须为远亲服缌麻。'通常服缌麻的成人，才做'免'的打扮；但是只要当了家，不论成年与否，皆须做'免'的打扮，甚至有时还要拿孝棒。"

或问曰："杖者何也？"曰："竹桐一也。故为父苴杖，苴杖，竹也；为母削杖，削杖，桐也[1]。"

今注

1 郑注云："言所以杖者，义一也，顾所用异耳。"按：本篇之做此解释，是本《仪礼·既夕礼》及《仪礼·丧服传》文。《既夕礼》作："杖下本，竹桐一也。"《丧服传》云："苴杖，竹也；削杖，桐也。杖各齐其心，皆下本。"据此，则本章还有值得讨论的地方；本篇于"或问"之下，急接以"竹桐一也"，看来答非所问，可能还有脱文。稽之《既夕礼》所谓"竹桐一也"，是在直解其上文"杖下本"之义，犹言杖之下本，竹桐一也。证以《丧服传》云："苴杖，竹也；削杖，桐也。杖各齐其心，皆下本。"所谓"皆下本"，正是《既夕礼》"竹桐一也"的意思。而本篇所谓"一"，只是就其"本"而言，然而"竹"之与"桐"、"苴"之与"削"，并未答及，故其间显有脱句。但《白虎通·丧服》引此，此，则兼并二义，其文云："父以竹，母以桐，何也？竹者阳也，桐者阴也。竹何以为阳？竹断而用之，质，故为阳；桐削而用之，加人工，文，故为阴也。"而孔颖达在疏本章时也加上许多补充说明，孔疏云："言为父竹，为母桐，孝子之意，其义一也。言孝子奉亲用心是一，但取义有异，故竹桐而殊也。"又云："父是尊极，故为之苴杖，言苴恶之物以为杖，自然苴恶之色，唯有竹也，故云：苴杖，竹也。为母削杖，削杖，桐也。言为母屈于父，不同自然苴恶之色也，故用削杖，其杖虽削，情同于文，故云：削杖，桐也。桐是同父之义，故不用余木。或解云：竹节在外，外，阳之象，故为父矣；桐节在内，内，阴之类也，故为母也。"

今译

或问："孝棒是什么做的？"答道："用竹、用桐的道理是一样的，所以父丧用表面焦枯的孝棒，这种孝棒是竹子做的（不加人工，颜色难看）；母丧（由于母亲的地位比父亲略次一等），就用削了皮的竹子，这种孝棒是用桐木做成的（用桐，是取其同于父亲的意思）。"

或问曰："杖者以何为也？"曰："孝子丧亲，哭泣无数，服勤三年，身病体羸，以杖扶病也。则父在不敢杖矣[1]，尊者在故也；堂上不杖，辟尊者之处也；堂上不趋，示不遽也[2]。此孝子之志也，人情之实也，礼义之经也，非从天降也，非从地出也，人情而已矣。"

今注

1　父在不敢杖，本来，除了为父丧要拄杖之外，为母、为妻、为长子的丧事也都要拄杖。但父亲健在，不敢为母、妻、长子拄杖，表示降杀哀情。

2 堂上不杖，辟尊者之处也；堂上不趋，示不遽也：趋，是丧趋。这四句，郑玄以为是父在为母堂上不杖，为母堂上不趋；王夫之则以为堂上是殡宫，不杖不趋，是哀而不忘敬，就是"事死如事生"的意思。

今译

或问："居丧为什么要拄杖呢？"答道："孝子为了父母去世，不断哭泣，忧劳了三年，身体变得很虚弱，所以要用杖来支撑病体。但是在父亲跟前，就不敢拄杖，因为在尊者面前不敢表现衰弱的样子；在堂上不敢拄杖，因为那是尊者所在的地方；在堂上也不敢快步走，表示不急促。这是本乎孝子的意念，本乎人类自然的感情，是合情合理的行为。不必天定，亦非地设，只是出乎人情。"

第三十五　服问

郑玄《目录》云：本篇亦因称美作者之善问，故名《服问》。但今篇中，殊无设问的话，郑说未必是。吴澄以为本篇与《丧服小记》同类，亦是补记丧服的事情。不过其中多断章零语，好像是从原来的《丧服小记》散出的残简，有的被编附《大传》篇末，有的则杂辑在此。所以有些话语，与《大传》之文相通，而其言说对象则以丧服制度为主旨。其原则宜与下一篇《间传》互相参详。

《传》曰[1]：有从轻而重，公子之妻为其皇姑。有从重而轻，为妻之父母。有从无服而有服，公子之妻为公子之外兄弟。有从有服而无服，公子为其妻之父母[2]。《传》曰：母出，则为继母之党服；母死，则为其母之党服。为其母之党服，则不为继母之党服[3]。

今注

1　皇侃、陆德明皆云：此引《大传》文。按《大传》言"服术"，其六曰"从服"，此文特为举例。

2　以上言轻、重、有、无，四种从服，可参阅《大传》注。

3　此数语亦当为《大传》言"从服"之"属从"举例，并见彼注。

今译

《大传》篇曾说到"从服"之例，有本应穿戴较轻的孝服的，却要服较重的孝服。例如，国君庶出的儿子之妻，要替国君的正室服重服，因为"正室"尊于她丈夫的亲生母（公子之母，而公子之妻称之为姑者）。有的又与此相反。例如，妻为其父母之丧，要挂孝一年；其夫虽属一体，却只要挂孝三月，因为他是由于有此妻然后始有此服，从妻而服，本重而减轻。有的本来没有孝服的关系。例如，公子之妻之对于公子的表兄弟，但为公子之故，亦跟着有孝服，这是因她做了公子家里的人。但亦有与此相反的。例如公子该和别人一样，为其妻的父母挂孝三月。但因他是国君的庶子，不能和嫡子一样，所以从有服降到无服。《大传》又说到"属从"之例。如果母亲离婚了，得替继母的娘家人挂孝；如果母亲死了，则得替母亲的娘家人挂孝。凡是已为母党挂孝的，就不替继母之党挂孝。

三年之丧，既练矣，有期之丧，既葬矣，则带其故葛带[1]，绖期之绖，服其功衰[2]。有大功之丧，亦如之。小功，无变[3]也。

今注

1　丧服重者用麻，轻者用葛。三年之丧至练祭，期年之丧至葬，无可加重，故仍用葛带。

2　言以上丧中又遇丧，虽不换去葛带，仍留首绖，而穿功衰（七升至九升）。

3　小功服轻；不变重服，故不可改就轻者。参看《间传》"重者特轻者包"注。

今译

假如三年之丧，已经到了周年之后应改服轻丧服时，又遇有期年之丧，到了葬毕，那时，两重丧的日期实际所剩都不及一年就完了，所以可仍用改轻服以后的葛带，加首绖而穿七升至九升的大功的丧服。这与所遇的是大功之丧，正好相当。但是，如遇的是小功之丧，则可不改服小功的丧服。因为重服已包举了轻服。

麻之有本者，变三年之葛[1]。既练，遇麻断本者，于免，绖之；既免，去绖[2]。每可以绖必绖；既绖，则去之。

今注

1　本，是麻根部分。重的丧服用牡麻连根织成，大功以上服之。麻之有本者，即指大功以上的丧服。变，即易服。三年之葛，孔疏谓"葛带"。郭嵩焘据下文"小功不易丧之练冠，如免，则绖其缌小功之绖"，即所谓"三年之葛"，盖指"首绖"言之。此言变其练冠而加大功之麻绖。方苞曰：即《问丧》篇所谓"麻葛重"。

2　麻断本者，不带麻根者，是小功以下服。免，遇丧括发时用（已见《檀弓上》注），下同。

今译

凡服大功以上的丧服，其变服则用小功之首绖。到了练祭易绖之后，又遇小功之丧，在为之"免"时，加小功之绖（麻之断本者）。但在小功之丧敛殡事毕，既"免"之后，即须脱去其绖。此外，凡已易练冠者，遇到该用绖之时，得临时加麻绖，用过了，就脱去。

小功不易丧之练冠，如免，则绖其缌小功之绖，因其初葛带[1]。缌之麻，不变小功之葛；小功之麻，不变大功之葛[2]。以有本为税[3]。

今注

1　因，沿用之。初葛带，犹上文言"故葛带"。孔颖达云，此言"初"而不言"故"者，谓其小功以下之丧不变其已练之葛带，故云"初葛带"。

2　此谓以轻丧之麻，本服既轻，虽属初丧，亦不变前此重丧之葛。

3　税，读如"蜕"，郑云是"变易"之意。有本，即上文之"有本"，指大功以上丧服。

今译

小功亲属，不改其已及练的丧冠，遇到"免"时，则加以缌属或小功之属的麻绖，而仍用其练服之葛带，不因缌属的麻带而改易小功的葛带；同样，小功之属的麻带，亦不改易大功的葛带。唯有大功以上之丧，则需变易。

殇：长、中，变三年之葛。终殇之月筭，而反三年之葛[1]。是非重麻，为其无卒哭之税[2]。下殇则否。

今注

1　殇为未成人之丧，依其死时年龄及亲属关系，而有长、中、下之分。原则上，其丧服皆比成人之丧降一等。《丧服传》云："大功之殇，中从上；小功之殇，中从下。"此处约举在三年丧期中遇到"长""中"之殇，凡在小功以下则可变服。到了殇服之日期已满，则又服旧。

2　税，如上文。言殇服没有卒哭变服之法。

今译

三年丧期中，遇到长殇、中殇，虽已易麻而葛，仍须改变。但到了殇服之期完了，则又恢复原来的葛服。这不是说重视麻服，是因殇服没有卒哭的变易，其丧十分简单，故可临时为之。至于下殇，则不须如此。

君为天子三年，夫人如外宗之为君也[1]。世子不为天子服[2]。君所主：夫人、妻、大子適妇[3]。大夫之適子为君、夫人、大子，如士服[4]。

今注

1　此节以下于"从服"之例中，当为"徒从"，盖非亲属而为之服丧者。外宗，是国君的异姓戚属妇女，即国君之诸姑及姊妹之女。

2　世子不为天子服，郑注说是避嫌疑之故。因其父为国君，已替天子服丧；世子亦服丧，是一国二君了。

3　主，主持其丧事。妻，指大夫之妻。

4　士为国君服斩衰三年，为君之夫人服期年，为太子，亦从服期年。

今译

诸侯要为天子服丧三年，他的夫人，则比照诸侯的表亲妇女为诸侯服丧期年之例而为天子期服。至于诸侯的嫡子，有继承权者，则不为天子服丧。诸侯可为他的夫人、大夫的妻及太子的正室，主持丧事。至于大夫的嫡子，则须为诸侯、夫人及太子服丧，其例如士人之为以上诸人服丧一样。

君之母，非夫人，则群臣无服。唯近臣及仆骖乘从服，唯君所服，服也[1]。公为卿大夫锡衰以居[2]，出亦如之。当事则弁绖[3]。大夫相为，亦然。为其妻，往则服之，出则否。

今注

1　所服，服也，依诸侯所穿的孝服而服。

2　锡衰，细麻衣（已见《丧服小记》注）。

3　当事，指前往吊丧时。弁绖（已见《杂记上》注）。

今译

诸侯倘非正室所生，则其母亲死时，群臣不必替她挂孝（因前君的夫人之丧，群臣已挂过孝了）。唯有在诸侯左右的小臣及驾驶车马的人跟着诸侯所服的孝服而挂孝。诸侯为其大臣们的丧事，穿最轻的丧服，在宫内或出门都一样。如果前往吊丧时，则在帽上加绖。大夫们对于同事的丧事，亦如此。如果是大夫的妻，则往其家作吊时，在帽上加绖，出来时即脱下。

凡见人无免绖，虽朝于君，无免绖[1]。唯公门有税齐衰[2]。传曰：君子不夺人之丧，亦不可夺丧也。传曰：罪多而刑五，丧多而服五，上附下附，列也[3]。

今注

1　免绖，免，免除。首绖所以志其丧，免绖则等于免丧了。

2　税，读为“脱”。《曲礼下》云：“苞屦，扱衽，厌冠，不入公门。”此犹是意。《通典》引《白虎通》云：“有丧不朝，吉凶不相干，不夺孝子之恩也。”

3　列，“比照”的意思。

今译

凡是居丧的人，见人不须除去首绖；即使有特别要事，诸侯召见时，亦无须免绖。只有在办公的地方，须脱去孝服。亦因此，居丧的人可以不去办公。《大传》有言，君子不但不能剥夺别人守孝的心，而且不可以剥夺自己守孝的心。《大传》又说，犯罪的项目很多，因罪而科刑的项目亦不少，但总之，可约为大小五者。丧服亦是这样，因人与人的关系有亲疏，而感情有厚薄，故对应的丧服规定亦甚烦琐，但总其要者不过五等。罪状的大小和亲属的丧服，亦即在这五等中，料量其轻重而比次之。

第三十六　间传

郑《目录》云："名曰《间传》者，以其记丧服之间轻重所宜，此于《别录》属丧服。"吴澄曰："间，当为间厕之间，此篇总论丧礼哀情之发，非释经之正传，而厕于丧服之正传者也。"本篇列述居丧的情貌，以明亲疏之别，大意仿《荀子·礼论》而为之。这种文例并见于《丧大记》《杂记》等篇中。其叙述的顺序是容体、声音、言语、食饮、居处、衣服，其中除衣服和居处稍颠倒外，其余和《荀子·礼论》的次序全同。又自"食饮"以下，言"居处"与"衣服"又兼"五服之丧"和"父母之丧"，因久而平的变饰；而后者则尤近于《丧大记》所夹载的残文，只是文体不同，似不出于一人的手笔。至于本篇末言"易服者何"以迄于终篇，与《丧服小记》所载者略同，但其文体又比《丧服小记》烦琐，而和《大传》相近似。因疑《大传》本来也记有除服、易服之事，后乃散存于此，而《丧服小记》本来也记有居丧的容体、言语、饮食……诸事，但已散佚，其所散佚的部分，可能就零存在《丧大记》和《杂记》篇中。

斩衰何以服苴¹？苴，恶貌也，所以首其内而见诸外也²。斩衰貌若苴，齐衰貌若枲³，大功貌若止⁴，小功、缌麻容貌可也，此哀之发于容体者也。

今注

1 苴，结了子的麻，颜色苍黑。斩衰用苴绖、苴杖。

2 首，是"本"的意思。

3 枲，是无子的麻，颜色比苴淡些。

4 止，郑玄以为是不为喜乐所动的意思。俞樾以为斩衰、齐衰都用"苴""枲"做比方，这点也应当如此，所以认为"止"是"芓"的假借字，芓是麻母。

今译

斩衰为什么要用结了子的麻做绖呢？因为结了子的麻，颜色枯黑，根据内心的悲哀而用以表现于外。服斩衰的人面目枯黑，就像麻结了子的颜色；服齐衰的人面目苍黑，就像还没结子的麻的颜色；服大功的人，没有喜乐的表情；服小功和缌麻的人才可保持平时的表情了。这是以容貌体态来表现悲哀的方式。

斩衰之哭，若往而不反；齐衰之哭，若往而反；大功之哭，三曲而偯[1]；小功缌麻，哀容可也。此哀之发于声音者也。

今注

1 偯，是余声。

今译

服斩衰的人哭起来，是竭力哭喊，气一发而尽；服齐衰的人哭起来，还可以留点余气然后换气再哭；服大功的人，哭起来还可以转折几下而且留下余音；至于服小功缌麻的人，只要哭得有悲哀的样子就行了。这是从哭声来表现悲哀的方式。

斩衰，唯而不对；齐衰，对而不言；大功，言而不议；小功缌麻，议而不及乐[1]。此哀之发于言语者也。

今注

　　1　乐，郑玄以为指听乐而言；王夫之以为指可乐的事情而言。

今译

　　服斩衰的人只做"唯唯"的声音而不说话；服齐衰的人虽可答应别人之问，但自己不找话说；服大功的人虽有话说，但不与人议论；至于小功之丧虽可议论，但不说到享乐的事。这是从言语来表现悲哀的方式。

　　斩衰，三日不食；齐衰，二日不食；大功，三不食；小功缌麻，再不食；士与敛焉，则壹不食。故父母之丧，既殡食粥，朝一溢米，莫一溢米；齐衰之丧，疏食水饮，不食菜果；大功之丧，不食醯酱；小功缌麻，不饮醴酒[1]。此哀之发于饮食者也。

今注

　　1　请参阅《丧大记》。

今译

　　服斩衰的人，禁食三天；服齐衰的人，禁食两天；服大功的人，禁食三顿；服小功缌麻的人，禁食两顿；士人如果去襄助小敛，也要因而禁食一顿。遭遇父母的丧事，在殡以后，才开始喝稀饭，早上煮了二十四分之一升的米，晚上也如此；遇上齐衰的丧事，殡以后吃的是粗饭，喝的是白水，但不准吃青菜果子；遇到大功的丧事，虽可吃青菜果子，但还不准用酱醋一类的佐料；服了小功缌麻的人，只禁止喝甜酒而已。这是用饮食来表现悲哀的方式。

父母之丧，既虞卒哭，疏食水饮，不食菜果；期而小祥，食菜果；又期而大祥，有醯酱；中月而禫[1]，禫而饮醴酒。始饮酒者先饮醴酒。始食肉者先食干肉[2]。

今注

1　中月，郑玄以为是间隔一个月；王肃以为是"月中"的意思。禫，见《檀弓上》注。

2　参阅《丧大记》。

今译

遭逢父母的丧事，在举行过安神祭和卒哭祭以后，就可以吃粗饭喝水了，但还不准吃青菜和果子；满周年举行过小祥祭以后，才可以吃菜果；满两周年举行过大祥祭以后，可以用酱醋；大祥以后间隔一个月举行禫祭，禫祭以后就可以喝甜酒了。开戒喝酒要先从甜酒喝起，开始吃肉要先从干肉吃起。

父母之丧，居倚庐，寝苫枕块[1]，不说绖带；齐衰之丧，居垩室，芐翦不纳[2]；大功之丧，寝有席；小功缌麻，床可也。此哀之发于居处者也。

今注

1　见《丧大记》。

2　芐，俞樾以为是"平"字的讹字。平是蒲平，就是用蒲草编成的席子。平翦不纳，就是将蒲席边上剪齐，但不反纳作边缘。

今译

遭遇父母的丧事，就得住在殡宫门外斜靠在墙边的草篷里，睡在草垫上枕着土块，睡时也不脱下麻绖麻带；服齐衰的人守丧，就得住在不加涂饰的屋子里，可以睡在剪齐了边却没有扎缘的席子上；服大功的人守丧，可以用平日用的席子；服小功缌麻的人守丧，就可像平时一样，睡在寝室里的床上了。这是从居处表现悲哀的方式。

父母之丧，既虞卒哭，拄楣翦屏，苄翦不纳；期而小祥，屋垩室，寝有席；又期而大祥，居复寝；中月而禫，禫而床[1]。

今注

1　参阅《丧大记》。

今译

遭遇父母的丧事，在虞祭卒哭祭后，就可以撑起"倚庐"的门楣，剪齐从屋檐伸出为屏障的茅草，可以睡在剪齐了边却没有反折为缘的蒲席上；周年举行过小祥祭以后，就可以住在不加涂饰的房屋里，睡觉时也可以用普通的席子；两周年举行过大祥祭以后，就可搬回寝室去住；间隔一个月而举行禫祭，这才回到床上睡觉。

斩衰三升[1]，齐衰四升五升六升，大功七升八升九升，小功十升十一升十二升[2]，缌麻十五升去其半[3]，有事其缕、无事其布曰缌[4]。此哀之发于衣服者也。

今注

1　升，布以八十缕为升，同样是二尺二的幅度，升数越多，布越细密。

2　齐衰、大功、小功各等丧服，其中对象还有亲疏的分别，所以升数也就分为几种等级。

3　十五升去其半，十五升的缕细得和朝服的缕相等；去其半，就是只用七升半来做缌，因此缌的质地是细而疏。

4　事，是"锻冶"的意思。

今译

斩衰用三升布制成，齐衰有四升、五升、六升三种，大功的布有七升、八升、九升三种，小功的布有十升、十一升、十二升三种。缌麻是用十五升布的细缕但只取其半数缕织成细而疏的麻布，缕是锻冶过了的，织成布以后就不再锻冶的这种麻布就叫缌。这是用衣服来表达悲哀的方式。

斩衰三升，既虞卒哭，受以成布六升冠七升[1]；为母疏衰四升，受以成布七升冠八升。去麻服葛，葛带三重[2]。期而小祥，练冠縓缘[3]，要绖不除，男子除乎首，妇人除乎带——男子何为除乎首也？妇人何为除乎带也？男子重首，妇人重带。除服者先重者，易服者易轻者[4]。又期而大祥，素缟[5]麻衣[6]。中月而禫，禫而纤[7]，无所不佩。

今注

1　受，是"相承渐减"的意思。成布，六升以上才有布的样子，不到六升的疏衰看来像还没织成。

2　三重，是四股纠成，看来是三重。卒哭以前的麻带只用两股相合。

3　縓缘，见《檀弓上》。

4　易服，是已服重服，又新遭轻丧，而变易本服。参阅下章。

5　缟，见《檀弓上》。

6　麻衣，用十五升布制成的麻衣。

7　纤，是黑经白纬，指冠而言。

今译

为父亲斩衰是服三升的疏衰，在虞祭、卒哭祭以后，就相承渐减而服六升以上的成布，丧冠用七升的布制成；为母亲服的疏衰，是用四升缕织成的，在虞祭卒哭以后，就渐减而服七升的成布，冠用八升的成布。而且这时麻经、麻带都改成葛制，葛带是由四股纠成，看来是三重的样子。周年以后举行小祥祭，然后可以用熟丝织成的素练做冠，练衣也可以绲红边，但男子的葛带还不能除掉，因为男子除服是先从头上的经除起，妇人则先从腰带除起。为什么男子要先从首经除起，而妇人又先从腰带除起呢？因为男子的首经是丧服中最重的，而女子的腰带是丧服中最重的。除服的时候，先除重要的部位，但如果已有重服，又新遭轻丧而变易本服，就只能变易轻的部位了。满两周年以后举行大祥祭，然后可以戴生绢制的冠，穿十五升的麻衣。大祥祭后间隔一个月举行禫祭，禫祭以后就戴黑经白纬的冠，身上可以佩上种种饰物。

易服者何？为易轻者也。斩衰之丧，既虞卒哭，遭齐衰之丧，轻者包，重者特[1]。既练，遭大功之丧，麻葛重[2]。

今注

1　轻者男子的腰带，妇人的首经；重者男子的首经，妇人的腰带。

2　麻葛重，周年练祭以后男子除首经，妇人除腰带，而男子还有带，妇人还有首经。如果这时又遭大功之丧，男子受大功的麻经，又易葛带为麻带，妇人受麻带，又易葛经为麻经，叫麻重。在大功虞卒哭以后，男子又用葛带、葛经，妇人也服葛经、葛带，这叫葛重。

今译

什么叫易服呢？就是已有重服，又新遭轻丧，变易一部分旧有的重服来适应轻丧的需要。如果已经遭逢斩衰的丧事，在虞祭、卒哭祭之后，又遇上齐衰的丧事，丧服中次要的一部分以新包旧，重要的一部分就得表现出原有重服的特色。在练祭以后，又遭到大功的丧事，那么在大功初丧时，男子以空首服大功的麻绖，腰间又改服大功的麻带，女子以空腰服大功的麻带，首绖又改服大功的麻绖，叫麻重。大功卒哭以后，又都改成葛绖、葛带，叫葛重。

齐衰之丧，既虞卒哭，遭大功之丧，麻葛兼服之[1]。

今注

1　齐衰卒哭以后，男女都服葛绖、葛带。新遭大功之丧，男子的带改为大功的麻带，头上仍是齐衰的葛绖；妇人反此，所以有麻有葛。

今译

遭到齐衰的丧事，在虞祭、卒哭祭以后，又新遭大功的丧事，男子头上仍保持齐衰卒哭后应服的葛绖，腰带却要改为大功的麻带；女子的腰带仍保持齐衰卒哭后的葛带，头上却改为大功的麻绖。男女所服都是有麻有葛。

斩衰之葛，与齐衰之麻同；齐衰之葛，与大功之麻同；大功之葛，与小功之麻同；小功之葛，与缌之麻同，麻同则兼服之[1]。

今注

1　本章所说的葛和麻同，都是指其粗细尺寸相同。如果相同，可以轻者改服麻，而重者仍服葛，两者兼服。

今译

斩衰的绖带在渐减为葛绖、葛带时，其粗细正和齐衰的麻绖、麻带相同；齐衰渐减为葛绖、葛带时，其粗细正和大功的麻绖、麻带相同；大功渐减为葛绖、葛带时，其粗细正和小功的麻绖、麻带相同；小功渐减为葛绖、葛带时，其粗细又正和缌麻的麻绖、麻带相同。既有重丧，又遭轻丧，要是既有的葛绖、葛带和新服的麻绖、麻带相同，那么就可以在重要的部位仍用葛，而次要的部位改成麻，麻葛兼用了。

兼服之服重者，则易轻者也[1]。

今注

1 重者，男子的头，女子的腰；轻者，男子的腰，妇人的头。

今译

总括兼服麻葛的原则来说：重要的部分，仍服旧丧服的葛，而次要的部位就得改变为新丧服的麻了。

第三十七　三年问

郑《目录》云："名曰《三年问》，善其问以知丧服年月所由，此于《别录》属丧服。"这一篇全用设问，而以三年之丧为主，说明丧服的期限是"称情而立文"的道理。本篇并见于《荀子·礼论》，虽小有出入，但大体不差。

三年之丧何也[1]？曰：称情而立文[2]，因以饰群[3]，别亲疏贵贱之节，而弗可损益也。故曰：无易之道也。

今注

1　三年之丧，所问虽为三年之丧，其实包括了三年以下五服之义。

2　称，"各当其宜"的意思。

3　因以饰群，这一句的句读是根据注疏本，杨倞注《荀子》，是以"别"断句。饰，是"章表"的意思。群，五服之亲。

今译

"三年的丧服是根据什么呢？"答道："是随着内心哀戚的程度而制定的礼文，借此来表明亲属关系，区分出亲疏贵贱的界限，而不能任意增减。所以说：'这是不能变动的原则。'"

创巨者其日久，痛甚者其愈迟，三年者，称情而立文，所以为至痛极也。斩衰苴杖，居倚庐，食粥，寝苦枕块¹，所以为至痛饰也。

今注

1　斩衰、苴杖、倚庐、食粥、寝苦枕块，说见《丧大记》《檀弓上》《问丧》各篇。斩衰，《荀子》作"齐衰"。按："斩衰"是。

今译

创伤严重，复原的日子就要拖得久，痛苦得厉害，痊愈的时间就要延迟，居丧三年，这是根据与哀情相称而制定的礼节，这是为极度的哀痛而制定的礼仪。披着不缝边的麻衰，拄着黑色的竹杖，住在临时搭在墙边的草屋里，喝着稀饭，睡在草垫上枕着土块，凡此种种，都是极度哀痛的表现。

三年之丧，二十五月而毕¹；哀痛未尽，思慕未忘，然而服以是断之者，岂不送死者有已，复生有节哉²？

今注

1　二十五月而毕，丧二十五月大祥，大祥到禫的期间，所服非丧之正服，所以说二十五月而毕。

2　复生，除丧而恢复生人的正常生活。

今译

问道："三年的丧期，二十五个月就结束了，但孝子的哀痛还没有穷尽，对死者的思慕还不能忘怀，然而丧服的期限却在这时截然斩断，岂不是表示对死人的感情有终止的时候，然后就可以完全恢复生人的正常生活了吗？"

凡生天地之间者，有血气之属，必有知，有知之属，莫不知爱其类——今是大鸟兽[1]，则失其群匹，越月逾时焉，则必反巡，过其故乡，翔回焉，鸣号焉，蹢躅焉，踟蹰焉[2]，然后乃能去之；小者至于燕雀，犹有啁噍之顷焉，然后乃能去之；故有血气之属者，莫知于人，故人于其亲也，至死不穷。将由夫患邪淫之人与，则彼朝死而夕忘之，然而从之，则是曾鸟兽之不若也，夫焉能相与群居而不乱乎？将由夫修饰之君子与，则三年之丧，二十五月而毕，若驷之过隙，然而遂之[3]，则是无穷也。故先王焉为之立中制节，壹使足以成文理[4]，则释之矣[5]。

今注

1 今是大鸟兽，是，《荀子·礼论》作"夫"。

2 蹢躅焉，踟蹰焉：本来"蹢躅"和"踟蹰"是可以通用的，这里则应该是有所区别；所以杨倞注《荀子》以为"蹢躅"是以足击地，"踟蹰"是不能去之貌。

3 遂，是究、竟；遂之，就是"尽其情好"的意思。

4 壹，是"全、皆"的意思。

5 释，是"除"的意思，《荀子·礼论》作"舍"。

今译

天地间的生物，只要是有血肉有气息的动物，就有知觉，有知觉的动物就没有不爱它的同类的——就说大的鸟兽吧，要是它们失去了伙伴或配偶，就是过了一个月，甚至过了一个季节，一定还回来巡绕的，经过老巢，一定还会盘旋着，哀鸣着，跺着脚，徘徊着，然后才舍得离去，即使小得像燕子、麻雀，当它们失去伴侣，还会有悲哀啁啾的时候，然后才舍得离开。有血气的动物中，人类既然有灵性，所以人类对他们的父母，应该是终身怀念的。如果依着那些心术不正、放荡无检的小人，那么他们是早晨死了父母，到了晚上就已经全给忘了，要是顺着他们的意思制定制度，那就连禽兽都不如了。像这样，人类怎能在一起过群体生活而不乱呢？如果依那些去私欲而正心诚意的君子，那么，他们又觉得服三年丧，二十五月就结束了，就像从门缝看奔马驰过那么快，要是继续引申他们的感情，那又要无穷无尽了。所以古代圣明的君王就折中人类的情性来制定礼节，使大家都能够做到合情合理，然后让人们在二十五月时除丧了。

然则何以至期也[1]？曰：至亲以期断[2]。是何也？曰：天地则已易矣，四时则已变矣，其在天地之中者，莫不更始焉，以是象之也。

今注

1　期，是周年。这一节是说周年之丧的义理。

2　至亲以期断，指为兄弟、孙为祖、夫为妻、父为众子之类都服周年的丧服。

今译

问："在什么情形之下服周年的丧服呢？"答："最亲近的亲人，就以周年为段落。"问："为什么要定周年的期限呢？"答："经过周年，天地的运行已经循环过一周；春、夏、秋、冬也变换过一轮了；天地间的草木，也都荣枯过一回，更生；而人事也就比照这种自然现象，以周年为一段落。"

然则何以三年也？曰：加隆焉尔也，焉使倍之[1]，故再期也[2]。

今注

1　焉使倍之，于焉而使倍之。

2　再期，三年之丧，二十五月而毕，所以是两周年。

今译

问："那么为什么有的丧服要到第三年才满期呢？"答道："为了更加隆重其事，因而延长一倍的丧期，要满两周年以后才除服。"

由九月以下何也¹？曰：焉使弗及也²。

今注

1　九月以下，包括九月、五月、三月各等丧服。

2　弗及，不及至亲的关系。

今译

问："为什么有的丧服是在九月以下呢？"答道："由于有的亲属不及至亲，于是服丧的期间也就不必满周年了。"

故三年以为隆，缌小功以为杀¹，期九月以为间²。上取象于天，下取法于地，中取则于人，人之所以群居和壹之理尽矣。

今注

1　杀，"减削"的意思。

2　间，"中"的意思。

今译

所以斩衰三年是最隆重的礼节，缌麻三月，小功五月是依次减削到最低限度的礼节，齐衰周年和大功九月是折中两者。然而这些都是上而模仿天时的运转，下而效法地文的变化，中而依据人类的感情，而人类借以维系群体生活，使其和睦团结的道理，就从这里表现无遗了。

故三年之丧，人道之至文者也¹，夫是之谓至隆。是百王之所同，古今之所壹也，未有知其所由来者也²。

今注

1　文，"美善"的意思。

2　未有知其所由来，极言其由来久远。

今译

所以居丧三年，是人情中最完美的，亦可说是最隆重的礼仪。这是历代圣王所赞同而为从古到今大家所共同遵循的标准行为。因其由来久远，简直不知从什么时候开始的。

孔子曰："子生三年，然后免于父母之怀；夫三年之丧，天下之达丧也¹。"

今注

1　孔子曰以下的话，亦见于《论语·阳货》。达丧，《论语》作"通丧"，不过邢昺疏云："通，达也。"所谓达丧，就是上自天子下达庶人，都为父母服丧三年。

今译

孔子说："孩子在三岁以后才能离开父母的怀抱；然则，父母去世，孩子为之服丧三年，也是普天下通行的丧礼了。"

第三十八　深衣

《礼记正义》引郑《目录》，谓本篇系"记深衣之制"者，然就其本文考之，大旨在说明深衣制度的"意义"，而非专记深衣的"制度"。或者系补充专讲制度的原文的讲义，亦未可定。故本文尚存有若干制度之记，如"短毋见肤，长毋被土"之类。按其原文不足三百字，然错简甚多，且为语气不完全之附记，如"制十有二幅"至"善衣之次也"一节，应接于"规矩绳权衡"之后方合；又"具父母大父母"一段，亦为附记之语。又所谓"五法"之言，实受阴阳五行思想之支配，由此推测，此讲义之文，当不早于魏相时代。

古者深衣[1]，盖有制度，以应规、矩、绳、权、衡。

今注

1　孔疏云：深衣是诸侯、大夫、士，夕时所著之服。所以《玉藻》云"朝玄端，夕深衣"，庶人吉服亦深衣，皆穿着在外表。其他的衣服上衣下裳不相连，深衣则衣裳相连，被体深邃，所以叫作深衣。

今译

古时的深衣，有一定的样式尺度，以应合规、矩、绳、权、衡五法。

短毋见肤，长毋被土[1]。续衽钩边[2]。要缝半下[3]；袼之高下，可以运肘[4]；袂之长短，反诎之及肘[5]。带下毋厌髀，上毋厌胁，当无骨者[6]。

今注

1　此句郑注无说，但称"衣服蔽形"而已，大概是以"肤"为"形"。孔疏说："纵令稍短，不令见肤肉，若见肤肉则亵也。"《说文解字》云："肤（胪），皮也。"但人体何处无皮，倘仅言"毋见肤"，岂非连头皮也要盖起来？方苞说："短毋见肤，岂袂之长短反诎之及肘，所谓短毋见肤软？"所疑者是。姜兆锡说："肤，谓足肤也。此先言其长短之制。"姜氏之意近矣。按此"肤"字乃借作"趺"或"跗"。《投壶》言"扶"，《公羊传》作"肤"；"肤"与"扶"通假，可借作"趺"。《说文》无"趺"字及"跗"字；《仪礼·士丧礼》"乃屦綦结于跗"，郑注"跗，足上也"，贾疏以足上为"足背"，是也。《说苑·修文》云："天子文绣，衣各一袭，到地；诸侯覆跗，大夫到踝，士到髀"，正用此"跗"字，可证。《集韵》："跗或作趺，跗，跰"，盖诸字皆借音为之。此言"短毋见肤，长毋被土"，正是"负绳及踝"之意，而为制定长短之度，非泛泛语。王夫之说："肤谓踝骨；'被'是'垂'的意思。"

2　郑注云："续犹属也；衽，在裳旁者也。钩边若今曲裾。续或为裕。"孔疏云："今深衣裳，一旁则连之相著，一旁则有曲裾掩之，与相连无异。故云属连之，不殊裳前后也。"后人颇曲解注疏之意。其见于卫湜及陈澔《礼记集说》、吴澄《礼记纂言》、杭世骏《续礼记集说》所引述者，或以"衣"连"裳"谓之"续衽"，或以"钩"为约束裳边谓之"钩边"。或又以钩边为"覆缝"之称，为钩针密合之称……说颇纷纭。按此四字实只说一事，大概是说"裳"旁多出之"衽"，前后两衽相交叠。郑注说"续或为裕"，可见郑所见本有作"裕"的。《说文》"裕，衣，衣物饶也"。段注说："引申为凡宽足之称"，就是这个意思。裳本为直幅，欲其"下齐"宽大，故在直幅的两旁各加上狭下广的斜幅，这就是"衽"。所以"衽"可视为余幅，而称为"裕"。但因"续"借为"裕"，而郑氏专训"续"字为"属"，故引起许多误解。今此裳旁余幅，因为宽广，到穿着的时候，必定前后两衽相交叠，所以说"钩边"。

　　3　要缝，腰部衣裳相合的地方；半下，宽度等于下齐的一半。

　　4　袼，袖与上衣在腋下的接缝。此言袼的高下，应以手肘可以运转自如为原则。

　　5　王夫之说：反诎之及肘，是说袖子的长度，自袼至袖口，除为手的长度外，较手为长的部分，反屈过来，可至于肘。

　　6　带，大带。厌，当。髀，臀部上的骨。胁，肋骨。无骨者，就是胁下髀上，人的下腹。

今译

　　深衣的长短有一定规矩，短不要在足踝以上，长亦不可拖到地面。裳的两旁有宽大的余幅，穿着时前后交叠起来。腰身的宽度，等于裳下缉的一半；袖子与上衣在腋下连合处的高低，以可以使手肘运转自如为原则；袖子的长度，除了手长，其余部分屈褶过来，应该到手肘。腰间大带，下面不要盖到髀，上面不要盖到肋骨，应相当于下腹没有骨头的地方。

制：十有二幅以应十有二月；袂圜以应规；曲袷如矩以应方[1]；负绳及踝以应直[2]；下齐如权衡以应平[3]。故规者，行举手以为容；负绳抱方者，以直其政，方其义也[4]。故《易》曰："坤六二之动，直以方也[5]。"下齐如权衡者，以安志而平心也。五法已施，故圣人服之[6]。故规矩取其无私，绳取其直，权衡取其平，故先王贵之。故可以为文，可以为武，可以摈相，可以治军旅，完且弗费，善衣之次也[7]。

今注

1 袷，交领。左襟掩右襟，两襟相交之领。曲袷是方领，孔疏说：郑以汉时领皆向下交垂，故云古者方领似今拥咽，故云若今小儿衣领，但方折之也。

2 负绳，背缝。孙希旦说："衣之背缝及裳之背缝，上下相当，如绳之正，故云负绳。"踝，脚后跟。

3 下齐，裳的下缉。

4 郑注于"抱方"二字无说，孔疏云："抱方，领之方也。"说是"领之方"，大概是以上文"曲袷如矩以应方"来讲的。如果照孔疏的讲法，疑"抱方"二字有错误。"抱"字正文当作"褱"。《说文》"褱，怀也"。后因"褱""捊"皆混作"抱"，所以"抱持"的"捊"与"怀抱"的"褱"，同用一字。但此"抱"之为"褱"，正犹"负"之为"背"。"褱方"的"方"，疑当作"矩"，大概是涉下文"方其义也"而误。说负绳，褱矩，意义尚未明白，所以又加"直其政，方其义"为解。不然亦当说"负直抱方，以直其政方其义也"。如今"绳"与"直"互文，而"方"与"方"未互文，详审当知其误。

5 孔疏引郑玄《周易》注云："自也，方也，地之性也，此爻得中气而在地上自然之性，广生万物，故生动，直而且方。"

6　五法即上述的规、矩、绳、权、衡。

7　完，完整，王夫之说是"周身密致"。弗费，质素易成，不浪费财物。善衣，朝服及祭服。

今译

深衣裁制的方式：衣服共用布十二幅，以象征一年有十二个月；圆形的袖子象征圆规；方形的衣领，像画方的矩，以象征方正；背缝长达脚后跟，以象征直道；裳的下缉像秤及秤锤，以象征公平。袖子口如圆规，则揖让有仪容；背缝一条直线和方形的衣领，表示政治不偏，义理不变。所以《易经》说："坤卦六二爻的动态，广生万物，直而且方。"裳的下缉像秤及秤锤，是为了安定志向而平衡心情。规、矩、绳、权、衡五法都已经加在深衣上，所以圣人穿着它。"规与矩"是取"大公无私"的意义，"绳"是取"正直"的意思，"权及衡"是取"平稳"的意思，所以先王很看重深衣。深衣，做文事的时候可以穿，有武事的时候可以穿，做摈相时可以穿，带兵的时候可以穿，这种服装比较结实而且花费不多，是朝服、祭服以外最好的衣服了。

具父母大父母，衣纯以缋 [1]；具父母，衣纯以青。如孤子，衣纯以素 [2]。纯袂、缘、纯边，广各寸半 [3]。

今注

1　纯，衣服的绲边。缋，画文。

2　郑注《曲礼上》引此，"如孤子"句无"如"字，"如"字恐为后人所加。

3　郑注云："纯谓缘之也。缘袂，谓其口也。缘，緆也。缘边，衣裳之侧、广各寸半，则表里共广三寸矣。惟袷广二寸。"《经典释文》云："郑注《既夕礼》云：饰衣领袂口曰'纯'，裳边侧曰'綼'，下曰'緆'。"依郑氏所见本，此处实言三事：一为袂口的"纯边"，二为裳下齐之"缘"亦即"緆"，三为裳边之"綼"亦即"纯边"。

今译

父母亲及祖父母同时健在的人，所穿的深衣以花文来绲边；只有父母亲健在的人，所穿的深衣，以青色做绲边；未满三十周岁而父母亲已去世的人，所穿的深衣以白色做绲边。袖口、裳下缉及裳边的绲边，都是寸半宽。

第三十九　投壶

　　此篇记投壶之礼。《礼记正义》引郑《目录》谓"此于《别录》属吉礼"，但郑《目录》又说："名曰《投壶》者，以其记主人与客燕饮讲论才艺之礼。"则本篇应属嘉礼，"吉"字是"嘉"字磨灭了下半部。又《大戴记》亦有《投壶》一篇，与此篇相较，阙"鼓谱"而多"祝射"之辞。此外，存于《大戴记》的文字，实较本篇稍为完好，而本篇除残缺者外，又多讹字、衍语与错简，如篇中载"司射庭长"至"皆属主党"等二十四字。与《大戴记》相比，应次于前，而本篇则夹于两种鼓谱中间，虽然《大戴记》所载，未必即合原文，但本篇之有错简，则显而易见。就本篇文字的组织来考察，纳兰成德说："本篇首列'投壶之礼'四字，是原有篇题，其下自'主人奉矢'以迄'正爵既行请彻马'，皆是正文，而正文亦终于此。自此以下，言'筹'，言'筭'，言'矢'，言鲁薛令弟子之辞，言鲁薛鼓谱，皆其附记。"这是很中肯的见解。

　　投壶之礼，主人奉矢，司射奉中，使人执壶[1]。
今注
　　1　奉，音"捧"。中，记分器。孙希旦说："中谓受算之器。"

《乡射记》云："大夫兕中，士鹿中，其形刻木为之，状如兕鹿而伏，背上立圆圈以盛算。"

今译

投壶的礼法，主人捧着投壶用的矢，司射捧着盛筹码的筒，叫一个人拿着壶。

主人请曰："某有枉矢哨壶，请以乐宾¹。"宾曰："子有旨酒嘉肴，某既赐矣²，又重以乐，敢辞。"

今注

1 枉矢哨壶，郑注：枉、哨，皆不正貌。孔疏云：枉谓曲而不直；哨谓哨峻不正。《释文》引王肃说：枉，不直；哨，不正。孔广森云：哨，宋本讹"峭"，从吴氏《逸经》改。按今本《大戴记》七十八，"哨壶"仍作"峭壶"，稽以孔疏所说，"哨"与"峻"连言，疑孔氏所见此文乃以"峭"字为说。今《说文》山部无"峭"字，以"陗"为之，《史记·晁错传》"错为人陗直刻深"，《说文》"陗，陵也"，是孔疏所用的意义。但此义非是。姚际恒说："哨，《说文》口不容也，谦言口小不能容矢之意，若谓壶不正，壶乃范金所成，安有不正者，何必为之谦乎？"姚氏所说近是。疑"哨""啸"一声之转，义或相通；《诗经·江有汜》"其啸也歌"，郑笺云：啸，蹙口而出声。然则，郑云"不正"，许云"口不容"，皆当作"蹙口"的意义。《广韵》四十五笑部"哨，壶口黯者名也"，所谓"黯"，疑是此意。故"枉矢"就是"不直的矢"，"哨壶"就是"蹙口的壶"。"蹙"是"窄"的意思。请以乐宾，《大戴记·投壶》篇，"乐宾"上无"以"字。

2 旨酒嘉肴，《大戴记》"肴"或作"殽"，其下并无"某既赐矣"四字。疑此四字，系涉下文而衍。因下文有此四字，乃用以替代"子有旨酒嘉肴"的语意，今此上句既有"旨酒嘉肴"，则似乎无须重出此语，故应以《大戴记》无此四字者为是。

今译

主人对宾客说："我某人有不直的矢，窄口的壶，希望用来娱乐宾客。"宾客说："阁下既用美酒好菜招待我们，已经很足够了，又加以娱乐，真不敢当。"

主人曰："枉矢哨壶，不足辞也，敢固以请[1]。"宾曰："某既赐矣[2]，又重以乐，敢固辞。"

今注

1 《大戴记·投壶》此处无"固"字。此"固"当是涉下文"固辞""固请"的"固"而衍。王树枏云："《小戴记》敢下有固字，衍；观下文可知。"

2 "某既赐矣"颇觉不辞。按《太平御览》七五三引此文，一作"既受赐矣"，一作"某既赐矣"，疑二者皆是而又皆非。或者原文作"某既受赐矣"，而今本大小《戴记》并脱"受"字。

今译

主人说："不直的矢，窄口的壶，实在不值得客气的，请你们定要参加。"宾客说："我们已经接受你美酒好菜的赏赐了，如今又加以娱乐，还是不敢当。"

主人曰："枉矢哨壶，不足辞也，敢固以请。"宾曰："某固辞不得命，敢不敬从。"

今译

主人说："不直的矢，窄口的壶，实在不值得你推辞的，我还是坚持要请你们。"宾客说："既然我们再之推辞不了，只好不客气地服从命令了。"

宾再拜受，主人般还，曰："辟[1]。"主人阼阶上拜送，宾般
还，曰："辟。"

今注

1　般还，移足转身，侧身背拜者。曰，辟，助礼的人告诉拜
揖的人的话。辟，《大戴记》作"避"。

今译

宾客既已答应，乃就西阶再拜，主人转身背着拜者曰："避。"
主人从主阶上拜送矢，宾亦转身背着拜者，亦曰："避"，不受礼。

已拜，受矢，进即两楹间，退反位，揖宾就筵。

今译

宾主再拜已毕，彼此俱进至两楹间授受了矢，再退回原位，
然后揖请宾客就座。

司射进度壶，间以二矢半，反位，设中，东面，执八筭兴[1]。

今注

1　度壶，量度置壶的地方。筭是记分的筹码。此节所记，
《大戴记》无"间以二矢半""东面"及"兴"等。王念孙云："按
此一节但记度壶设筭三事。若筭之多少、矢之长短及壶席相距之
度，皆在下文，若此言度壶以二矢半，下又言壶去席二矢半，则
重出矣。'以二矢半'四字疑衍。然陆孔二本，只有此四字而无
'间'字。'间'字盖涉上文两楹间而衍。"王氏的见解甚是，《释
文》说："以二矢半，一本无此四字。"大约此四字由下文而衍；
而"间"字又由上文衍来，原本此处当无"间以二矢半"五字。

"设中东面执八筭兴"，孔疏云"司射于西阶之上，于执壶之人处受壶，乃来宾主筵前"，此言"度壶"，度壶既向东，则其反位设"中"之后，应有"东面"字样，《大戴记》无，或系脱文。

今译

司射到堂上量度置壶的地方，放好之后，退回西阶上司射的位置，把"算筹筒"竖起，在"算筹筒"上插上八支"算筹"，面向东方，手拿着八支"算筹"站着。

请宾曰[1]："顺投为入[2]，比投不释[3]，胜饮不胜者[4]，正爵既行[5]，请为胜者立马，一马从二马，三马既立，请庆多马[6]。"请主人亦如之。

今注

1　郑玄云：请犹告。这是司射告宾的话。

2　矢有头尾，所谓顺投，就是以箭头先入壶的，这才算投入。

3　投壶的时候，主人与客轮流投，如果有一方连续地投，虽然投入，亦不释筭。《仪礼·大射仪》，郑云："释"古文作"舍"。舍即舍之之舍，意为算数或今言"得分"。

4　饮，酌而饮之。王夫之说：胜饮不胜者，谓胜者的子弟酌酒莫于"丰"，而不胜者取饮之。

5　正爵，正礼的爵，即指"胜饮不胜"的罚爵。既行，是说行爵完毕。

6　马，胜筭，就是胜利的筹码，大概是作马的形状，所以称为马。按《大戴记》此处无"一马从二马"五字，"庆多马"上亦无"请"字。《释文》云："俗本此句下有一马从二马五字，误。"孔疏曰："一马从二马，定本无此二句。"郑注此处亦未解释此五字，而注此五字乃在下文，可知不但陆德明、孔颖达所及见的定本无此五字，即郑注本亦无此五字。

今译

司射告诉宾客：“投壶的规则，矢头先入的才算‘入’；主客轮流投，如果一方连续地投，虽‘入’亦不算；胜的一方斟罚酒给不胜的人饮之；罚酒饮过之后，为胜利的一方安置一‘马’，如果有一方已得了三马，就饮一爵庆贺的酒。”司射又以同样的话告诉主人。

命弦者曰[1]：“请奏《狸首》，间若一[2]。”大师曰：“诺[3]。”

今注

1　弦者，音乐师。这是司射的话。

2　《狸首》，逸诗篇名。间若一，乐节的前后中间，要疏数如一，不可时快时慢。

3　大师，音乐师中的主持人。诺，答应的话。

今译

司射吩咐奏乐的人说：“请奏《狸首》乐曲，乐曲每段休止的时间都要一致。”乐队的主持人就答应说“是”。

左右告矢具，请拾投[1]。有入者，则司射坐而释一算焉。宾党于右，主党于左。

今注

1　孔疏曰：左谓主人，右谓宾客；司射告宾主以矢具。拾投，轮流地投。

今译

司射分别向坐在左边的主人，及右边的宾客，报告矢已经准备妥当，请两方轮流投壶。有投中的，司射就坐下来加一个算筹在"算筹筒"上。投壶的时候，宾客在右边，主人及子弟在左边。

卒投，司射执筹曰[1]："左右卒投，请数。"二筹为纯[2]，一纯以取[3]，一筹为奇[4]。遂以奇筹告曰[5]："某贤于某若干纯[6]。"奇则曰奇，钧则曰左右钧[7]。

今注

1　司射执筹，《大戴记》作"司射执余筹"，孔广森云："执余筹者，司射初执筹入，每入一矢，则委一筹于地。入矢不皆中，故手有余筹也。"孔氏引申郑注，此意甚明，然则郑注本，此处有"余"字，今本无，乃系脱文。

2　"纯"与"全"通，"双"的意思。

3　取，从"中"上拿下来。这句是说将"筹"从"中"上一双一双地拿下来。

4　奇，单独一支。

5　遂以奇筹告，《大戴记》作"有胜则司射以其筹告"，孔广森《补注》，改"其"为"奇"，以合此处之文。俞樾曰："《释文》云：此句上更有'有胜者司射'五字，误。今按，有此五字是也。《礼记》原文正作'有胜者司射遂以其筹告'，与《大戴记》同。其筹，谓胜者之筹，即《仪礼》所谓'贤获'也。'其筹'误为'奇筹'，盖声相近，又涉上下文皆有'奇'字而误。"俞说是对的。这里原文当作"有胜者，司射遂以其筹告"。

6　此句《大戴记》作两句云："某党贤于某党，贤若干纯。"根据上文"宾党于右，主党于左"，既分党于前，则这里不能无"党"字。又《仪礼·乡射礼》云："告于宾：若右胜，则曰右贤于左；若左胜，则曰左贤于右，以纯数告。"所说的"以纯数告"，正是《大戴记》所谓"贤若干纯"。今此句先说某党胜，然后说胜若干，与《仪礼》正同，而此句脱一"贤"字。但看郑注所说"某贤于某者"，似乎郑氏所据的本子，早已脱去两"党"字了。

7　钧，相等。

今译

双方都投完之后，司射就拿着剩下的算筹说："左方、右方都投过了，现在开始计算成绩。"计算的方法，两支算筹称为"纯"；将"中"上的"算"一纯一纯地取下来，用右手取，交给左手，每十纯作一堆，摆在地上；单独一支算叫作"奇"。计算之后，司射就以所胜的"算"报告出来："某党胜过某党，所胜的数目是若干纯。"如果是"奇"就说"奇"，不分胜负就说左右相等。

命酌曰："请行觞[1]。"酌者曰："诺。"当饮者皆跪奉觞[2]，曰："赐灌[3]。"胜者跪曰："敬养。"

今注

1　此处《大戴记》作"举手曰：请胜者之子弟为不胜者酌"。孔广森《大戴记补注》云："诺"上宋本脱"请"字，从《仪礼经传通解》补。王念孙说：孔从《通解》，误也。经文皆言胜者，不言诸胜者，今删"诸"字。按卢文弨《大戴礼校记》说"诸当作请"是对的。《大戴记》此文当作"举手曰：请胜者之子弟，为不胜者酌"，即是"命爵"的意思，而较此文为详明。此文既说"命爵"，又说"行觞"，不仅语复，而且漏去"举手"及"请胜者之子弟"等语。郑注下云：酌者，胜党之子弟。语意明显。

2　觞，《大戴记》作"觚"。孔广森云："觚当为觯。射礼罚皆以觯。觯古书或作'角'旁'氏'，则与'觚'字相近。"按《大戴记》的"觚"，本由"觝"字形近而误，今此篇全改为

"觯"。

3 灌，"饮"的意思。

今译

司射举手说："请得胜那一方的子弟，为失败的一方斟酒。"得胜一方的子弟答应说"是"。酒斟好之后，受罚的一方都跪下来捧着酒杯，说："承蒙赐饮。"然后站起来喝酒。得胜的那一方的子弟亦跪下来，说："敬请享用吧。"

正爵既行，请立马[1]。马各直其筹[2]。一马从二马，以庆[3]。庆礼曰："三马既备，请庆多马。"宾主皆曰："诺。"正爵既行，请彻马[4]。

今注

1 《大戴记》于"正爵既行"上有"司正曰"三字；"请立马"作"请为胜者立马"，"为胜者"三字似不可少，此处脱去。

2 直，安置。孙希旦说：马各直其筹，就是宾党胜则立马右筹，主党胜则立马左筹，用以表明哪一方胜。

3 孔疏说：投壶与射礼同，都是三番就停止（主党与宾党每人投过一次就是一番），每番，为胜方立一马，假使宾党三番俱胜，便立三马，若宾党两胜，立二马；主党一胜，立一马，则亦以宾党为胜，以一马并于二马来庆祝。

4 正爵，庆爵。彻，彻收。王夫之说：彻马之后，或再投，或不再投，而将"壶"及"中"一齐彻收，反位行燕礼的无算爵。

今译

罚酒饮过之后，司射吩咐立"马"。"马"安置在得胜一方的算筹前。以立三马为限，如果一方得二马，一方只得一马，以二马为胜，将一马并于胜方的二马来庆祝。庆礼时，司射说："三马都已齐备，请斟酒为多马的一方庆祝。"宾主两方都说："是的。"喝过庆祝的酒，司射就吩咐将已立的马撤去。

筹多少视其坐[1]。筹，室中五扶，堂上七扶，庭中九扶[2]。筹长尺二寸。壶，颈修七寸，腹修五寸，口径二寸半；容斗五升。壶中实小豆焉，为其矢之跃而出也。壶去席二矢半。矢以柘若棘[3]，毋去其皮。

今注

1　坐，在座共宴的人。每人四算筹。

2　筹，就是"矢"。扶，同"肤"，合并四指的宽度，约为古尺四寸。郑玄曰：投壶的地方，或于室，或于堂，或于庭，其礼亵，随晏早之宜，无常处。孔疏说：投壶，日中于室，日晚于堂，大晚则于庭。矢的长短，随地的广狭：室中狭，矢长五扶；堂上稍宽，矢长七扶；庭中甚宽，矢长九扶。

3　柘，木名。

今译

算筹的多少，看座中参加宴礼的人数而定，每人四支。矢的长度，如果在室中投壶，用两尺长的；如果在堂中投壶，用两尺八寸长的；如果在庭中投壶，就用三尺六寸长的。算筹长一尺二寸。壶的体制：颈长七寸，壶腹深五寸，口径宽二寸半，容体是二斗五升。壶中盛着小豆，以防止矢反弹跳出。壶放在距离座席两支半矢远的地方。矢是用柘木或者棘木制造的，木皮不要剥掉。

鲁令弟子辞曰[1]："毋怃，毋敖，毋偝立，毋踰言[2]；偝立踰言，有常爵[3]。"薛令弟子辞曰："毋怃，毋敖，毋偝立，毋踰言；若是者浮[4]。"

今注

1 郑玄说：弟子，宾党、主党年幼的人，为其立于堂下相亵慢，司射戒令之。

2 忨，怠慢。敖，骄傲。偝立，不正向前而立。踰言，大呼小叫。

3 常爵，常所以罚人的爵。

4 浮，与"罚"通。

今译

在鲁国，投壶时司射吩咐堂下两党年幼的子弟说："不胜的不要怠慢，胜利的不要骄傲，不要背向堂前站，不要大呼小叫；不要向前大呼小叫，如果触犯这规则的，都要罚酒一杯。"在薛国，司射吩咐子弟的话是这样的："不要怠慢，不要骄傲，不要背着堂上站立，不要大呼小叫，倘有这些行为，都要受罚。"

鼓：○□○○□□○□○○□半○□○□○○○□□○□○鲁鼓[1]；○□○○○□□○□○□○□○□○○□□○半○□○○○□□○薛鼓。取半以下为投壶礼，尽用之为射礼。

今注

1 郑玄说：此鲁薛击鼓之节；圆的符号击鼙，方的符号击鼓。

今译

投壶时击鼓的节奏：○□○○□□○□○○□一半○□○□○○○□□○□○，是鲁国击鼓的谱子；○□○○○□□○□○□○□○□○○□□○一半○□○○○□□○，这是薛国击鼓的谱子。投壶礼是打谱中一半以下的一段，射礼则是打全谱。

司射、庭长及冠士立者，皆属宾党[1]；乐人及使者、童子，皆属主党[2]。

今注

1 庭长就是司正。乡饮酒礼、将旅的时候，立相为司正，居庭中，以监察众人的仪容，免致醉酒失态。冠士，孔疏说：谓外人来观投壶，成人加冠之士，尊之，故令属宾党。属，附属。

2 使者，主人所使唤的人，如执壶的、设筵的、授主人以矢的都是。

今译

司射、司正以及站着观礼的成年人，都属于宾党；奏乐的人及仆人、小孩子，都属于主党。

鲁鼓：○□○○□□○○半○□○○□○○○○□○□○；薛鼓：○□○○○○□○□○○○○□○○□○半○□○□○○○○□○[1]。

今注

1 郑玄说："这两份鼓谱，与上面所记的不同，所以放在后面。"

今译

另一份鲁鼓谱：○□○○□□○一半○□○○□○○○□○□○。另一份薛鼓谱：○□○○○○□○□○□○○○□○○□○一半○□○□○○○○□○。

第四十　儒行

　　孔子为儒者表率，其弟子所得或具体而微，或仅有圣人之一体。传至战国末季，儒分为八；故其持论不免有所偏差。本篇盖假托孔子与鲁哀公答问之辞，集众儒之遗绪以综述儒者行为。后人或以为踳驳，不足与经教并列。然任何学说之发展，必有偏至，兹篇列举诸端，正可从而窥见儒说衍进之大全。宋世帝王尝以之颁授学子，盖能践言而笃行之，斯不愧于为儒了。

　　鲁哀公问于孔子曰："夫子之服，其儒服与？"孔子对曰："丘少居鲁，衣逢掖之衣[1]，长居宋，冠章甫之冠[2]。丘闻之也：君子之学也博，其服也乡[3]；丘不知儒服。"

今注

1　逢，宽大。掖，袖子。

2　章甫，殷代帽子的名称。

3　乡，如其乡人而不标奇立异。

今译

　　鲁哀公问孔子说："老先生所穿的衣服，是儒者特有的服装吗？"孔子回答说："丘年少的时候，住在鲁国，穿着大袖的衣服；长大之后，住在宋国，宋国是殷的后代，所以又戴着殷代传下的章甫帽。丘曾听人说：君子的学问要通博，衣服要随俗，丘不知道什么是儒者特有的服装。"

　　哀公曰："敢问儒行。"孔子对曰："遽数之[1]不能终其物，悉数之乃留[2]，更仆[3]未可终也。"

今注

1　遽，匆忙。

2　留，迟久。

3　更仆，更番替换侍者。

今译

　　哀公又问："请问儒者的行为准则？"孔子回答说："儒者的行为很多，匆匆忙忙地不能讲完，如果一一地讲，要花很多时间，讲到仆人换班也讲不完。"

　　哀公命席。孔子侍曰："儒有席上之珍以待聘，夙夜强学以待问，怀忠信以待举，力行以待取，其自立有如此者。

今译

　　哀公使人摆设了座席，孔子陪坐，说："儒者像筵席上的珍宝，等待诸侯的聘用，早晚用功研究学问以等待别人的请教，心怀忠信以等待别人的推举，力行不倦以等待别人的选取，他们自修立身经常都是这样的。

　　"儒有衣冠中，动作慎，其大让如慢，小让如伪，大则如威[1]，小则如愧，其难进而易退也，粥粥若无能也[2]，其容貌有如此者。

今注

1　威，畏惧。

2 粥粥，柔弱的样子。

今译

"儒者所穿戴的衣服帽子，得其中度，不异于常人；行为谨慎；对大事的推让，辞貌宽缓，有如傲慢；对小事，始辞而终受，有如虚伪；做大事时再三考虑，好像有所畏惧；做小事时亦不放任，有如有所愧慊；他们不急躁于进取而轻易于退让，看似柔弱无能，儒者的容貌是这样的。

"儒有居处齐难[1]，其坐起恭敬，言必先信，行必中正，道涂不争险易之利，冬夏不争阴阳之和[2]，爱其死以有待也，养其身以有为也。其备豫有如此者。

今注

1 齐难，郑玄说是齐庄可畏难。

2 郑玄说：止不选处。孔疏说：冬温夏凉，是阴阳之和处，此并为世人所争，唯儒者让而不争。

今译

"儒者平日的起居行动，都很严肃而勤勉，他们的一坐一立，都很恭敬，讲话有信用，行为不偏差；在路途上，不计较艰险或坦易的便利；冬天、夏天，不计较冷暖舒适。但是爱惜生命以期为世用，保养身体准备有所作为。儒者的防祸害、行善道是这样的。

"儒有不宝金玉，而忠信以为宝；不祈土地，立义以为土地[1]；不祈多积[2]，多文以为富。难得而易禄也，易禄而难畜[3]也，非时不见，不亦难得乎？非义不合，不亦难畜乎？先劳而后禄，不亦易禄乎？其近人有如此者。

今注

1 土地，立身之处。儒者立身于仁义，故不祈土地。

2 积，聚财。

3 畜，养育。供人衣食使为臣仆。

今译

"儒者不以金玉为宝，而以忠信为宝；不希求土地，而立身于义理；不希求多所积蓄，而以多学得文章才艺为富有。儒者是很不容易罗致的，但很容易供养，虽然容易供养，却难以羁留。儒者不在适当的时候不见人，那不是很难罗致吗？义理相合则留，不合则去，不是难以羁留吗？儒者先做而后谈供养，这难道不是，并不在乎供养吗？儒者待人接物是这样的。

"儒有委之以货财，淹之以乐好[1]，见利不亏其义；劫之以众，沮之以兵[2]，见死不更其守；鸷虫攫搏不程勇者[3]，引重鼎不程其力[4]；往者不悔，来者不豫[5]；过言不再，流言不极[6]；不断其威，不习其谋[7]。其特立有如此者。

今注

1 委，赠送。淹，郑玄说是"浸渍"，就是"包围"的意思。

2 劫，威胁。沮，恐吓。兵，武器。

3 鸷虫，猛兽。攫搏，打斗。程，量度。

4 引，"举"的意思。

5 不悔，从一而终，不中途反悔。不豫，不做预谋，见到该行的就实行。

6 流言，谣言。极，穷极；不极，就是不追究起源。

7 习，俞樾说是"重"的意思。

"把钱财物品赠送给他，用玩乐爱好来包围他，儒者亦不会见利忘义；拿很多人来威胁他，用武器来恐吓他，儒者亦不会因怕死而改变操守；遇到猛兽便上前搏斗，毫不考虑自己的勇武够不够，举重鼎亦不考虑自己的力量够不够，只问该不该做就动手；对于过去的事，不再追悔，未来的事，不预先妄加猜测，该做的就去做；讲错了的话，不会再讲，不听信谣言，亦不去寻究它的根底；常常保持威严，使人敬畏，不重视谋略，而常行所当行。儒者的特立独行是这样的。

"儒有可亲而不可劫也；可近而不可迫也；可杀而不可辱也。其居处不淫，其饮食不溽[1]；其过失可微辨而不可面数也。其刚毅有如此者。

今注

1 淫，奢侈。溽，俞樾说与"蓐"字通，"丰厚"的意思。

今译

"儒者可以亲密而不可以威胁；可以接近但不可以逼迫；可以杀而不可以侮辱。他所居住的地方很朴素，饮食很简单；他有过失，别人可以轻微委婉地示意，而不可以当面一一指出。儒者的刚强严毅是这样的。

"儒有忠信以为甲胄，礼义以为干橹[1]；戴仁而行，抱义而处[2]，虽有暴政，不更其所。其自立有如此者。

今注

1 甲，铁甲。胄，头盔。干，小盾。橹，大盾，即挡箭牌。孔疏说：甲、胄、干、橹，所以御患难，儒者以忠、信、礼、义御患难，谓有忠、信、礼、义，则人不敢侵侮。

2 戴仁、抱义，是说尊重仁义，有如头顶手抱一般。

今译

"儒者用忠信作为盔甲，用礼义作为盾牌，来保护自己；无论是行动还是安居，都谨守着仁义，虽然遇到暴虐的政治，但也不改变自己的操守。儒者的自立是这样的。

"儒有一亩之宫 ¹，环堵之室 ²，筚门圭窬 ³，蓬户瓮牖 ⁴；易衣而出 ⁵，并日而食 ⁶，上答之不敢以疑 ⁷，上不答不敢以谄。其仕有如此者。

今注

1 一亩，纵横各十步。宫，墙垣。

2 环，周围。堵，五版为一堵。室，房间。

3 筚门，用荆竹编成的柴门。圭窬，通往后院的旁门叫"窬"；圭窬的形状上尖下方，像"圭"的样子。

4 蓬户，以蓬草编成的户。瓮牖，瓮是陶制的盛器，牖是窗子，这是说用破瓮镶入墙壁所成的窗子。

5 易衣而出，孔疏引王氏的讲法，说"更相衣而后可以出"，"是合家共一衣"。一家人才穿一件衣服，似乎没有道理，这里所说的"衣"，可能是参加隆重宴会较体面的"外出服"，否则在家的人赤身露体，成何体统？

6 郑注说"二日用一日食"，孔疏说"不日日得食，或二日三日并得一日之食"，仕者虽节俭，亦不至于两三日才吃一次饭，而且饿着肚子，亦不能办事，依郑氏之说，似是说儒者的节省，将一日量的食物尽可能分作两日吃，这亦响应上文"饮食不溽"的讲法。

7　荅，王夫之说是"以礼进之"。不敢以疑，不自疑能力不及。

今译

"儒者住的是宽广十步的家，家唯四壁，荆竹为门，蓬草为户，破瓮镶就的窗子；通常只有一套外出的衣服，出门才换上；两日食一日的食物尽可能分食；国君采纳自己的建议，他不怀疑自己的能力不足；国君不采纳自己的建议，亦不去取媚于人。儒者的出仕态度是这样的。

"儒有今人与居，古人与稽；今世行之，后世以为楷；适弗逢世，上弗援，下弗推，谗谄之民，有比党而危之者，身可危也，而志不可夺也，虽危起居，竟信其志[1]，犹将不忘百姓之病也。其忧思有如此者。

今注

1　起居，日常生活。信，郑玄说："读如屈伸之伸，假借字。"

今译

"儒者虽生于当世，但不忘稽考古人的行为；要使今世的行为，可做后代的模范；如或未遇政治修明的时代，在上位的人不提拔，在下位的人不推荐，那些好造谣取媚的人，联群结党加以陷害，但只能加害他的身体，绝对改变不了他的志向，虽然日常生活受到困扰，但终要伸展他的志向，而且始终没有忘记老百姓的困苦。儒者所忧所思是这样的。

"儒有博学而不穷，笃行而不倦；幽居而不淫，上通而不困。礼之以和为贵，忠信之美；优游之法，举贤而容众，毁方而瓦

合 [1]。其宽裕有如此者。

今注

1 毁方而瓦合，去一己之圭角，以便团结。陈澔说：陶瓦之事，其初则圆，剖之为四，其形则方，毁其圆以为方，合其方而复圆，盖于涵容之中，未尝无分辨之意。

今译

"儒者学问广博而不停止学习，行为纯一而不断提高自己；不得志的时候不做邪僻的行为，通达于上的时候，力行正道，不为礼义所困。礼的本质严肃，而其作用贵在和合，忠信是礼的本质，故以为美；柔是礼的应用，故以为法则，推举贤人而容纳一般人，像陶瓦一样方而能合。儒者的宽容大度是这样的。

"儒有内称不辟亲，外举不辟怨，程功积事，推贤而进达之，不望其报；君得其志，苟利国家，不求富贵。其举贤援能有如此者。

今译

"儒者推荐人才，只问能力胜任与否，不因亲族关系便不推荐，或因旧雠宿怨便不推举。他们要考虑功绩，累积事实，推荐贤者而使他得到任用，不企求别人的报答。君主因得到儒者的帮助而得发展其志向，只求有利于国家，并不贪个人的富贵。儒者的推荐贤者，引用能者是这样的。

"儒有闻善以相告也，见善以相示也；爵位相先也，患难相死也；久相待也，远相致也。其任举有如此者。

今译

"儒者听到有益的话，便要告诉别人，见到有益的事，便要指示别人；有爵位，则彼此推让，遇到患难，则争相效死；自己将要升迁，若朋友仍在下位，便等待着一齐升迁；自己在此国得志，若朋友在他国不得意，虽路途遥远，亦必设法招致。儒者的荐举朋友是这样的。

"儒有澡身而浴德，陈言而伏，静而正之[1]，上弗知也；粗而翘之[2]，又不急为也；不临深而为高，不加少而为多；世治不轻，世乱不沮[3]；同弗与，异弗非也。其特立独行有如此者。

今注

1　伏，顺从。静而正之，矫正于无形之中。

2　粗，郑玄说是"疏、微"的意思。翘，孔疏说是"起发"之意。陈澔说与"招其君之过"的"招"字同，举也，举其过而谏之。

3　孔疏云：世治之时，虽要群贤并处，不自轻也，言常自重爱。沮犹废坏，言世乱之时，道虽不行，亦不沮丧。

今译

"儒者澡洁身体，沐浴于道德，侍奉君上，陈述自己的意见，而顺从君上的施行，使其改正于潜移默化中，而君上并未觉察到；君上有过失，待适当的时机，举发其大端而劝谏，但又不操之过急；既得志，不故意在地位卑下的人前显示自己的尊贵，不在功绩少的人前显示自己功绩众多。社会安定，群贤并处，不轻视自己；社会混乱不安的时候，绝不颓丧自己的志向；不与见解相同的人结成党派，亦不非毁见解不同的人。儒者立身行为与众不同，是这样的。

"儒有上不臣天子，下不事诸侯；慎静而尚宽，强毅以与人[1]，博学以知服[2]；近文章砥厉廉隅[3]；虽分国如锱铢[4]，不臣不仕。其规为有如此者。

今注

1　孙希旦说：与人，犹《论语》"可者与之"的"与"。这是说儒者性格强毅，但遇到别人合理的见解，还是顺从的。

2　郑玄说：博学以知服，不用己之知，胜于先世贤知之所言。"服"字作"服从"讲。俞樾云："服"非畏服之谓，"服"当从"卩"，卩事之制也；知服者，谓博学。按上文慎静而尚宽，强毅以与人，慎静与尚宽，强毅以与人，均为相对之文，这里"博学"亦应与"知服"相对，若依俞说则不合。孙希旦云：服，行也；所学极其博，然博学则虑其泛滥而失归，而又能知其所当行。孙说是。

3　砥厉，磨砺。廉，棱。隅，角。此言近文章以磨砺气节。

4　二十四铢为两，八两为锱。"锱铢"是代表"微小"的意思。

今译

"儒者上则不做天子之臣，下不仕诸侯之国；谨慎安静而爱好宽和，刚强严毅而又能与人交往，广博学习而服膺贤人；接近文章，而能磨砺气节；虽裂土分封，但在他看来只像锱铢一般微不足道，其不臣不仕。儒者规范自己的行为是这样的。

"儒有合志同方[1]，营道同术[2]；并立则乐，相下不厌；久不相见，闻流言不信；其行本方立义，同而进，不同而退。其交友有如此者。

今注

1　合志同方，志趣相同。

2 营道同术，行为一致。

今译

"儒者有同一的志向，同一的行为；彼此有成就都感到欢乐，地位高下不相厌弃；久不相见，听到不利于对方的谣言，亦不相信；行为本于方正，建立在道义之上，大家志向相同就在一起，意见不同的时候就分开。儒者交朋友的态度是这样的。

"温良者，仁之本也；敬慎者，仁之地也；宽裕者，仁之作也；孙接[1]者，仁之能也；礼节者，仁之貌也；言谈者，仁之文也；歌乐者，仁之和也；分散[2]者，仁之施也；儒者兼此而有之，犹且不敢言仁也。其尊让有如此者。

今注

1 逊（孙）接，谦逊地待人接物。

2 分散，以财物赒济贫穷。

今译

"温柔良善是仁的根本；恭敬谨慎是仁的土壤；宽大充裕是仁的行动；谦逊待人是仁的能力；礼节是仁的外表；言谈是仁的文采；歌乐是仁的谐和；分散是仁的施与；儒者有这几种美德，还不敢说合乎仁。儒者的尊敬辞让是这样的。

"儒有不陨获于贫贱[1]，不充诎于富贵[2]，不慁君王，不累长上，不闵有司[3]，故曰儒。今众人之命儒也妄，常以儒相诟病。"

今注

1 陨，坠落。获，凋谢。陨获，郑玄说是困迫失节的样子。

2 充诎，盈满而失节。

3 慁，困辱。累，负累。闵，困病。有司就是官吏。

今译

"儒者不会因贫贱而困迫失节，不会因富贵而骄奢失节，不因君王的困辱、卿大夫的负累、官吏的刁难而违背道德，所以才叫作儒。现在大家对儒者的观念都不正确，常拿儒者当作笑话讲。"

孔子至舍，哀公馆之，闻此言也，言加信，行加义："终没吾世，不敢以儒为戏。"

今译

孔子回来时，鲁哀公招待他住，听到这番言语之后，讲话更加有信用，行为亦更加合理，鲁哀公说："我这一生，再也不敢拿儒者开玩笑了。"

第四十一　冠义

　　此篇说明《仪礼·士冠礼》的意义。文章虽短，但语气连贯，似为一人所记。自此以下六篇，备言冠、昏、射、乡、燕、聘诸礼之义，其中，记者非一，故其说义亦时有不同。至于独以《冠义》为首者，盖以下诸礼皆属成人的事，冠而后成人，故篇中言："冠者礼之始也。"

　　凡人之所以为人者，礼义也。礼义之始，在于正容体、齐颜色、顺辞令[1]。容体正，颜色齐，辞令顺，而后礼义备。以正君臣、亲父子、和长幼。君臣正，父子亲，长幼和，而后礼义立。故冠而后服备，服备而后容体正、颜色齐、辞令顺。故曰：冠者，礼之始也。是故古者圣王重冠。

今注

　　1　正容体，身体整洁。齐颜色，态度端庄。顺辞令，言辞谦恭。

今译

　　人之所以成为人，因为有礼义做规范。实行礼义的基本条件，在于一举一动，皆能循规蹈矩，态度端庄，说话恭顺。举动合于规矩，态度端庄，说话恭顺，然后礼义才算齐备。用这些条件使君臣各安其位，父子相亲，长幼和睦。君臣各安其位，父子都能相亲，长幼都能和睦，然后礼义的基础才算建立好。所以人到二十岁，把大人的帽子戴起，然后服装才算完备，服装完备了，然后能够举动合规矩，态度端庄，言语恭顺。所以说：冠礼是成人之礼的开始，所以古代圣王才那么重视冠礼。

古者冠礼筮日筮宾[1]，所以敬冠事，所以重礼；重礼所以为国本也。

今注

1 筮，以蓍草占卜。日，加冠的日子。宾，主持冠礼的人。

今译

古时行冠礼，选择日子及主持人，都要占卜一下，看看是否适当。这是为着尊敬加冠的事及重视礼法；重视礼法，是立国的大本。

故冠于阼，以著代也[1]；醮于客位，三加弥尊，加有成也[2]；已冠而字之，成人之道也。见于母，母拜之；见于兄弟，兄弟拜之；成人而与为礼也。玄冠玄端奠挚于君[3]，遂以挚见于乡大夫乡先生[4]；以成人见也。

今注

1 阼阶是主人之阶，冠于阼阶之上，明其将代父而为家长。

2 醮，酌而无酬酢。客位，户牖间的位。三加，冠礼三加：始加缁布冠，再加皮弁服，三加爵弁服。皮弁尊于缁布冠，爵弁又尊于皮弁，故曰三加弥尊（见《郊特牲》注）。此处《士冠记》与《郊特牲》皆作："醮于客位，加有成也；三加弥尊，谕其志也。"《家语》三十三引同，但改"加有成也"为"加其有成"。

按："醮于客位"是表示其已成人，故申之以"加有成也"之义；
"三加弥尊"，弥尊者，谕其志而已；二事两义，今本篇脱其一句，
亦即缺其一义。

3　玄，黑色。王夫之曰：玄端，夕见于君之服，其裳杂裳，
前玄后黄。奠，摆在地上，表示不敢相授受。挚，见面礼物；士
相见礼，冬用雉，夏用腒。

4　乡大夫，在乡而有官位者。乡先生，乡中已退休的官。

今译

在主人阶上加冠，是显示被加冠者是传宗接代的人。又要请
他在客位上，敬之以酒，是说他已到成人的时候了。加冠三次，
一次比一次尊贵，是勉励他成人之后当力求上进，显亲扬名。加
冠之后，呼唤他的别号而不叫名，是对待成人的道理。加冠之
后，见了母亲，拜母亲，母亲要答拜；见了兄弟，兄弟要再拜；
因为他已成人，所以大家都得跟他行礼。穿起黑色的冠及朝服
去见国君，将礼物摆在地上，表示不敢直接授受；又带了礼物
去拜访乡中有官位的人，及已退休的老人，这是以成人的身份
与他们相见。

成人之者，将责成人礼焉也[1]。责成人礼焉者，将责为人子、
为人弟、为人臣、为人少者之礼行焉[2]。将责四者之行于人，其礼
可不重与？

今注

1　成人之，成就其为人。责，要求。

2　行，品行。下"四者之行"同。

今译

一个人成为成年人，就是要求他以后能行成人的礼。所谓要

求他能行成人的礼，就是要求他能好好地做人子、做人弟、做人臣、做人后辈。这样要求一个人实行这四种合理的行为，能不重视冠礼吗？

故孝弟忠顺之行立，而后可以为人；可以为人，而后可以治人也。故圣王重礼。故曰：冠者，礼之始也，嘉事之重者也[1]。是故古者重冠；重冠故行之于庙[2]；行之于庙者，所以尊重事[3]；尊重事而不敢擅重事；不敢擅重事，所以自卑而尊先祖也。

今注

1　嘉事，嘉礼。冠礼属嘉礼。

2　宗庙重地。

3　尊崇嘉事。

今译

为人子能孝，为人弟能悌，为人臣能忠，为人后辈能顺，然后可以做人；能做人，才能管治别人。所以圣明的先王都重视这个礼。所以说，冠礼，是成人之礼的开始，是嘉礼中最重要的。古代很重视冠礼，因重视它，所以要在宗庙里举行；在宗庙里举行，是表示尊崇重要的事；尊崇重要的事，便不敢专擅；不敢专擅重要的事，是表示辈分低下的人要尊敬祖先。

第四十二　昏义

　　《仪礼》有《士昏礼》，此篇明其义而推广言之，首先说明婚礼的重要，其次说明新妇服侍公婆的意义，而后及于妇女教育。自"古者天子后立六宫"以下，又因昏义而申言之，以说明妇道。其中以阴阳释昏义之末，且兼及"天子修男教，父道也；后修女顺，母道也。故曰：天子之与后，犹父之于母也。故为天王斩衰，服父之义也"。云云，则又引涉及《丧服传》。《汉书》八十一，载匡衡奏疏，极言人事与天文相感应之理，其大旨发自《礼运》篇。按匡衡与二戴同出于后苍，故此节言昏义，与匡疏如出一辙。

　　昏礼者，将合二姓之好，上以事宗庙，而下以继后世也。故君子重之。是以昏礼纳采[1]，问名[2]，纳吉[3]，纳征[4]，请期[5]，皆主人筵几于庙，而拜迎于门外，入，揖让而升，听命于庙[6]，所以敬慎重正昏礼也。

今注

　　1　采，采择。婚礼的第一步，通知女方家长，男方已选择其女为对象。古人纳采用雁。

　　2　问名，询问女子姓名。

　　3　男家占卜得吉，认为适合，以告女家。

4　征，证定。用财礼证定此婚事。

5　男家使人向女家问婚期，决定后告于女家。

6　女家父母先祭告宗庙，然后出门迎接男家派来的人。

今译

　　婚礼这件事，是准备结合两姓间的欢好，对上来说，要传宗接代以侍奉宗庙，对下来说，要生儿育女以继承后世，所以君子看重它。每到婚礼中纳采、问名、纳吉、纳征、请期的日子，男方的使者来时，女方的父母要先在庙中摆设筵席，然后亲自出门拜迎，入了庙门，彼此揖让而登堂，在庙堂中听受使者传递男方的词令，这一切，都是要使婚礼敬谨隆重而光明正大。

　　父亲醮子[1]，而命之迎，男先于女也。子承命以迎，主人筵几于庙[2]，而拜迎于门外。婿执雁入[3]，揖让升堂，再拜奠雁，盖亲受之于父母也。降，出御妇车[4]，而婿授绥[5]，御轮三周[6]。先俟于门外[7]，妇至，婿揖如以入，共牢而食，合卺而酳[8]，所以合体同尊卑以亲之也[9]。

今注

　　1　醮，单方面地敬酒，受方不必回敬，如冠礼之醮，唯此在寝非在阼阶。

　　2　主人，女家之父母。

　　3　雁是礼物之一。

　　4　御，驾驶。

　　5　绥，已见《曲礼上》注。此处并见《郊特牲》注。

　　6　驾着车走，轮子转过三周后，由车夫驾驶。

　　7　婿乘自己的车，走在前面。

　　8　此两句详见《郊特牲》注。

9 合体，谓"合卺而酳"。同尊卑，谓"共牢而食"。

今译

父亲亲自敬其子以酒，而吩咐他迎娶新妇，表示男方为主动，女方为被动。儿子接受了父命去迎亲，女方的父母在庙里设了酒席，在门外拜迎女婿。婿捧着雁走进里面，彼此揖让登堂，再拜，置雁，因为这是奉父母之命。然后走下堂，出来把新妇坐的车驾好，然后把车上的引手绳交给新妇，援引她上车，驾着车走，车子转了三圈，就交给车夫驾驶。自己坐新郎的车走在前头，先在门外等着。新妇到达，新郎对新妇作揖，请她入内。吃饭时，夫妇共享一种食物，合饮一个酒杯，这样做，是表示二位一体，尊卑一般彼此亲爱。

敬慎重正而后亲之，礼之大体，而所以成男女之别，而立夫妇之义也。男女有别，而后夫妇有义；夫妇有义，而后父子有亲；父子有亲，而后君臣有正。故曰："昏礼者，礼之本也。"

今译

经过敬谨隆重而又光明正大的婚礼，夫妇相亲相爱，是礼的基本原则，同时形成了男女间的分限，建立夫妇间正常的关系。男女间有了分限，夫妇才有正常的关系；夫妇间有了正常的关系，然后父子能亲爱；父子间有了亲爱，然后君臣能各安其位。所以说："婚礼是礼的根本。"

夫礼始于冠，本于昏，重于丧祭，尊于朝聘，和于乡射，此礼之大体也。

今译

礼，是以冠礼做起点，婚礼做根本，以丧祭为隆重，以朝觐及聘问为最尊敬，以乡饮酒及射为最和睦，这就是礼的大原则。

夙兴[1]，妇沐浴以俟见[2]；质明[3]，赞见妇于舅姑[4]，妇执笲、枣、栗、段脩以见[5]，赞醴妇[6]，妇祭脯醢，祭醴[7]，成妇礼也。舅姑入室，妇以特豚馈，明妇顺也。厥明[8]，舅姑共飨妇以一献之礼[9]，奠酬[10]。舅姑先降自西阶，妇降自阼阶，以著代也[11]。

今注

1　夙，清早。兴，起床。

2　沐，洗头。浴，洗身。

3　质，亦写作"晊"，天明时。

4　赞，协助。协助行礼的妇人。赞见，辅导谒见。

5　笲，盛物的竹器。段脩即捶治而施姜桂之脯。笲、枣、栗是见公公的礼物，段脩是见婆婆的礼物。

6　醴，郑玄云当作"礼"。孙希旦曰："赞醴妇者，妇既见，宜有以答之，故赞为舅姑酬醴以礼妇也。凡主人于宾客之初见，则必有以礼之……舅姑之醴妇，其义亦然，但舅姑尊，故不自醴，而使赞代之也。"

7　祭，孙希旦曰：谓祭之于地。

8　盥馈的第二天。

9　孙希旦云："凡飨礼，主人献宾，宾酢主人，主人又酌自饮毕，更爵以酬宾为一献。此飨妇之礼，舅献而姑酢，故曰共飨妇以一献之礼。"

10　奠酬，孔疏曰：妇酬舅，舅于阼阶上受酢饮毕，乃酬，妇先酌自饮毕，更酌酒以酬姑，姑受爵奠于荐左，不举爵，正礼毕也。王夫之曰：虽酌酬爵，不举酬也。

11　著，表明。代，将代姑为主妇。

今译

大清早起床，新妇梳洗打扮，等待进见；到天明的时候，帮助行礼的妇人带着新妇去见公公婆婆，新妇拿着竹篓子盛着枣及栗，拜见公公，拿着用香料腌的干肉拜见婆婆，助礼的妇人代公公婆婆以甜酒赐给新妇，新妇在席上祭肉酱及祭酒之后，便完成了做媳妇的礼。公公婆婆回到寝室，新妇供献一只小猪，表明做媳妇的孝顺。第二天，公公婆婆共同以"一献之礼"赐媳妇以酒，公公婆婆受媳妇的回敬，但不必与她共饮。饮毕，公公婆婆先由西阶下去，新妇由主人阶下去，这是表明新妇已有接替婆婆做家主妇的资格了。

成妇礼，明妇顺，又申之以著代[1]，所以重责妇顺焉也[2]。妇顺者，顺于舅姑，和于室人[3]，而后当于夫[4]；以成丝麻布帛之事，以审守委积盖藏[5]。是故妇顺备而后内和理；内和理而后家可长久也。故圣王重之。

今注

1 申，重复。

2 重，厚重。

3 室人，丈夫的姊妹及其兄弟的妻子。

4 当，适合。

5 审，详审。守，保守。露堆曰委，困仓曰积，谓粟米。盖藏，果蔬脯醢之类，要掩盖或收藏的。

今译

完成了媳妇的礼节，表明了媳妇的孝顺，又重复表示她可接掌主妇之职，这样隆重待她，是要她能履行做媳妇的孝道。所谓媳妇的孝道，则是要依从公公婆婆的意旨，并与其他女眷和睦相处，然后，履行对丈夫的义务；以料理丝麻布帛的事，保管家中储蓄的财产。所以媳妇孝顺，然后家庭中才能和谐安定；内部和谐安定，然后这个家才会长久不衰。所以圣王重视妇女的孝道。

是以古者妇人先嫁三月，祖庙未毁，教于公宫[1]，祖庙既毁，教于宗室[2]，教以妇德、妇言、妇容、妇功[3]。教成祭之[4]，牲用鱼，芼之以蘋藻[5]，所以成妇顺也。

今注

1　祖庙未毁，谓五服内的亲属。公宫，大宗之庙，亦即"宗祠"。

2　祖庙既毁，谓五服之外，别成支族。宗室，支子的祠堂。

3　容，即今所谓化妆术；功，即今所谓家事。

4　祭其所出之祖。

5　芼，做羹的菜叫作"芼"。王夫之曰：蘋状如葵，味如葱；藻，菱菜。二者皆阴柔之品。

今译

古代女子在出嫁前三个月，如果她还在五服之内，就在宗子的祠堂接受婚前教育；如果已在五服之外，就在支祠中接受婚前教育，教她有关妇人贞顺的德性、言语的应对、打扮装饰及家务事等。学成之后，祭告于祖先。祭时用鱼做俎，用蘋菜、藻菜做羹汤。为了养成妇人柔顺的德行，所以要用这些阴柔的东西。

古者天子后立六宫、三夫人、九嫔、二十七世妇、八十一御妻，以听天下之内治[1]，以明章妇顺，故天下内和而家理[2]。天子立六官、三公、九卿、二十七大夫、八十一元士，以听天下之外治，以明章天下之男教，故外和而国治。故曰："天子听男教，后听女顺；天子理阳道，后治阴德；天子听外治，后听内职。教顺成俗，外内和顺，国家理治，此之谓盛德。”

今注

1　听，掌管。

2　"天下内和而家理"殊不成语法。稽以下文所作排偶句云："以听天下之外治，以明章天下之男教，故外和而国治。"则此处原文当作"以明章天下之妇顺，故内和而家理"。但因"天下"二字由上句错厕于此，遂见不辞。

今译

古代天子，在皇后以下设六宫、三夫人、九嫔、二十七世妇、八十一御妻，以掌管治理天下家室，以明白推行女性的和顺，所以内部和睦而家庭安定。天子在冢宰以下设立六官、三公、九卿、二十七大夫、八十一元士，以掌管治理天下外部，以明白推行天下臣民的政教，所以外部和谐而国家安定。所以说，天子掌管臣民的政教，皇后掌管女性的柔顺；天子整理刚阳的大道，皇后治理阴柔的德性；天子掌管外部的治理，皇后掌管内部的职责。政教和柔顺成了风俗，外部、内部都和顺，国与家都治理得十分有条理，这就叫作盛德。

是故男教不修，阳事不得[1]，適见于天[2]，日为之食；妇顺不修，阴事不得，適见于天，月为之食。是故日食则天子素服而修六官之职，荡天下之阳事[3]；月食则后素服而修六宫之职，荡天下之阴事。故天子之与后，犹日之与月，阴之与阳，相须而后成者也[4]。

天子修男教，父道也；后修女顺，母道也。故曰："天子之与后，犹父之与母也。"故为天王服斩衰，服父之义也；为后服资衰[5]，服母之义也。

今注

1 事，道。得，当。

2 適，同"谪"，谴责。见，出现。

3 荡，涤除而整理之。

4 须，等待。相须，互相影响；互为因果。

5 资，郑玄谓当为"齐"，声之误也。按此处言天子之臣及诸侯为王及后之服，列国之臣则减。

今译

因此，凡是政教不修治，违背了阳道，上天就会出现谴责的征兆，而有日食；妇人的柔顺德行不修治，违背了阴柔之道，上天亦会出现谴责的征兆，而有月食。所以遇到日食，天子就穿起纯白的衣服，考核治理六官的职务，以涤除整理天下的阳事；遇到月食，皇后就穿起纯白的衣服，考核治理六宫的职责，以涤除整理天下的阴事。天子与后，就像日与月、阴与阳，须互相影响才能存在。天子推行臣民的政教，犹如父亲管教儿子，是父道；皇后修治女性的柔顺，犹如母亲教导女儿，是母道。所以说，天子与皇后，就好像父亲及母亲。如果天子死了，他的臣下为他穿"斩衰"的丧服三年，这和穿父亲的丧服同样意思；皇后死了，臣下为他穿"齐衰"的丧服，亦和穿母亲的丧服同样意思。

第四十三　乡饮酒义

　　乡饮酒，是乡人以时会聚饮酒之礼。《仪礼》存者有《乡饮酒礼》，此释其义。全文约分三章，首引《乡饮酒礼》之文而释之，正言乡饮酒之义；次引孔子之言，以明乡饮酒之效用；末又以阴阳五行之说释乡饮酒时宾主座次，其文句多与首章重出，似为另一人所记。

　　乡饮酒之义：主人拜迎宾于庠门之外，入，三揖而后至阶，三让而后升，所以致尊让也。盥洗扬觯，所以致絜也。[1] 拜至，拜洗，拜受，拜送，拜既 [2]，所以致敬也。尊让絜敬也者，君子之所以相接也。君子尊让则不争，絜敬则不慢，不慢不争，则远于斗辨矣 [3]，不斗辨则无暴乱之祸矣。斯君子之所以免于人祸也，故圣人制之以道。

今注

　　1　庠，乡学。扬，举。觯，容四升的酒器。孙希旦云：盥洗扬觯，谓主人盥手洗爵，而举爵以献宾。献酢以爵，酬以觯。"絜"同"洁"。

　　2　孙希旦曰：拜至，主人于宾之初至而拜之。《乡饮酒礼》："宾升，主人阼阶上当楣北面再拜是也。"拜洗，主人洗爵，升，宾于西阶上北面再拜，拜主人之为己洗爵。拜受者，主人献宾，宾于西阶上拜受爵。拜送者，宾既受爵，主人于阼阶上拜送。拜既，谓宾饮卒爵而拜。

3　斗，逞于力。辨，竞于言。

今译

乡饮酒的礼仪是这样的：主人拜迎宾客在乡学门外，宾客入门之后，作揖三次才到阶，彼此推让三次然后升阶，都是为了尊重对方及谦让的意思。洗手洗杯然后举杯饮酒，是为了表示清洁。宾客至而主人拜迎，主人洗爵而宾客拜谢，主人献酒而宾客拜受，宾客接受了主人的献酒而主人拜送，宾客干杯而主人拜既，是为了表达敬意。彼此尊重、谦让、清洁、恭敬，是君子相互交往的原则。君子能尊重谦让，所以没有争斗，能洁净恭敬，所以不会怠慢，不争斗不怠慢，就不会有打斗诉讼的事，没有打斗诉讼的事，没有强暴作乱的祸害了。这是君子避免人相侵害的方法，所以圣人以礼来加以制约。

乡人、士、君子[1]，尊于房户之间，宾主共之也[2]。尊有玄酒，贵其质也。羞出自东房，主人共之也。洗当东荣，主人之所以自絜，而以事宾也。

今注

1　郑玄云：乡人，乡大夫。士，州长里正。君子谓卿、大夫、士。

2　尊，酒樽。孔疏曰：乡大夫等，唯有东房，故设酒樽于东房之西、室户之东，在宾主之间，示宾主之共有此酒。酒虽主人所设，宾亦以酢主人，故云宾主共之。

今译

乡大夫、州长里正及卿、大夫、士行乡饮酒礼时，酒樽摆在房户、宾主之间，表示这是大家共享的。樽里放着水，是以质朴为贵。菜肴由东房捧出来，东是主位，表示菜是由主人所供具的。在东边屋檐下放个盥洗用的"洗"，是主人自己洁净用的，今以奉客，表示主人敬事宾客。

宾主象天地也¹；介僎象阴阳也²；三宾象三光也³；让之三也，象月之三日而成魄也⁴；四面之坐，象四时也⁵。

今注

1　孙希旦曰：宾者，主人所敬事，象乎天之尊；主人以礼下人，象乎地之卑，故曰宾主象天地。

2　介，陪客。僎，按：僎、选、俊，音近义通，谓特别邀请而来观礼的乡绅。郑玄云：古文"僎"皆作"遵"，遵者，谓此乡之人，仕至于大夫，主人所荣而遵法之也。孙希旦曰：介僎以辅宾主之礼，犹阴阳以助天地之化，故曰介僎象阴阳。

3　三宾，郭嵩焘云：宾、介、众宾，是三宾。宾一，介一，象日月；众宾，象列星。三光，谓日、月、星。

4　魄，月之有体而无光处。即月缺时暗淡的部分。王夫之曰：成魄者，谓月始见于西方，见其全魄以受明也；月朔后三日，而魄乃受明，让者三而受之象也。按此言推让三次然后接受，似月之三日而生魄乃渐复光明。

5　孔疏曰：主人东南，象夏始；宾西北，象冬始；僎东北，象春始；介西南，象秋始。

今译

宾与主，象征天与地；介与僎，象征阴与阳；宾、介、众宾，三者象征日、月、星三光。彼此三次推让，象月朔后三日而复明。位置摆成四方面对着坐，则是象征着春、夏、秋、冬四时。

　　天地严凝之气，始于西南，而盛于西北，此天地之尊严气也，此天地之义气也。天地温厚之气，始于东北，而盛于东南，此天地之盛德气也，此天地之仁气也。主人者尊宾，故坐宾于西北，而坐介于西南以辅宾。宾者，接人以义者也，故坐于西北。主人者，接人以仁德厚者也，故坐于东南。而坐僎于东北，以辅主人也。仁义接，宾主有事，俎豆有数曰圣，圣立而将之以敬曰礼，礼以体长幼曰德。德也者，得于身也。故曰：古之学术道者，将以得身也。是故圣人务焉。

今译

　　天地间严肃寒凝的气，由西南方开始，到西北方最后强盛，这是天地间崇高庄严的气，是天地间的义气。天地间温和敦厚的气，由东北方开始，至东南方最为强盛，这是天地间盛明道德的气，是天地间的仁气。主人尊重宾客，所以将宾客的座位安排在西北方，而将陪客的座位安排在西南方，以辅助宾客。宾客是以义来对待人的，所以坐在西北，以应义气。主人是以仁德敦厚对待人的，所以坐在东南方，以应仁气。而将僎安排在东北方，以辅助主人。仁义相交接，宾客与主人各安其所，待客的俎豆合乎数目，就叫作明白通达。既已明白通达，而又持之以敬就叫作礼。用礼来做规范，使长幼身体力行就叫作德。所谓德，就是自身的行为都合于礼义。所以说，古时学习道艺的人，就是要在身心有所得。所以圣人要努力实行。

　　祭荐[1]，祭酒，敬礼也。啐肺，尝礼也[2]。啐酒，成礼也[3]。于席末⁴，言是席之正，非专为饮食也，为行礼也，此所以贵礼而贱财也。卒觯，致实于西阶上⁵，言是席之上，非专为饮食也，此先礼而后财之义也。先礼而后财，则民作敬让而不争矣。

今注

1　主人献宾，宾即席祭所荐时的脯醢。

2　此云宾者既祭酒，兴，取俎上的肺，用齿啮之。

3　王夫之曰："啐""啐"皆尝礼，而"啐"言"成"者，盖酒为行礼之主，所以成献酢之礼。

4　席末，席西头。孔疏曰：敬主人之物，故祭荐、祭酒、啐肺，皆在席中；啐酒入于己，故在席末。席上祭荐、祭酒，是尊重礼意，于席末啐酒，是轻视实物。

5　卒觯，尽爵；今谓之干杯。致，尽。实，觯实，觯中酒。致实亦为干杯。

今译

宾客在席上祭主人所献的肉及酱，祭主人所献的酒，表示敬重主人待客的礼。咬一口肺，表示接受了主人的敬意。尝一口酒，是要成就主人献酢的礼。喝酒时移到席的西头末位，是说此席的真正意义不是为饮食而是为行礼的。这是重视礼而轻视财物的表现。干杯的时候，在西阶之上，亦是说此席上不是为饮食而是为行礼的，这都是以礼为先，以财为后的表示。能够以礼为先，以财为后，人民就会兴起恭敬谦让的风气，而没有争夺了。

乡饮酒之礼，六十者坐，五十者立侍¹，以听政役，所以明尊长也。六十者三豆，七十者四豆，八十者五豆，九十者六豆，所以明养老也。民知尊长养老，而后乃能入孝弟。民入孝弟，出尊长养老，而后成教，成教而后国可安也。君子之所谓孝者，非家至而日见之也[2]；合诸乡射，教之乡饮酒之礼，而孝弟之行立矣。

今注

1　六十者，六十岁以上的。五十者，五十岁以下的。

2　日见，每日召见而戒谕之。

今译

乡饮酒之礼，六十岁以上的人坐，五十岁以下的人站着侍候，听候差使，这表明对长辈的尊重。六十岁的人三盘菜，七十岁的人四盘菜，八十岁的人五盘菜，九十岁的人六盘菜，表明对老者的奉养。人们知道了要尊敬及奉养老者，然后在家能孝顺父母、善事兄长。人们能在家孝顺父母、善事兄长，出外尊敬奉养老者，然后教化成立，教化成立然后国家才得安定。君子教导人们行孝的方法，不必挨家挨户去宣扬，也不是每日召见而加以戒谕，只要在乡射的时候把他们集合起来，教他们乡饮酒的礼法，亦即建立了孝顺悌爱的德行。

孔子曰："吾观于乡，而知王道之易易也[1]。"

今注

1　乡，乡饮酒。易易，甚易，谓众所能喻而无不可行。

今译

孔子说："我参观过乡饮酒之礼，就知道王者的教化不难推行。"

主人亲速宾及介[1]，而众宾自从之[2]。至于门外，主人拜宾及介，而众宾自入[3]。贵贱之义别矣。

今注

1　速，敦促。郑玄云：即家召之。

2 敖继公曰：主人既速介，即先归，介及众宾皆同至宾之门外，俟宾同往。

3 自入，揖而不拜。

今译

乡饮酒之前，主人亲自到宾及介的家中敦请，其他宾客则至主宾家中，跟随着前往。至主人门外，主人拜迎主宾及介，而揖请其他宾客入内。从这些礼数的差异，就判明贵与贱了。

三揖至于阶，三让以宾升[1]，拜至、献、酬、辞让之节繁。及介省矣[2]。至于众宾升受，坐祭，立饮，不酢而降[3]。隆杀之义辨矣[4]。

今注

1 以宾升，主人先升，引导宾升。

2 及介省，谓至介而不拜洗、不啐肺、不啐酒、不告旨、不举酬。

3 《荀子·乐论》与唐石经所载此语皆同，然而此语实苟简至于不知所云。稽之《孔子家语·观乡射》云："至于众宾，升而受爵，坐祭，立饮。"则语意甚明。

4 宾之隆礼，介杀于宾，众宾又杀于介，此即隆杀之义。

今译

主人与宾三揖然后走到阶前，彼此三让，然后主人先升阶，引导宾升，主人三揖三让拜宾来至，又酌酒献宾，宾又回敬主人，主人斟酒自饮以劝宾饮，辞让的礼节甚盛。至于主人与介之间，礼节便稍为减少。至于众宾，升阶而接受献爵，坐着祭，站着饮酒，不回敬主人就可以下阶。从这些不同的做法来看，礼的隆重与减轻，就可以分明了。

工入，升歌三终，主人献之[1]；笙入三终[2]，主人献之；间歌三终[3]，合乐三终[4]，工告乐备，遂出[5]。一人扬觯[6]，乃立司正焉[7]，知其能和乐而不流也[8]。

今注

1　工，乐正；乐队领班。孔疏曰：工入，升歌三终者，谓升堂歌《鹿鸣》《四牡》《皇皇者华》，每一篇为一终。主人献之，谓献工。

2　孔疏曰：笙入三终者，谓吹笙之人，入于堂下，奏《南陔》《白华》《华黍》，每一篇一终。

3　间，相间代。孔疏曰：间歌三终者，堂上歌《鱼丽》，则堂下笙《由庚》，为一终；堂上歌《南有嘉鱼》，则堂下笙《崇丘》，为二终；堂上歌《南山有台》，则堂下笙《由仪》，为三终。堂上堂下，一歌一吹，相代而作。

4　孔疏曰：合乐三终者，工歌《关雎》，则笙吹《鹊巢》合之；工歌《葛覃》，则笙吹《采蘩》合之；工歌《卷耳》，则笙吹《采蘋》合之。堂上下歌瑟及笙俱作。

5　备，完备。郑玄云：乐正既告备而降；言遂出者，自此至去不复升也。按工告乐备于宾，乃降立西阶，以至礼毕。

6　孙希旦曰：一人扬觯者，谓主人献众宾之后，一人举觯于宾，宾取奠于荐西，至旅酬，则宾取以酬主人于阼阶上。王夫之曰：一人，主人之吏，言一人者，别于旅酬之二人。扬觯者，举觯于宾，将以行酬。主人虽已举酬于宾，宾仍不举，扬觯者再举一觯而后行，自此相酬，以至于无算爵，以醉为度。

7　司正，饮酒之间，监察仪法的人。行礼之始谓之"相"，将旅酬，则立之为"司正"，盖旅酬之后，爵行无算，恐饮多或至惰慢，故立司正以监视。

8　流，放肆失礼。

今译

乐队领班进来，升堂唱了《鹿鸣》《四牡》《皇皇者华》三首诗歌，主人献酒给他；吹笙的进来，在堂下奏出《南陔》《白华》《华黍》三首诗歌，主人献酒给吹笙的人；唱歌与吹笙的又轮流相间地一吹一唱，各奏了三首诗歌，然后又一唱一吹地合起来同时相和演奏，各奏了三首，乐队领班就告诉主宾，乐歌已经演奏完备，自己就降下到西阶上，朝东北方站着，直至礼毕才出去。这时主人的一个部下举觯于宾，这是大家可随意喝酒的开始，于是使人当司正，以监察在座诸人的仪法，以免吃醉了失态。这样看来，我们就可知乡饮酒能在不放肆失礼的原则下，得到和谐欢乐。

宾酬主人，主人酬介，介酬众宾，少长以齿[1]，终于沃洗者焉[2]。知其能弟长而无遗矣。

今注

1　齿，年龄的顺序。

2　沃，浇水。浇水以供宾介主人的盥洗。

今译

宾先饮以劝主人饮，主人又劝介饮，介又劝众宾饮，按年龄的长幼顺序饮，直到侍候宾主盥洗的人为止，均有饮酒。就知道乡饮酒时年长、年幼都不会遗漏。

降，说屦升坐，修爵无数[1]。饮酒之节，朝不废朝，莫不废夕[2]。宾出，主人拜送，节文终遂焉。知其能安燕而不乱也。

今注

1　孔疏曰：谓无算爵之初；以前皆立而行礼，未彻俎，故未脱屦，此彻俎之后，乃脱屦升堂坐。

2　晨出视政曰朝；日入治事曰夕。

今译

撤俎之后，各人下堂，把鞋子脱掉，再升堂就座，这时开始彼此劝酒，不计杯数。饮酒的限度，要使得早上不耽误早朝，晚上不耽误治事。饮酒完毕，宾离去，主人拜送，至此，所有的礼仪全部完成。可知乡饮酒能在规规矩矩的原则下，得到平安燕乐。

贵贱明，隆杀辨，和乐而不流，弟长而无遗，安燕而不乱，此五行者，足以正身安国矣。彼国安而天下安。故曰："吾观于乡，而知王道之易易也。"

今译

高贵与卑贱分明了，礼的隆重与减省辨明了，和睦快乐而不失于礼，自幼至长都无遗漏，平安燕乐而有所节制，这五种德行，足以修正身心而安顿国家。国家安定了，天下才得安定。所以说："我们从乡饮酒看来，就知道王者的教化是很容易推行的。"

乡饮酒之义，立宾以象天，立主以象地，设介僎以象日月，立三宾以象三光。古之制礼也，经之以天地，纪之以日月，参之以三光[1]，政教之本也。

今注

1　经，经营。纪，总理。参，辅助。

今译

乡饮酒的意义，设宾来象征天的崇高，设主以象征地的卑微，设介及僎来象征日月，设三位长宾象征三大辰。古代制定礼法，以天地来经营它，以日月总理它，以三大辰来辅助它，这是政治与教化的根本。

亨狗于东方[1]，祖阳气之发于东方也[2]。洗之在阼[3]，其水在洗东，祖天地之左海也[4]。尊有玄酒，教民不忘本也。

今注

1　亨，同"烹"，烹煮。东方，堂的东北。

2　祖，效法。孙希旦曰：烹饪以火，火为阳气之盛，烹于东方者，所以法阳气之发于东方。

3　阼，阼阶，主人之阶，即前谓洗当东荣。

4　左海，即东海，此处谓天地之东为海。

今译

在堂的东方煮狗，是效法阳气发自东方。"洗"放在东边屋檐之下，主人阶上，所用的水摆在"洗"的东方，是效法天地的东方是海。酒樽里放着水，是教人不要忘记本源。

宾必南乡。东方者春，春之为言蠢也[1]，产万物者圣也[2]。南方者夏，夏之为言假也[3]，养之、长之、假之，仁也。西方者秋，秋之为言愁也[4]，愁之以时察，守义者也[5]。北方者冬，冬之为言中也，中者藏也[6]。是以天子之立也，左圣乡仁，右义偝藏也[7]。介必东乡，介宾主也[8]。主人必居东方，东方者春，春之为言蠢也，产万物者也；主人者造之[9]，产万物者也。月者三日则成魄，三月则成时，是以礼有三让，建国必立三卿。三宾者[10]，政教之本，礼之大参也[11]。

今注

1 蠢，活动生长的样子。

2 圣，通达。生气通达，物乃生产。

3 假，郑玄云：假，大也。按此句《汉书·律历志》亦作"假"，《白虎通》则作"夏之言大也"。此处言"假"又言"养之长之"，皆以"夏"为"长大"之义。

4 愁，读为"揫"，收敛。

5 察，郑玄云：犹察察，严杀之貌。

6 《律历志》及《白虎通》皆云："冬，终也。"《说文》云："冬，古文终。"此处云"冬之为言中"者，恐为声误。下文云"中者藏也"，《白虎通》《汉书·律历志》《春秋繁露》皆以"终藏"为义。王夫之云："中者犹内也，谓藏于内也。"姑依之。

7 乡，同"向"。偝，依也。

8 介宾主，介于宾、主之间以通达情意。

9 造，就也，就位。

10 三宾取象于三卿，以其辅宾如卿的辅君。王夫之曰"三宾者"下有阙文。

11 参，参详，根据。参天、地、人以立法。

今译

宾一定向南坐。东方就是春天的位置，春就是"活动生长"的意思；生产万物，是因为生气通达的缘故。南方就是夏天的位置，夏就是"大"的意思，供养万物、生长万物、壮大万物是仁。西方就是秋天的位置，秋就是"收敛"的意思，依着时节杀戮来收敛，是紧守着义。北方就是冬天的位置，冬就是"终了"的意思，内就是收藏。所以天子站立的时候，都是向南，他左傍着圣，面向着仁，右靠着义，背依着藏。介一定向东坐，介于宾、主之间，以通达情意。主人一定坐在东方，东方是春天的位置，春就是活动生长，是生产万物的，做主人的就这个位，因他也是生产万物以奉宾的。月明三日然后阴暗的部分出现，三个月就成为一季，所以行礼都推让三次，建国一定设立三个卿位。乡饮酒之设三宾，亦根据这个观念，这是政治教化的根本，也是礼的最大依据。

第四十四　射义

　　射礼有五：一曰大射，君臣相与习射；二曰宾射，天子诸侯飨来朝之宾，因与之射；三曰燕射，天子诸侯燕其臣子，献毕而射；四曰乡射，州长与其民众习射于州序；五曰泽宫之射，祭前择士之射。《仪礼》今存《乡射》《大射》二篇，此文即阐发其义。《冠》《昏》《燕》《聘》《乡饮酒》等篇，皆引及《仪礼》正经，独此篇不引，但泛论习射之义，与他篇不同。

　　古者诸侯之射也，必先行燕礼 [1]，卿大夫之射也，必先行乡饮酒之礼 [2]。故燕礼者，所以明君臣之义也；乡饮酒之礼者，所以明长幼之序也。

今注

　　1　诸侯之射，大射。王夫之曰：燕礼君劳其臣，所以惠臣；君不为主而臣拜稽首于下，所以尊君。故下云"明君臣之义"。

　　2　卿大夫之射，乡射。乡饮酒之礼，六十者坐，五十者立，以少事长之序，故云"明长幼之序"。

今译

　　古代诸侯举行大射以前，一定先行燕礼；卿、大夫举行乡射以前，一定先举行乡饮酒礼。燕礼国君慰劳臣下，臣下尊敬国君，所以行燕礼，是要表明君臣间的大义；行乡饮酒礼时，年轻的侍候年长的，行这个礼，是要表明长幼间的次序。

故射者，进退周还必中礼，内志正，外体直，然后持弓矢审固[1]，持弓矢审固，然后可以言中[2]，此可以观德行矣。

今注

1　审固，瞄准。王夫之曰：审，视之察；固，握之坚。

2　中，射中目标。

今译

所以射箭的人，不论前进、后退、转身，一定要符合礼仪的要求。内心意志坚定。外表身体挺直，然后拿得稳弓箭瞄准，能这样拿稳弓箭瞄准，然后才称得上射中目标。从这些具体的条件，就可以由射箭而看出一个人的道德品行了。

其节[1]：天子以《驺虞》为节；诸侯以《狸首》为节；卿大夫以《采蘋》为节；士以《采蘩》为节[2]。《驺虞》者，乐官备也[3]，《狸首》者，乐会时也[4]；《采蘋》者，乐循法也[5]；《采蘩》者，乐不失职也[6]。是故天子以备官为节；诸侯以时会天子为节；卿大夫以循法为节；士以不失职为节。故明乎其节之志，以不失其事，则功成而德行立，德行立则无暴乱之祸矣。功成则国安。故曰：射者，所以观盛德也。

今注

1　歌唱诗篇，堂下奏鼓，每一曲终为一节，作为射箭时速度的限制。

2　《驺虞》《采蘋》《采蘩》，皆《诗经·国风·召南》篇名；《狸首》则为逸诗。

3 郑玄云：乐官备者，谓《驺虞》曰："壹发五犯"，喻得贤者多也；"于嗟乎驺虞"，叹仁人也。

4 郑玄云：乐会时者，谓《狸首》曰："大小莫处，御于君所。"

5 郑玄云：乐循法者，谓《采蘋》曰："于以采蘋，南涧之滨。"循涧以采蘋，喻循法度以成君事也。

6 郑玄云：乐不失职者，谓《采繁》曰："被之僮僮，夙夜在公。"

今译

射箭时控制动作的节拍：天子以《驺虞》这首诗为节拍；诸侯以《狸首》这首诗为节拍；卿大夫以《采蘋》这首诗为节拍；士以《采繁》这首诗为节拍。唱《驺虞》这首诗，是因它是歌颂百官齐备的；唱《狸首》这首诗，是因它是歌颂诸侯按时朝见天子的；唱《采蘋》这首诗，是因它是歌颂能依循法度的；唱《采繁》这首诗，是因它是歌颂尽忠职守的。所以天子以百官齐备，无所缺憾为节拍；诸侯以依时朝见，效忠天子为节拍；卿大夫以依循法度为节拍；士以尽忠职守为节拍。所以各阶层人士明了其节拍的指导，从不荒废自己的职责，就能达到成就功业和确立好的道德行为，道德行为确立之后，就不会有强暴骚乱的祸害了。功业成就，国家便得到安宁了。所以说，射礼，是用来观察道德的高尚与否的。

是故古者天子以射选诸侯、卿、大夫、士[1]。射者，男子之事也，因而饰之以礼乐也。故事之尽礼乐，而可数为，以立德行者，莫若射，故圣王务焉。

今注

1　郑玄云：选士者先考德行，乃后决之于射。孔疏曰：圣王所以务以射选诸侯、卿大夫者，诸侯虽继世而立，卿大夫有功乃升，非专以射而选，但既为诸侯、卿大夫，又考其德行，更以射辨其才艺高下，非直以射选补始用之。王夫之曰：此谓射宫之射。选者，选其德行以与祭。按诸说中王氏较近理，因下文有"得与于祭"及"射为诸侯"之言。

今译

所以古时候天子用射来考核诸侯、卿、大夫及士等才艺的高下，而挑选助祭的人。射箭，是男人的本领，生下来就应该懂得，更以礼乐来修饰它，能与礼乐相配合又可以常常做，以建立道德行为的事，没有比射更适合的了，所以圣明的先王要致力于射这件事。

是故古者天子之制，诸侯岁献贡士于天子[1]，天子试之于射宫。其容体比于礼，其节比于乐，而中多者，得与于祭。其容体不比于礼，其节不比于乐，而中少者，不得与于祭。数与于祭而君有庆；数不与于祭而君有让[2]。数有庆而益地；数有让而削地。故曰："射者，射为诸侯也。"是以诸侯君臣尽志于射，以习礼乐。夫君臣习礼乐而以流亡者[3]，未之有也。

今注

1　此句郑玄以岁献与贡士分读，云：岁献，献国事之书，及计偕之物。三岁而贡士，旧说云大国三人，次国二人，小国一人。王夫之以"岁献贡士"连读，云："士"与"事"同，古字通用。献贡士者，献其职贡以供天子之祀事。孙希旦断句与王氏同，且云：王者以公天下为心，则才之在诸侯与王朝一也，岂必使诸侯悉贡其贤者于我，而独与不贤者治其国乎？且三岁贡士，以千八百国，每国二人通率计之，岁常至千余人，加以成均之所教、卿大夫之所兴，用之必不能尽，必有壅滞失职之患矣。按王氏之说为近是。

2　庆，褒扬。让，贬责。

3　流，失国出奔。亡，国灭亡。

今译

所以古代天子的制度，诸侯每年奉献他的职贡，供给天子祭祀之事，还要向天子推荐人才，天子便在射宫考核他们。如果诸侯射箭时的仪容体态合于礼的要求，节奏合于音乐，而射中得多，就可以参加祭祀的礼；如果仪容体态不合于礼，节奏不合于音乐，射中得又少，就没有资格参加祭礼。推荐的人能多次参加祭礼，天子便褒扬他；推荐的人屡次得不到参加祭礼的资格，天子便加以申斥。推荐的人能多次得到褒扬，便增加诸侯的封地；若多次受贬责，便削减诸侯的封地了。所以说，射箭这件事有关诸侯的赏罚。故此诸侯、君臣都全心全意习射，来练习礼与乐。君臣之间因为练习礼乐以致国家破灭而出奔的事，是绝对不会发生的。

故诗曰[1]："曾孙侯氏[2]，四正具举[3]；大夫君子，凡以庶士，小大莫处[4]，御于君所[5]，以燕以射，则燕则誉[6]。"言君臣相与尽志于射，以习礼乐，则安则誉也。是以天子制之，而诸侯务焉。此天子之所以养诸侯，而兵不用，诸侯自为正之具也。

今注

1　郑玄以此诗为诸侯之射诗，孔疏则以为《狸首》之诗。今已无从校对。而后世学者多以为非《狸首》之诗。

2　孔疏曰：曾孙侯氏者，谓诸侯。此诸侯出于王，是王之曾孙，故云"曾孙侯氏"。

3 四·正，正爵四行。四行即四度。将射之时，先行燕礼，行燕礼时，四度正爵都举遍，即献宾、献君、献卿、献大夫，四献完毕然后射，所以说"具举"。

4 莫处，郑玄云：无安居其官处者。王夫之曰：处，不来也。释字不同，句义则一，谓小大没有留在办公室而不来的。

5 御，侍。

6 则燕，安乐。则誉，有令名。

今译

所以诗篇有言："身为王者后裔的诸侯，举行燕礼，于四度正爵——献宾、献君、献卿、献大夫——之后，有德行的人，由大夫以至众士，不论大小，都离开了办公的地方，到国君的处所来侍候，先行燕礼而后射，既得到快乐，又有美好的名誉。"诗的意思，是说君臣大家都一心一意地射，以练习礼乐，既得安乐，又有美好的名誉。所以射这种礼，天子制定它，诸侯都乐于推行。这是天子用来统治诸侯，不需动用武力，诸侯便自动修正行为的工具。

孔子射于矍相之圃[1]，盖观者如堵墙。射至于司马[2]，使子路执弓矢，出延射曰[3]："贲军之将[4]，亡国之大夫[5]，与为人后者不入[6]，其余皆入。"盖去者半，入者半。又使公罔之裘，序点[7]，扬觯而语[8]。公罔之裘扬觯而语曰："幼壮孝弟[9]，耄耋好礼[10]，不从流俗[11]，修身以俟死者，不，在此位也。"盖去者半，处者半。序点又扬觯而语曰："好学不倦，好礼不变，旄期称道不乱者[12]，不，在此位也。"盖廑有存者[13]。

今注

1　矍相，地名。囿，郑玄云：树菜疏曰囿。王夫之云：序宫，堂上谓之序，堂下谓之囿。孙希旦云：矍相之囿，盖在学宫之旁，即所谓"泽"。盖大夫士欲行大射者，庭或不足树侯，器或不足供用，故假诸泽宫之广，而且资其器焉。各说虽有不同，然"囿"大约为"空旷之地"。

2　孔疏云：射至于司马者，欲射之前，先行乡饮酒之礼，献宾及介。献众宾之后，未旅之前，作相为司正，至于将射，转司正为司马。

3　《孔子家语·观乡射》载此文，曰"……使子路执弓矢，出列，延谓射之者曰……"，所记较详。按，郑玄注此文云："延或为誓"，疑其为"誓"者，是。盖此一节，本为古记之一，"誓"古文作"𢖍"，其上与"延"字形近，《礼记》编者所据坏字之简，误"折"为"延"，而王肃所见本较全，但以其下之"言"字不辞，改为"谓"字，于是"折言"变为"延谓"，而"延谓"实即"誓"字之讹。考其原文，当作"子路出列，誓射者曰"。

4　贲，覆败。

5　亡国，亡君之国。

6　刘敞曰：与之者，干之也。与为人后者，庶子而夺其嫡，则篡其祖也；嫡子而后其族，则轻其亲也；诸父、诸兄、诸弟而后其子兄弟，则乱昭穆也；异姓而后于人，则背其族也。按即放弃本身在宗族上的地位不顾，而做别人后代者。入，入射箭的囿。

7　公罔之裘，郑玄云：公罔，人姓，又作罔之裘；裘是名字。之，语助词。序点，序姓，点名。

8　扬，举。觯，饮酒用具。语，说义理。

9　幼，二十岁以前。壮，三十岁以后。

10　耆，六十岁。耋，七十岁。

11　流俗，时世流行而不合礼的风俗。

12　耄，八十岁及九十岁。百岁叫期颐。称，奉行。不乱，没有受异端所引诱。

13　廞，少。

今译

孔子在矍相的序官堂下行射礼，参观的人多得好像墙般围绕着。行乡饮酒礼之后，司正转为司马，孔子叫子路拿着弓箭，从行列里走出来，对着射箭的人宣誓说：“凡是吃败仗的将军，使国君亡国的大夫，要求做别人后嗣的人，一概不准入圈；其他的，都可以进来。”听到这话之后，只有一半人入圈，另一半人都走了。孔子又叫公罔之裘和序点，举起酒杯说明规则。公罔之裘举杯说：“二三十岁时，能孝顺父母，敬爱兄弟；六七十岁时，能笃好礼仪，不受不良风俗影响而立志修洁，至死不变的人，才有资格在射位。”大约又有一半人离开，只留下一半。序点又举杯讲述规则：“爱好学习而不厌倦，爱好礼法而永不改变；八九十岁，甚至百岁，仍然奉行真理，不受异端引诱而迷乱的人，才有资格在这射位。”这时，剩下不走的人就没有几个了。

射之为言者绎也，或曰舍也[1]。绎者，各绎己之志也。故心平体正，持弓矢审固，持弓矢审固，则射中矣。故曰：“为人父者，以为父鹄[2]；为人子者，以为子鹄；为人君者，以为君鹄；为人臣者，以为臣鹄。”故射者各射己之鹄。故天子之大射谓之射侯；射侯者，射为诸侯也。射中则得为诸侯；射不中则不得为诸侯。

今注

1　“绎”字，郑注未说明，孔疏曰“绎者陈也，陈己之志”，似未妥当。按《经典释文》云："绎音亦，徐音释。"疑读为"释"才对。"释"即"舍"之义。此节用"释""舍"两个同义之字以解释"射"字，故下文引申"绎"字而不再引申"舍"字；若读为"亦"，意义便与"舍"字不同，则下文亦应引申"舍"字之义了。《白虎通》说"射"便是这个意思。

2 鹄，箭靶上的中心。

今译

射的意思就是"释"，或者是"释放"。所谓释，就是解释、表白自己的意向。所以思想纯正，身体正直，弓箭执得稳、瞄得准，就可以射中了。所以说，做人父亲的，应该以箭靶上的中心，作为他做父亲的目标，能射中目标，才表示他有能力担当责任；做人儿子的、君主的、臣子的，亦应以箭靶上的中心作为考验自身的标准。所以射的人，各射自己的目标。所以天子的大射叫作"射侯"；所谓射侯，就是"配做诸侯"的意思。射中了便可以做诸侯，射不中就不配做诸侯。

天子将祭，必先习射于泽[1]。泽者，所以择士也[2]。已射于泽，而后射于射宫。射中者得与于祭；不中者不得与于祭。不得与于祭者有让，削以地；得与于祭者有庆，益以地。进爵绌地是也[3]。

今注

1 泽，宫名。

2 王夫之曰：诸侯助祭则称士。

3 绌，减损。

今译

天子将要祭祀，一定先要诸侯在泽宫中练习射箭。泽宫，是挑选助祭诸侯的地方。在泽宫射过，然后在射宫里射。射中的诸侯便可参加祭祀的典礼，射不中的不准参加。不能参加祭祀大典的会受到申斥，并且削减封地；获准参加祭祀大典的会受到襃扬，并增加封地。提升爵位，减损封地根据射箭成绩来定。

故男子生，桑弧蓬矢六¹，以射天地四方²。天地四方者，男子之所有事也。故必先有志于其所有事，然后敢用谷也。饭食之谓也³。

今注

1　桑木造的弓，蓬草作为箭。六，六支。

2　射，郑玄曰：三日负之，人为之射。使人背负着婴儿来射。四方，东、南、西、北。

3　谷，即饭食。按此处当是脱文后补，辞气鄙陋。《说苑·修文》同载此文，但无此二语，而作"故《诗》曰：不素餐兮。此之谓也"，今依《说苑》作译文。

今译

所以男孩生下来三日，就在家门左悬弧，并使人背负着那男孩子，用桑木造的弓、六支蓬草造的箭，向天、地及东、南、西、北四方射去。天地与四方之事，是男人分内经营的事。所以一定先要他对分内经营的事立定志向。所以《诗经》说"不白白吃人家的饭"，就是这个意思。

射者，仁之道也。射求正诸己，己正而后发，发而不中，则不怨胜己者，反求诸己而已矣。孔子曰："君子无所争，必也射乎！揖让而升，下而饮，其争也君子。"

今译

射箭，包含了仁的道理。射的时候，先要求自己思想纯正、身体端正，拿得稳，瞄得准，认为一切妥当才发射，发射出去而打不中目标，君子不应该埋怨胜过自己的人，应检讨自己有什么不对才是。孔子说："君子无所争取；有，亦只在射箭的时候。但他们射箭前必定揖拜推让一番才登堂射，射毕下堂又共同饮酒，他们争也争得够君子风度呀！"

孔子曰："射者何以射？何以听？循声而发，发而不失正鹄者[1]，其唯贤者乎！若夫不肖之人，则彼将安能以中？"《诗》云："发彼有的[2]，以祈尔爵。"祈，求也；求中以辞爵也。酒者，所以养老也，所以养病也；求中以辞爵者，辞养也。

今注

1 发，射也。正、鹄均为箭靶上的中心，郑玄曰：画布曰正，栖皮曰鹄。

2 的，目标。

今译

孔子说："射箭的人的目标是什么？耳朵注意听什么？按照音乐的节拍来发射，每次都射中目标的，只有贤能的人才行的呀！如果是坏人，怎么能够射得中？"《诗经·宾之初筵》说："对准目标去射，以祈免受你的罚酒。"祈就是求；祈求射中，免受罚酒。酒是用来奉养老年人及病人的，祈求射中以免饮酒，就是推辞别人的奉养，表示一无所争。

第四十五　燕义

　　《仪礼》存《燕礼》一篇，本文即阐述其意义。燕礼非一，有燕来朝之诸侯；有燕来聘之大夫；有君自燕其臣；燕其宗族者；又有燕老之燕。此篇所言，以君燕其臣为主。虽名《燕义》，然篇首"有庶子官"云云，则是释庶子官的职掌，与燕礼无涉，盖为错简所致。又文中多有重复的文句，如"君举旅行酬"一节，与"君举旅于宾"一节，文虽略异，用意则同；复多"释义"之再释义语，如"君答拜"之类，则此篇似非出自一人之手了。

　　古者周天子之官，有庶子官[1]。庶子官职诸侯、卿、大夫、士之庶子之卒，掌其戒令，与其教治，别其等，正其位[2]。国有大事，则率国子而致于大子，唯所用之[3]。若有甲兵之事，则授之以车甲，合其卒伍，置其有司，以军法治之，司马弗正[4]。凡国之政事，国子存游卒，使之修德学道，春合诸学，秋合诸射，以考其艺而进退之[5]。

今注

　　1　庶子官即管理庶子的官员。

　　2　职，职掌。卒，郑玄云：读为"倅"。副也，非嫡子。戒令：期会斋祭之誓令。教治，教习职事，治行赏罚，即下文修德学道之事。别其等，别才艺之优劣。位，在朝位序之高下。

3 大事，祭祀及征伐会同之事。

4 卒伍，军法百人为卒，五人为伍。有司，孙希旦曰：将帅也。

5 游卒，未仕者。

今译

古代周天子所立的官职，有一种叫庶子官。庶子官专门管理诸侯、卿、大夫、士的诸子，他执掌他们期会斋祭的誓令，参与他们的学习和日常生活，评定他们的才艺，安排他们在朝的位序。国家有祭祀及征伐的事，庶子官就率领诸子去谒见太子，让太子来指挥任用。如果有战争，便将兵车、盔甲、武器发给他们，让他们带兵，又为他们安排好手下的将帅，一切都纳入军法管理，因为他们直属于太子，所以不必受司马的节制。凡有关民政，如徭役力征的事，诸子中未有官职的，就不必参加，使他能专心学习，勤修德行，力学道艺。春天把他们聚集在太学，秋天聚集在射宫，考核他们的成绩，优良的便进赏升级，劣拙的便加以斥退，使他们继续学习。

诸侯燕礼之义：君立阼阶之东南，南乡尔卿[1]，大夫皆少进，定位也[2]；君席阼阶之上，居主位也；君独升立席上，西面特立[3]，莫敢适之义也[4]。

今注

1 尔与"迩"通，近也，揖延之使近前。按此段依《燕礼》之文，但《燕礼》"君"皆作"公"，"南乡尔卿"句下，尚有"卿西乡北上尔大夫"之句，衡以下文既曰"定位"，似不能缺此一句，不然，卿位何从定乎？

2 定位，卿西面，大夫北面，乃燕朝之常位。

3 特立，独立。

4 適，匹敌。

今译

诸侯燕礼群臣的礼仪：国君立在阼阶的东南方，向南揖拜卿，使卿靠近自己，卿面朝西，由北方走上来；国君又揖拜大夫使他靠近，大夫都略为前进，于是大家都在燕朝的常位上；国君的座席设在阼阶上面，因为这是主人的位置；国君独自登上座席站着，面向西方。独自站着，这表示没有人敢跟他匹敌的意思。

设宾主，饮酒之礼也[1]；使宰夫为献主[2]，臣莫敢与君亢礼也；不以公卿为宾，而以大夫为宾，为疑也，明嫌之义也[3]；宾入中庭，君降一等而揖之[4]，礼之也。

今注

1 王夫之云：饮酒者必有献酢，以明重礼，而非饮食之为惠，君虽不与臣为宾主，而必设之。

2 宰夫，掌管膳食之官。献主，代君为主人而献宾。饮酒之礼，必立宾主以献酬，君燕其臣，不自献而使宰夫者，君之意匪曰吾之尊不可以屈也，特以臣不敢与君亢礼，若自为主，则宾将踧踖不安，而非所以为乐矣，故使宰夫为献主，则可以尽宴饮之欢、体宾之心也。

3 公，四命之孤；卿，上大夫。疑，疑与“君”同尊。

4 降一等，降级一等。揖，推手。

今译

有宾、有主，这是酒宴上的礼节，虽然君与臣因身份差别，不能成为宾主，但君与臣饮酒时，君仍命使掌理膳食的官员，代他做主人来献宾，这是因为被宴请的臣下不敢与君上行对等的礼之故。不以四命之孤及上大夫做宾，而以地位较低的大夫做宾，是因为公卿的地位本来已经很尊贵，如果再加以做宾的尊贵资格，尊而又尊，其地位已近于国君，而易生嫌疑，故以大夫为宾，他们地位卑微，虽然加些尊贵，亦不致与国君无别，这是判别嫌疑的方法。宾客虽然是臣下，但当他走入庭中时，君仍走下一级台阶，推手拜揖为礼，这是因为他尊重对方宾客的身份而行礼。

君举旅于宾[1]，及君所赐爵[2]，皆降再拜稽首，升成拜[3]，明臣礼也；君答拜之，礼无不答，明君上之礼也。臣下竭力尽能以立功于国，君必报之以爵禄，故臣下皆务竭力尽能以立功，是以国安而君宁。礼无不答，言上之不虚取于下也[4]。上必明正道以道民，民道之而有功[5]，然后取其什一[6]，故上用足而下不匮也[7]；是以上下和亲而不相怨也。和宁[8]，礼之用也；此君臣上下之大义也。故曰："燕礼者，所以明君臣之义也。"

今注

1　举旅，谓举旅酬之爵。旅就是"众"的意思，众人举爵互相酬饮。

2　赐爵，王夫之云：既献大夫以后，公举觯，或宾或长，惟所酬以行旅。则举旅与赐爵均为旅酬，惟对象不同。举旅专对宾而言，赐爵则无固定对象。孙希旦云：君所赐爵，谓君为卿举旅，为大夫举旅，为士举旅，众所取之觯，皆唯君所赐。

3　降，降于堂下。方降拜时，君命小臣升之，虽升，复再拜稽首以完成拜之礼节。

4　"礼无不答"本是解释"答答拜"句，然其下又用"明君上之礼也"及"言上之不虚取于下也"二语以解释"礼无不答"，明是前后两人的解释语。

5　王夫之云：道民，启迪之；道之，率繇之。按以今语释之："正道"之道，作政治方针讲；"道民"之道，作指导诱导讲；"道之"之道，作追随依从讲。

6　古者赋税之法，值十抽一。

7　匮，缺乏。

8　和，即上文"上下和亲而不相怨"；宁，即上文"上用足而下不匮"。

今译

国君向宾举杯劝饮，及国君向其他臣下赐爵劝饮，宾及臣下都走到堂下，向国君伏地再拜称谢，然后接受，国君推辞，使小臣请他们回到堂上座位，他们还是在堂上伏地再拜，以完成礼节，这是表明臣子的礼数。国君因臣下再拜，亦起来答拜——礼法中没有来而不往的。这是表明他做君上的礼数。臣子们竭尽力量和才能，为国辛劳立功，做国君的，一定封给他们爵位，赠给他们官禄以为报答，所以臣下都竭尽力量才能，以为国立功为目标，这样，国家就得到安乐，君上就清净无事。礼法上没有来而不往的，亦是说在上位的人一定不白白取得臣下贡献的意思。在上位的人必定明了用正确的朝廷方针去领导人民，人民依从这方针去做而有所收获，然后朝廷估量人民所得，抽取十分之一，所以一方面能使国库充足，而另一方面人民没有任何缺乏；这样，就会上下和乐相亲而不会彼此怨恨。和乐与安宁，是施行礼的结果，是君上与臣下间大义之所在。所以说："饮燕这套礼法，是用来发扬君臣间大义的。"

席：小卿次上卿，大夫次小卿，士庶子以次就位于下[1]。献君，君举旅行酬[2]；而后献卿，卿举旅行酬；而后献大夫，大夫举旅行酬；而后献士，士举旅行酬；而后献庶子。俎豆、牲体、荐羞[3]，皆有等差，所以明贵贱也。

今注

1 燕礼，上卿在宾席之东，小卿在宾席之西，大夫在小卿之西，此云次者，王夫之曰：以东为上故曰次。士庶子位无席，士位阼阶下，西面北上，受献则于西阶；庶子位在士南，受献则于阼阶，亦以其次。

2 宰夫为主人而献于君，君举爵劝酒。

3 孙希旦云：牲体即俎实；荐，谓豆及笾；羞，谓庶羞。按燕礼，公与宾以下，皆惟一笾二豆。又《燕礼》记：唯公与宾有俎，燕牲用狗。故自卿以下皆无俎，以牲小故也。又燕礼，献大夫辩乃羞庶羞，是庶羞不及士以下也。公与宾荐俎庶羞备有，卿大夫有荐羞而无俎，士以下又无羞，唯荐而已，是其等差。

今译

饮宴时座席的布置：宾席在户牖之间，大卿在宾席的东方，小卿在宾席西方，地位次于上卿，大夫在小卿的西方，又次于小卿，士及庶子依次序坐在阼阶之下。饮酒时，宰夫代国君做主人，首先献酒给国君，国君饮酒之后，举杯向在座的人劝饮；然后宰夫又献酒给卿，卿又举杯劝饮；然后献酒给大夫，大夫又举杯劝饮；然后献酒给士，士又举杯劝饮；然后献酒给庶子，因庶子地位卑下，便不为他们举杯了。燕礼中所应用的餐具饮器、食物果品，以及酱醋之类，都因地位的不同而有所差别。以上所说席位有尊卑，献酒有先后，食用有差别，都是为了分别贵贱而设的。

第四十六　聘义

　　本篇说明《仪礼》中《聘礼》的意义。全文约分三节：首节纯释聘礼之义，自"聘礼"以至"而诸侯务焉尔"，约为全文之半，多作释义之语气。次节自"聘射之礼"至"民顺治而国安也"，言聘射二者礼文之盛大，及其收效。末节自"子贡问于孔子"至结束，说明"玉"之美德及其可贵。盖因聘礼以"圭璋"特达，故记者附及之。

　　聘礼，上公七介[1]，侯伯五介，子男三介，所以明贵贱也。介绍而传命[2]，君子于其所尊弗敢质[3]，敬之至也。三让而后传命，三让而后入庙门，三揖而后至阶，三让而后升，所以致尊让也。

今注

1　介，替宾主传话的人。

2　绍，继承。陈澔曰：先时上摈入受主君之命出，而传与承摈，承摈传与末摈，此是传而下。宾之末介受命于末宾而传与次介，次介传与上介，上介传与宾，是传而上。

3　质，简慢。

今译

　　行聘礼时，上公用七个介，侯、伯用五个介，子、男只用三个介，目的在分别尊卑。使介一个接一个地传达聘君的话，而宾主不直接讲，因为君子不敢对所尊重的人有所简慢，这是最尊敬的表示。宾推让三次然后传命，推让三次然后入庙门，揖拜三次然后走至阶前，又推让三次后上阶，是极尊敬谦让的表示。

君使士迎于竟[1]，大夫郊劳[2]，君亲拜迎于大门之内而庙受，北面拜贶，拜君命之辱[3]，所以致敬也[4]。敬让也者，君子之所以相接也。故诸侯相接以敬让，则不相侵陵。

今注

1　竟，边境。

2　劳，慰劳。

3　贶，惠赐。辱，屈辱。

4　所以致敬也，此句各本及唐石经所载皆同，但此语与"敬让也者"显然不相呼应，故"致敬"之下必脱一"让"字。《大戴记·朝事》正作"所以致敬让也"。

今译

主君使士在边境迎接来聘问的使者，又使大夫在郊外慰劳他们。来聘问的使者到达后，主君亲自在大门迎接，然后在庙中接受使者传达来聘之意，面朝北而拜受使者携来的礼物，又拜谢使者的主君特遣他们前来聘问的盛意。这些都是表示敬让的道理。敬及让，是君子相交往的方法。所以诸侯间互相以敬让交往，就不会出现彼此互相侵略欺凌的事了。

卿为上摈，大夫为承摈[1]，士为绍摈[2]。君亲礼宾，宾私面、私觌[3]，致饔饩、还圭璋[4]、贿赠、飨食燕[5]，所以明宾客君臣之义也[6]。

1 承摈，姜兆锡曰：承上摈也。

2 绍摈，姜兆锡曰：继承摈也。

3 私面，以个人身份会见主国之卿大夫。私觌，以个人身份
进见主国之君。

4 致饔饩，姜兆锡曰：牲杀曰饔、生曰饩。宾介就馆，而
主君使卿致礼也。还圭璋，王夫之曰：退还聘君之圭及聘夫人之
璋也。

5 飧食燕，飧礼、食礼在朝，燕礼在寝，一食再飧，燕无
常数。

6 《大戴记·朝事》，"宾客"作"宾主"，宾主与君臣为排偶
语，此当据改。

今译

接待宾时，用卿为上摈、用大夫为承摈、士为绍摈，行聘完
毕，主君亲身执醴酒以礼宾。宾则以个人身份会见主国的卿大夫，
以个人身份进见主国之君。主君又使卿致送饔饩往宾馆，不但退
还所执以为信物的玉器，同时还用一束纺绸赠给宾。主君又以飧
礼、食礼及燕礼接待宾。这样做，都是为表明宾与主、君与臣之
间的道义。

故天子制诸侯，比年小聘，三年大聘，相厉以礼。使者聘而
误[1]，主君弗亲飧食。所以愧厉之也。诸侯相厉以礼，则外不
相侵，内不相陵。此天子之所以养诸侯，兵不用而诸侯自为正之
具也。

今注

1 聘而误，行聘而使者礼节有误。

今译

所以天子对诸侯，订有制度：诸侯每年要派大夫互行小聘，三年派卿互行大聘，目的是要他们之间以礼相勉励。如果使者来聘时，礼节有错误，主君就不亲自对使者行飨食的礼，这样做，是要使来聘的人感到惭愧，而自知勉励改正。诸侯间若能以礼互相勉励，对外就不会相互侵犯，对内也就不会相互欺凌。这聘礼，就是天子安抚诸侯，不必动武，而诸侯能自相匡正的工具。

以圭璋聘，重礼也；已聘而还圭璋，此轻财而重礼之义也。诸侯相厉以轻财重礼，则民作让矣。主国待客，出入三积[1]，饩客于舍，五牢之具陈于内[2]，米三十车，禾三十车，刍薪倍禾，皆陈于外，乘禽日五双[3]，群介皆有饩牢，壹食再飨，燕与时赐无数，所以厚重礼也。古之用财者不能均如此，然而用财如此其厚者，言尽之于礼也。尽之于礼，则内君臣不相陵，而外不相侵。故天子制之，而诸侯务焉尔。

今注

1　三积，孙希旦曰：积，谓刍米之属，所以供宾道路之需者。出入三积，谓入境与出境，皆三致之。

2　五牢，饪一、腥生各二，皆大牢。

3　乘禽，王夫之曰：乘，匹也。谓群匹队行之禽，鹅鸭之类。

今译

用圭璋这样珍贵的物品作聘，是重礼的表示；已聘之后，主君将圭璋归还给宾，是表示轻视财物而重视礼的意思。诸侯间能以轻财重礼的道理互相勉励，他们的人民就会兴起谦让的风俗了。

做主人的国家，对待客人，不论入境、出境，都将刍米类物品致送三次，致送饔饩至客人所居的馆舍，将五牢陈设在宾馆大门之内，另三十车米，以供给其徒卒；三十车禾，及刍薪粮草，则又倍于禾，以供给马料；这些，都陈列在宾馆的门外。又每日送鹅鸭禽类五双。一般作介的都有饩牢。在朝廷上举行食礼一次，飨礼两次；在寝宫举行燕礼，以及赏赐时新之物就没有一定次数了，这都是因为尊重聘礼的缘故。古时运用财物，并非每事都这样丰厚，但在聘礼，则用财绝不吝啬，这是因为要极尽于礼义。能够极尽于礼义，然后在国内不会有君臣相欺凌，在国外不会有诸侯相侵伐的事发生。所以天子创立这种制度，而诸侯都乐意推行。

聘射之礼，至大礼也。质明而始行事，日几中而后礼成，非强有力者弗能行也。故强有力者，将以行礼也。酒清、人渴而不敢饮也[1]；肉干、人饥而不敢食也；日莫人倦、齐庄正齐，而不敢解惰。以成礼节，以正君臣，以亲父子，以和长幼。此众人之所难，而君子行之，故谓之有行；有行之谓有义，有义之谓勇敢。故所贵于勇敢者，贵其能以立义也；所贵于立义者，贵其有行也；所贵于有行者，贵其行礼也。故所贵于勇敢者，贵其敢行礼义也。故勇敢强有力者，天下无事，则用之于礼义；天下有事，则用之于战胜。用之于战胜则无敌；用之于礼义则顺治。外无敌，内顺治，此之谓盛德。故圣王之贵勇敢强有力如此也。勇敢强有力而不用之于礼义战胜，而用之于争斗，则谓之乱人。刑罚行于国，所诛者乱人也。如此，则民顺治而国安也。

今注

1　酒清，王夫之曰：清，冷也。按："清"，《说文》作"瀞"

字。此俗体简书，今亦作"清"。

今译

聘礼及射礼，是最重大的礼。天刚亮就开始行礼，差不多到中午才完成，倘不是坚强有力的人便做不到，所以坚强有力的人才能行礼。酒已清冷了，人们虽口渴亦不敢饮；脯醢已干燥了，人们虽饥饿亦不敢食；太阳下山了，人们虽甚疲倦，但仍容貌肃庄，班列整齐，不敢有所懈惰，而共同完成礼节，使君臣正位，父子相亲，长幼和睦。这是普通人所难行的，而君子则能行之。所以称君子为有行，有行就是有义，有义就是勇敢。所以，勇敢之所以可贵者，贵在能树立正义。树立正义之可贵，即贵在其有德行。其实有德行的可贵，乃贵其能行礼。故勇敢之所以可贵，贵在其能果敢实行礼义而已。所以勇敢坚强有力者，当天下无事之时，则用于礼义方面；倘天下有事，则用于战争克敌制胜。能用于战争克敌制胜，则天下将无敌手；用于礼义，则天下亦和平而顺治了。国外无敌人，国内和平顺治，这就叫作盛德。所以明圣的先王这样看重勇敢与强壮有力。倘若勇敢强壮有力，不用在礼义及战胜敌人方面，而用在争强斗狠，那就叫作作乱的人。国家制定刑罚，所要诛杀的正是这种作乱的人。这样，人们就顺服平治，而国家亦得以安宁了。

子贡问于孔子曰："敢问君子贵玉而贱碈者何也[1]？为玉之寡而碈之多与？"孔子曰："非为碈之多，故贱之也，玉之寡，故贵之也。夫昔者君子比德于玉焉。温润而泽，仁也；缜密以栗[2]，知也；廉而不刿[3]，义也；垂之如队[4]，礼也；叩之其声清越以长，其终诎然[5]，乐也；瑕不揜瑜、瑜不揜瑕，忠也；孚尹旁达[6]，信也；气如白虹，天也；精神见于山川，地也[7]；圭璋特达，德也。

天下莫不贵者，道也。《诗》云：'言念君子，温其如玉⁸。'故君子贵之也。"

今注

1 碈，美石似玉者。按《家语》第三十六章《问玉》，其文全同，但"碈"作"珉"。《说文》无"碈"字，盖西汉以前皆作"珉"。《荀子·法行》亦载此文，"碈"亦作"珉"。自"比德于玉焉"以下文句，与此稍异。

2 缜，细致。密，精密。栗，坚实。

3 刿，伤。郑玄云：义者不苟伤人。王夫之云：廉，棱也。刿，割也。方正而于物无伤也。义差同。

4 垂之，指佩玉。队，古与"坠"字通用。此云如坠，有谦抑善下之意。

5 越，发扬。诎然，郑玄云：绝止貌。《荀子·法行》作"扣之其声清扬而远闻，其止缀然，辞也"。义亦同。

6 瑕，玉之病。瑜，玉中美好的部分。孚，郑玄云：孚读为"浮"，尹读如竹箭之筠，浮筠谓玉彩色。王夫之曰：孚与浮同；尹，竹上青。言光彩外发如筠，而浮泛旁达，表里如一。按此说改字为训，颇不能令人满意，然诸儒亦无更佳释义，姑依之。揜，同"掩"。

7 气，光气。白虹，日边白气，长垂似虹者。宝玉所在，其上有气如白虹，如天之白气，是与天通气。又，玉在山川之中，精气彻见于外，与地气含藏于内，而彻见于外相同。

8 《诗经·秦风·小戎》。"言"，助语词。"温其如玉"就是"其温如玉"。"君子"作"丈夫"讲。

今译

子贡问孔子说："为什么君子都看重玉而鄙贱似玉非玉的珉石

呢？是因为玉少珉多的缘故吗？”孔子说：“不是因为珉石多而鄙贱，玉少而宝贵。那是因为以前君子将玉与美德相比，说玉有很多美德。例如，玉温厚津莹而丰美，像仁者的德行；细致精密而坚定，像智者的德行；方正而不会伤害人，像义者的德行。佩玉垂而下坠，像君子有礼，而谦恭下人。敲打一下，玉的声音清脆而韵调悠长，当终止的时候，绝无余音，像音乐初奏声音发扬，乐罢则止如槁木一样。玉的缺点不会掩盖本身的美好，但它的美好亦不会掩盖了缺点，如‘忠’这种德行，绝无隐情，善恶尽露而无掩饰。玉色似竹上的青色，光彩外发，·而通达四旁，如‘信’的德行，发自内心。玉的光彩，如天上太阳的白光一样，所以又有天无所不覆的美德。玉蕴藏在地下，但它的精英神气一定表现在山川之间，像气之有诸中而形诸外，所以它又有地无所不载的德性。朝聘时，聘礼都是以玉做的圭璋为信物，而不以币帛为重，是因为玉有美德。而天下人都以玉为贵重，正如天下人都尊重真理一样，所以玉又似真理般可贵。《诗经·小戎》云：‘真想念那好人啊，他的容貌温柔，就像玉一般。’因为玉有许多美德，所以君子都珍视它。”

第四十七　丧服四制

本篇似未经早出的《别录》所收载（见孔疏），但其中重要部分，亦见于《大戴记·本命》篇。原是根据五行的思想以解释丧服制度。自阴阳五行说的势力消退之后，代之以仁、义、礼、智、信之五常。但"信"之于五常，犹如"土"之于五行。天上有五星，地下有五行，土兼木、金、水、火；犹如仁、义、礼、智皆须兼"信"。本篇所云"四"，即以仁、义、礼、智四者分配于丧服制度。篇中亦杂剟《孝经》《论语》及《礼记》中记丧礼之文。

凡礼之大体，体天地，法四时，则阴阳，顺人情，故谓之礼。訾之者[1]，是不知礼之所由生也。夫礼，吉凶异道[2]，不得相干，取之阴阳也。丧有四制，变而从宜，取之四时也[3]。有恩有理，有节有权，取之人情也。恩者仁也，理者义也，节者礼也，权者知也。仁义礼知，人道具矣。

今注

1　訾，依《说文》当作"呰"，毁骂。

2　吉礼、凶礼各有不同的设计。

3　此仿《礼运》中语。宜，取四时之宜，故丧服有三月、五

1042　　　　　　　　　　　　　　　　　礼记今注今译　下

月、九月、周年等规定，亦即一时、二时、三时、四时，时易年迁，丧服随而变除。

今译

总括礼的原理，不过是本着自然，取法四季，仿效阴阳变化，而顺应人类的感情，所以才称为"礼"。一些人诋毁礼，因为他们不懂得礼是怎么产生的。要说到礼，吉礼与凶礼各有不同的设计，二者不相干涉，这是取适于天地间一阴一阳的道理。而丧服有四种原则，它的运用则随时改易，这是取适于季节之更易。其中有感情、有理性、有节限、有方便之处，则是取适于人们的心理。感情出于仁，理性出于义，节限出于礼，变通出于智。仁、义、礼、智，是人类特有的良知良能，有此知能，则人类的道德就完全了。

其恩厚者，其服重；故为父斩衰三年，以恩制者也。门内之治，恩掩义[1]；门外之治，义断恩[2]。资于事父以事君，而敬同，贵贵尊尊，义之大者也[3]。故为君亦斩衰三年，以义制者也。

今注

1　门内，指血统关系。治，《大戴记》作"事"字，意同。恩掩义，是感情重于理性。

2　门外，指社会关系。义断恩，是以理性支配感情。

3　贵贵尊尊，上"贵"及"尊"字可作动词解，都是"敬爱"的意思。下"尊""贵"二字，指贤能长辈。尊贵之人，与己虽无骨肉之情，但因他们有功于团体生活，故亦敬爱之。义之大者，出于纯理性的行为。

今译

对自己感情亲厚的人，为他服丧亦特别庄重。所以为父亲而服斩衰，丧期三年，这是依感情而设计的。凡是亲属的丧事，都以感情的厚薄为首，其次才是理性。至于社会关系，则要靠理性支配感情。如同以对待父亲之礼来对君主，爱敬仍还一样。爱敬长上，这是出于理性的。因此，古代国君之丧，而臣下亦为之服斩衰三年，那就是依理性而制定的。

三日而食，三月而沐，期而练，毁不灭性[1]，不以死伤生也。丧不过三年，苴衰不补，坟墓不培[2]；祥之日，鼓素琴，告民有终也，以节制者也。资于事父以事母[3]，而爱同。天无二日，土无二王，国无二君，家无二尊，以一治之也。故父在，为母齐衰期者，见无二尊也。

今注

1 三日，三月，期，悲哀之情递降，故其礼亦从之而改。毁，谓哀伤之至，形体瘦削。

2 三年之丧，已是加隆，不可复加。不补苴衰，不培坟墓，亦是不可增益之意。

3 自"资于事父以事"至"见无二尊"，皆言尊一之事，《大戴记》写在前面。郭嵩焘云：此是错简。应移于前一节之下。

今译

亲丧三日始能喝粥，三月才洗头，周年之后，改换练祭以后的孝服。虽极哀痛瘦削，但不戕害生命，不能为亲人之死而伤害自己生命。丧期最长到三年为止；粗恶的麻衣坏了不必修补；亲人的坟墓，葬后不可加土；到了大祥的日子，可以弹素琴。这都是告诉人们哀伤亦有限度，是依节限来规定的。"如同对待父亲一样对待母亲，保持同样的厚爱。但天上无二日，地上无二王，一国亦无两个国君，所以一家亦不能有两个家长，都由一人统一治理。所以父亲未死，而母亲先死，则降服齐衰，丧期一年，正用以表现家无二尊。"

杖者何也？爵也[1]。三日授子杖，五日授大夫杖，七日授士杖[2]。或曰担主；或曰辅病，妇人童子不杖，不能病也[3]。百官备，百物具，不言而事行者，扶而起；言而后事行者，杖而起；身自执事而后行者，面垢而已[4]。秃者不髽，伛者不袒，跛者不踊[5]，老病不止酒肉。凡此八者，以权制者也。

今注

1 爵，爵位。有爵始有杖，童子及妇人无爵位，故亦不杖。这是关于丧用杖的一种解释（参见《檀弓上》）。

2 子，指有继承权者，如王侯之世子。大夫、士，皆就其爵言之。

3 担主、辅病，这又是关于丧事用杖的另一种解释。郑玄以"担"为假借的意思，谓借那杖来表示主位，故曰"担主"。郭嵩焘云："担"当作"承荷"解。按："担主"与"辅病"的意思相通。因丧主哀毁逾恒，身体羸病，须用杖担荷扶持之，故曰"担主"或曰"辅病"。"辅"字《问丧》篇作"扶"，正是此意。

4 "不言而事行者"，指王侯世子，诸丧事皆由别人料理，故不必自己发言。"言而后事行者"，指大夫、士，丧事要亲自发言指挥。"身自执事而后行者"，指一般人，凡事皆要亲自动手。

5 髽，已见《檀弓上》注。郑玄云：别本或作"免"字。男子免，妇人髽，皆得有发。秃者无发，故不用。伛，驼背；跛，瘸腿；皆其所短，故不用袒或踊。

今译

丧杖有什么作用呢？那是表示丧主的爵位。王侯的世子，三日授杖；大夫，五日授杖；士，七日授杖。但又有一说：首先，孝杖是用以承担丧主的病体，亦可说是扶持病体的。因为妇人及童子不能哀伤致病，所以亦不用孝棒。各种执事人等都齐全，什么物品都齐备，可以不发话而事事皆有人代办，这样身份的人居丧，需人扶持而起。其次，事事都得自己发话才做得起来，这样身份的人，就得用孝杖扶持着起来。再次，凡丧事都得自己去张罗，这样的人，就用不着孝杖，但不洗脸刮须，表示其丧容而已。最后，秃头的妇人不须髽，驼背的人不必袒，跛足的人哭而不踊，老人、病人不须停止酒肉等食物。像这八种特殊的规定，都是为着方便而设计的。

始死，三日不怠，三月不解，期悲哀，三年忧，恩之杀也[1]。圣人因杀以制节，此丧之所以三年。贤者不得过，不肖者不得不及，此丧之中庸也；王者之所常行也。《书》曰："高宗谅暗，三年不言"，善之也[2]；王者莫不行此礼。何以独善之也？曰：高宗者武丁。武丁者，殷之贤王也。继世即位而慈良于丧，当此之时，殷衰而复兴，礼废而复起，故善之。善之，故载之书中而高之，故谓之高宗。三年之丧，君不言，《书》云："高宗谅暗，三年不言"，此之谓也。然而曰："言不文"者，谓臣下也[3]。

今注

1　此言人之感情因时间而冲淡。始死三日，哭之不停，是"不怠"。不解，郑注云：不解衣。今按：上下文或曰"怠"或曰"悲哀"或曰"忧"，皆就心理状态言之，此独为"不解衣"，疑其未是。"解"当读为"懈"。不懈，谓时时哭奠。杀，即指哀思递减。

2　善，赞美高宗能守丧。谅暗，依下文解释，即“慈良于丧”的意思。三年不言，已见《檀弓下》注。

3　按《孝经·丧亲》云“孝子之丧亲……言不文”。言虽不文，但非“不言”。此处因上文盛赞“三年不言”之善，恐与《孝经》所载者不合，故特为解释，意谓大夫、士“言而后事行”，是臣下居丧可以言。

今译

亲人始死，三日间哭泣不停，三月间仍时时哭奠，周年之后仍很悲哀，到了三年，但抱忧在心。这是人心依时间之长久而平复，而感情亦递减。圣人即根据这种人情的规律以设定其礼节，三年是个极限，纵使贤者亦不得超过此限，而不肖的人亦不能不做到这程度为止，这是丧礼之中庸的道理，凡王者都这样做。《尚书·说命》记有“高宗谅暗，三年不言”的事，那是称赞他的，可见凡是“王”者皆行此礼。倘若有人问：为什么独称赞他呢？则可以说：高宗就是武丁，武丁是殷代最好的王，他继世即位时，就专心守丧。那个时候，殷国已经衰微，因他而恢复强盛；礼教已经废弛，因他而重振起来，所以称赞他。因为称赞他，所以记载在书里以尊崇他。所以称他为“高宗”。前面说过不言而事行者为王侯，就是《尚书》所载“高宗谅暗，三年不言”的意思。然而《孝经》又说“孝子之丧亲，言不文”，好像是有“言”；不过“言而后事行者”，是指臣下之人而说的。

礼：斩衰之丧，唯而不对；齐衰之丧，对而不言；大功之丧，言而不议；缌小功之丧，议而不及乐[1]。

今注

1 按此一节是引《间传》之文，盖用以申明"不言"与"言"之行。其字句已详彼注，兹不复赘。

今译

礼制规定：服斩衰之丧者，只做"唯唯"的声音而不说话；服齐衰之丧者，虽可答应别人之问，但自己不找话说。大功之丧，虽有话说，但不与人议论。至于小功缌麻之丧，虽可议论，但不说到享乐的事。

父母之丧，衰冠绳缨菅屦[1]，三日而食粥，三月而沐，期十三月而练冠，三年而祥。比终兹三节者[2]，仁者可以观其爱焉，知者可以观其理焉，强者可以观其志焉。礼以治之，义以正之，孝子弟弟贞妇，皆可得而察焉。

今注

1 衰冠等，已见《丧服》等篇注。

2 终兹三节。比，做到。三节，初丧至三月为一节，期年又一节，三年丧毕又一节。

今译

父母的丧事，要披麻戴孝，三日之后才始食稀饭，三月之后才洗头；十三个月满周年，才换上练冠；满了二年才始恢复日常的生活。到了做完这三个节次，仁者可从而见其爱心，智者可从而见其理性，强者可从而见其毅力。用礼数来治理丧事，用道义来指导守丧的行为，一个人是否真孝子、仁爱的兄弟、贞节的妇女，都可以从这上面看出来。

附录一　庙祭秩序单

（据《礼记正义·礼运》"承天之祜"下疏及孙希旦考正文）

祭之日：王服衮冕而入庙。尸后至，王不出迎尸。尸亦服衮冕入庙，祝在后侑之。

尸入于室：大祖之尸东面；其余六庙之尸：昭南面，穆北面。乃作乐降神。

王入室，酌郁鬯依次而"灌"，是为一献；后从之而灌，是二献。

王出庙门迎牲，入至于庭。王亲执鸾刀，启其毛，并以血毛荐于室，祝以告神。于是行朝践之事：

尸出于堂：大祖之尸坐于户西，南面，其神主在右。其余众尸：昭在东，穆在西。祝乃取牲之肠间脂（膟膋）燎于炉炭，并以之告神于室，又出，以"堕"于主前。

王乃洗肝于郁鬯而燔之，以制（割）于主前，是谓"制祭"。次乃升首于室中北墉下，后荐朝事之豆笾，乃荐腥于尸主之前，谓之"朝践"。

王乃以玉爵酌泛齐以献尸，是为三献。

后又以玉爵酌醴齐以献尸，是为四献。于是行"馈孰"礼：

徙堂上之馔于室内主前，祝以斝酌奠于馔南。时，尸未入，于是取脺脊焫萧合膻芗。乃迎尸入室。尸举奠斝。祝告主人，主人再拜"妥"尸，后荐献之豆笾。

王乃以玉爵酌盎齐以献尸，是为五献。

后又以玉爵酌缇齐以献尸，是为六献。

于是，尸食十五饭讫，后乃荐加豆。王以玉爵酌盎齐以酳尸，是为七献。

尸酳酢主人，主人受嘏。（王可以瑶爵献诸侯）后乃以瑶爵酌醴齐以酳尸，是为八献（王可以瑶爵献卿）。

诸侯为宾者，以瑶爵酌缇齐以献尸，是为九献。

九献之后，谓之加爵。特牲之祭，三加爵。天子以下，依尊卑，不止三加。

附录二　参考书目

《礼记注疏附释音校勘记》六十三卷（南昌府学本）

《礼记郑注》二十卷（南宋余仁仲刻本，来青阁影印）

《礼记残卷》一卷（鸣沙石室古籍残本）

《敦煌礼记残本》（敦煌秘籍留真残编本）

《礼记残卷及释文残卷》（日本写真伦敦藏卷）

《六朝人写本礼记子本疏义残卷》（上虞罗氏写真本）

《荀子》二十卷（商务馆《四部丛刊》本）

《大戴礼记解诂》十三卷（《广雅丛书》本）

《大戴礼注补》十三卷（《皇清经解续编》本）

《大戴记补注》十三卷（商务馆《丛书集成初编》）

《校正孔氏大戴记补注》十三卷（《畿辅丛书》）

《孔子家语》十卷（商务馆《四部丛刊》）

《家语疏证》六卷（校经山房本）

《孔子家语疏证》十卷（《湖北丛书》）

《管子校正》二十四卷（《吴兴丛书》）

《弟子职集解》一卷（《丛书集成初编》）

《吕氏春秋》二十六卷（《四部丛刊》）

《贾谊新书》十卷（《抱经堂丛书》）

《淮南鸿烈》二十一卷（《四部丛刊》）

《盐铁论》十卷（《四部丛刊》）

《说苑》二十卷（《四部丛刊》）

《韩诗外传》十卷（《汉魏丛书》）

《白虎通疏证》十二卷（《皇清经解续编》）

《论衡》三十卷（《四部丛刊》）

《仪礼正义》四十卷（《皇清经解续编》）

《周礼正义》八十六卷（《四部备要》本）

《礼记集说》一百六十卷（《通志堂经解》本）

《礼记纂言》三十六卷（《朱文端公藏书》光绪刊本）

《陈氏礼记集说》十卷（《十三经读本》）

《礼记陈氏集说补正》三十六卷（《通志堂经解》）

《礼记通解》二十二卷（《郝氏九经解》本）

《礼记章句》十九卷（《船山遗书》本）

《郑元庆礼记集说》七十卷（《吴兴丛书》）

《礼记集解》四十九卷（盘谷草堂刊本）

《续礼记集说》六十卷（浙江书局本）

《礼记训纂》四十九卷（《四部备要》）

《礼记笺》四十九卷（《郝氏遗书》本）

《礼记笺》四十六卷（《湘绮楼全书》）

《礼记质疑》四十九卷（思贤讲舍刊本）

《礼记释注》四卷（《颐志斋丛书》）

《礼记集说补义》一卷（《柏堂遗书》）

《小戴礼记平议》四卷（《春在堂全书》）

《礼记郑读考》六卷（《左海续集》）

《礼记郑读考》一卷、《异文笺》一卷（《皇清经解续编》）

《戴记绪言》四卷（《陆堂经学丛书》）

《礼记曲礼内则祭义儒行冠义篇》五卷（茹经堂新著）

《礼记校证》四册（花南书屋印本）

《檀弓订误》一卷（《丛书集成初编》）

《檀弓辨诬》三卷（《景紫堂全书》）

《王制笺》一卷（《皮氏经学丛书》）

《王制订》一卷（《六译馆丛书》）

《内则章句》一卷（《东仓书库丛刻初编》）

《学记笺》四卷（《陶庐丛刻》）

《坊记表记缁衣儒行集传》十二卷（《石斋经传九种》）

《礼记子思子言郑注补正》四卷（《读书堂丛刻》）

《深衣释例》三卷（《皇清经解续编》）

《郊社禘祫问》一卷（《西河合集》）

《鲁礼禘祫义疏》一卷（《皮氏经学丛书》）

《天子肆裸献馈食礼纂》二卷（《皇清经解续编》）

《宗法小记》（《皇清经解正编》）

《大宗小宗通释》一卷（《皇清经解续编》）

《丧礼经传约》一卷（《皇清经解续编》）

《丧服会通说》四卷（《皇清经解续编》）

《礼经释例》十三卷（《皇清经解正编》）

《经义述闻》二十八卷（《皇清经解正编》）

《重校三礼图》二十卷（《四部丛刊三编》）

《礼器图》十七卷（《寿栎庐丛书》）

《礼器释名》十八卷（《铁砚斋丛书》）

《群经宫室图》二卷（《皇清经解续编》）

《明堂庙寝通考》一卷（《王忠悫公遗书》）

其余参考所用之字书、类书、前人文集及近代杂志中短文，未及备载。